DAS ZEIT UND RAUM BUCH

10.000 WISSENSCHAFTLICHE PERSPEKTIVEN IN ZWEI BÄNDEN

Band 1: DIE ZEIT

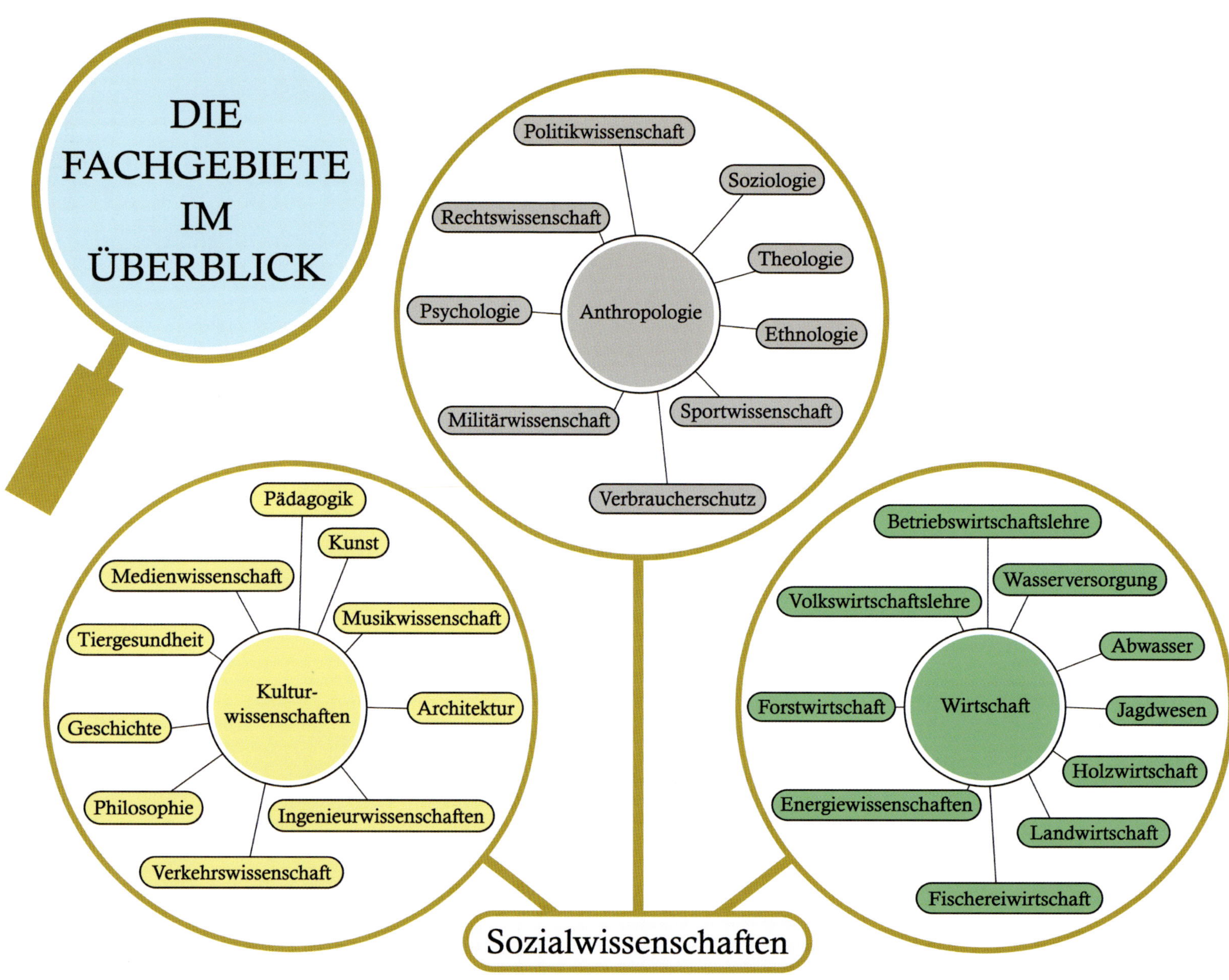
DIE FACHGEBIETE IM ÜBERBLICK
Anthropologie
Politikwissenschaft
Soziologie
Rechtswissenschaft
Theologie
Psychologie
Ethnologie
Militärwissenschaft
Sportwissenschaft
Verbraucherschutz
Kultur-wissenschaften
Pädagogik
Kunst
Medienwissenschaft
Musikwissenschaft
Tiergesundheit
Architektur
Geschichte
Philosophie
Ingenieurwissenschaften
Verkehrswissenschaft
Wirtschaft
Betriebswirtschaftslehre
Wasserversorgung
Volkswirtschaftslehre
Abwasser
Forstwirtschaft
Jagdwesen
Holzwirtschaft
Energiewissenschaften
Landwirtschaft
Fischereiwirtschaft
Sozialwissenschaften

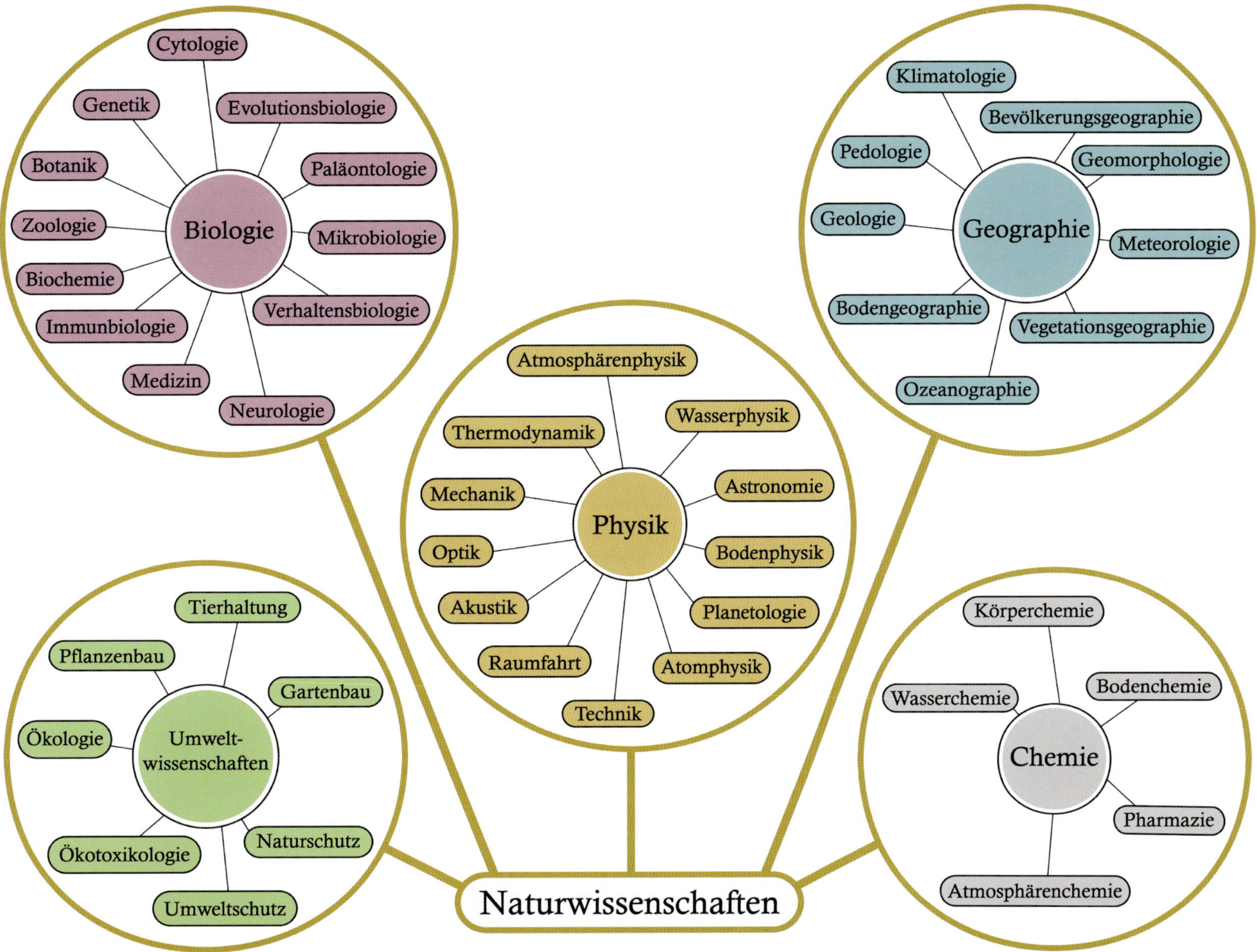

Biologie
Cytologie
Genetik
Evolutionsbiologie
Botanik
Paläontologie
Zoologie
Mikrobiologie
Biochemie
Verhaltensbiologie
Immunbiologie
Medizin
Neurologie
Geographie
Klimatologie
Bevölkerungsgeographie
Pedologie
Geomorphologie
Geologie
Meteorologie
Bodengeographie
Vegetationsgeographie
Ozeanographie
Physik
Atmosphärenphysik
Wasserphysik
Thermodynamik
Astronomie
Mechanik
Optik
Bodenphysik
Akustik
Planetologie
Raumfahrt
Atomphysik
Technik
Umwelt-
wissenschaften
Tierhaltung
Pflanzenbau
Gartenbau
Ökologie
Ökotoxikologie
Naturschutz
Umweltschutz
Chemie
Körperchemie
Bodenchemie
Wasserchemie
Pharmazie
Atmosphärenchemie
Naturwissenschaften

Buch

Für Manager ist die Vermessung der Zeit zu einem beliebten Arbeitstool geworden. Naturwissenschaftler tragen ihren Namen, sobald sie die Natur vermessen. Die Zeit aber ist eine sehr menschliche Kategorie, weil wir sie subjektiv bewerten. Doch müssen Zeitmessungen kein notwendiges Übel sein. Sie können zur Bereicherung werden, wenn wir mit der Zeit besonnen umgehen. DAS ZEIT UND RAUM BUCH kann dabei Hilfe und Wissensschatz zugleich sein. In zwei Bänden präsentiert der Autor insgesamt 10.000 Ergebnisse zur Vermessung der Welt. Ein Nachschlagewerk für Wissenschaftler und Interessierte. Band 1 eröffnet dem Leser 5.000 ausgewählte Zeitperspektiven, die so zuvor noch nie gelesen wurden. In einer Zeitskala vereint, lassen sich jetzt Daten von den Naturwissenschaften bis zur Medizin, von der Psychologie bis zur Musik, von den Sozialwissenschaften bis zur Rechtskunde, aus den Verwaltungswissenschaften, den Kultur- und Humanwissenschaften vergleichen. Eine Deklaration des Interdisziplinären. Von der kürzesten bis zur längsten Zeiteinheit unserer Welt.

Autor

Rainer Winters wurde 1968 in Aachen geboren. Schon in jungen Jahren wurde er zum wissbegierigen Reisenden, lebte in England, zog mit dem Rucksack durch Asien und lernte dort seine spätere Frau, ebenfalls eine Reisende, kennen. Zwischen 1990 und 2010 arbeitete er für Lufthansa Cargo in Frankfurt. Dazwischen reiste er mit seiner Frau in 2 x 2 Jahren um die ganze Welt. Zwischen 2011 und 2017 studierte er an der Universität Koblenz-Landau Umweltwissenschaften mit den Schwerpunkten Chemie, Physik und Ökologie, in einem zweiten Studienfach simultan Politikwissenschaften. Als investigativer Journalist schreibt er heute Artikel für verschiedene Medien, unter anderem für Heise Medien und das Magazin Index on Censorship. Zur Zeit lebt er mit seiner Frau in Schleswig-Holstein.

DAS ZEIT UND RAUM BUCH

10.000 WISSENSCHAFTLICHE PERSPEKTIVEN IN ZWEI BÄNDEN

Band 1: DIE ZEIT

Bibliografische Information der Deutschen Nationalbibliothek: Die Deutsche Nationalbibliothek verzeichnet diese Publikation in der Deutschen Nationalbibliografie; detaillierte bibliografische Daten sind im Internet über http://dnb.dnb.de abrufbar.

DAS ZEIT UND RAUM BUCH

10.000 wissenschaftliche Perspektiven in zwei Bänden

Band 1: DIE ZEIT

Herausgeber und Verlag

Rainer Winters

Pommernweg 19

24229 Schwedeneck

Bei der Verwendung im Unterricht ist auf dieses Buch hinzuweisen.

1. Auflage – Oktober 2021

Einbandgestaltung: Oladimeji Alaka

Infografiken: David Amiel D. Santos

Dieses Buch wurde in Deutschland gedruckt bei Druckerei Spiegler GmbH, Bad Vilbel

ISBN 978-3-9822970-0-2

www.daszeitundraumbuch.de

Die Zeit verändert uns nicht, sie entfaltet uns nur.

Max Frisch

Für meine bezaubernde Frau Stephanie

INHALT

INHALT

INHALT

VORWORT

Eine Familienlegende besagt, dass Max Schmeling und seine Frau Anny Ondra meiner Mutter kleine Boxhandschuhe zu ihrer Taufe schenkten. Die beiden waren mit meinem Urgroßvater und seiner Frau, einer geborenen Schmeling, eng verbunden. Anny Ondra spielte in Alfred Hitchcock Filmen seine erste blonde Mörderin. Max erlangte Berühmtheit durch seinen erfolgreichen Boxkampf gegen den als unschlagbar geltenden Amerikaner Joe Louis. Die Nazis hatten Max daraufhin gegen seinen Willen zum arischen Nationalhelden gemacht, der den „minderwertigen Braunen Bomber" schlug.

Die Revanche in den USA sollte zu einem der wichtigsten und historischsten Sportereignisse aller Zeiten werden. Das medienwirksamste Vorspiel zum 2. Weltkrieg überhaupt. US-Präsident Franklin D. Roosevelt empfing Louis im Weißen Haus mit den Worten: „Wir brauchen Muskeln wie Deine, um Deutschland zu schlagen." Und von Louis ist das Zitat überliefert, er habe seine eigenen persönlichen Gründe und das ganze verdammte Land hänge von ihm ab.

Letztendlich brauchte Louis nur 2 Minuten und 4 Sekunden, um Max beim Revanche-Kampf eine gehörige Niederlage zu verpassen. Dreimal schlug er ihn in dieser Zeit zu Boden.

2 Minuten und 4 Sekunden: Schon 1938 war klar, dass die Aera der Zeitrechung in Stunden vorbei sein sollte. Minuten und Sekunden spielten vor dem 20. Jahrhundert kaum eine Rolle.

In der Renaissance meinte der französische Schriftsteller François Rabelais sogar, der größte Zeitverlust sei das Stundenzählen. Die gröblichste Torheit sei doch, sich nach dem Glockenschlage zu richten, statt nach Bedürfnis und Verstand.

Sicherlich wird der Wert 2 Minuten und 4 Sekunden vom Leser anders wahrgenommen, als vom Sportler in jenem Moment. Sportler und Menschen mit Nahtod-Erlebnissen haben immer wieder berichtet, wie die Zeit für sie in jenen Momenten einfror.

Den Boxer Max Schmeling rettete die Ring-Glocke. Schiller hätte wohl dazu gesagt, die Uhr schlage keinem Glücklichen. Doch hätte Schmelings Trainer nach zwei Minuten nicht das Handtuch geworfen, hätte es den Boxer vielleicht das Leben gekostet.

Es wäre schade gewesen, denn Max wollte nicht nur 100 Jahre alt werden, sondern nach dem Krieg pflegte er auch eine lange und innige Freundschaft mit seinem Kontrahenten Joe Louis.

EIN WICHTIGER HINWEIS FÜR DIE LESER

Obwohl alle Anstrengungen unternommen wurden, die Richtigkeit und Aktualität der in diesem Buch enthaltenen Informationen zu gewährleisten, können sich diese jederzeit ändern, durch stetige Wissenschaft bei der Arbeit, politische und ökonomische Umstände und natürlich die Messobjekte an sich. Der Autor kann für fehlerhafte Angaben und deren Folgen weder eine juristische Garantie noch irgendeine Haftung übernehmen. Keine Verantwortung übernimmt der Autor für Verluste, Verletzungen oder Unannehmlichkeiten, die jemandem bei der Nutzung dieses Buches entstehen.

EINFÜHRUNG

Worum es geht – die Zeit beobachten

Herzlichen Glückwunsch zum Kauf dieses Buches! Wenn Sie durch die Seiten blättern, ist es so, als ob Sie die Zeit beobachten. Probieren Sie es aus. Ihren Freunden können Sie jetzt mit ganz viel Trost zum Geburtstag gratulieren. Nehmen Sie zum Beispiel den 45sten. Einserseits haben diese Geburtstagskinder mit 45 den Altersmedian (von Männern) in Deutschland im Jahre 2013 überschritten, denn der liegt bei 44,7 Jahren. 50 Prozent aller Männer sind also älter als 44,7 Jahre, und 50 Prozent jünger. Das war die schlechte Nachricht.

Die gute Nachricht lautet: Das Höchstalter von Hummern, Nashörnern und Maultieren liegt bei 45 Jahre. Und laut § 3 Abs. 3 Wehrpflichtgesetz endet mit vollendetem Alter von 45 Jahren die Wehrpflicht für Männer in Friedenszeiten.

Gehen Sie mit diesem Buch ruhig spielerisch um. Manches werden Sie finden, obwohl Sie es gar nicht gesucht haben. Leser der E-Book-Ausgabe haben den Vorteil, gezielt nach Begriffen suchen zu können.

Sind Sie wissenschaftlich interessiert, stöbern Sie in demjenigen Bereich, der für die wissenschaftliche Domäne Zeitzahlen erwarten lässt. Bei Evolutionsbiologen oder Geologen mögen es Millionen Jahre sein, bei werdenden Eltern Tage und Wochen, bei Physikern Mikrosekunden und bei Rechtswissenschaftlern Jahre.

Lassen Sie sich überraschen, wie die Vermessung eines Laborchemikers Ihnen dabei behilflich sein kann, sich Quantität besser vorzustellen. Nehmen Sie die Magie der Zahl von 8,4 Sekunden. Alle 8,4 Sekunden wird jeder DNA-Strang 10.000 mal am Tag von Substanzen aller Art angegriffen oder geschädigt. Die Filmschnittfrequenz im amerikanischen Mainstream-Kino der 70'er Jahre betrug ebenfalls 8,4 Sekunden. Und innerhalb von 8,4 Sekunden beschleunigt ein Passat 1,4 110kW TSI von 0 auf 100 Kilometer pro Stunde. Genau das macht 8,4 Sekunden aus.

Meistens bewegen sich Wissenschaftler im Kontext ihrer eigenen Disziplin. Aber auch von Nicht-Wissenschaftlern heißt es oft: „Das können Sie nicht vergleichen.“ In diesem Buch sehen Sie, dass Sie die Leichathletikweltrekorde von Frauen und Männern nicht nur vergleichen können, sondern dass Sie diese Zeiten sogar nebeneinanderstellen können mit so Dingen wie der Halbwertszeit vom Neon-Isotop Ne-24 oder der Dauer von Sonnenfinsternissen. Ein Raum

für Überraschungen ist bereitet, unsere Vorstellungskraft wird angeregt. Mit diesem Buch lassen sich jetzt Zahlen der Zeit vergleichen, wie keine künstliche Intelligenz es je könnte.

Was wir nicht sehen und messen, können wir zwar hochrechnen oder modellieren, wir erleben es aber nicht. Im Labor und in der Chemie muss man oft wissen, was macht sucht, sonst findet man es nicht. Insofern ist das Unsichtbare auf irgendeine Weise unbelebt. Der 29. Februar in Schaltjahren ist solch ein Fall. Mit der Ausnahme von Menschen, die an einem 29.02. geboren wurden, erhält dieser Tag nur alle vier Jahre eine Bedeutung. Zum Kalender der Azteken gehörten sogenannte nemontemi, Nichttage. Auch in diesem Buch tauchen gewisse Zahlen nicht auf. Wenn Sie sie finden, dürfen Sie sie behalten. Oder Sie schreiben uns einen kurze Nachricht.

Bewohner Indiens mögen staunen, dass die Dauer einer Kṣaṇa, also der Zeiteinheit aus der hinduistisch-vedischen Zeitenlehre exakt der

Geburtenraten Indiens im Jahre 2013 entspricht, nach der nämlich alle 1,28 Sekunden ein Mensch geboren wurde.

Auf den ersten Blick mag es nur Biologen und Musikbegeisterte interessieren, dass die Herzschlaglänge eines wachen Igels ebenso wie die Schlaglänge eines Beats im Black und Death Metal liegt, nämlich bei 0,1875 Sekunden. Ein zweites derartiges Beispiel mag aber schon Virologen hinter dem Ofen hervorholen. Wenn man hier nämlich feststellt, dass die Herzschlaglänge einer Fiebermücke mit 0,55 Sekunden ebenso lang ist wie die Schlaglänge eines Beats im Hip-Hop, Rap oder Trip-Hop. Ohne dieses Buch würde niemand darauf kommen, Fiebermücken gezielt mit dem Resonanzversuch zu vertreiben, indem man bei der Sommerparty im Garten Hip-Hop auflegt.

Ob Sie ein 27-jähriger Musiker sind, eine 9-jährige Biologieschülerin oder ein 75-jähriger Neugieriger, dieses Buch hält für jeden etwas bereit.

Die Idee zu diesem Buch

Andere haben die Welt vermessen, ich habe die Ereignisse zusammengeführt. Ich begann damit während meines Studiums der Umweltwissenschaften, als hunderte Zahlen auf mich einprasselten. Es waren so viele, dass ich sie kaum begreifen konnte. Als ich begann, die Zahlen zu ordnen, entstand vor meinen Augen plötzlich eine neue und verständliche Welt.

EINFÜHRUNG

Zuvor diffus notierte Messwerte wurden vergleichbar. Zeit und Raum erhielten eine neue Bedeutung. Ein und dieselbe Sache konnte ich nun mit verständlicheren oder anderen Worten beschreiben. Dinge, die ich zuvor aus der Perspektive der studierenden Disziplin gesehen hatte, ließen sie sich nun mit ganz anderen wissenschaftlichen Kontexten vergleichen. Es war, als ob sich eine Information neu organisiert. Etwas Interdisziplinäres entstand.

Aber kann ein Buch mit einem Minimum an Bildern noch aufregend und lesbar genug sein? Auf Nachfrage bei Kindern, Jugendlichen, Studenten, Lehrern, Wissenschaftlern und anderen wissbegierigen Menschen hörte ich: Ja, das ist interessant, das Buch, das will ich haben.

Vielleicht auch, weil man die Zahlen in diesem Buch jede für sich zwar googeln kann, sie aber niemals so zusammenführen würde. Ich recherchierte jede einzelne Information manuell und anfänglich ohne Suchmaschinen, verglich jedes Ergebnis mindestens dreimal mit anderen Quellen und standardisierte die Informationen auf eine Weise, dass sie in Reihe einen lesbaren Sinn ergeben.

Wie das Buch organisiert ist

Versuchen Sie nicht, dieses Buch zu lesen. Vor Ihnen liegt ein Nachschlagewerk. Sie lernen ja auch nicht das Telefonbuch auswendig. Vielleicht legen Sie das Buch beim nächsten Telefonat neben sich und überraschen Ihre Gesprächspartnerin oder Ihren Gesprächspartner mit der Frage nach einer beliebigen Zahl.

Am besten gehen Sie so vor:

Sie nehmen eine beliebige Zahl (wie 18) und dazu eine Einheit (wie Tage oder Stunden), und schauen, was auf dieser Welt im Bezug von 18 Tagen oder 18 Stunden in Verbindung steht.

Das Buch beginnt mit dem kürzesten vorstellbaren Zeitwert, und rund 170 Seiten später steht die am längsten vorstellbare Zeitzahl. Zur Orientierung rund um dezimale Zeitskalen finden Sie am Ende dieses Buches eine Übersicht, die von 10 hoch minus 45 (Sekunden) bis 10 hoch 600 (Jahre) reicht.

Mit der Ausnahme von Wochen kommen in diesem Buch fast alle üblichen Zeitbegriffe vor. Zur besseren Vergleichbarkeit sind Wochen als Tage standardisiert und werden daher spezifisch aufgeführt, wo ihnen eine besondere Bedeutung zufällt.

Unterhalb einer Sekunde wird die Zeit generell als Teil einer Sekunde ausgedrückt, oberhalb eines Jahres als Vielfaches eines Jahres. Millionen Jahre sind als MJ gekennzeichnet, Milliarden Jahre als MDJ.

Innerhalb einer Größenordung wird zunächst die absolute Größe angegeben, zum Beispiel 90 Tage. Gibt es einen von-bis-Bereich, schließt sich dieser direkt an den Absolutbereich an. Der Bereich 90 bis 92 Tage (konkret: die Dauer von Quartalen) steht also direkt hinter 90 Tagen. Und 90 bis 120 Tage (konkret: die Verdunstungsdauer in subariden Klimata) stehen wiederum direkt dahinter, da 120 Tage länger dauern als 92 Tage.

Wo es Sinn macht, stehen trotz Standardisierung hier und da unterschiedliche Zeitangeben nebeneinander. Die Reihe 4,45 Jahre - 237 Wochen - 4,6 Jahre - 1.682 Tage - < 5 Jahre ist ein solches Beispiel. Wenn in diesem Beispiel die Weltbank Zeitspannen zum gerichtlichen Eintreiben einer Schuld in den verschiedenen Ländern als Dezimalzahl angibt, dann listet sie für das Land Afghanistan die Zahl 4,45 Jahre auf. Die Association of Tennis Professionals (ATP) wiederum gibt die Zeiten, in denen Tennisspieler die Weltrangliste anführen, in Wochen an. In diesem Fall führte der Schweizer Roger Federer die Liste über 237 Wochen an, was zeitlich zwischen 4,45 und 4,6 Jahren liegt. Es scheint Sinn zu machen, auch diesen Wert so zu übernehmen.

Astrophysiker wiederum geben Sonnenumlaufbahnen gerne in Tagen an. Demnach braucht der Kleinplanet Ceres 1.682 Tage, um einmal um die Sonne zu kreisen. Wir schreiben diesen Wert direkt hinter die Zahl von 4,6 Jahren, denn 1.682 Tage entsprechen 4,608 Jahren.

Wo es angebracht ist, werden Dezimalen aufgeführt. In der Wissenschaft sind sie häufig von erheblichem Belang. Dass der Speedcuber Felix Zemdegs im Jahre 2016 den Zauberwürfel in 4,73 Sekunden komplettierte, mag nur für den bisherigen Weltrekordler Mats Valk von Belang gewesen sein, denn Zemdegs war nur 0,01 Sekunden schneller.

Signifikante (Komma-) Stellen werden manchmal genutzt, um die Großartigkeit des teuren Messgerätes zu untermauern oder um feinste Unterschiede herauszustellen. So liegen Messergebnisse manchmal so eng beieinander, dass man

immer kleinere Dezimalen nimmt, um zwei Messungen voneinander abzuheben.

Im Gegensatz dazu wird hier weniger gerundet, je länger der Zeitabschnitt. Dass die Gebirge auf der Erde vor 260 bis 280 Millionen Jahren die höchsten Höhen erreichten, soll als Richtmaß für dieses Buch reichen. Unerheblich, ob diese Periode 320.000 Jahre länger oder kürzer dauerte.

Die von-bis-Logik wird auch verwendet, um unterschiedliche Quellen zu würdigen. So gibt es beispielsweise in der Literatur unterschiedliche Angaben zur Wirkdauer des medizinischen Lokalanästhetikums Tetracain. Die Angaben schwanken zwischen einer Stunde und drei Stunden.

Um Sekundendaten wissenschaftlich miteinander vergleichen zu können, werden sie auch zu Sportergebnissen ins Verhältnis gesetzt, in der Annahme, auf diese Weise Sekunden begreifbarer zu machen. Für Sportwissenschaftler dürfte ein Sportergebnis eine wissenschaftliche Bewandnis haben, im Kontext zu anderen wissenschaftlichen Daten erhalten Sportergebnisse eine erstaunliche Bedeutung. Generell gilt: Erst wer etwas versteht, kann (s)eine Struktur wahrnehmen.

Kontextualisierende Vergleiche dieser Art eröffnen eine Welt zuvor nicht wahrgenommener Zeitstrukturen. Mit dem Begriff Struktur verbindet man gerne Räume mit drei Dimensionen, vielleicht noch Flächen mit zwei Dimensionen. Aber auch die Zeit hat Strukturen. Dieses Buch eröffnet Ihnen also zuvor nicht wahrgenommene Zeitstrukturen.

Gedanken zur Vermessung der Zeit

Wie misst man das Alter eines Elefanten? Was in einem alten Zoo wie dem Wiener Tiergarten Schönbrunn noch leistbar ist, gestaltet sich schon schwieriger, wenn man wilde Elefanten nimmt. Tatsächlich ist das Höchstalter von Tieren kaum zu messen. Vorliegende Zeitdaten basieren demnach auf Aufzeichnungen von Tieren in Gefangenschaft.

Und selbst hier kann das Alter nur selten verlässlich angegeben werden, wie sich am Beispiel des Salzwasserkrokodils Gomek zeigt. Der Kamerad war in Papua Neuguinea gefangen worden, und auf der St. Augustine Alligator Farm in Florida gehalten worden. Trotz möglicher Messmethoden wie die Analyse der Wachstumsringe in Knoche und Zähnen blieb unklar, wie alt Gomek zum Zeitpunkt des Fangs war. Als er 1997 starb, gaben die Halter an, Gomek sei zwischen 70 und 80 Jahre alt geworden.

EINFÜHRUNG

Wer hat schon Zeit und Lust, die Zeit zu messen? Kurzfristige Zeitabschnitte wie eine Formel 1-Runde auf dem Hockenheimring sind für den Messenden verkraftbar, denn nach 70 bis 90 Sekunden ist der Zeitnehmer von seiner Aufgabe erlöst. Doch was macht derjenige, der das Wachstum des Grases messen will?

Normalerweise kann man nicht sehen, wie langsam das Gras wächst. Wegen solchen Selbstverständlichkeiten ist die Zeit schwerer zu greifen als der Raum. Lässt sich ein Grashalm in einem Zug vermessen, indem man Halm und Maßband zusammenbringt, muss man beim Vermessen der Wachstumszeit mindestens zweimal Maß anlegen. Einmal zu Beginn der Wachstumsperiode, und am Ende nochmal.

Dinge, die lange andauern, halten wir nach dem Philosophen und Mathematiker Alfred North Whitehead für realer als Dinge, die nur kurz in unserem Bewusstsein auftauchen. Da aber jede Wahrnehmung, jede Messung und jedes Ereignis „andauert", sind für Whitehead die Geschehnisse selbst und nicht die Dinge oder die Tatsachen die eigentlichen Grundbausteine der Realität.

Zeitmessungen unterliegen der Gefahr des Shifting Baseline Syndroms.

Verändern sich die Referenzpunkte der Messung über die Zeit, ist die ganze Messung für die Katz, und somit auch unsere Wahrnehmung der Zeit. Dass Frankreich im Laufe der Zeit fünfzehn Jahre lang eine komplett weiße Staatsflagge hatte, dürfte außer Vexillologen kaum jemandem bekannt sein. Heute kennen wir die blau-weiß-rote Trikolore Frankreichs der Französischen Revolution als Staatsflagge Frankreichs.

Aussagen werden häufig als kräftig empfunden, wenn der arithmetische Mittelwert bzw. der Durchschnittswert gegeben wird. Viele Zahlen in diesem Buch sind Durchschnittswerte.

Ob Messergebnisse objektiv sind, ist ein immerwährender Gegenstand wissenschaftlicher Bemühungen. Jede Messung erzielt andere Ergebnisse. Unterliegt jede Messung derselbe Messfehler, spricht man von systematischen Fehlern. Daher legt eine gute wissenschaftliche Praxis Wert darauf, dass die Bedingungen der Messung bekannt und somit nachvollziehbar sind.

Weil wir oft die Bedingungen für die Messergebnisse nicht (er-)kennen, bleiben im wissenschaftlichen Sinne Neugier und Kritik die besten Verbündeten. Dies gilt insbesondere

für Situationen, in denen Politik und Medien von den Bürgern bedingungsloses Vertrauen in die Wissenschaft fordern.

Obwohl Beobachtungen immer zutreffen, kann man sich in der Wissenschaft der Wirklichkeit immer nur annähern. Betrachtet man etwa die Rangliste der ältesten Menschen auf der Erde, mögen sich die Fachleute bei den TOP 10 noch einig sein. Schon die Nr. 50 ist aber stark umstritten. Eine Irrtumswahrscheinlichkeit ist mit ins Kalkül zu ziehen. Und falsifizierbar muss jede Wissenschaft sowieso sein. Ist sie das nicht, ist sie ein unwiderlegbares Dogma.

Die Vielzahl an Daten auf der Erde bringt es mit sich, dass wir in Zukunft immer stärker den Erklärenden glauben müssen, mehr als der Erklärung selbst. Schon heute verstehen die meisten Menschen die Erklärungen nicht mehr. Modelle wie die verschiedenen Klimamodelle sind verschlossene Black Boxes, die auch einzelne Wissenschaftler nicht verstehen.

Als ich einmal geschäftlich mit dem Präsidenten des Kieler Instituts für Weltwirtschaft (IfW), Gabriel Felbermayr, in seinem Büro auf einen Tee zusammenkam, eröffnete mir dieser, er verlasse sich auf Aussagen von fachlich ausgewiesenen Wissenschaftlern an seinem Institut oder von anderen Institutionen, wenn es um für ihn fachfremde Themen wie den Klimawandel geht. Aussagen anderer Wissenschaftler waren für Felbermayr eine wichtige Grundlage für seine richtungsweisende Energiepolitikberatung und Interviews. Im Übergangsbereich von der Wissenschaft zur Politik geht es häufig ums Glauben.

Da wir demzufolge immer mehr glauben müssen, sind Argumente zunehmend out. Jedenfalls erhöhen präzise Messungen den Glauben an die Wissenschaft. Die Wahrheit bilden sie aber nicht unbedingt ab. Wiederholte Messungen können allesamt falsche Ergebnisse liefern. Genauigkeit zeichnet sich durch präzise und zugleich richtige Messergebnisse aus. Wie nah die Messung beim wahren bzw. wirklichen Wert liegt, sagt uns also die (Treff-) Genauigkeit.

Es ein psychologisches Vorurteil: Runde Zahlen sind immer falsch. Viele Werte in diesem Buch sind ungenau. Wie lange Eichensamen bei guter Lagerung die Keimfähigkeit behalten, ist mit dem Wert von drei Jahren ein sehr ungenauer Wert. Drei Jahre sind aber ein Anhaltspunkt, mit dem man in der Praxis arbeiten kann. Wenn das Mittelmeer durch Afrikas Drift nach Norden laut Modellrechnungen in 50 Millionen Jahren nicht mehr existiert, dann interessiert nicht, ob dies 200.000 oder 400.000 Jahre später passiert. Wir nutzen Modelle, um Komplexes zu reduzieren und zu ordnen, um Schwerpunkte zu setzen und vereinfachte Ausschnitte der Welt zu zeigen.

Die Zahlen in diesem Buch wurden standardisiert. Standardisierungen lassen uns die Welt besser verstehen, weil sie echte Vergleiche ermöglichen. Ein Beispiel: Bei der Recherche traf ich auf die Umlaufzeiten der Neptunmonde um ihren Planeten. Beim kleinen Mond Puck fand ich die Zahl 0,76183287 Tage. Wollte ich diese Zahl nun in die bestehende Skala einfügen, stellte ich fest, dass ich rund um die Zeit von 0,7 Tagen alles in Stunden ausgedrückt hatte. Also rechnete ich per Dreisatzverfahren aus, dass 0,76183287 Tage gleich 18,28 Stunden entspricht. Erst jetzt waren die Zahlen besser vergleichbar. Denn davor war die Halbwertszeit des Organophosphor-Insektizids Parathion beim Säuregrad pH 4 vermerkt, mit 18,0 Stunden ebenfalls eine Stundenzahl.

Das Problem mit der Zeit

Mit der Zeit ist es ein wenig so wie mit der Liebe, sie regiert die Welt. Die Zeit ist zwar etwas Natürliches, und doch ist uns oft nicht bewußt, welche Regeln sie uns auferlegt. Tagein, tagaus führen wir Kalender, schauen auf die Uhr, machen Pläne oder bewerten Zeitabläufe. Wir vermessen nicht nur unsere Welt, sondern insbesondere auch uns selbst.

Pünktlichkeit ist immer noch eine hohe Messlatte, gerade in Deutschland. Die Zeit ist zum kritischen Faktor für unsere Gesundheit geworden, denn wir folgen nicht mehr unserer inneren Uhr. Wir lassen uns jagen, drängeln oder anderweitig unter Zeitdruck setzen. Oft nehmen wir uns nicht mal mehr die Zeit, um richtig zu atmen.

Zeit ist relativ, sagt man. Obwohl ein Tag in jedem Land genau 24 Stunden umfasst, variiert das Zeitempfinden der Menschen von Kultur zu Kultur, und zwischen den geographischen Lagen. In den Tropen verstreicht ein Tag auf andere Weise, als in einem kalten Winter auf der Nordhalbkugel.

Muss die Frage Wer bin ich? also damit beantwortet werden, je nachdem wo wir leben? Die Übermacht der Uhren erstreckt sich, zum Glück, nicht über die ganze Erde.

Abstrakt gesehen, lehrt uns die Physik, dass am Anfang alles Energie war – ohne Raum und Zeit. Die Energie bekommt einen Körper, sie formt sich zu Masse. Das Volumen dieser

neuen Masse nennen wir Raum. Die Masse beginnt durch die Zeit zu reisen. Als Beobachter dieser Reise erleben wir Menschen unterschiedliche Massen und Zeiten. Daher muss die Welt immer relativ sein, in der sich Positionen und Perspektiven verändern. Mit dieser Wahrnehmung offenbaren sich neue Interpretationsmuster von Wirklichkeit.

Hier ein Beispiel:

Treffen sich zwei Freunde nach Jahren zufällig auf der Straße. Sagt der eine, der samt Beruf, Haus und Familie einen geregelten Alltag verlebte: Meine Güte, ist die Zeit doch schnell vergangen. Sagt der andere, der gerade von einer langjährigen Reise zurückkam: Seltsam, meine Reise erschien mir wie ein ganzes Leben.

Es scheint, als ob ein Leben mit immerwährend gleichen Ritualen dazu führt, dass wir es als besonders schnell vergänglich empfinden.

Doch sind unsere Zeitfenster gleich, zeigt sich die Zeit ganz kommunistisch. Kulturen wie die Hopi-Indianer kennen kein Wort für Zukunft oder Vergangenheit, weil für sie einfach alles Gegenwart ist. Umberto Eco hat vielleicht recht, wenn er behauptet, dass unser Begriff von Zeit eine Erfindung des Christentums ist. Demnach verloren wir mit dem Christentum unseren an der Natur ausgerichteten Zeitbezug, und degradierten die Zeit zur Messlatte des Materiellen.

Wolfgang Amadeus Mozart starb mit 35, Bob Marley mit 36, Vincent van Gogh mit 37, George Gershwin mit 38. Dieses Nachschlagewerk ist voller Zahlen aus Raum und Zeit, die wie von Zauberhand zusammengeführt erscheinen.

Wir fragen: Was hätten diese großen Künstler noch alles erschaffen, wären sie nur älter geworden? Schaffen pro Zeit hat den Charakter wie die viskose Reibungskraft der Physik, die in Masse pro Zeit angibt, wie sich eine gedachte Kugel relativ zu einer Flüssigkeit bewegt.

Dabei wird eine kostbare Wahrheit oft übersehen, dass nämlich Zeit nicht Geld ist, sondern umgekehrt Geld echte (Lebens-) Zeit frisst. Im Paradies gibt es keine Pünktlichkeit. Bei allem ist eines gewiss: Mit der Lektüre dieses Buches erfahren Sie über Zahlenvergleiche eine Menge über sich selbst.

Die Zukunft der Zeit

Ohne die Zeit gäbe es keine Physik. Nicht nur fehlte ihr eine wesentliche physikalische Einheit, sondern sie verlöre auch ihre Kraft,Vorhersagen zu tätigen.

EINFÜHRUNG

Unter Verwendung der Zeit lässt sich Vieles unserer erlebbaren Welt erklären. Auch wenn die Zeit pysikalisch dieselbe bleiben wird, die sie ist, nämlich eine eindimensionale Konstante, wird sich kulturabhängig unser Verhältnis zu ihr verändern.

Die Zeit ist eine sehr menschliche Größe und die Technik ist ein großer Motivator für unser Zeitempfinden. Ohne die Neugier, wie schnell ein VW Passat beschleunigt, hätte die Zahl von 8,4 Sekunden eher keine Bedeutung. Je nachdem, was die Technik voranbringt, wird sich auch unser Zeitempfinden verändern.

Mit der zunehmenden Bedeutung von künstlicher Intelligenz steht die Interaktion von Mensch und Technik vor großen Herausforderungen. Längst hat der Prozess der kompletten Reorganisation unserer Wertesysteme begonnen. Die Idee des Menschen als pures Humankapital in der Arbeitswelt zeigt, wie die Idee von Zeit zu einer Bedrohung werden kann. Die Reduzierungen von Toilettenpausen als Arbeitgeberwunsch ist nur ein Beispiel für die Vermessung des Menschen als physikalischer Baustein. Solch ein unnatürliches Korsett von zu engen Zeitfenstern ist gegen die menschliche Natur. Es bereitet den Weg in eine Welt der Sklaverei.

Dennoch: Wenn Zeit besser vergleichbar wird, wird sie auch beherrschbarer. Da sie nun einmal da ist, dürfen wir sie nicht aus den Augen verlieren. Vergleichbarkeit schafft Transparenz und Gerechtigkeit. Mit der Bezähmung der Zeit wird sich zeitinduzierter Stress verlieren. Aus heutiger Sicht wird die zukünftige Welt zu einem Universum in Zeitlupe.

Das Reich der Physik & Chemie

Von tredizillionen Sekunden bis 4 Sekunden

Ausdehnung		Begriffliche Erfassbarkeit	Erläuterungen
von	bis		
10^{-44} s		Zurückverfolgbare Handlungsabfolge - ... nach dem Urknall	Unterschiedliche Quellangaben
10^{-44} s	10^{-43} s	Planck-Ära als Zeitabschnitt unmittelbar nach dem Urknall	Die Schwerkraft entstand zuerst
$5{,}391247 \cdot 10^{-44}$ s		Planck-Zeit als Einheit des natürlichen Einheitensystems der Quantengravitation	Das kürzestmögliche Zeitintervall in der Physik
10^{-40} s		Entstehung des Elektromagnetismus - ... nach dem Urknall	
10^{-38} s		Entstehung der Kernkräfte - ... nach dem Urknall - starke und schwache Wechselwirkungen	0,00000000000000000000000000000000000001 s
10^{-36} s		Entstehung der Elementarteilchen - ... nach dem Urknall	0,000000000000000000000000000000000001 s
10^{-34} s	10^{-30} s	Universum verdoppelte seine Größe - Zeitabschnitt nach dem Urknall	Inflation des Weltalls
10^{-30} s	10^{-23} s	Quark-Ära als Zeitabschnitt unmittelbar nach dem Urknall	Quarks und Gluonen bilden ein Plasma
10^{-26} s		0,01 Yoctosekunde = 0,01 ys	
0,023 ys		Halbwertszeit vom Lithium-Isotop Li-13	
10^{-25} s		0,1 Yoctosekunde = 0,1 ys	0,0000000000000000000000001 Sekunden
0,26 ys		Mittlere Lebensdauer eines Z-Bosons	
0,3 ys		Mittlere Lebensdauer eines W-Bosons	
0,42 ys		Mittlere Lebensdauer eines Top-Quarks = Truth-Quarks	
10^{-24} s		1 Yoctosekunde = 1 ys	0,000000000000000000000001 Sekunden
1 ys		Dauer eines Rechenschritts in YFLOPS Prozessoren und Computern	Gleitkomma-Rechenleistung
4 ys		Mittlere Lebensdauer von ρ Mesonen - instabile subatomare Teilchen	Vektormesonen
10^{-23} s		10 Yoctosekunden = 10 ys	0,00000000000000000000001 Sekunden
10 ys		Hadronische Bindungszustände erfolgen in der Natur ab ...	Gruppierungsvorgänge von Quarks
13 ys		Mittlere Lebensdauer von K^+ und K^- Kaonen	Vektormesonen
23 ys	652 ys	Halbwertszeit vom Wasserstoff-Isotop H-7	Unterschiedliche Quellen, schwer zu messen
30 ys		Durchquerungsdauer von Licht durch ein Proton	
75,6 ys	91 ys	Halbwertszeit vom Lithium-Isotop Li-4	Unterschiedliche Quellen, schwer zu messen
80,193 ys	> 90 ys	Halbwertszeit vom Wasserstoff-Isotop H-5	Unterschiedliche Quellen, schwer zu messen
99 ys	140 ys	Halbwertszeit vom Wasserstoff-Isotop H-4	Unterschiedliche Quellen, schwer zu messen
10^{-22} s		100 Yoctosekunden = 100 ys	0,0000000000000000000001 Sekunden
156 ys		Mittlere Lebensdauer eines Higgs-Bosons oder Higgs-Teilchen	

Ausdehnung		Begriffliche Erfassbarkeit	Erläuterungen
von	bis		
200 ys		Mittlere Lebensdauer von ϕ Mesonen	Vektormesonen
200 ys		Halbwertszeit vom Stickstoff-Isotop N-10	Schwer zu messen
290 ys	326,5 ys	Halbwertszeit vom Wasserstoff-Isotop H-6	Unterschiedliche Quellen, schwer zu messen
304 ys		Halbwertszeit vom Lithium-Isotop Li-5	Schwer zu messen
350 ys		Halbwertszeit vom Bor-Isotop B-7	Schwer zu messen
500 ys		Halbwertszeit vom Fluor-Isotop F-14	Schwer zu messen
549 ys	590 ys	Halbwertszeit vom Stickstoff-Isotop N-11	Schwer zu messen
650 ys		Halbwertszeit vom Beryllium-Isotop Be-16	Schwer zu messen
700 ys		Mittlere Lebensdauer von ω Mesonen	Vektormesonen
700 ys	761 ys	Halbwertszeit vom Helium-Isotop He-5	Unterschiedliche Quellen, schwer zu messen
790 ys		Halbwertszeit vom Beryllium-Isotop Be-15	Schwer zu messen
930 ys		Halbwertszeit vom Beryllium-Isotop Be-11m	Schwer zu messen
10^{-21} s		1 Zeptosekunde = 1 zs	0,000000000000000000001 Sekunden
1 zs		Dauer eines Rechenschritts in ZFLOPS Prozessoren und Computern	Gleitkomma-Rechenleistung
1,1 zs		Halbwertszeit vom Fluor-Isotop F-15	Schwer zu messen
1,14275 zs		Halbwertszeit vom Sauerstoff-Isotop O-12	Schwer zu messen
1,34 zs		Halbwertszeit vom Natrium-Isotop Na-18	Schwer zu messen
1,35 zs		Halbwertszeit vom Lithium-Isotop Li-10m2	Schwer zu messen
1,5 zs	7,0 zs	Halbwertszeit vom Helium-Isotop He-9	Unterschiedliche Quellen, schwer zu messen
2,0 zs		Halbwertszeit vom Lithium-Isotop Li-10	Schwer zu messen
1,5 zs	2,7 zs	Halbwertszeit vom Helium-Isotop He-10	Schwer zu messen
2,0 zs	3,5 zs	Halbwertszeit vom Kohlenstoff-Isotop C-8	Unterschiedliche Quellen, schwer zu messen
2,5 zs	2,857 zs	Halbwertszeit vom Helium-Isotop He-7	Unterschiedliche Quellen, schwer zu messen
3,0 zs		Mittlere Lebensdauer von η' Mesonen - instabile subatomare Teilchen	Pseudoskalare Mesonen
3,7 zs		Halbwertszeit vom Lithium-Isotop Li-10m1	Schwer zu messen
5,0 zs		Halbwertszeit vom Beryllium-Isotop Be-6	Schwer zu messen
10^{-20} s		10 Zeptosekunden = 10 zs	0,00000000000000000001 Sekunden
11,0 zs		Halbwertszeit vom Fluor-Isotop F-16	Schwer zu messen
12,18 zs		Mittlere Lebensdauer von Y-Mesonen	

Ausdehnung		Begriffliche Erfassbarkeit	Erläuterungen
von	bis		
10^{-19} s		100 Zeptosekunden = 100 zs	0,0000000000000000001 Sekunden
247 zs		Reisezeit eines Photons durch ein 0,074 Nanometer kleines Wasserstoffmolekül	Kürzestes tatsächlich gemessenes Zeitintervall
500 zs		Mittlere Lebensdauer von η Mesonen - instabile subatomare Teilchen	Pseudoskalare Mesonen
800 zs		Mittlere Lebensdauer von J/ψ-Mesonen - instabile subatomare Teilchen	
845 zs		Halbwertszeit vom Bor-Isotop B-9	Schwer zu messen
10^{-18} s		1 Attosekunde = 1 as	0,000000000000000001 Sekunden
1 as		Dauer eines Rechenschritts in EFLOPS Prozessoren und Computern	Gleitkomma-Rechenleistung
1 as		Erwartete Rechenoperation Dauer von Computern im Jahre 2018	10^{-18} Operationen pro Sekunde
1,25 as		Halbwertszeit vom Beryllium-Isotop Be-9m	Schwer zu messen
1,6 as		Schwingungspräzision von Gitteruhren aus dem Lanthanoid Ytterbium	Uhr von Nathan Hinkley et al.
1 as	10 as	Lichtpuls Dauer - emittiert von Attosekundenlasern	
5 as	20 as	Kleinstes bisher gemessenes Zeitintervall: Elektronenaustritt aus Atom	Am Max Planck Institut Garching gemessen
10^{-17} s		10 Attosekunden = 10 as	0,00000000000000001 Sekunden
10 as		Relative Abweichung heutiger optischer Atomuhren	In Bezug zu Schwingungspräzisionen
67,22 as	81,9 as	Halbwertszeit vom Beryllium-Isotop Be-8	Unterschiedliche Quellen
84 as		Zerfallszeit eines neutralen Pions π0 in zwei Photonen	Pseudoskalare Mesonen
10^{-16} s		100 Attosekunden = 100 as	0,0000000000000001 Sekunden
100 as		Dauer eines Rechenauftrags im menschlichen Gehirn	
100 as		Messgenauigkeit für geodätische Erdvermessungen mittels Zeitmessung	Anwendung: Bei Plattentektonik
100 as		Messgenauigkeit von Atomuhren	
10^{-15} s		1 Femtosekunde = 1 fs	0,000000000000001 Sekunden
1 fs		Zerfall von Natriumiodid in Natrium und Iod nach UV-Bestrahlung	
1 fs	1 ps	Messskala für chemische Reaktionen in menschlichen Körpern	
1 fs		Dauer eines Rechenschritts in PFLOPS Prozessoren und Computern	Gleitkomma-Rechenleistung
1 fs		Relative Abweichung von Cäsiumuhren	In Bezug zu Schwingungspräzisionen
1 fs	1 ps	Femtosekundenlaser Lichtimpulstaktung	
1 fs	0,0000001 s	Absorption von ionisierender Strahlung in organischem Gewebe	Wenn Strahlung nicht durchgeht
1,34 fs	2 fs	Rechenoperation Dauer vom global leistungsstärkstem Computer	BlueGene/L in US-Kernforschungszentrum

Ausdehnung		Begriffliche Erfassbarkeit	Erläuterungen
von	bis		
1,34809 fs		Zunahme der Periodendauer des Pulsars PSR B1919+21 - pro Sekunde	
6 fs		Rechenoperation Dauer von Europas leistungsstärkstem Computer	JUGENE im Forschungszentrum Jülich
8,2 fs		Halbwertszeit vom Lithium-Isotop Li-8m1	Schwer zu messen
9 fs		Halbwertszeit vom Stickstoff-Isotop N-14m3	Schwer zu messen
10^{-14} s		10 Femtosekunden = 10 fs	0,00000000000001 Sekunden
13,2 fs		Halbwertszeit vom Stickstoff-Isotop N-14m1	Schwer zu messen
50 fs		Laserblitz Dauer für Anregung von Gitterschwingungen in KDP-Kristall	In Röntgen-Reaktionsmikroskop
73 fs		Halbwertszeit vom Stickstoff-Isotop N-14m2	Schwer zu messen
90 fs	120 fs	Pulsfrequenz von Titan-Saphir-Lasern in 2-Photonen-Mikroskopie	
10^{-13} s		100 Femtosekunden = 100 fs = 0,1 Pikosekunden	0,0000000000001 Sekunden
100 fs		1 Svedberg = 1 S = Sedimentierungsrate von Partikeln in Zentrifugen	
100 fs		Röntgenblitz Dauer bei Messung von Elektronenpositionen in Röntgenfilmen	
100 fs		Energieübertragungszeit bei Photosynthese in pflanzlichen Chloroplasten	Übertragung auf Reaktionszentrum
100 fs		Atomuhr Stabilität der GPS-Satelliten Block II und Block IIA	Ganggenauigkeit von ± 1 Sekunde in 1 MJ
290,6 fs		Mittlere Lebensdauer von Tau-Leptonen oder τ-Teilchen	± 1 fs
410 fs		Mittlere Lebensdauer von D^0 Mesonen	
500 fs		Mittlere Lebensdauer von D_S^+ und D_S^- Mesonen	
800 fs		Halbwertszeit vom Beryllium-Isotop Be-10m1	Schwer zu messen
10^{-12} s		1 Pikosekunde = 1 ps	0,000000000001 Sekunden
1 ps		Dauer von Übergangszuständen in chemischen Reaktionen	
1 ps		Lebensdauer von Charm-Quarks	
1 ps		Dauer eines Rechenschritts in TFLOPS Prozessoren und Computern	Gleitkomma-Rechenleistung
1 ps	0,9 s	Reaktionszeiten bei chemischen Relaxationsverfahren	Meist im Millisekundenbereich
1,04 ps		Mittlere Lebensdauer von D-Mesonen	
1,5 ps		Mittlere Lebensdauer von B^0 Mesonen	
1,6 ps		Mittlere Lebensdauer von B^+ und B^- Mesonen	
3 ps		Einen Millimeter legt Licht zurück in ...	
9,756 ps		Kürzeste Dauer eines Rechenschritts in Core i7 Sandy Bridge Prozessoren	Bei 3,4 GHz und vier Kernen

Ausdehnung		Begriffliche Erfassbarkeit	Erläuterungen
von	bis		
10^{-11} s		10 Pikosekunden = 10 ps	0,00000000001 Sekunden
10 ps	100 ns	Zeitraum zwischen Molekülanregungen und Energieabgaben	Fluoreszenzeffekt
10 ps		Einschlussdauer bei Trägheitsfusionen von Deuterium und Tritium	Bei der Kernfusion
12,0192 ps		Kürzeste Dauer eines Rechenschritts in Core i7 Prozessoren	Bei 3,47 GHz und sechs Kernen
19,5312 ps		Kürzeste Dauer eines Rechenschritts in Core i7 Prozessoren	Bei 3,2 GHz und vier Kernen
68,3526 ps		Kürzeste Dauer eines Rechenschritts in IBM Cell Prozessoren	Bei 8 SPUs und 3,2 GHz
69,44 ps		Kürzeste Dauer eines Rechenschritts in Pentium 4 Prozessoren	Bei SSE3 und 3,6 GHz
90 ps		Mittlere Lebensdauer von Ks^0 Kaonen - instabile subatomare Teilchen	
10^{-10} s		100 Pikosekunden = 100 ps	0,0000000001 Sekunden
100 ps	100 ns	Valenzelektronen Rückkehr in Grundzustand - nach Strahlungsabsorption	… innerhalb …
156,25 ps		Kürzeste Dauer eines Rechenschritts in Pentium 4 Prozessoren	Bei 3,2 GHz
156,25 ps		Kürzeste Dauer eines Rechenschritts in Itanium Prozessoren	Bei 1,6 GHz
546,4 ps		Kürzeste Dauer eines Rechenschritts in IBM Cell Prozessoren	Bei 1 SPU und 3,2 GHz
< 1 ns		Singulett $^1\Sigma_g^+$ Sauerstoff 2 Molekül Lebensdauer in wässrigen Lösungen	Sehr kurzlebig und reaktiv
10^{-9} s		1 Nanosekunde = 1 ns	0,000000001 Sekunden
1 ns		Dauer eines Rechenschritts in GFLOPS Prozessoren und Computern	Gleitkomma-Rechenleistung
1 ns	100 ns	Zeitraum zwischen Energieaufnahme und Abgabe bei Fluoreszenz	In Atomen
5 ns		Dauer einer Berechnung für 1 Schachzug vom Schachcomputer Deep Blue	Bei maximaler Leistung
7 ns		Halbwertszeit vom Radium-Isotop Ra-216	
7,9365 ns		Dauer einer Berechnung für 1 Schachzug vom Schachcomputer Deep Blue	Im Durchschnitt
10^{-8} s		10 Nanosekunden = 10 ns	0,00000001 Sekunden
10 ns		Halbwertszeit vom Lithium-Isotop Li-12	
10 ns		Dauer eines *Shakes* - informelle Einheit mit Anwendungen in der Kernphysik	
10,7 ns		Zunahme der Rotationsperiode des Neutronensterns = Pulsars PSR 0833-45	
12 ns		Mittlere Lebensdauer von K+ und K- Kaonen - instabile subatomare Teilchen	Pseudoskalare Mesonen
26 ns		Mittlere Lebensdauer von π+ und π- Pionen - instabile subatomare Teilchen	±0,0005
30 ns		Impulsdauer von Lasern für minimalinvasive Gehirn-Operationen	30 Nanosekunden
40 ns		Halbwertszeit vom Sauerstoff-Isotop O-26	

Ausdehnung		Begriffliche Erfassbarkeit	Erläuterungen
von	bis		
50 ns		Halbwertszeit vom Sauerstoff-Isotop O-25	
51 ns		Mittlere Lebensdauer von K_L^0 Kaonen - instabile subatomare Teilchen	Pseudoskalare Mesonen
52 ns		Halbwertszeit vom Stickstoff-Isotop N-24	
10^{-7} s		100 Nanosekunden = 100 ns	0,0000001 Sekunden
100 ns		Halbwertszeit vom Sauerstoff-Isotop O-28	
100 ns	100 s	Zeitraum zwischen Energieaufnahme und Abgabe bei Phosphoreszenz	In Atomen
100 ns		Bildung aktiver Radikale aus Wasser nach ionisierender Strahlung	
150 ns		Blitz Dauer, damit Blitz anstatt in Wasser in Beton (unter Wasser liegend) einschlägt	Elektrodynamische Betonfragmentierung
229 ns		Halbwertszeit vom Beryllium-Isotop Be-12m	
260 ns		Halbwertszeit vom Sauerstoff-Isotop O-27	
300 ns		Halbwertszeit vom Polonium Isotop Po-212 (hohes Sicherheitsrisiko)	0,3 Mikrosekunden
300 ns	29,6 µs	Dauer einer *Truti* - gemäß hinduistisch siderischer Zeitenlehre	29,6 Mikrosekunden gemäß Sūrya Siddhānta
< 500 ns		Wasser hat höhere Durchschlagsfestigkeit als Festkörper bei Blitzdauer	Elektrodynamische Betonfragmentierung
10^{-6} s		1 Mikrosekunde = 1 µs	0,000001 Sekunden = 1/1.000.000 Sekunde
1 µs		Dauer eines Rechenschritts in MFLOPS Prozessoren und Computern	Gleitkomma-Rechenleistung
1 µs		Signal Verlangsamung im Doppelsternsystem des Pulsars PSR 1913+16 - pro Sekunde	Zeitdilatation durch Massendichtenzunahme
1 µs		Messabstand von zwei Scans eines 3D-Laserscanners	Auf Messzügen der Deutschen Bahn
1 µs	10 µs	Pulslänge von Radiofrequenzen bei NMR Kernspinresonanz Spektroskopie	
1,5 µs		Halbwertszeit von Myonen	
2 µs		Ultrazentrifugen - Minimale Dauer einer Umdrehung	500.000 Umdrehungen pro Minute
2,1969803 µs		Mittlere Lebensdauer von Myonen	
4 µs		Umdrehung Dauer in Mikrogetrieben der Rüstungsfirma Sandia Laboratories	250.000 Umdrehungen pro Minute
10^{-5} s		10 Mikrosekunden = 10 µs	0,00001 s
0,00001 s	1 s	QCD-Phasenübergang bzw. Quark-Hadron-Übergang als Zeitabschnitt nach dem Urknall	Quarks wurden zu Mesonen und Baryonen
0,0000125 s		Ultrazentrifuge - Dauer einer Umdrehung, zum Beispiel Thermo Scientific WX Ultra 90	80.000 Umdrehungen pro min
0,0000125 s		Schwungradsystem Rotationsdauer bei Formel 1-KERS-Systemen aus CFK	80.000 Umdrehungen pro min
0,000015625 s		Schwungradsystem Rotationsdauer bei Formel 1-KERS-Systemen	64.000 Umdrehungen pro min
0,000016 s		Zunahme der Dauer einer Erdumdrehung - pro Jahr	Durch von Ebbe/Flut erzeugter Reibung

Ausdehnung		Begriffliche Erfassbarkeit	Erläuterungen
von	bis		
18 µs		Dauer einer *Renu*	Hinduistisch siderische Zeitenlehre
0,00002 s	0,00005 s	Allgemeine Dauer von Schwungrad Rotorumdrehungen	20.000 - 50.000 Umdrehungen pro min
0,0000226 s		Abtastrate von Audio-CDs - alle ...	44,1 kHz
0,0000263 s		Dauer einer *Paramāṇu*	Hinduistisch-vedische Zeitenlehre
0,00003052 s		Quarzkristall Schwingungen in Quarzuhren - Rhythmus - alle ...	32.768 Schwingungen pro Sekunde
0,00004 s		Verzögerungs Tickzeit von Uhren auf der Erde gegenüber in 800 km Höhe	Innerhalb 12 Stunden
0,0000526 s		Schwingungsdauer einer Periode vom höchstmöglich-hörbaren Ton	Hörgrenze (Mensch) = 19.000 Hertz
0,0000572 s		Dauer einer *Aṇu*	Hinduistisch-vedische Zeitenlehre
10^{-4} s		100 Mikrosekunden = 100 µs = 0,1 Millisekunde = 0,1 ms	0,0001 s
0,0001 s		Dauer elektrischer Spannungsgebung bei Kirlianfotografie	Koronaentladungs-Fotografie
0,0001 s		Schwingungsdauer einer Schallwellenperiode bei höchster Lärmfrequenz	Raumakustik = bis 10.000 Hertz
0,0001 s		Hadronen-Ära als Zeitabschnitt unmittelbar nach dem Urknall	Aus freien Quarks bildeten sich Hadronen
0,0001 s	0,001 s	Zeitraum zwischen Molekülanregungen und Energieabgaben	Phosphoreszenzeffekt
0,0001 s	1 s	Leptonen-Ära als Zeitabschnitt unmittelbar nach dem Urknall	
0,00011 s		Dauer einer *Lava*	Hinduistisch siderische Zeitenlehre
0,000125 s		Schwingungsdauer einer Schallwellenperiode beim höchsten Sprachton	Sprachfrequenz (Mensch) = 8.000 Hz
0,000145 s		Stundenzeiger Winkelgeschwindigkeit - pro Stunde	
0,000158 s		Dauer einer *Trasareṇu*	Hinduistisch-vedische Zeitenlehre
0,00016 s		Halbwertszeit vom radioaktiven Radium Isotop Ra-214 (α-Strahlung)	
0,0004 s		Gasblasenzyklus für Entstehung und Kollaps bei Ultraschall Extraktionen	Chemische Analytik
0,0008 s		Übertragungszeit auf den Muskel über die motorische Endplatte	Bei menschlichen Muskeln
0,000956 s		Zuckmücken *Forcipomyia* Flügelschlagdauer	
0,000474 s		Dauer einer *Truṭi*	Hinduistisch-vedische Zeitenlehre
< 0,001 s		Blitzlicht-Stroboskop Blitzdauer	
10^{-3} s		1 Millisekunde = 1 ms	0,001 Sekunde = 1/1000 Sekunde
0,001 s		Dauer eines Rechenschritts in kFLOPS Prozessoren und Computern	Gleitkomma-Rechenleistung
0,001 s		Aufenthaltsdauer chemischer Proben in 10.000 °C heißem ICP-MS-Plasma	
0,001 s		Singulett $^1\Delta_g$ Sauerstoff 1 Molekül Lebensdauer in wässrigen Lösungen	Kurzlebig und reaktiv
0,001 s		Impulsdichte von Radarsystemen phasengleicher Mikrowellen	

Ausdehnung		Begriffliche Erfassbarkeit	Erläuterungen
von	bis		
0,001 s		Syntheserate der DNA-Polymerase III während der Zell-Replikation	1.000 Basen pro Sekunde
0,001 s		Zerfall des Carotinoids Retinal nach Lichtimpuls im Auge - Rückreaktion bis zu 30 min	Blendung dunkler → heller Raum
0,001 s		Zusatzalter pro Jahr vom Space Shuttle Personal auf 300 km Höhe gemäß Relativitätstheorie	Im Gegensatz zur Erde
0,001 s		Lebensdauer vom chemischen Radikal Triphenylmethyl	
1,08 ms		Dauer einer *Lava*	Hinduistisch-vedische Zeitenlehre
0,002 s		Elongationsrate von Nukleotiden in Erbsubstanz von Bakterien	500 neue Nukleotide pro Sekunde
0,002 s		Erdrotation verlangsamt sich pro Tag und seit etwa 100 Jahren um ...	
0,002 s		Aufnahmebilderdichte bei Crashtests - ein Bild alle 0,0002 Sekunden	
0,00225733 s		Dauer einer Tonschwingung als Kammerton für deutsche Sinfonieorchester	443 Hz, ebenfalls in Österreich
0,00226244 s		Dauer einer Tonschwingung als Kammerton für Schweizer Sinfonieorchester	442 Hz
0,00227272 s		Dauer einer Tonschwingung im Standard-Kammerton - seit 1939	440 Hz, Klavierstimmung
0,00228311 s		Dauer einer Tonschwingung in Musizierpraxis für Musik der Romantik	438 Hz, auf historischen Instrumenten
0,00232558 s		Dauer einer Tonschwingung in Musizierpraxis für klassische Musik	430 Hz, auf historischen Instrumenten
0,00240963 s		Dauer einer Tonschwingung in Musizierpraxis für Barockmusik	415 Hz, auf historischen Instrumenten
2,96 ms		Dauer einer *Tatpara*	Hinduistisch siderische Zeitenlehre
0,0036 s		Köcherfliegen Flügelschlagdauer	
0,003 s	0,0056 s	Stubenfliegen Flugmuskel Zuckungszeit	Zuckung = Kontraktion + Erschlaffung
0,003174 s		Schwingungsdauer einer Schallwellenperiode bei höchster Baulärmfrequenz	Bauakustik = bis 3.150 Hertz
0,003257 s	0,0036 s	Stechmücken Flügelschlagdauer	
0,0035 s		Bildungsfrequenz von neuen menschlichen Körperzellen	1 Million neue Zellen pro Stunde
0,00351 s		Angreifende Bienen Arbeiterinnen Flügelschlagdauer	
0,00395 s	0,00442 s	Bienen Königinnen Flügelschlagdauer	
< 0,004 s		Latenzzeit von Glasfaserkabeln von Latitude Dynamix	
0,004 s		Hummeln Flugmuskel Zuckungszeit	Zuckung = Kontraktion + Erschlaffung
0,004 s	0,01 s	Kontraktionszeit von Coxalmuskeln bei Schaben	
0,004 s	0,00417 s	Bienen Arbeiterinnen Flügelschlagdauer	
0,004 s	0,0077 s	Hummeln Flügelschlagdauer	
0,00435 s		Halbwertszeit vom Beryllium-Isotop Be-14	
0,00483 s		Bienen Drohnen Flügelschlagdauer	

Ausdehnung		Begriffliche Erfassbarkeit	Erläuterungen
von	bis		
0,005 s		Verzögerungsdauer einer Erdumdrehung - an manchen Tagen im Jahr	
0,005 s		Blitzsynchronzeit der Spiegelreflexkamera Canon EOS 600D	€ 600
0,005 s	0,05 s	Dauer von Fledermausrufen (je nach Art und KHz)	Pulshäufigkeit oft breitbandig
0,0053 s	0,0056 s	Schlammfliegen *Eristalis* Flügelschlagdauer	
0,0062 s		Halbwertszeit vom Kohlenstoff-Isotop C-22	
0,006219 s		Rotationsperiode des Neutronensterns = Pulsars PSR 1257+12	
0,0065 s		Schmeißfliegen *Calliphora* Flügelschlagdauer	
0,00667 s		Dauer einer *Leekshaka*	Hinduistisch siderische Zeitenlehre
0,007 s		Impulsweiterleitung von menschlichen Nervenzellen - innerhalb ...	Mit chemischen Botenstoffen
0,0073 s		Halbwertszeit vom Stickstoff-Isotop N-16m1	
0,008 s		Kontraktionszeit von Flugmuskeln bei Kolibris	
0,0085 s		Halbwertszeit vom Lithium-Isotop Li-11	
0,00858 s		Halbwertszeit vom Sauerstoff-Isotop O-13	
0,009 s		Wespen Flügelschlagdauer	
10^{-2} s		10 Millisekunden = 10 ms = 1 hundertstel Sekunde = 1 Zentisekunde (cs)	0,01 s
0,01 s		Wimpernschlag Dauer	
0,01 s		Schwingungsdauer einer Schallwellenperiode beim niedrigsten Sprachton	Sprachfrequenz (Mensch) = 100 Hz
0,01 s		Schwingungsdauer einer Schallwellenperiode bei niedrigster Baulärmfrequenz	Bauakustik = ab 100 Hertz, in Deutschland
0,01 s		Kontraktionszeit von schnellen Remotor-Muskeln bei Hummern	
0,01 s		Bremsen Flügelschlagdauer	
0,01 s	0,15 s	Reaktionszeit gemäß persönlicher Gleichung an astronomischen Registriermikrometern	Geräte mit manueller Nachführung, ± 0,02 s
0,01 s	0,8 s	Durchschnittliche Reaktionszeit gemäß persönlicher Gleichung in der Astronomie	Je nach Messmethode und Beobachtererfahrung
0,011 s	0,0145 s	Weichkäfer Flügelschlagdauer	
0,011 s		Halbwertszeit vom Stickstoff-Isotop N-12	
0,011 s	0,013 s	Marienkäfer Flügelschlagdauer	
0,012 s	0,013 s	Taubenschwanz Schmetterlinge Flügelschlagdauer	
0,0128 s		Amethyst-Kolibri Flügelschlagdauer	
0,014 s		Kontraktionszeit von Flugmuskeln bei Finken	
0,014 s	0,023 s	Wiesenschnaken Flügelschlagdauer	

Ausdehnung		Begriffliche Erfassbarkeit	Erläuterungen
von	bis		
0,0145 s		Halbwertszeit vom Stickstoff-Isotop N-23	
0,01587 s		Schwingungsdauer einer Schallwellenperiode bei niedrigster Raumfrequenz	Raumakustik = ab 63 Hertz
0,016 s		Halbwertszeit vom Kohlenstoff-Isotop C-20	
0,016 s	0,02 s	Wechselstrom (AC) Richtungsänderung - alle ...	50 bis 60 Hz
0,02 s		Schwingungsdauer einer Schallwellenperiode bei niedrigster Lärmfrequenz	Lärmbekämpfuung = ab 50 Hertz
0,02 s	0,025 s	Nukleotid Elongationsrate in menschlicher DNS während Transkription	40-50 neue Nukleotide pro Sekunde
0,02 s		Elektronen Schwingung Dauer in Strom Überlandleitungen	50 Hz = 50 mal pro Sekunde
0,02 s	0,033 s	Kolibris Flügelschlagdauer	Außer Amethyst-Kolibri
0,02 s	0,033 s	Transkriptionsrate des Erbmaterials mRNS in menschlichen Zellen	30 bis 50 Basen pro Sekunde
0,021 s	0,0236 s	Halbwertszeit vom Beryllium-Isotop Be-12	Unterschiedliche Quellen
0,022 s		Herzschlag Länge von Störchen	
0,022 s		Maikäfer Flügelschlagdauer	
0,022 s		Kontraktionszeit von Zuckungsmuskelfasern bei Fröschen	
0,023 s	0,024 s	Eintagsfliegen *Cloeon* Flügelschlagdauer	
0,024 s		Halbwertszeit vom Stickstoff-Isotop N-22	
0,036 s		Kontraktionszeit von Muskeln (Musculus soleus) bei Ratten	
0,036 s	0,045 s	Teufelsnadel-Libellen Flügelschlagdauer	
0,037 s	0,054 s	Kontraktionszeit von Muskeln (Musculus costocutaneus) bei Schlangen	
0,039 s		Libellen Flugmuskel Zuckungszeit	Zuckung = Kontraktion + Erschlaffung
0,04 s		Bei musikalischen Halbtonschritten schwingen Töne ... Sekunden länger ...	... als benachbarter Ganzton = 25 Hz
0,04 s		Kontraktionszeit von Muskeln (Musculus gastrocnemius) bei Katzen	
0,045 s	0,12 s	Herzschlag Länge einer Spitzmaus	Bis 1.320 Herzschläge pro Minute
0,046 s		Kontraktionszeit von tonischen Muskelfasern bei Fröschen	
0,0462 s		Halbwertszeit vom Kohlenstoff-Isotop C-19	
0,0474 s		Dauer einer *Vedha*	Hinduistisch-vedische Zeitenlehre
0,05 s		Tauben Flugmuskel Zuckungszeit	Zuckung = Kontraktion + Erschlaffung
0,05 s		Plattbauch-Libellen und Wanderheuschrecken Flügelschlagdauer	
0,05 s	0,06 s	Kontraktionszeit von langsamen Remotor-Muskeln bei Hummern	
0,05 s	0,2 s	Reaktionszeit gemäß persönlicher Gleichung bei visuellen Sterndurchgängen	Gilt für erfahrene Beobachter, ± 0,03 s

Ausdehnung		Begriffliche Erfassbarkeit	Erläuterungen
von	bis		
0,055 s		Reaktionszeit auf optische Reize bei Krillkrebsen	
0,05903 s		Rotationsperiode des Neutronensterns Pulsar PSR 1913+16	17 Umdrehungen pro Sekunde
0,06 s		Herzschlag Länge von Etruskerspitzmäusen	1.000 Herzschläge pro Minute
0,06 s	0,086 s	Tonintervall Länge eines Beats im Splittercore	700 bis 1.000 bpm
0,061 s		Halbwertszeit vom Sauerstoff-Isotop O-24	
> 0,0617 s		Herzschlag Länge von Zwergfledermäusen	Bis 972 Herzschläge pro Minute
0,0625 s		Schwingungsdauer einer Periode vom niedrigst-hörbaren Ton	Hörgrenze (Mensch) = 16 Hertz
0,0648 s		Dauer einer *Liksaka*	Hinduistisch-vedische Zeitenlehre
0,067 s		Telekommunikationsdauer für 20.000 km (1 x um die Welt)	Idealwert - mit Verzögerungen
0,067 s		Atemrhythmus beim Lachen - Zeitraum für einen Stoß	
0,07 s		Kontraktionszeit von Muskeln (Musculus soleus) bei Katzen	
0,07 s	0,08 s	Kontraktionszeit von Längsmuskeln bei Regenwürmern	
0,071 s	0,081 s	Herzschlag Länge von Sperlingen	Bis 850 Herzschläge pro Minute
0,075 s		Kontraktionszeit von Muskeln (Musculus sartorius) bei Fröschen	
0,078 s		Haussperlinge Flügelschlagdauer	
0,08 s	0,15 s	Tatumbereich musikalischer Rhythmen	Entspricht Rhythmus von Handgesten
0,08 s	0,15 s	Bewegungsrhythmus menschlicher Zungen	
0,082 s		Halbwertszeit vom Sauerstoff-Isotop O-23	
0,0823 s		Kontraktionszeit von Muskeln (Musculus soleus) bei Meerschweinchen	
0,083 s		Mauersegler Flügelschlagdauer	
0,083 s	0,11 s	Kohlweißling Schmetterlinge Flügelschlagdauer	
0,085 s		Halbwertszeit vom Stickstoff-Isotop N-21	
0,086 s		Herzschlag Länge eines Mauerseglers	700 Herzschläge pro Minute
0,086 s	0,24 s	Tonintervall Länge eines Beats im Speedcore	250 vis 700 bpm
88,9 ms		Dauer einer *Nimesha*	Hinduistisch siderische Zeitenlehre
0,089 s		Rotationsperiode des Neutronensterns = Pulsars PSR 0833-45	
0,09 s		Herzschlag Länge einer Fledermaus *Pipistrellus raceyi*	
0,09 s		Bläuling Schmetterlinge Flügelschlagdauer	
0,092 s		Halbwertszeit vom Kohlenstoff-Isotop C-18	

Ausdehnung		Begriffliche Erfassbarkeit	Erläuterungen
von	bis		
< 0,1 s		Reaktionszeit gemäß persönlicher Gleichung an astronomischen Registriermikrometern	Geräte mit automatischer Nachführung
10^{-1} s		100 Millisekunden = 100 ms = 1 Zehntelsekunde = 1 Dezisekunde (ds)	0,1 s
0,1 s		Definition eines Augenblicks im Sinne von Erkennen als 2. Schritt eines Bremsvorgangs	Der 1. Schritt ist das Sehen
0,1 s		Verzögerungsdauer bis zum Schmerzempfinden nach Nadelstich in Finger	
0,1 s		Syntheserate der DNS-Polymerase I während der Zell-Replikation	10 Basen pro Sekunde
0,1 s		Halbwertszeit vom Stickstoff-Isotop N-20	
0,1 s		Syntheserate von Proteinen anhand der mRNS während der Translation	10 Aminosäuren pro Sekunde
0,1 s		Heuschrecken Sprungmuskel Zuckungszeit	Zuckung = Kontraktion + Erschlaffung
0,1 s	0,2 s	Stockenten Flügelschlagdauer	
0,1 s	0,2 s	Schwellzeit als 6. Schritt von Bremsvorgängen bei hydraulischen Bremsanlagen - Sehen ...	... Erkennen, Reagieren, Umsetzen, Ansprechen
0,1 s	0,4 s	Reaktionszeit gemäß persönlicher Gleichung bei visuellen Sterndurchgängen	Gilt für wenig erfahrene Beobachter, ± 0,05 s
0,1 s	0,5 s	Strahlungsausbruch Dauer der Sonne - Stoßdauer eines Bursts Typ I	
0,11 s		Fasane Flügelschlagdauer	
0,11 s	0,17 s	Herzschlag Länge von Mäusen	
0,119 s		Halbwertszeit vom Helium Isotop He-8	
0,12 s		Frösche Wadenmuskel Zuckungszeit	Zuckung = Kontraktion + Erschlaffung
0,12 s	0,17 s	Herzschlag Länge von Goldhamstern	
0,125 s		Spinner Schmetterlinge und Tauben Flügelschlagdauer	
0,1265 s		Halbwertszeit vom Kohlenstoff-Isotop C-9	
0,13 s	0,23 s	Herzschlag Länge von Wanderratten	
0,14 s	0,26 s	Herzschlag Länge von Enten	
0,146 s		Reaktionszeit des Sportlers Usain Bolt bei seinem 100 m Leichtathletik Weltrekordlauf	Reaktion nach Startsignal
0,15 s	2 s	Sensorisches Gedächtnis von Menschen - Dauer	Auch Ultrakurzzeitgedächtnis
0,16 s		Herzschlag Länge von Krähen	
0,16 s		Signaldauer in Internetkabeln von Johannesburg nach London - und zurück	Im Jahre 2021
0,16 s	0,18 s	Herzschlag Länge von Hühnern	
0,17 s		Herzschlag Länge von 300 Gramm schweren Ratten	
0,17 s	0,2 s	Herzschlag Länge von Raben	
0,17 s	0,29 s	Herzschlag Länge von Mäusebussarden	

Ausdehnung		Begriffliche Erfassbarkeit	Erläuterungen
von	bis		
0,172 s		Blässhühner Flügelschlagdauer	
0,174 s		Kontraktionszeit von Muskeln (Musculus gastrocnemius) bei Faultieren	
0,1783 s		Halbwertszeit vom Lithium-Isotop Li-9	
0,18 s		Amseln Flügelschlagdauer	
0,1875 s		Herzschlag Länge eines wachen Igels	Im Winterschlaf nur alle 3,3 Sekunden
> 0,1875 s		Tonintervall Länge eines Beats im Black Metal und Death Metal	Weniger als 320 bpm
0,19 s		Herzschlag Länge einer Wasserassel	
0,19 s	0,3 s	Herzschlag Länge von Meerschweinchen	
0,193 s		Halbwertszeit vom Kohlenstoff-Isotop C-17	
0,2 s		Rabenkrähen und Stare Flügelschlagdauer	
0,2 s		Effektive Schaltzeit von 2 ms Flachbildschirmen mit GTG Reaktionszeit	Schaltzeit = response time
0,2 s	0,3 s	Kürzeste Reaktionszeit eines Kraftfahrzeuglenkers auf eine Gefahr hin	Bei zusätzlicher Blickzuwendung plus 0,35 s
0,2 s	0,35 s	Tonintervall Länge eines Beats im Hi-Tech (also Psy, Dark und Forrest)	170 bis 300 bpm
0,2 s	0,4 s	Schwellzeit als 6. Schritt eines Bremsvorgangs bei Druckluftbremsanlagen - zuvor sehen ...	... + erkennen + reagieren + umsetzen + ansprechen
0,21 s	0,4 s	Herzschlag Länge von Kaninchen	
0,23 s		Wanderfalken Flügelschlagdauer	
0,24 s	0,4 s	Herzschlag Länge von Tauben	
0,25 s		Flügelschlagdauer kleiner Eulen	
0,256 s		Herzschlag Länge einer Taufliege	
< 0,3 s		Dauer einer musikalischen Bewegung beim Metronom-Maß *prestissimo*	200 bis 208 bpm, Bewegung wie Klavieranschlag
0,3 s		Fokussiergeschwindigkeit der Spiegelreflexkamera Canon EOS 600D	
0,3 s		Früheste bewusste Wahrnehmung im menschlichen Gehirn nach ...	
0,3 s		Reaktionszeit gemäß persönlicher Gleichung bei Sternbedeckungen durch den Mond	Im Durchschnitt
0,3 s		All jenes, was innerhalb von ... geschieht, erleben Menschen als gleichzeitig	Zwei 0,2 s versetzte Töne verschmelzen zu einem
0,3 s	0,33 s	Herzschlag Länge einer Kellerassel	
0,3 s	0,36 s	Dauer einer musikalischen Bewegung beim Metronom-Maß *presto*	168 bis 200 bpm, Bewegung wie Klavieranschlag
0,3 s	0,8 s	Tactusbereich musikalischer Rhythmen	Entspricht Herzschlagrhythmen
0,3 s	0,8 s	Bewegungsrhythmus menschlicher Saug- und Kaubewegungen	
0,3 s	0,8 s	Bewegungsrhythmus menschlicher Geh- und Laufbewegungen	

Ausdehnung		Begriffliche Erfassbarkeit	Erläuterungen
von	bis		
0,304 s		Halbwertszeit vom Stickstoff-Isotop N-19	
0,316 s	0,375 s	Tonintervall Länge eines Beats im Jungle, Drum and Bass, Happy Hardcore und Hardcore	160 bis 190 bpm
0,33 s		Elstern, Mäusebussards, Truthähne und Silbermöwen Flügelschlagdauer	
0,33 s	1 Sekunde	Herzschlag Länge von Hunden	
0,35 s		Herzschlag Länge von Giraffen	Herzfrequenz 170
0,36 s	0,5 s	Dauer einer musikalischen Bewegung beim Metronom-Maß *allegro*	120 bis 168 bpm, Bewegung wie Klavieranschlag
0,37 s		Höckerschwäne Flügelschlagdauer	
< 0,375 s		Tonintervall Länge eines Beats im Hardcore Techno, Gabber und Frenchcore	Mehr als 160 bpm
0,375 s		Herzschlag Länge eines Kapuzineraffen	
0,375 s	0,4 s	Herzschlag Länge der Ur-Insekten *Machilis*	
0,375 s	0,47 s	Tonintervall Länge eines Beats im Dubstep	128 bis 160 bpm
0,387 s	0,47 s	Tonintervall Länge eines Beats im Trance, Hard House, Dance Core und Hard Style	128 bis 155 bpm
0,39 s	0,43 s	Dauer einer musikalischen Bewegung beim Metronom-Maß *assai*	138 bis 152 bpm, Bewegung wie Klavieranschlag
0,394 s		Globaler Rhythmus für Nettobevölkerungszuwachs - alle ... wächst die Erde um 1 Person	80.000.000 Nettozuwachs pro Jahr, 2,54 pro sek
< 0,4 s		Dauer einer *Lipta / Vipala*	Hinduistisch siderische Zeitenlehre
0,4 s		Ruhezeit des menschlichen Herzens zwischen zwei Herzschlägen	
0,41 s		Herzschlag Länge einer Garnele	
0,43 s	0,889	Dauer einer *Nimeṣa* gemäß der hinduistisch-vedischen Zeitenlehre	Je nach Quelle
0,43 s	0,71 s	Herzschlag Länge von Delphinen	
0,44 s	0,5 s	Tonintervall Länge eines Beats im House, Garage House, Disco House und Electro House	120 bis 135 bpm
0,45 s	0,46 s	Herzschlag Länge von Kreuzspinnen	
0,46 s		Schnellste Schlagdauer von Rudersprintbewegungen auf Strecken bis 200 m	Bis 130 bpm
0,46 s	0,55 s	Herzschlag Länge von Katzen	
0,46 s	0,75 s	Herzschlag Länge von Wanderheuschrecken	
0,47 s	0,5 s	Tonintervall Länge eines Beats im Tribal House	120 bis 128 bpm
0,48 s	0,52 s	Dauer einer musikalischen Bewegung beim Metronom-Maß *animato*	116 bis 126 bpm, Bewegung wie Klavieranschlag
0,48 s	0,75 s	Tonintervall Länge eines Beats im Acid Jazz	80 bis 126 bpm
0,5 s		Fledermäuse Flugmuskel Zuckungszeit	Zuckung = Kontraktion + Erschlaffung
0,5 s		Fischreiher und Störche Flügelschlagdauer	

Ausdehnung		Begriffliche Erfassbarkeit	Erläuterungen
von	bis		
0,5 s		Herzschlag Länge von Säuglingen im Ruhezustand	120 Herzschläge pro Minute
0,5 s	0,56 s	Dauer einer musikalischen Bewegung beim Metronom-Maß *moderato*	108 bis 120 bpm, Bewegung wie Klavieranschlag
0,5 s	0,6 s	Kompressionsdauer bei wiederbelebenden Herzdruckmassagen	Bei 100 -120 Kompressionen pro min
0,5 s	0,66 s	Herzschlag Länge von Taschenkrebsen	
0,5 s	1 s	Kontraktionszeit bei Ohrenquallen - zusammenziehende Schirm Bewegung	Bis zu 10 km/h
0,52 s	0,58 s	Dauer einer musikalischen Bewegung beim Metronom-Maß *allegretto*	104 bis 116 bpm, Bewegung wie Klavieranschlag
0,55 s		Herzschlag Länge einer Fiebermücke	
0,55 s	1 s	Tonintervall Länge eines Beats im Hip-Hop, Rap oder Trip-Hop	60 bis 110 bpm
0,56 s	0,79 s	Dauer einer musikalischen Bewegung beim Metronom-Maß *andante*	76 bis 108 bpm, Bewegung wie Klavieranschlag
0,576 s		Wanderregenpfeifer fliegen von Alaska nach Hawai'i mit 250.000 Flügelschlägen à ...	3.600 km bei 90 km/h
< 0,6 s		Tonintervall Länge einer Ruderbewegung im Drachenbootsport	Mehr als 100 bpm
0,6 s		Herzschlag Länge von Füchsen	
0,6 s		Transportdauer von Sauerstoff durch Insektentracheen System	
0,6 s	0,9 s	Vorlenkzeit eines Kraftfahrzeuglenkers auf eine Gefahr	
0,6 s	1,2 s	Herzschlag Länge von gesunden erwachsenen Menschen im Ruhezustand	50 bis 100 Herzschläge pro Minute
0,624 s		Halbwertszeit vom Stickstoff-Isotop N-18	
0,63 s		Maximale interaurale Laufzeitdifferenz (ITD) - Schall Reisezeit zwischen zwei Ohren	Bei 20 °C und 21 cm Ohrenabstand
0,65 s		Herzschlag Länge von Truthähnen	93 Herzschläge pro Minute
0,65 s	0,71 s	Dauer einer musikalischen Bewegung beim Metronom-Maß *maestoso*	84 bis 92 bpm, Bewegung wie Klavieranschlag
0,71 s	0,75 s	Schlagdauer einer Ruderbewegung im Einer-Kajak K1 im GA2	80 bis 85 bpm
0,71 s	0,79 s	Dauer einer musikalischen Bewegung beim Metronom-Maß *andantino*	76 bis 84 bpm, Bewegung wie Klavieranschlag
0,71 s	0,8s	Schlagdauer einer Ruderbewegung in Viererkajaks	75 bis 85 bpm
0,73 s	1,54 s	Herzschlag Länge eines Ligusterschwärmers im Larvenstadium	
0,747 s		Halbwertszeit vom Kohlenstoff-Isotop C-16	
0,75 s		Herzschlag Länge einer Gans	
0,75 s	0,86 s	Herzschlag Länge von Ziegen	
0,75 s	1 s	Herzschlag Länge von Schafen, Schweinen und Küchenschaben	
0,75 s	1,09 s	Herzschlag Länge von Kühen	Herzfrequenz 55 bis 80
0,75 s	1,5 s	Herzschlag Länge von Karpfen	

Ausdehnung		Begriffliche Erfassbarkeit	Erläuterungen
von	bis		
0,79 s	0,91 s	Dauer einer musikalischen Bewegung beim Metronom-Maß *adagio*	66 bis 76 bpm, Bewegung wie Klavieranschlag
0,8 s		Intervall zwischen zwei menschlichen Herzschlägen	Herzzyklus
0,8 s		Kontraktionszeit von Muskeln (Musculus semitendinosus) bei Kröten	
0,8 s	0,86 s	Schlagdauer einer Ruderbewegung im Einer-Kajak K1 im GA1	70 bis 75 bpm
0,8 s	1 s	Vorbremszeit eines Kraftfahrzeuglenkers auf Gefahr hin - inkl. Bremsanlagenschwellzeit	... + Fußumsetz-, Ansprech- und Reaktionszeit
0,8067 s		Halbwertszeit vom Helium Isotop He-6	
0,833 s		Pelikane Flügelschlagdauer	
0,838 s		Halbwertszeit vom Lithium-Isotop Li-8	
0,86 s		Durchschnittliche Herzschlag Länge von 70-Jährigen im Ruhezustand	70 Herzschläge pro Minute
0,86 s	1 s	Herzschlag Länge von Straußenvögeln und Zauneidechsen	
0,87 s	0,95 s	Dauer einer musikalischen Bewegung beim Metronom-Maß *adagietto*	63 bis 69 bpm, Bewegung wie Klavieranschlag
0,88 s	1,3 s	Herzschlag Länge von Aalen	
0,9 s		Sumpfschildkröten Bizeps Zuckungszeit	Zuckung = Kontraktion + Erschlaffung
0,9 s		Schaltsekunde Dauer	Koordiniert UTC und UT1
0,91 s		Herzschlag Länge einer Giraffe	
0,91 s	1 s	Herzschlag Länge von Smaragdeidechsen	
0,91 s	1 s	Dauer einer musikalischen Bewegung beim Metronom-Maß *larghetto*	60 bis 65 bpm, Bewegung wie Klavieranschlag
0,92 s		Herzschlag Länge eines Katzenhais	65 Herzschläge pro Minute
0,9375 s		Herzschlag Länge einer Blindschleiche	
< 1 s		Dauer von Schrecksekunden	Richtwert in Deutschland: 800 ms
< 1 s	4 s	Echo-Gedächtnis von Menschen - Dauer	
10^0 s		1 Sekunde	1,0 s
1 s		Traditionelle Sekunde als 86.400ster Teil (24 × 60 × 60) eines Tages	
1 s		Sonnensekunde als 86.400ster Teil des mittleren Sonnentages	
1 s		Ephemeridensekunde als 31.556.925,9747ster Teil des tropischen Jahres	Am 00.01.1900 = 31.12.1899 um 12 Uhr UT
1 s		Atomsekunde als Maß für Strahlungsemissionen von Atomen des Nuklids 133Cs	9.192.631.770-fache Periodendauer
1 s		1 Hertz: 1 Schwingung pro Sekunde	Hz
1 s		1 Kilohertz: 1.000 Schwingungen pro Sekunde	kHz
1 s		1 Megahertz: 1.000.000 Schwingungen pro Sekunde	MHz

Ausdehnung		Begriffliche Erfassbarkeit	Erläuterungen
von	bis		
1 s		1 Gigahertz: 1.000.000.000 Schwingungen pro Sekunde	GHz
1 s		1 Terahertz: 1.000.000.000.000 Schwingungen pro Sekunde	THz
1 s		Beschleunigung der Physik: Wie viel Geschwindigkeit pro Sekunde?	1 Meter x s^{-2}
1 s		Kraft als physikalische Größe: Wie viel Impuls pro Sekunde?	1 Meter x 1 kg x 1 s^{-2} = 1 Newton
1 s		Leistung als physikalische Größe: Energie pro Sekunde	1 Joule x 1 s^{-1} = 1 Watt
1 s		Elektrische Ladung oder Elektrizitätsmenge: Ampere mal Sekunde	1 A x 1 s = 1 Coulomb
1 s		Radioaktivität eines Stoffes als radioaktiver Atomkernzerfall pro Sekunde	1 s^{-1} = 1 Becquerel
1 s		Reaktionsgeschwindigkeit als Basisgröße der chemischen Kinetik: Mol pro $m^3 \cdot s$	
1 s		Solarkonstante als Sonnenbestrahlungsstärke: 1.367 kg pro s^3	Alternativ 1367 Watt pro m^2
1 s		Gravitationskonstante: $6{,}67 \cdot 10^{-11}$ m^3 pro $kg \cdot s^2$	Verknüpft Masse mit Gravitation
1 s		Geschwindigkeit von Licht im Vakuum c 0: 300.000 km pro ...	Brechzahl 1
1 s		Geschwindigkeit von Licht in Wasser c/1,33: 225.564 km pro ...	Brechzahl 1,33
1 s		Geschwindigkeit von Licht durch Glas c/1,5: 200.000 km pro ...	Brechzahl 1,5
1 s		Periode von Kapillarwellen (Wasserwellen) - bis ...	Durch Wind, Schall, Ultraschall
1 s		Sonne produziert aus 600 Millionen Tonnen H 596 Millionen Tonnen He - pro ...	4 Mill. Tonnen werden zu Energie ($E = m c^2$)
1 s		Produktion von einer Million ATP-Moleküle pro biologischer Zelle - pro ...	
1 s		Verschmelzungsfrequenz menschlicher Augen: 60 Bilder/s (Libelle 300/s)	60 Hz bei Tag bei klarem Himmel
1 s		Herzschlag Länge von Panthern und *Anax* Libellen	
1 s		Beatmungsdauer bei wiederbelebenden Herzdruckmassagen	
1 s		Herzschlag Länge von Seeelefanten an der Wasseroberfläche	Beim Tauchen 15 Sekunden
1 s		16 Einzelbilder erkennen menschliche Augen pro ...	
1 s		Lebensdauer von Hydroxyl-Radikalen (OH-) in der Troposphäre	Beeinflussung durch CO und CH4
1 s		Zunahmerhythmus für Tuberkulosefälle auf der Erde - ein neuer Fall pro Sekunde	Quelle: Eckart 2011
1 s		Sonne erzeugt 2 x 10^{44} = ca. 200 Sextillionen Neutrinos pro ...	
1 s		Ein Watt ist die Leistung des menschlichen Herzens pro ...	1 Wattsekunde = 1 Joule
1 s		28 Meter Fahrstrecke pro Sekunde - fährt man bei Tempo 100 km/h	
1 s		100 Blitze schlagen auf der Erde ein - pro ...	
1 s		10^9 Zusammenstöße von Proteinen in biologischen Zellen - pro ...	Auch pulsieren und rotieren
1 s		10^{21} Zusammenstöße eines Kolloids mit einem Lösungsmittelmolekül	... pro ...

Ausdehnung		Begriffliche Erfassbarkeit	Erläuterungen
von	bis		
1 s	1,5 s	Dauer einer musikalischen Bewegung beim Metronom-Maß *largo*	40 bis 60 bpm, Bewegung wie Klavieranschlag
1 s	2 s	Gasexplosionen Dauer	
1 s	2 s	Magnetischer Einschluss von Deuterium und Tritium bei der Kernfusion	In 2 sek muss 100 Millionen °C erreicht werden
1 s	2 s	Dauer bis freies Elektron ein ionisiertes Atom zum Wiedervereinigen findet	Dauer eines Meteorschweifes
1 s	10 s	Zyklusbereich musikalischer Rhythmen	
1 s	10 s	Bewegungsrhythmus menschlichen Körperschaukelns	
1 s	12 s	Periode von gewöhnlichen Schwerewellen (Wasserwellen)	Durch Wind, Turbulenz, Strömungshindernis
> 1 s		Leuchterscheinungsdauer von Meteoriten in Reiskorngröße	
1,11 s	1,25 s	Dauer einer musikalischen Bewegung beim Metronom-Maß *lento*	48 bis 54 bpm, Bewegung wie Klavieranschlag
1,2 s		Herzschlag Länge eines Hummers	
1,2 s	1,33 s	Herzschlag Länge von Rindern	
1,2 s	1,5 s	Herzschlag Länge von Weinbergschnecken und Erdkröten	
1,2 s	1,5 s	Schlagdauer einer Ruderbewegung im Rudern auf 500-Meter Strecken	40 bis 50 bpm
1,2 s	1,5 s	Herzschlag Länge eines Ligusterschwärmers im Imago Stadium	
1,2 s	1,66 s	Herzschlag Länge von Kaimanen	
1,2 s	3,75 s	Herzschlag Länge von Zitterrochen	
1,28 s		Geburtenrate in Indien - alle ... wird in Indien ein Mensch geboren	24.709.000 Neugeborene im Jahre 2013
1,28 s		Dauer einer *Kṣaṇa*	Hinduistisch-vedische Zeitenlehre
1,28 s	1,36 s	Herzschlag Länge von Klapperschlangen	
1,281 s		Reisezeit des reflektierten Sonnenlichts vom Mond zur Erde	Im Durchschnitt, denn Mondentfernung variiert
1,33730119 s		Rotationsperiode des Neutronensterns = Pulsars PSR B1919+21	Erster entdeckter Pulsar
1,36 s	1,5 s	Dauer einer musikalischen Bewegung beim Metronom-Maß *grave*	40 bis 44 bpm, Bewegung wie Klavieranschlag
1,36 s	1,875 s	Herzschlag Länge von Pferden	
1,43 s	2 s	Herzschlag Länge von Hechten	
1,5 s		Herzschlag Länge von Löwen und Kreuzottern	
1,5 s	1,66 s	Herzschlag Länge von Goldfischen	
1,5 s	1,71 s	Herzschlag Länge von Grasfröschen	
1,5 s	1,82 s	Herzschlag Länge von Tintenfischen *Octopus*	
1,5 s	2 s	Herzschlag Länge von Riesenschildkröten	

Ausdehnung		Begriffliche Erfassbarkeit	Erläuterungen
von	bis		
1,5 s	2,61 s	Herzschlag Länge von Ringelnattern	
1,6 s		Dauer einer *Kāṣṭhā*	Hinduistisch-vedische Zeitenlehre
1,71 s	2 s	Schlagdauer einer Ruderbewegung im Rudern auf 2.000-Meter Strecken	30 bis 35 bpm
1,87 s		Geburtenrate in China - alle ... wird in China ein Mensch geboren	16.485.600 Neugeborene im Jahre 2010
2 s		Durchschnittliche Ansicht einer Werbeanzeige - Durchschnitt über alle Medien	in Deutschland
2 s		Schnittfrequenz des Films *Natural Born Killers*	2.000 Einstellungen. Drehjahr 1994
2 s	2,73 s	Herzschlag Länge von Elefanten	Herzfrequenz 25 bis 30
2 s	4 s	Menschen Muskel Zuckungszeit des Muskels Musculus ciliaris	
2 s	5 s	Blutgerinnungszeit bei Neunaugen	
2 s	8 Stunden	Molekulare Veränderungen und Mutationen nach ionisierender Strahlung	Somatische und genetische Mutationen
> 2 s		Rostfeuerung Verbrennungszeit bei Abfall Nachverbrennungsvorgängen	Verweilzeit bei 850 °C
2,07 s		Herzschlag Länge von Kohlweißling Schmetterlingen	
2,14 s		Berühmte Herzschlag Länge des Radrennfahrers Miguel Indurain	28 Herzschläge pro Minute
2,2 s		Schnittfrequenz des Films *Armageddon*	
2,25 s		Halbwertszeit vom Sauerstoff-Isotop O-22	
2,3 s		Herzschlag Länge von Bernsteinschnecken	
2,449 s		Halbwertszeit vom Kohlenstoff-Isotop C-15	
2,5 s		Tentakel-Retraktor-Muskel Kontraktionszeit von Weinbergschnecken	
2,7 s		Schnittfrequenz des Films *The Rock*	
2,7 s		Längeneinheit mit der das menschliche Gehirn Informationen speichert	
2,72 s	4,6 s	Herzschlag Länge von Wattwürmern	
3 s		Dauer menschlichen Gegenwartsempfindens - alle ... beginnt eine neue Gegenwart	z.B. Angabe ob ein Ton leiser/lauter wurde
3,3 s		Herzschlag Länge eines Igels im Winterschlaf	Sonst mindestens 0,1875 s
3,42 s		Halbwertszeit vom Sauerstoff-Isotop O-21	
3,53 s		Herzschlag Länge von Manteltieren *Ciona*	
3,6 s		Schnittfrequenz des Films *Twister*	
3,6 s		Globaler Sterberhythmus aufgrund von Mangelernährung - alle ... stirbt global ein Mensch	Quelle: UNICEF 2015, meist Kinder unter 5 Jahren
3,75 s	4 s	Herzschlag Länge von Walen	

Der menschelnde Abschnitt

Von 4 Sekunden bis 3 Stunden

Ausdehnung		Begriffliche Erfassbarkeit	Erläuterungen
von	bis		
4 s	6 s	Herzschlag Länge von Miesmuscheln und Aalen	
4,173 s		Halbwertszeit vom Stickstoff-Isotop N-17	
4,3 s	7,5 s	Neubildung Frequenz von Gehirn-Rückenmark-Flüssigkeit	Liquor cerebrospiralis
4,5 s	7,2 s	Schnittfrequenz von Stummfilmen	
4,73 s		Komplettierung des Zauberwürfels - Speedcubing neuer Weltrekord	Felix Zemdegs im Jahre 2016
4,74 s		Komplettierung des Zauberwürfels - Speedcubing alter Weltrekord	Mats Valk im Jahre 2016
4,8 s		Schnittfrequenz im amerikanischen Mainstream-Kino im Jahre 2000	Im Durchschnitt
5 s		Absolute Zeit zum Töten eines Schweins in deutschen Schlachthöfen	
5 s		Halbwertszeit vom Kampfstoff Sarin bei pH 12	Bei pH 7 rund 100 Stunden
5 s		Information Abstandslänge für menschliche Merkfähigkeit von 80%	Messgröße Kurzzeit-Gedächtnis
5 s	7 s	Durchschnittliche Dauer eines menschlichen Orgasmus	Extreme: > 30 s bei Frauen
6 s		Zweiter Schritt im Proton-Proton-Zyklus - Dauer	Wenn Sterne Wasserstoff in Helium umwandeln
6 s	20,3 s	Schnittfrequenz von Breitwandfilmen	
6,1 s		Beschleunigung von 0 auf 100 km/h vom Passat 2,0 176kW TDI 4Motion	Baujahr 2014
6,9 s	12 s	Schnittfrequenz von Normalfilmen	
7 s		Dauer zum Erreichen der Fallgrenzbeschleunigung von Fallschirmspringern	nach ... danach konstant schnell
7 s	12 s	Singulett $^1\Sigma_g^+$ Sauerstoff 2 Molekül Lebensdauer in der Gasphase	Kurzlebig und reaktiv
7,13 s		Halbwertszeit vom Stickstoff-Isotop N-16	
7,3 s		Schnittfrequenz des Films *Casablanca*	790 Einstellungen. Drehjahr 1943
7,3 s		Schnittfrequenz des Films *Sinn und Sinnlichkeit*	Drehjahr 1995
8 s		Einäugige Lesegeschwindigkeit für eine Buchseite durch Inselbegabten K. Peek	Vorbild zu Rain Man
8,4 s		Jeder DNA-Strang wird 10.000 mal am Tag angegriffen oder geschädigt - alle ...	
8,4 s		Schnittfrequenz im amerikanischen Mainstream-Kino der 70'er Jahre	Im Durchschnitt
8,4 s		Beschleunigung von 0 auf 100 km/h vom Passat 1,4 110kW TSI	Baujahr 2014
8,7 s		Beschleunigung von 0 auf 100 km/h vom Passat 2,0 110kW TDI	Baujahr 2014
8,8 s		Schnittfrequenz des Films *Saving Private Ryan*	1998. Melodrama-Tempo
9,58 s		100 Meter Männer Leichtathletik Weltrekord von Usain Bolt im Jahre 2009	
9,69 s		100 Meter Männer Leichtathletik Weltrekord eines Leichtathleten im Jahre 2008	
9,79 s		100 Meter Männer Leichtathletik Weltrekord eines Leichtathleten im Jahre 2000	

Ausdehnung		Begriffliche Erfassbarkeit	Erläuterungen
von	bis		
< 10 s		Biologische Halbwertszeit von Adenosin im menschlichen Körper	
10 s		OECD-Vorgabe für Minimum-Unbeweglichkeit von Daphnien als Giftbeweis	Ohne Bewegung keine Häutung
10 s		Herzschlag Länge von Blauwalen	Herzfrequenz = 6
10 s		Information Abstandslänge für menschliche Merkfähigkeit von 32 %	Messgröße Kurzzeit-Gedächtnis
10 s		Flugdauer eines Jets für zehn zurückgelegte Kilometer	
10 s	15 s	Herzschlag Länge von Teichmuscheln	
10,49 s		100 Meter Frauen Leichtathletik Weltrekord von Florence Griffith-Joyner im Jahre 1988	
11,11 s		Achilles holt die Schildkröte am Marker 111,11 Metern auf - nach ...	Nach Paradox des Alt-Griechen Zenon von Elea
12 s		Dauer des ersten kontrollierten Motorfluges im Jahre 1903	Gebrüder Wright 37 Meter lang am Steuer
12,2 s		100 Meter Frauen Hürden Leichtathletik Weltrekord	Kendra Harrison im Jahre 2016
12,8 s		110 Meter Männer Hürden Leichtathletik Weltrekord	Aries Merritt im Jahre 2012
13,51 s		Halbwertszeit vom Sauerstoff-Isotop O-20	
13,76 s	13,81 s	Halbwertszeit vom Beryllium-Isotop Be-11	Unterschiedliche Quellen
15 s		Eine viertel Minute	
15 s		Herzschlag Länge von Seeelefanten beim Tauchen	An der Wasseroberfläche 1 Sekunde
15 s		Information Abstandslänge für menschliche Merkfähigkeit von 11 %	11 % Erinnerung auch jenseits 15 s
19,19 s		200 Meter Männer Leichtathletik Weltrekord	Usain Bolt im Jahre 2009
19,3009 s		Halbwertszeit vom Kohlenstoff-Isotop C-10	
20 s		Blutgerinnung bei Barschen	
20 s		Antwortzeit Zielgröße von Callcentern, in denen 80 % aller Telefonate bedient werden	
20 s	45 s	Arbeitsgedächtnis von Menschen - Dauer	Auch Kurzzeitgedächtnis
20,16 s		50 Meter Männer Schwimmen Freistil 25-Meter-Bahn Weltrekord	Caeleb Dressel im Jahre 2020
20,91 s		50 Meter Männer Schwimmen Freistil 50-Meter-Bahn Weltrekord	César Cielo Filho im Jahre 2009
21,34 s		200 Meter Frauen Leichtathletik Weltrekord	Florence Griffith-Joyner im Jahre 1988
21,75 s		50 Meter Männer Schwimmen Schmetterling 25-Meter-Bahn Weltrekord	Nicholas Santos im Jahre 2018
21,81 s		50 Meter Männer Schwimmen Freistil 50-Meter-Bahn Deutscher Rekord	Damian Wierling im Jahre 2016
22,22 s		50 Meter Männer Schwimmen Rücken 25-Meter-Bahn Weltrekord	Florent Manaudou im Jahre 2014
22,27 s		50 Meter Männer Schwimmen Schmetterling 50-Meter-Bahn Weltrekord	Andrij Govorow im Jahre 2018
22,93 s		50 Meter Frauen Schwimmen Freistil 25-Meter-Bahn Weltrekord	Ranomi Kromowidjojo im Jahre 2017

Ausdehnung		Begriffliche Erfassbarkeit	Erläuterungen
von	bis		
23 s		Primärwellen Reisezeit vom Erdbeben Epizentrum bis Fukushima Kraftwerksgelände	Nuklearkatastrophe am 11.03.2011
23,67 s		50 Meter Frauen Schwimmen Freistil 50-Meter-Bahn Weltrekord	Sarah Sjöström im Jahre 2017
24 s		Dauer einer *Pala / Vighati / Vinādī*	Hinduistisch siderische Zeitenlehre
24,00 s		50 Meter Männer Schwimmen Rücken 50-Meter-Bahn Weltrekord	Kliment Kolesnikow im Jahre 2018
24,38 s		50 Meter Frauen Schwimmen Schmetterling 25-Meter-Bahn Weltrekord	Therese Alshammar im Jahre 2009
25,25 s		50 Meter Männer Schwimmen Brust 25-Meter-Bahn Weltrekord	Cameron van der Burgh im Jahre 2009
25,60 s		50 Meter Frauen Schwimmen Rücken 25-Meter-Bahn Weltrekord	Kira Toussaint im Jahre 2020
25,95 s		50 Meter Männer Schwimmen Brust 50-Meter-Bahn Weltrekord	Adam Peaty im Jahre 2017
26,91 s		Halbwertszeit vom Sauerstoff-Isotop O-19	
26,98 s		50 Meter Frauen Schwimmen Rücken 50-Meter-Bahn Weltrekord	Liu Xiang im Jahre 2018
28,56 s		50 Meter Frauen Schwimmen Brust 25-Meter-Bahn Weltrekord	Alia Atkinson im Jahre 2018
30 s		Eine halbe Minute	
30 s		Schlafenszeit von Okapis während eines Tages	Waldgiraffen
30 s		Dauer der Temperaturabsenkung bei PCR Primer Hybridisierung	Schritt 2 der PCR-Methode
30 s		Dauer der Elongation bei Polymerase-Kettenreaktion (PCR) je 500 Basenpaare	Schritt 3 der PCR-Methode
30 s		Kontraktionszeit von Darmmuskeln bei Schildkröten	
30 s	5 Minuten	Dünungsperiode bzw. Infraschwerewellen (Wasserwellen)	Durch Wind + gewöhnliche Schwerewellen
36 s		1 Kilometer fährt man bei Tempo 100 km/h in ...	
36,84 s		4 x 100 Meter Staffel Männer Leichtathletik Weltrekord durch Jamaika	Im Jahre 2012
40 s		Globale Selbstmordrate - weltweit tötet sich ein Mensch alle ...	Laut WHO: Jeder 20. ist erfolgreich
40,82 s		4 x 100 Meter Staffel Frauen Leichtathletik Weltrekord durch die USA	Im Jahre 2012
43,03 s		400 Meter Männer Leichtathletik Weltrekord	Wayde van Niekerk im Jahre 2016
44 s		Ringförmige Sonnenfinsternis Totalität Dauer - am 26. Februar 2017	Im südlichen Südamerika und in Antarktis
44,94 s		100 Meter Männer Schwimmen Freistil 25-Meter-Bahn Weltrekord	Amaury Leveaux im Jahre 2008
45 s		Duschszene Dauer im Alfred Hitchcock Film Psycho	Film von 1960
45,94 s		400 Meter Männer Hürden Leichtathletik Weltrekord	Karsten Walholm im Jahre 2021
46,78 s		400 Meter Männer Hürden Leichtathletik Weltrekord	Kevin Young im Jahre 1992
46,91 s		100 Meter Männer Schwimmen Freistil 50-Meter-Bahn Weltrekord	César Cielo Filho im Jahre 2009
47,60 s		400 Meter Frauen Leichtathletik Weltrekord	Marita Koch im Jahre 1985

Ausdehnung		Begriffliche Erfassbarkeit	Erläuterungen
von	bis		
47,78 s		100 Meter Männer Schwimmen Schmetterling 25-Meter-Bahn Weltrekord	Caeleb Dressel im Jahre 2020
48 s		Mittlere Lesegeschwindigkeit für eine Buchseite im Romanformat 12,5 cm x 19 cm	
48,24 s		100 Meter Männer Schwimmen Freistil 50-Meter-Bahn Deutscher Rekord	Marco di Carli im Jahre 2011
48,58 s		100 Meter Männer Schwimmen Rücken 25-Meter-Bahn Weltrekord	Kliment Kolesnikow im Jahre 2020
49,28 s		100 Meter Männer Schwimmen Lagen 25-Meter-Bahn Weltrekord	Caeleb Dressel im Jahre 2020
49,50 s		100 Meter Männer Schwimmen Schmetterling 50-Meter-Bahn Weltrekord	Caeleb Dressel im Jahre 2019
50,25 s		100 Meter Frauen Schwimmen Freistil 25-Meter-Bahn Weltrekord	Cate Campbell im Jahre 2017
51,71 s		100 Meter Frauen Schwimmen Freistil 50-Meter-Bahn Weltrekord	Sarah Sjöström im Jahre 2017
51,85 s		100 Meter Männer Schwimmen Rücken 50-Meter-Bahn Weltekord	Ryan Murphy im Jahre 2016
52,16 s		400 Meter Frauen Hürden Leichtathletik Weltrekord	Dalilah Muhammad im Jahre 2019
54,61 s		100 Meter Frauen Schwimmen Schmetterling 25-Meter-Bahn Weltrekord	Sarah Sjöström im Jahre 2014
54,89 s		100 Meter Frauen Schwimmen Rücken 25-Meter-Bahn Weltrekord	Minna Atherton im Jahre 2019
55 s		Halbwertszeit vom radioaktiven Radon Isotop Ra-220 (α-Strahlung)	Screening von Krebs (Schilddrüse/Knochenmark)
55,34 s		100 Meter Männer Schwimmen Brust 25-Meter-Bahn Weltrekord	Ilya Shymanovich im Jahre 2020
56 s		Tauchdauer von Haubentauchern - maximal ...	
56,54 s		100 Meter Frauen Schwimmen Lagen 25-Meter-Bahn Weltrekord	Katinka Hosszu im Jahre 2017
56,88 s		100 Meter Männer Schwimmen Brust 50-Meter-Bahn Weltrekord	Adam Peaty im Jahre 2019
57,57 s		100 Meter Frauen Schwimmen Rücken 50-Meter-Bahn Weltrekord	Regan Smith im Jahre 2019
1 Minute		Der 1.440'ste Teil eines Tages	
1 Minute		Der 60'ste Teil einer Stunde	
1 Minute		60 Sekunden	Lat. *minuere* = die verkleinerte Stunde
1 Minute		60.000 Millisekunden	
1 Minute		60.000.000 Mikrosekunden	
1 Minute		60.000.000.000 Nanosekunden	
1 Minute		Eine moderne Zeiteinheit, die vor dem 20. Jh kaum eine Bedeutung hatte	Früher zählten nur Stunden
1 Minute		Herzfrequenz von Pottwalen beim Abtauchen auf 2 km Tiefe	Tauchfrquenz 1 x pro Minute
1 Minute		Pausenzeit zwischen Kampfrunden im Boxen	
1 Minute		Lebensdauer von Stickstoffmonoxid (NO) bei Reaktion mit Ozon (O3)	Reaktion in Troposphäre
1 Minute		Pumpleistung des menschlichen Herzens - 5 Liter pro Minute	

Ausdehnung		Begriffliche Erfassbarkeit	Erläuterungen
von	bis		
1 Minute		Halbierungsrate von Aerosolen (Ø 1 nm, 2 g/cm³) bei 1 atm und 25 °C	1 Milliarde sphärische Teilchen pro m³
1 Minute		Durchquerung des kompletten Körpers von Blut erfolgt in ...	
1 Minute	3 Minuten	Blutgerinnung bei Katzen - nach ...	
1 Minute	3 Minuten	Boxen Kampfrunde Dauer	
1 Minute	4 Minuten	Blutungszeit bei Menschen innerhalb der Blutgerinnung	
1 Minute	4 Minuten	Grill- bzw. Bratzeit von Minuten-Steaks	Je nach Fleischart und Dicke
1 Minute 1 s		Halbwertszeit vom Isotop Rutherfordium Rf-261	
1 Minute 2,36 s		100 Meter Frauen Schwimmen Brust 25-Meter-Bahn Weltrekord	Ruta Meilutyte und Alia Atkinson
1 Minute 6,957 s		Formel 1 Rennrundenrekord auf Kurs nahe Graz durch Kimi Raikkonen	Im Jahre 2018
1 Minute 10 s		Halbwertszeit vom Isotop Protactinium Pa-234	Im metastabilen Zustand
1 Minute 10,399 s		Formel 1 Rennrundenrekord auf Kurs Indianapolis	Rubens Barrichello im Jahre 2004
1 Minute 10,54 s		Formel 1 Rennrundenrekord auf Kurs Sao Paulo	Valtteri Bottas im Jahre 2018
70,606 s		Halbwertszeit vom Sauerstoff-Isotop O-14	
1 Minute 13,078 s		Formel 1 Rennrundenrekord auf Kurs Montreal	Valtteri Bottas im Jahre 2019
1 Minute 13,78 s		Formel 1 Rennrundenrekord auf Kurs Hockenheim	Kimi Raikkonen im Jahre 2004
1 Minute 14,26 s		Formel 1 Rennrundenrekord auf Kurs Monaco	Max Verstappen im Jahre 2018
1 Minute 15,377 s		Formel 1 Rennrundenrekord auf Kurs Magny-Cours	Michael Schumacher im Jahre 2004
1 Minute 17,103 s		Formel 1 Rennrundenrekord auf Kurs Budapest	Max Verstappen im Jahre 2019
1 Minute 18,441 s		Formel 1 Rennrundenrekord auf Kurs Barcelona	Daniel Ricciardo im Jahre 2018
1 Minute 18,63 s		4 x 200 Meter Staffel Männer Leichtathletik Weltrekord	Jamaika im Jahre 2014
1 Minute 18,741 s		Formel 1 Rennrundenrekord auf Kurs Mexico-City	Valtteri Bottas im Jahre 2018
1 Minute 21,046 s		Formel 1 Rennrundenrekord auf Kurs Monza	Rubens Barrichello im Jahre 2004
1 Minute 21,80 s		4 x 50 m Meter Männer Schwimmen Freistil Staffel 25-Meter-Bahn Weltrekord	Durch die USA im Jahre 2018
1 Minute 22 s		Zerfall des Sauerstoffs im Bethe-Weizsäcker-Zyklus - Dauer	Wenn Sterne Wasserstoff in Helium umwandeln
1 Minute 24,125 s		Formel 1 Rennrundenrekord auf Kurs Melbourne	Michael Schumacher im Jahre 2004 für 5,2 km
1 Minute 24,77 s		Formel 1 Rennrundenrekord auf Kurs Instanbul	Juan Pablo Montoya im Jahre 2005
1 Minute 27,249 s		Formel 1 Rennrundenrekord auf Kurs Delhi	Sebastian Vettel im Jahre 2011
1 Minute 27,369 s		Formel 1 Rennrundenrekord auf Kurs Silverstone	Lewis Hamilton im Jahre 2019
1 Minute 27,46 s		4 x 200 Meter Staffel Frauen Leichtathletik Weltrekord	Durch die USA im Jahre 2000

Ausdehnung		Begriffliche Erfassbarkeit	Erläuterungen
von	bis		
1 Minute 28,139 s		Formel 1 Rennrundenrekord auf Kurs Nürburg	Max Verstappen im Jahre 2018
1 Minute 29,283 s		Formel 1 Rennrundenrekord auf Kurs Abu Dhabi	Lewis Hamilton im Jahre 2019
1 Minute 30 s		Blutgerinnung bei Tauben - nach ...	
1 Minute 30,44 s		4 x 50 Meter Männer Schwimmen Lagen 25-Meter-Bahn Weltrekord	Durch Russland im Jahre 2017
1 Minute 30,983 s		Formel 1 Rennrundenrekord auf Kurs Suzuka	Lewis Hamilton im Jahre 2019
1 Minute 31,447 s		Formel 1 Rennrundenrekord auf Kurs Bahrain	Pedro de la Rosa im Jahre 2005
1 Minute 32,238 s		Formel 1 Rennrundenrekord auf Kurs Schanghai	Michael Schumacher im Jahre 2004
1 Minute 32,74 s		Formel 1 Rennrundenrekord auf Kurs Le Castellet	Sebastian Vettel im Jahre 2011
1 Minute 33,91 s		4 x 50 Meter Frauen Schwimmen Freistil 25-Meter-Bahn Weltrekord	Durch die Niederlande im Jahre 2017
1 Minute 34,08 s		Formel 1 Rennrundenrekord auf Kurs Kuala Lumpur	Sebastian Vettel im Jahre 2017
1 Minute 35,761 s		Formel 1 Rennrundenrekord auf Kurs Sochi	Lewis Hamilton im Jahre 2019
1 Minute 36 s		Dauer einer *Laghu*	Hinduistisch-vedische Zeitenlehre
1 Minute 36,169 s		Formel 1 Rennrundenrekord auf Kurs Austin	Charles Leclerc im Jahre 2019
1 Minute 38,683 s		Formel 1 Rennrundenrekord auf Kurs Valencia	Timo Glock im Jahre 2009
1 Minute 39,37 s		200 Meter Männer Schwimmen Freistil 25-Meter-Bahn Weltrekord	Paul Biedermann im Jahre 2009
1 Minute 40 s		Hybride Sonnenfinsternis Totalität Dauer - am 03. November 2013	Über Atlantik und in Zentralafrika
1 Minute 40 s	3 Minuten 20 s	Frösche Magenmuskeln Zuckungszeit	Zuckung = Kontraktion + Erschlaffung
100,91 s		800 Meter Männer Leichtathletik Weltrekord	David Rudisha im Jahre 2012
1 Minute 41,905 s		Formel 1 Rennrundenrekord auf Kurs Singapur	Kevin Magnussen im Jahre 2018
1 Minute 42 s		AIDS-Sterberate in Südafrika - ein Mensch stirbt hier an AIDS alle ...	Geschätzte 310.000 Tote (Stand 2009)
1 Minute 42 s		200 Meter Männer Schwimmen Freistil 50-Meter-Bahn Weltrekord	Paul Biedermann im Jahre 2009
1 Minute 42,38 s		4 x 50 Meter Frauen Schwimmen Lagen 25-Meter-Bahn Weltrekord	USA im Jahre 2018
1 Minute 43,009 s		Formel 1 Rennrundenrekord auf Kurs Baku	Charles Leclerc im Jahre 2019
1 Minute 45,63 s		200 Meter Männer Schwimmen Rücken 25-Meter-Bahn Weltrekord	Mitch Larkin im Jahre 2015
1 Minute 48,24 s		200 Meter Männer Schwimmen Schmetterling 25-Meter-Bahn Weltrekord	Daiya Seto im Jahre 2018
1 Minute 46,286 s		Formel 1 Rennrundenrekord auf Kurs Spa Francorchamp	Valtteri Bottas im Jahre 2018
1 Minute 49 s		Selbstmordrate in China - ein Mensch tötet sich hier alle ...	288.000 Selbstmorde (Stand 2013)
1 Minute 49,63 s		200 Meter Männer Schwimmen Lagen 25-Meter-Bahn Weltrekord	Ryan Lochte im Jahre 2012
1 Minute 50,43 s		200 Meter Frauen Schwimmen Freistil 25-Meter-Bahn Weltrekord	Sarah Sjöström im Jahre 2017

Ausdehnung		Begriffliche Erfassbarkeit	Erläuterungen
von	bis		
1 Minute 50,73 s		200 Meter Männer Schwimmen Schmetterling 50-Meter-Bahn Weltrekord	Kristóf Milák im Jahre 2019
1 Minute 51,92 s		200 Meter Männer Schwimmen Rücken 50-Meter-Bahn Weltrekord	Aaron Peirsol im Jahre 2009
1 Minute 52,98 s		200 Meter Frauen Schwimmen Freistil 50-Meter-Bahn Weltrekord	Federica Pellegrini im Jahre 2009
1 Minute 53 s		800 Meter Frauen Leichtathletik Weltrekord	Jarmila Kratochvílová im Jahre 1983
1 Minute 54,00 s		200 Meter Männer Schwimmen Lagen 50-Meter-Bahn Weltrekord	Ryan Lochte im Jahre 2011
1 Minute 58 s		Benötigte Arbeitszeit um sich eine Busfahrt in Ostdeutschland im Jahre 1989 zu kaufen	Westdeutschland 6 Minute 16 s
1 Minute 59,23 s		200 Meter Frauen Schwimmen Rücken 25-Meter-Bahn Weltrekord	Katinka Hosszu im Jahre 2014
1 Minute 59,61 s		200 Meter Frauen Schwimmen Schmetterling 25-Meter-Bahn Weltrekord	Mireia Belmonte im Jahre 2014
< 2 Minuten		Reaktionszeit für die Herstellung von Weichbranntkalk zu Löschkalk	Mit Hilfe von Wasser
2 Minuten		Venus - Wärmestrahlung der Sonne erreicht sie 2 Minuten vor der Erde	
2 Minuten		Tauchdauer von Menschen und Eisbären - maximal ...	
2 Minuten		Rückbildung von Stickstoffoxid und Sauerstoff aus NO2 in Troposphäre	Unter Lichteinfluss
2 Minuten		Biologische Halbwertszeit vom Medikament Norepinephrin im menschlichen Körper	
2 Minuten		Nuklearkatastrophe von Fukushima - Dauer des vorher stattfindenden Erdbebens	
2 Minuten		Vorkommenshäufigkeit von Schlaganfällen in Deutschland - alle ...	266.000 Schlaganfälle im Jahr (Stand 2021)
2 Minuten		Wirkeintritt des zahnmedizinischen Lokalanästhetikums Articain - nach ...	
2 Minuten		Erneuerungsrythmus von 1 Milliarde ATP-Molekülen in Zellen	
2 Minuten		Mindest Brenndauer von Sicherheitsanzündschnüren bei Sprengungen	Sprengarbeiten Verordnung
2 Minuten	3 Minuten	Röstdauer von Kaffeebohnen in Industrie Röstereien	
2 Minuten	6 Minuten	Reaktionszeit für die Herstellung von Mittelbranntkalk zu Löschkalk	Mit Hilfe von Wasser
2 Minuten	20 Minuten	Anaphasendauer der Mitose - Pole erhalten gleichartigen Chromatidensatz	
2 Minuten 0,16 s		200 Meter Männer Schwimmen Brust 25-Meter-Bahn Weltrekord	Kirill Prigoda im Jahre 2018
2 Minuten 1,86 s		200 Meter Frauen Schwimmen Lagen 25-Meter-Bahn Weltrekord	Katinka Hosszu im Jahre 2014
122,24 s		Halbwertszeit vom Sauerstoff-Isotop O-15	
2 Minuten 3,35 s		200 Meter Frauen Schwimmen Rücken 50-Meter-Bahn Weltrekord	Regan Smith im Jahre 2019
2 Minuten 4 s		Dauer des Revancheboxkampfes zwischen Max Schmeling und dem Amerikaner Joe Lewis	Am 22. Juni 1938 verlor Schmeling
2 Minuten 6,12 s		200 Meter Männer Schwimmen Brust 50-Meter-Bahn Weltrekord	Anton Tschupkow im Jahre 2019
2 Minuten 11,96 s		1.000 Meter Männer Leichtathletik Weltrekord	Noah Ngeny im Jahre 1999
2 Minuten 14,57 s		200 Meter Frauen Schwimmen Brust 25-Meter-Bahn Weltrekord	Rebecca Soni im Jahre 2009

Ausdehnung		Begriffliche Erfassbarkeit	Erläuterungen
von	bis		
2 Minuten 23 s		AIDS-Sterberate in Nigeria - ein Mensch stirbt hier an AIDS alle ...	Geschätzte 220.000 Tote (Stand 2009)
2 Minuten 28,98 s		1.000 Meter Frauen Leichtathletik Weltrekord	Swetlana Masterkowa im Jahre 1995
2 Minuten 30 s		Blutgerinnung bei Schafen und Ziegen- nach ...	Gerinnung an der Luft
2 Minuten 30 s		Fragerhythmus von Kindern der Altersklassen 2 bis 10 - eine Frage alle ...	Im Durchschnitt 24 Fragen pro Stunde
2 Minuten 33,1 s		Halbwertszeit vom Barium Isotop Ba-137	Ist Zerfallsprodukt von Cäsium-137
2 Minuten 40 s		Totale Sonnenfinsternis Totalität Dauer - am 21. August 2017	Über nördlichem Pazifik und in den USA
2 Minuten 47 s		Totale Sonnenfinsternis Totalität Dauer - am 20. März 2015	Über nördlichem Atlantik und in Spitzbergen
2 Minuten 54,29 s		4 x 400 Meter Staffel Männer Leichtathletik Weltrekord	USA im Jahre 1993
3 Minuten		Zellteilungsdauer von *Amoeba cristalligera*	
3 Minuten		Kumulierte Bedenkzeit pro Spieler und Partie in Bullet Schach Turnieren	
3 Minuten		Halbwertszeit vom Polonium Isotop Po-218	
3 Minuten		Biologische Halbwertszeit von Oxytocin in menschlichem Blut	Bei intravenöser Verabreichung
3 Minuten		Blutgerinnung bei Dorschen - nach ...	
3 Minuten		Amateurboxen Kampfrunde Dauer	Eine Minute Pause zwischen jeder Runde
3 Minuten		Zellteilungsdauer vom Einzeller *Amoeba cristalligera*	
3 Minuten	5 Minuten	Schirmfahrt Dauer von Fallschirmspringern nach Erreichen der Endgeschwindigkeit	Bei Sinkgeschwindigkeit von 5 m/s
3 Minute 3,03 s		4 x 100 Meter Männer Schwimmen Freistil 25-Meter-Bahn Weltrekord	USA im Jahre 2018
3 Minute 6 s		Ringförmige Sonnenfinsternis Totalität Dauer - am 01. September 2016	In Afrika und über Indischem Ozean
3 Minuten 8,24 s		4 x 100 Meter Männer Schwimmen Freistil 50-Meter-Bahn Weltrekord	USA im Jahre 2008
3 Minuten 9,34 s		4 x 400 Meter Staffel Mixed Leichtathletik Weltrekord	USA im Jahre 2019
3 Minuten 15,17 s		4 x 400 Meter Staffel Frauen Leichtathletik Weltrekord	Sowjetunion im Jahre 1988
3 Minute 19,16 s		4 x 100 Meter Männer Schwimmen Lagen 25-Meter-Bahn Weltrekord	Russland im Jahre 2009
3 Minute 20 s	10 Minuten	Teichmuscheln Schließmuskeln Zuckungszeit	Zuckung = Kontraktion + Erschlaffung
3 Minuten 23 s		Halbwertszeit vom Neon Isotop Ne-24	3,38 Minuten
3 Minuten 26 s		1.500 Meter Männer Leichtathletik Weltrekord	Hicham El Guerrouj im Jahre 1998
3 Minuten 26,53 s		4 x 100 Meter Frauen Schwimmen Freistil 25-Meter-Bahn Weltrekord	Niederlande im Jahre 2014
3 Minuten 27,28 s		4 x 100 Meter Männer Schwimmen Lagen 50-Meter-Bahn Weltrekord	USA im Jahre 2009
3 Minuten 30 s		Blutgerinnung bei Schweinen - nach ...	Gerinnung an der Luft
3 Minute 32,25 s		400 Meter Männer Schwimmen Freistil 25-Meter-Bahn Weltrekord	Yannick Agnel im Jahre 2012

Ausdehnung		Begriffliche Erfassbarkeit	Erläuterungen
von	bis		
3 Minuten 39 s		Ringförmige Sonnenfinsternis Totalität Dauer - am 26. Dezember 2019	In Saudi Arabien, Indien, Sumatra und Borneo
3 Minuten 40,07 s		400 Meter Männer Schwimmen Freistil 50-Meter-Bahn Weltrekord	Paul Biedermann im Jahre 2009
3 Minuten 43,13 s		Eine Meile Männer Leichtathletik Weltrekord	Hicham El Guerrouj im Jahre 1999
3 Minuten 44,52 s		4 x 100 Meter Frauen Schwimmen Lagen 25-Meter-Bahn Weltrekord	USA im Jahre 2020
3 Minuten 50,07 s		800 Meter Frauen Leichtathletik Weltrekord	Genzebe Dibaba im Jahre 2015
3 Minute 53,92 s		400 Meter Frauen Schwimmen Freistil 25-Meter-Bahn Weltrekord	Ariarne Titmus im Jahre 2018
3 Minuten 54,81 s		400 Meter Männer Schwimmen Lagen 25-Meter-Bahn Weltrekord	Daiya Seto im Jahre 2019
3 Minuten 56 s		Sonnenkulmination - tägliche Verschiebung um ...	
3 Minute 56,46 s		400 Meter Frauen Schwimmen Freistil 50-Meter-Bahn Weltrekord	Katie Ledecky im Jahre 2016
4 Minuten		Erdrotation Dauer um die polare Achse um 1°	
4 Minuten		Zeitabstand zwischen zwei geograpischen Meridianen	Entspricht 1.440 Minuten/360 Grad
4 Minuten		Entwicklung der pflanzlichen Zellplatte (Primärwand) während der Mitose	
4 Minuten		Halbwertszeit vom Radium Isotop Ra-229	
4 Minuten	6 Minuten	Perlentaucher kommen bis zu 4 bis 6 min ohne neuen Sauerstoff aus	Rekord liegt bei über 15 min
4 Minuten	6 Minuten	Garzeit von Mangold Blättern	
4 Minute 3,84 s		400 Meter Männer Schwimmen Lagen 50-Meter-Bahn Weltrekord	Michael Phelps im Jahre 2008
4 Minuten 9 s		Totale Sonnenfinsternis Totalität Dauer - am 09. März 2016	In Sumatra, Borneo, Sulawesi und über Pazifik
4 Minuten 12,33 s		Eine Meile Frauen Leichtathletik Weltrekord	Sifan Hassan im Jahre 2019
4 Minuten 18,94 s		400 Meter Frauen Schwimmen Lagen 25-Meter-Bahn Weltrekord	Mireia Belmonte im Jahre 2017
4 Minuten 30 s		Blutgerinnung bei Hunden und Hühnern - nach ...	Gerinnung an der Luft
4 Minuten 33 s		Totale Sonnenfinsternis Totalität Dauer - am 02. Juli 2019	In Chile und Argentinien, und über Südpazifik
4 Minuten 44,79 s		2.000 Meter Männer Leichtathletik Weltrekord	Hicham El Guerrouj im Jahre 1999
5 Minuten		Residenzdauer von Flüssigkeiten im menschlichen Magen	
5 Minuten		Phytoplankton im Meer nimmt Phosphate auf - innerhalb von nur ...	Nach 72 h: Wieder Phosphorabgabe
5 Minuten		Konsultationszeit von Ärzten in USA	2014 - Durchschnittswert
5 Minuten		Kumulierte Bedenkzeit in Blitzschach Turnieren für die ersten vierzig Züge	
5 Minuten		Blutgerinnung bei Wasserfröschen - nach ...	Gerinnung an der Luft
5 Minuten		Tauchdauer von Kormoranen - maximal ...	
5 Minuten		Mondfinsternis Totalität Dauer - am 15. April 2015	12Uhr57 bis 13Uhr02, Australien, Amerika, Asien

Ausdehnung		Begriffliche Erfassbarkeit	Erläuterungen
von	bis		
5 Minuten		Zeitspanne zur Beschreibung dramatischer Situationen	5 Minuten vor Sündenfall, 5 vor 12 etc.
5 Minuten		Versorgungsdauer von Atemluft um Gewebe gut mit O2 zu versorgen	Nach maximalem Einatmen und in Ruhe
5 Minuten		Abweichung von Sonnenuhren zur wahren Sonnenzeit	Im Sommerhalbjahr, als ± Wert
5 Minuten	1 Stunde	Oszillation (Schwingung) Rhythmus der Sonne	
5 Minuten	mehrere Stunden	Periode von Tsunamis bzw. Seiches (Wasserwellen)	Durch Erdbeben, Luftdruckänderungen
5 Minuten	7 Tage	Lebensdauer von Eintagsfliegen	
5 Minuten 23,75 s		2.000 Meter Frauen Leichtathletik Hallenweltrekord	Genzebe Dibaba im Jahre 2017
6 Minuten		Halbwertszeit des Organophosphor-Insektizids Trichlorphon bei pH 9	In wässriger Lösung bei 70 °C
> 6 Minuten		Reaktionszeit für Herstellung von Hartbranntkalk zu Löschkalk mit Wasser	
6 Minuten 3 s		Ringförmige Sonnenfinsternis Totalität Dauer - am 10. Mai 2013	In Ozeanien
6 Minuten 16 s		Benötigte Arbeitszeit um sich eine Busfahrt in Westdeutschland im Jahre 1989 zu kaufen	Ostdeutschland 1 Minute 58 s
6 Minuten 30 s		Blutgerinnung bei Rindern - nach ...	
6 Minute 46,81 s		4 x 200 Meter Männer Schwimmen Freistil 25-Meter-Bahn Weltrekord	Brasilien im Jahre 2018
6 Minuten 58,55 s		4 x 200 Meter Männer Schwimmen Freistil 50-Meter-Bahn Weltrekord	USA im Jahre 2009
7 Minuten		Erdbebendauer in Lissabon 1755	Die komplette Stadt zerstört
7 Minuten 2,43 s		4 x 800 Meter Staffel Männer Leichtathletik Weltrekord	Kenia im Jahre 2006
7 Minuten 20,67 s		3.000 Meter Männer Leichtathletik Weltrekord	Daniel Komen im Jahre 1996
7 Minuten 23,42 s		800 Meter Männer Schwimmen Freistil 25-Meter-Bahn Weltrekord	Grant Hackett im Jahre 2008
7 Minuten 32,12 s		800 Meter Männer Schwimmen Freistil 50-Meter-Bahn Weltrekord	Zhang Lin im Jahre 2009
7 Minuten 32,85 s		4 x 200 Meter Frauen Schwimmen Freistil 25-Meter-Bahn Weltrekord	Niederlande im Jahre 2014
7 Minuten 50,17 s		4 x 800 Meter Staffel Frauen Leichtathletik Weltrekord	Sowjetunion im Jahre 1984
7 Minuten 53,63 s		3.000 Meter Männer Hindernislauf Weltrekord	Saif Saaeed Shaheen im Jahre 2004
7 Minute 59,34 s		800 Meter Frauen Schwimmen Freistil 25-Meter-Bahn Weltrekord	Mireia Belmonte im Jahre 2013
< 8 Minuten		Garzeit von grünem Spargel	Bissfestigkeit als Ziel
8 Minuten		Mitosedauer bei Fliegenzellen	
8 Minuten		Zellkernteilung minimale Dauer bei Furchung der Embryonalentwicklung	Alle 8 Minuten eine Teilung
8 Minuten		Garzeit von Mangold Stielen	
8 Minuten		Kumulierte effektive Kampfzeit bei olympischen Boxwettkämpfen der Frauen	4 x 2 Minuten, dazwischen Pausen
8 Minuten		Verstärkter Abbau von Säuren bei Kaffeebohnen Röstverfahren - nach ...	

Ausdehnung		Begriffliche Erfassbarkeit	Erläuterungen
von	bis		
8 Minute 4,79 s		800 Meter Frauen Schwimmen Freistil 50-Meter-Bahn Weltrekord	Katie Ledecky im Jahre 2016
8,18 Minuten	8,46 Minuten	Reisezeit des Sonnenlichts von der Sonne zur Erde	Je nach Erdabstand zur Sonne
8 Minuten 44,32 s		3.000 Meter Frauen Hindernislauf Weltrekord	Beatrice Chepkoech im Jahre 2018
9 Minuten		Fahrzeit auf erster deutscher Eisenbahnstrecke zwischen Nürnberg und Fürth	6 km Strecke, 1835
9 Minuten		Vermehrungsrate des Wundbrandbakteriums *Clostridium perfringens*	Alle 9 min eine neue Generation
9 Minuten		Kumulierte effektive Kampfzeit bei olympischen Boxwettkämpfen der Männer	3 x 3 Minuten, dazwischen Pausen
9 Minuten		Sterberate für Schlaganfall in Deutschland - alle ...	Alle 9 min ein Sterbefall (Stand 2021)
9 Minuten 15,5 s		Medley Staffel Männer Leichtathletik Weltrekord	USA im Jahre 2015
9,965 Minuten		Halbwertszeit vom Stickstoff-Isotop N-13	
< 10 Minuten		Lesungsdauer im öffentlichen Raum: Das Honorar erhält die VG Wort	Kleines Senderecht
10 Minuten		Wellenlängenabstand einer einzigen Wellenlänge bei Tsunamis	
10 Minuten		Veränderung des Sonnenstands um 2,5° innerhalb ...	Von einem beliebigen Erdpunkt aus
10 Minuten		Abweide Leistung eines Krill Krebses für 1 Quadratmeter Weidefläche	Eisalgen-Rasen auf Packeis-Unterseite
10 Minuten		Tauchdauer von Walrossen und Seekühen - maximal ...	
10 Minuten	15 Minuten	Sauerstoff Reduktion auf Null in Wohnräumen bei Bränden - nach ...	
10 Minuten	15 Minuten	Garzeit von weißem Spargel	Bissfestigkeit als Ziel
10 Minuten	30 Minuten	Teilungsrate von Bakterien	
10 Minuten	60 Minuten	Kumulierte Bedenkzeit im Blitzschach für die ersten 40 Züge	
> 10 Minuten		Lesungsdauer im öffentlichen Raum: Das Honorar erhält der Verlag	
610 s		Halbwertszeit von Neutronen	Nn-1
10,2 Minuten		Halbwertszeit vom Blei Isotop Pb-213	
10 Minuten 36,5 s		Medley Staffel Frauen Leichtathletik Weltrekord	USA im Jahre 2015
11,5 Minuten		Blutgerinnung bei Pferden - nach ...	
12 Minuten		Tauchdauer von Bisamratten, Lummen und Schnabeltieren - maximal ...	
12 Minuten	20 Minuten	Röstdauer von Kaffeebohnen in kleinen Privatröstereien	Im Durchschnitt
12:35,36 Minuten		5.000 Meter Männer Leichtathletik Weltrekord im Stadion	Joshua Cheptegei im Jahre 2020
12:51,0 Minuten		5.000 Meter Männer Leichtathletik Weltrekord auf der Straße	Joshua Cheptegei im Jahre 2020
14 Minuten		Sterbeereignis Rhythmus - alle ... stirbt durch Heckler & Koch-Kugeln global ein Mensch ...	Quelle: ISW München
14 Minuten		Biologische Halbwertszeit vom Medikament Oxaliplatin im menschlichen Körper	

Ausdehnung		Begriffliche Erfassbarkeit	Erläuterungen
von	bis		
14:06,62 Minuten		5.000 Meter Frauen Leichtathletik Weltrekord	Letesenbet Gidey im Jahre 2020
14:08,06 Minuten		1.500 Meter Männer Schwimmen Freistil 25-Meter-Bahn Weltrekord	Gregorio Paltrinieri im Jahre 2015
14:22,22 Minuten		4 x 1.500 Meter Staffel Männer Leichtathletik Weltrekord	Kenia im Jahre 2014
14:31,02 Minuten		1.500 Meter Männer Schwimmen Freistil 50-Meter-Bahn Rekord	Sun Yang im Jahre 2012
14,69 Minuten		Mittlere Lebensdauer eines n-1-Isotops (Neutrons)	881,5 ± 1,5 s
14:44 Minuten		5.000 Meter Frauen Leichtathletik Weltrekord von Sifan Hassan im Jahre 2019	Straßenlauf, reiner Frauenlauf
14:48 Minuten		5.000 Meter Frauen Leichtathletik Weltrekord von Caroline Kipkirui im Jahre 2018	Straßenlauf, es liefen Männer mit
14,9 Minuten		Unterbrechungsdauer der Stromversorgung in Deutschland - je Kunde	Ohne höhere Gewalt, im Jahre 2010
< 15 Minuten		Dauer von denaturierenden Aktivierungen von Hot Start Polymerasen bei PCR	Schritt 1 der PCR-Methode
15 Minuten		Eine viertel Stunde	
15 Minuten		Verzögerungszeit von Vorlesungsbeginn an Hochschulen	Akademisches Viertel
15 Minuten		Abweichung von Sonnenuhren zur wahren Sonnenzeit	Im Winterhalbjahr, als ± Wert
15 Minuten		Durchschnittliche Lesezeit pro Tag von Büchern deutscher Jugendlicher	Stand 2020
15 Minuten		Dauer von Ruhm und medialer Aufmerksamkeit - laut dem Künstler Andy Warhol	*15 minutes of fame*
15 Minuten		Tauchdauer von Delfinen, Bibern, Enten und Seehunden - maximal ...	
> 15 Minuten		Applaus Dauer nach Uraufführung von Gustav Mahlers 3. Sinfonie	Am 09.06.1902 in Krefeld
15 Minute 18,01 s		1.500 Meter Frauen Schwimmen Freistil 25-Meter-Bahn Weltrekord	Sarah Köhler im Jahre 2019
15 Minute 20,48 s		1.500 Meter Frauen Schwimmen Freistil 50-Meter-Bahn Weltrekord	Katie Ledecky im Jahre 2018
16 Minuten 27,02 s		4 x 1.500 Meter Staffel Frauen Leichtathletik Weltrekord	Durch die USA im Jahre 2020
16,67 Minuten		1 Kilosekunde = 1.000 Sekunden	
16,67 Minuten		Verzögerung von Verfinsterung des Jupitermondes Io	1.000 Sekunden
17 Minuten		Unterbrechungsdauer der Stromversorgung in Dänemark - je Kunde	Ohne höhere Gewalt, im Jahre 2010
18 Minuten		Tauchdauer von Kegelrobben - maximal ...	
18 Minuten		Mindestkontaktzeit von Getreide mit Wasser für Pessachfest *Tabustatus*	
19 Minuten		Tauchdauer von Flusspferden - maximal ...	
19 Minuten		Abstand zwischen Astronaut Aldrin und Armstrong bei Mondbetretung 1969	Armstrong war der erste Mensch auf dem Mond
20 Minuten		Lebensdauer von Stickstoffoxid bei Reaktion mit Hydroperoxyl-Radikalen	Reaktion in Troposphäre mit ·HO2
20 Minuten		Inaktivitätsdauer in zirkadianen Rhythmen in der Chronobiologie	Im Wechsel mit 90 Minuten Aktivität
20 Minuten		Tauchdauer von Kaiserpinguinen und Bibern - maximal ...	

Ausdehnung		Begriffliche Erfassbarkeit	Erläuterungen
von	bis		
20 Minuten		Applaus Dauer nach Uraufführung von Gustav Mahlers 8. Sinfonie	Am 12.09.1910 in München
20 Minuten		Zeitraum zwischen Atemlähmungstod und Exposition mit Pfeilgiftfroschgift Batrachotoxin	Froschschutz vor Fressfeinden
20 Minuten		Kumulierte Werbezeit pro Tag im SWR-Fernsehen (= 5 % der Sendezeit)	Zweitgrößter deutscher Sender
20 Minuten		Lebensdauer von Stickstoffmonoxid (NO) in NO + ·HO2 → NO2 + ·OH	In Troposphäre
20 Minuten	25 Minuten	Halbwertszeit vom zahnmedizinischen Lokalanästhetikum Articain	Eliminationshalbwertszeit
20 Minuten	27 Minuten	Dauer der drei Paarungsausflüge von männlichen Bienen (Drohnen)	Im Durchschnitt
20 Minuten	30 Minuten	Zerstörungszeit von Wirtszellen durch virale Bakteriophagen T4	Lytischer Zyklus bei 37 °C
20,364 Minuten		Halbwertszeit vom Kohlenstoff-Isotop C-11	
21,8 Minuten		Halbwertszeit vom instabilsten natürlich vorkommenden Element Fr-223	Radioaktives Francium
24 Minuten		Dauer einer *Ghaṭi / Nādī / Danda*	Hinduistisch siderische Zeitenlehre
25 Minuten		Dauer von Arbeitsabschnitten gemäß der Pomodoro-Technik	Zeitmanagement
26:11 Minuten		10.000 Meter Männer Leichtathletik Weltrekord von Joshua Cheptegei im Jahre 2020	Im Stadion
26:24 Minuten		10.000 Meter Männer Leichtathletik Weltrekord von Rhonex Kipruto im Jahre 2020	Straßenlauf
26,8 Minuten		Halbwertszeit vom Blei Isotop Pb-213	
27 Minuten		Blutgerinnung bei Ringelnattern - nach ...	
29:17,45 Minuten		10.000 Meter Frauen Leichtathletik Weltrekord von Almaz Ayana im Jahre 2016	Im Stadion
29:43 Minuten		10.000 Meter Frauen Leichtathletik Weltrekord von Joyciline Jepkosgei im Jahre 2017	Straßenlauf, es liefen Männer mit
30 Minuten		Eine halbe Stunde	
30 Minuten		Tauchdauer von Blauwalen, Buckelwalen und See-Elefanten - maximal ...	
30 Minuten		Halbierungsrate von Aerosolen (Ø 5 nm, 2 g/cm³) bei 1 atm und 25 °C	1 Milliarde sphärische Teilchen pro m³
30 Minuten		Standardisierte Erhitzungszeit bei der fraktionierten Sterilisation in der Pharmaproduktion	100 °C an 2 bis 3 aufeinanderfolgenden Tagen
30 Minuten		Halbwertszeit des Organophosphor-Insektizids Metasystox R bei pH 9	In wässriger Lösung bei 70 °C
30 Minuten		Zellteilungsdauer vom Einzeller *Vorticella*	
30 Minuten		Pharmakokinetische Halbwertszeit für Penicillin bei Erwachsenen	
30 Minuten	45 Minuten	Wirkdauer des medizinischen Lokalanästhetikums 2-Chlorprocain	
30 Minuten	1 Stunde	M-Phasendauer während einer Mitose oder Meiose	Mitosen-Phase
30 Minuten	1 Stunde	Wirkdauer des medizinischen Lokalanästhetikums Benzocain	
30 Minuten	3 Stunden	Mitosedauer bei menschlichen Zellen	Je nach Zellart
> 30 Minuten		Oxidation durch Mikroorganismen in Böden - Dauer	Chemische Oxidation 5x langsamer

Ausdehnung		Begriffliche Erfassbarkeit	Erläuterungen
von	bis		
> 30 Minuten		Dauer einer hirnelektrischen Stille beim Null-Linien-EEG	Null-Linien-Elektroenzephalografie
> 30 Minuten		Standardisierte Erhitzungszeit bei der Heißluftsterilisation	Bei 180 °C
30:29 Minuten		10.000 Meter Frauen Leichtathletik Weltrekord von Asmae Leghzaoui im Jahre 2002	Straßenlauf, reiner Frauenlauf
31,8 Minuten		Unterbrechungsdauer der Stromversorgung in Österreich - je Kunde	Ohne höhere Gewalt, im Jahre 2010
33,7 Minuten		Unterbrechungsdauer der Stromversorgung in Holland - je Kunde	Ohne höhere Gewalt, im Jahre 2010
36 Minuten		Halbwertszeit des Organophosphor-Insektizids Azinphos bei pH 9	In wässriger Lösung bei 70 °C
36 Minuten		Halbwertszeit des Organophosphor-Insektizids Trichlorphon bei pH 8	In wässriger Lösung bei 70 °C
36,1 Minuten		Halbwertszeit vom Blei Isotop Pb-211	
40 Minuten		Basketball - anberaumte Spielzeit einer Partie gemäß FIBA-Reglement	Fédération Internationale de Basketball
40 Minuten	50 Minuten	Zellteilungsdauer vom Einzeller *Opalina ranarum*	
41 Minuten	7 Stunden	Verdauungsdurchlaufzeit von Fledermäusen - Dauer	
42 Minuten		Halbwertszeit vom Isotop Ra-227, welches in Ac-227 zerfällt	Actinium: Produktion in Atomreaktor
42 Minuten		Halbwertszeit des Organophosphor-Insektizids Trichlorphon bei pH 7	In wässriger Lösung bei 70 °C
43 Minuten		Halbwertszeit vom Element Meitnerium	Atome zu groß, um lange zu leben
43 Minuten		Tauchdauer von Weddellrobben - maximal ...	
45 Minuten		Eine dreiviertel Stunde	
45 Minuten		Schulstunde Dauer	In Deutschland
45 Minuten		Singulett $^1\Delta_g$ Sauerstoff 1 Molekül Lebensdauer in der Gasphase	Weniger kurzlebig und reaktiv
45 Minuten		Fallzeit eines Backsteins, sofern man ihn ins Erdinnere fallen lassen würde	
45 Minuten	60 Minuten	Wirkdauer des medizinischen Lokalanästhetikums Procain	
47,8 Minuten		Unterbrechungsdauer der Stromversorgung in Italien - je Kunde	Ohne höhere Gewalt, im Jahre 2010
48 Minuten		American Football Netto Spielzeit	An High Schools
48 Minuten		Basketball - anberaumte Spielzeit einer Partie gemäß NBA-Reglement	
48 Minuten		Dauer einer *Muhūrta*	Hinduistische Zeitenlehre
50 Minuten		Schulstunde Dauer	In Österreich
53,26 Minuten		Benötigte Arbeitszeit für Kauf von 1 Kilogramm Kaffee in Westdeutschland	Im Jahre 1989, Ostdeutschland 11 h 42 min
54 Minuten		Internetnutzung pro Tag in Deutschland	Im Jahre 2002
55 Minuten	56 Minuten	4. Sinfonie von Gustav Mahler - Dauer	Je nach Aufführung
55 Minuten	75 Minuten	10. Sinfonie von Gustav Mahler - Dauer	Je nach Aufführung

Ausdehnung		Begriffliche Erfassbarkeit	Erläuterungen
von	bis		
56 Minuten 20,02 s		20.000 Meter Männer Leichtathletik Weltrekord	Bashir Abdi im Jahre 2020
58 Minuten		Mondfinsternis Totalität Dauer - am 08. Oktober 2014	11Uhr25 bis 12Uhr23, Australien, Amerika
58:01 Minuten		Halbmarathon Männer Leichtathletik Weltrekord	Geoffrey Kamworor im Jahre 2019
< 1 Stunde		Arbeitszeit pro Woche - Definition des Arbeitsamtes für Erwerbslosigkeit	In Deutschland
1 Stunde		3.600 Sekunden	Althochdeutsch *stunta* : stehen
1 Stunde		60 Minuten	
1 Stunde		Schulstunde Dauer gemäß 60-Minuten-Takt	In Deutschland
1 Stunde		Zellteilungsdauer bei Einzellern *Amoeba vespertilio*	
1 Stunde		Ortszeit Differenz von zwei Orten mit dem Abstand von 15 Längengraden	Nach mittlerer geografischer Zeit
1 Stunde		Verschmelzungsdauer von Proteinen aus Humanzellen und Mauszellen	Nach Erzwingung
1 Stunde		Produktion von 1 Million neuer Körperzellen - pro ...	
1 Stunde		Information Abstandslänge für menschliche Merkfähigkeit von 40%	Messgröße Langzeit Gedächtnis
1 Stunde		Erdrotation Dauer um die polare Achse um 15°	
1 Stunde		Zeitraum in dem Systeme mit 1 *W* Leistung Energie aufnehmen/abgeben	Maßeinheit: Wattstunde Wh
1 Stunde		18.930 Meter ist der Frauen Leichtathletik Weltrekord im Einstundenlauf	Sifan Hassan im Jahre 2020
1 Stunde		21.330 Meter ist der Männer Leichtathletik Weltrekord im Einstundenlauf	Mo Farah im Jahre 2020
1 Stunde		Zeitraum in dem Systeme mit 1 kW Leistung Energie aufnehmen/abgeben	Maßeinheit: Kilowattstunde kWh
1 Stunde		Zellteilungsdauer bei Einzellern *Paramecium caudatum*	
1 Stunde		American Football Netto Spielzeit	Profispiele und an Colleges
1 Stunde		Emittierte Kohlenwasserstoffe werden von OH-Gruppen oxidiert innerhalb	Als Luftemissionen
1 Stunde		DNA-Isolation von Blut-DNA Dauer im Labor im Jahre 2012 - innerhalb ...	
60 Minuten		Handball und Eishockey - anberaumte Nettospielzeit einer Partie	
1 Stunde	70 Minuten	Gaelic Football Netto Spielzeit	
1 Stunde	1 Stunde 30 min	Halbwertszeit vom Antibiotikum Amoxicillin im Körper	
1 Stunde	1 Stunde 40 min	Australian Football Netto Spielzeit	
1 Stunde	2 Stunden	Zellteilungsdauer vom Einzeller *Stylonychia mytilus*	
1 Stunde	2 Stunden	Eintritt der Totenstarre bei Menschen an den Augenlidern	Zeit nach Todeseintritt, bei 21 °C
1 Stunde	2 Stunden	Zeit zwischen menschlichem Tod und Beginn der Totenstarre an den Augenlidern	
1 Stunde	2 Stunden	Wirkdauer der medizinischen Lokalanästhetika Lidocain und Prilocain	

Ausdehnung		Begriffliche Erfassbarkeit	Erläuterungen
von	bis		
1 Stunde	2 Stunden	Biologische Halbwertszeit vom Medikament Zaleplon im menschlichen Körper	
1 Stunde	3 Stunden	Wirkdauer des medizinischen Lokalanästhetikums Tetracain	Je nach Quelle
1 Stunde	3,6 Stunden	Halbwertszeit von zahnmedizinischen Lokalanästhetika vom Amid Typ	Außer Wirkstoff Articain
62,9 Minuten		Unterbrechungsdauer der Stromversorgung in Frankreich - je Kunde	Ohne höhere Gewalt, im Jahre 2010
64:31 Minuten		Halbmarathon Frauen Leichtathletik Weltrekord von Ababel Yeshaneh im Jahre 2020	Es liefen auch Männer mit
1:05 Stunden 26,6 s		20.000 Meter Frauen Leichtathletik Weltrekord	Tegla Loroupe im Jahre 2000
65:34 Minuten		Halbmarathon Frauen Leichtathletik Weltrekord von Peres Jepchirchir im Jahre 2020	Reiner Frauenlauf
66 Minuten	71 Minuten	5. Sinfonie von Gustav Mahler - Dauer	Je nach Aufführung
66,6 Minuten		Selbstmordrate in Deutschland - ein Mensch tötet sich hier alle ...	Stand 2006
68 Minuten	100 Minuten	7. Sinfonie von Gustav Mahler - Dauer	Je nach Aufführung
69 Minuten		Brenndauer einer 100W-Birne durch den Energiegehalt eines Apfels	Energiegehalt: 100 kcal
72 Minuten		Mondfinsternis Totalität Dauer - am 28. September 2015	Europa, Asien, Amerika
72 Minuten 25,4 s		25.000 Meter Männer Leichtathletik Weltrekord	Moses Cheruiyot Mosop im Jahre 2011
74 Minuten		Ursprünglich konzipierte Laufzeit für Audio-CDs	
75 Minuten	85 Minuten	6. Sinfonie von Gustav Mahler - Dauer	Je nach Aufführung
75 Minuten	90 Minuten	9. Sinfonie von Gustav Mahler - Dauer	Je nach Aufführung
76 Minuten 36 s		20 km Gehen Männer Leichtathletik Weltrekord	Yūsuke Suzuki im Jahre 2015
77 Minuten		Internetnutzung pro Tag in Deutschland im Jahre 2008	
77 Minuten	85 Minuten	8. Sinfonie von Gustav Mahler - Dauer	Je nach Aufführung
78 Minuten		Halbwertszeit des Organophosphor-Insektizids PO-Methyldemeton bei pH 9	In wässriger Lösung bei 70 °C
78 Minuten		Mondfinsternis Totalität Dauer - am 15. April 2014	Australien, Pazifik, Amerika
78,9 Minuten		Unterbrechungsdauer der Stromversorgung in Schweden - je Kunde	Ohne höhere Gewalt, im Jahre 2010
80 Minuten		Tauchdauer von Grönlandwalen - maximal ...	
80 Minuten	90 Minuten	2. Sinfonie von Gustav Mahler - Dauer	Je nach Aufführung
82 Minuten		Unterbrechungsdauer der Stromversorgung in Irland - je Kunde	Ohne höhere Gewalt, im Jahre 2010
84 Minuten		Halbwertszeit des Organophosphor-Insektizids Chlorthion bei pH 8	In wässriger Lösung bei 70 °C
84 Minuten 38 s		20 km Gehen Frauen Leichtathletik Weltrekord	Liu Hong im Jahre 2015
86,3 Minuten		Erdumlaufzeit von Satelliten in 100 km Höhe	
86 Minuten 47,4 s		30.000 Meter Männer Leichtathletik Weltrekord	Moses Cheruiyot Mosop im Jahre 2011

Ausdehnung		Begriffliche Erfassbarkeit	Erläuterungen
von	bis		
87 Minuten 5,9 s		25.000 Meter Frauen Leichtathletik Weltrekord	Tegla Loroupe im Jahre 2002
89 Minuten	105 Minuten	3. Sinfonie von Gustav Mahler - Dauer	Je nach Aufführung
90 Minuten		Eineinhalb Stunden = 1,5 Stunden	
90 Minuten		Aktivitätsdauer in zirkadianen Rhythmen in der Chronobiologie	Im Wechsel mit 20 Minuten Pause
90 Minuten		Australian Football Netto Spielzeit	
90 Minuten		Residenzdauer von Reis im menschlichen Magen	
90 Minuten		Halbwertszeit des Organophosphor-Insektizids Methylparathion bei pH 9	In wässriger Lösung bei 70 °C
90 Minuten		Fußball - anberaumte Spielzeit einer Partie	
90 Minuten		Tauchzeit von Pottwalen - maximal ...	
90 Minuten	3 Stunden	Wirkdauer des medizinischen Lokalanästhetikums Mepivacain	
93 Minuten		Halbwertszeit vom Radium Isotop Ra-230	
93 Minuten		Erdumlauf der Raumstation ISS	Bei Orbitalhöhe von ca. 400 km
96 Minuten		Biologische Halbwertszeit vom Medikament Salbutamol im menschlichen Körper	
96 Minuten	1 Stunde 37 min	Erdumlauf des Hubble-Teleskops	
100 Minuten		Dauer einer Stunde nach der Französischen Revolution	Gültigkeit bis mindestens 1801
100 Minuten		Erdumlauf von polarumlaufenden Wetter- und Klimasatelliten	zum Beispiel Satellit Ibuki
105 Minuten 50 s		30.000 Meter Frauen Leichtathletik Weltrekord	Tegla Loroupe im Jahre 2003
1:48 Stunden		Erster bemannter Raumflug - Dauer	Juri Gagarin am 12. April 1961 ex Wostok 1
1:48 Stunden		Hausarbeit Dauer von Männern in Deutschland - pro Tag	Im Durchschnitt, Stand 2019, Studie der ILO
1:55 Stunden		Reiseflugzeit internationaler Airlines von Frankfurt nach Edinburgh	Mit Lufthansa
1:57 Stunden 6 s		Straßenstaffel Männer Leichtathletik Weltrekord von Kenia im Jahre 2005	
2 Stunden		Alle 2 Stunden wird bis zum 10. Lebensjahr ein neues Wort gelernt	Insgesamt 43.800 Wörter
2 Stunden		Zellteilungsdauer vom Einzeller *Paramecium aurelia*	
2 Stunden		Lebensdauer von Stickstoffoxid (NO) bei Reaktion mit Alkoxylradikalen	Reaktion in Troposphäre mit ·RO2
2 Stunden		Halbierungsrate von Aerosolen (Ø 10 nm, 2 g/cm³) bei 1 atm und 25 °C	1 Milliarde sphärische Teilchen pro m³
2 Stunden		Kumulierte Traumzeit pro Nacht - von Menschen	Im Durchschnitt
2 Stunden		Kumulierte Bedenkzeit im Turnierschach für die ersten 40 Züge	
2 Stunden		Sauerstoffmessung bei Biotests mit der Grünalge *Haematococcus pluvialis*	2 Stunden nach Exposition
2 Stunden		Halbwertszeit des Organophosphor-Insektizids Azinphos bei pH 8	In wässriger Lösung bei 70 °C

Ausdehnung		Begriffliche Erfassbarkeit	Erläuterungen
von	bis		
2 Stunden		Tauchdauer von Alligatoren und Schnabelwalen - maximal ...	
2 Stunden		Maximale Renndauer von Formel 1 Rennen	
2 Stunden		Zellteilungsdauer vom Einzeller *Stentor polymorphus*	
2 Stunden	3 Stunden	Biologische Halbwertszeit von Morphium im menschlichen Körper	
2 Stunden	4 Stunden	Eintritt der Totenstarre bei Menschen an Kaumuskeln	Zeit nach Todeseintritt, bei 21 °C
2 Stunden	6 Stunden	Zweite Reifeteilung innerhalb der menschlichen Spermatogenese - Dauer	
2:01 Stunden 39 s		Marathon Männer Leichtathletik Weltrekord	Eliud Kipchoge im Jahre 2018
2:11 Stunden 41 s		Straßenstaffel Frauen Leichtathletik Weltrekord von China im Jahre 1998	Es liefen Männer mit
2:14 Stunden 0,4 s		Marathon Frauen Leichtathletik Weltrekord von Brigid Kosgei im Jahre 2019	Hier liefen auch Männer mit
2:16 Stunden 4 s		Straßenstaffel Frauen Leichtathletik Weltrekord von Äthiopien im Jahre 1996	Reiner Frauenlauf
2:17 Stunden 1 s		Marathon Frauen Leichtathletik Weltrekord von Mary Keitany im Jahre 2017	Reiner Frauenlauf
2:20 Stunden	2:30 Stunden	Reiseflugzeit internationaler Airlines von Frankfurt nach Helsinki	Je nach Airline
2:35 Stunden	2:50 Stunden	Reiseflugzeit internationaler Airlines von Frankfurt nach Madrid	Je nach Airline
2:40 Stunden		Abstand zwischen Kollision und Sinkereignis der Titanic	Kollision am 14.04.1912 um 23:40
2:46 Stunden		US Major League Baseball Match - Dauer	Im Jahre 2003 im Durchschnitt
> 2:50 Stunden		US Major League Baseball Match - Dauer	Ab dem Jahre 2010 im Durchschnitt
2:51 Stunden		US Major League Baseball Match - Dauer	Im Jahre 2007 im Durchschnitt
2:52 Stunden		US Major League Baseball Match - Dauer	Im Jahre 2002 im Durchschnitt
173 Minuten		Unterbrechungsdauer der Stromversorgung in Portugal - je Kunde	Ohne höhere Gewalt, im Jahre 2010
2:54 Stunden		US Major League Baseball Match - Dauer	Im Jahre 2001 im Durchschnitt
2:55 Stunden	3:10 Stunden	Reiseflugzeit internationaler Airlines von Frankfurt nach Istanbul	Je nach Airline
2:58 Stunden		US Major League Baseball Match - Dauer	Im Jahre 2000 im Durchschnitt
3 Stunden		Halbwertszeit des Organophosphor-Insektizids Trichlorphon bei pH 6	In wässriger Lösung bei 70 °C
3 Stunden		Keimung von Samen der Angiospermen nach ...	
3 Stunden		Residenzdauer von Gemüse und Brot im menschlichen Magen	
3 Stunden		Halbwertszeit des Organophosphor-Insektizids Methylparathion bei pH 8	In wässriger Lösung bei 70 °C

Hier gibt's viel Technik

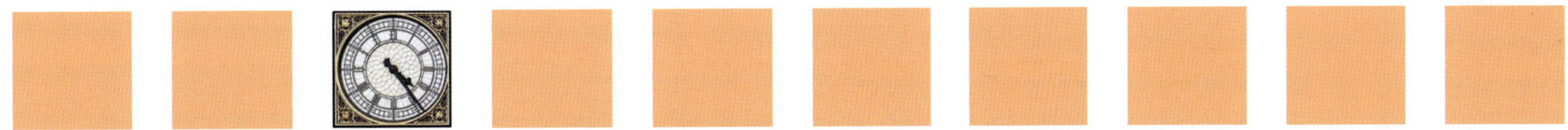

Von 3 Stunden bis 7 Tage

Ausdehnung		Begriffliche Erfassbarkeit	Erläuterungen
von	bis		
3 Stunden		Halbwertszeit des Organophosphor-Insektizids Metasystox R bei pH 8	In wässriger Lösung bei 70 °C
3 Stunden		Aufenthaltsdauer von weichen Eiern im menschlichen Magen	
3 Stunden		Halbwertszeit des Organophosphor-Insektizids PO-Methyldemeton bei pH 8	In wässriger Lösung bei 70 °C
3:00 Stunden	3:10 Stunden	Reiseflugzeit internationaler Airlines von Frankfurt nach Lissabon	Je nach Airline
3 Stunden	8 Stunden 30 min	Verdauungsdurchlaufzeit von Mäusen - Dauer	
3 Stunden	10 Stunden	Biologische Halbwertszeit vom Medikament Methotrexat im menschlichen Körper	Bei niedriger Dosierung
3 Stunden	mehrere Tage	Mikroskopisch sichtbare Schäden nach ionisierender Strahlung	Teils mit Zelltod
> 3 Stunden		Chemische Oxidation in Böden - Dauer	Mikroorganismen Oxidation 5x schneller
> 3 Stunden		Brutto Spielzeit eines American Football Spiels	Im Durchschnitt der NFL
3:05 Stunden		Reiseflugzeit internationaler Airlines von Sydney nach Auckland	Mit Air New Zealand
3:09 Stunden		Fernsehnutzung pro Tag in Deutschland im Jahre 2008	
3:10 Stunden		Durchschnittliche Spieldauer eines T20 Cricket Matches	
3:13 Stunden		Unterbrechungsdauer der Stromversorgung in Finnland - je Kunde	Ohne höhere Gewalt, im Jahre 2010
3,253 Stunden		Halbwertszeit vom Blei Isotop Pb-209	
3:18 Stunden		Fernsehnutzung pro Tag in Deutschland im Jahre 2002	
3:24 Stunden	322 Tage	Halbwertszeit vom schädlichen Naphthalin (PAK) in Böden	Je nach Umweltbedingung und Studie
3:25 Stunden		Matterhorn Besteigungszeit vom britischen Schnellkletterer Ian Angell	Im Jahre 1961
3:29 Stunden		Radionutzung pro Tag in Deutschland im Jahre 2000	
3,5 Stunden		Halbwertszeit des Organophosphor-Insektizids PO-Methyldemeton bei pH 7	In wässriger Lösung bei 70 °C
3:32 Stunden 33 s		50 km Gehen Männer Leichtathletik Weltrekord von Yohann Diniz im Jahre 2014	
4 Stunden		Tauchdauer der "Triest" bis zum Marianengraben in fast 11.000 Meter Tiefe	Jacques Piccard und Don Walsh blieben 20 min
4 Stunden		Halbwertszeit des Organophosphor-Insektizids Chlorthion bei pH 7	In wässriger Lösung bei 70 °C
4 Stunden		Wachabschnittsdauer auf Seeschiffen	Auch *Glasen* genannt
4 Stunden		Halbwertszeit des Organophosphor-Insektizids Parathion bei pH 8	In wässriger Lösung bei 70 °C
4 Stunden		Halbwertszeit des Insektizids PO-Methyldemeton bei pH 5-6	In wässriger Lösung bei 70 °C
4 Stunden	5 Stunden	Wirkdauer der medizinischen Lokalanästhetika Articain und Bupivacain	
4 Stunden	6 Stunden	Aufenthaltsdauer von gebratenem Fleisch im menschlichen Magen	
4 Stunden	6 Stunden	Wirkdauer des medizinischen Lokalanästhetikums Ropivacain	
4 Stunden	16 Jahre	Keimfähigkeit von Moossporen	4 Stunden bei epiphyllen Moosen

Ausdehnung		Begriffliche Erfassbarkeit	Erläuterungen
von	bis		
4:04 Stunden 36 s		50 km Gehen Frauen Leichtathletik Weltrekord	Rui Liang im Jahre 2018
4:05 Stunden		Reiseflugzeit internationaler Airlines von Frankfurt nach Tel Aviv	Mit Lufthansa
4:10 Stunden		Reiseflugzeit internationaler Airlines von Frankfurt nach Kairo	Mit Lufthansa
4:23 Stunden		Tagesdauer in Reykjavík/Island im Dezember jeden Jahres	Gemittelter Monatswert
4:26 Stunden		Hausarbeit Dauer von Frauen in Deutschland - pro Tag	Im Durchschnitt, Stand 2019, Studie der ILO
4:30 Stunden		Arbeitszeitverkürzung von Vätern nach Rückkehr aus ihrer Elternzeit (Ø)	WZB Mitteilungen 143, S. 19-22
5 Stunden		Lebensdauer von Eintagsfliegen im Imago Stadium	Larvenstadium dauert viel länger
5 Stunden		Halbwertszeit des Insektizids PO-Methyldemeton bei pH 1 bis pH 4	In wässriger Lösung bei 70 °C
5 Stunden		Blutschnabelweber Schwarm Überflug Dauer über einen beliebigen Punkt	Schwärme mit 1,5 Milliarden Vögeln
5 Stunden		Halbwertszeit des Organophosphor-Insektizids Chlorthion bei pH 5-6	In wässriger Lösung bei 70 °C
5 Stunden		Halbwertszeit des Organophosphor-Insektizids Azinphos bei pH 7	
5 Stunden	6 Stunden	Kumulierte Werbezeit pro Tag in deutschen privaten Fernsehsendern	
5 Stunden	3 Tage	Inkubationszeit für Pontiac-Fieber mit Legionellen-Bakterien	Im Mittel 1 bis 2 Tage
5 Stunden	5 Tage	Verdauungsdurchlaufzeit von Kaninchen - Dauer	
5,4 Stunden		Nutzungszeit von Handys und Smartphones in Südkorea	Im Durchschnitt, Stand 2020
5:36 Stunden		Tagesdauer in Reykjavík/Island im Januar jeden Jahres	Gemittelter Monatswert
5:42 Stunden	6:23 Stunden	Reiseflugzeit internationaler Airlines von Los Angeles nach Honolulu	Je nach Airline
5:52 Stunden	6:10 Stunden	Reiseflugzeit internationaler Airlines von Los Angeles nach Maui	Je nach Airline
6 Stunden		Halbwertszeit des Organophosphor-Insektizids Chlorthion bei pH 4	In wässriger Lösung bei 70 °C
6 Stunden		Halbwertszeit des Organophosphor-Insektizids Metasystox R bei pH 7	In wässriger Lösung bei 70 °C
6 Stunden	11 Stunden	Östrusdauer (Brunstzyklus) bei weiblichen Meerschweinchen	
6 Stunden	24 Stunden	Alter von Wasserflöhen bzw. Daphnien für Daphnientests	
6 Stunden	12 Stunden	Eintritt der Totenstarre bei Menschen am ganzen Körper	Zeit nach Todeseintritt, bei 21 °C
6 Stunden	72 Stunden	Inkubationszeit für Salmonellen-Erkrankung mit Salmonellen-Bakterien	Meist 12 bis 36 Stunden
6 Stunden	3 Tage	Inkubationszeit für Norovirus-Erkrankung	Im Mittel 6 Stunden bis 2 Tage
6 Stunden	200.000 Jahre	Halbwertszeit vom Übergangsmetall Isotop Technetium Tc-99	Nuklearmedizinische Herstellung vor Ort
6:09 Stunden 14 s		100 km Straßenlauf Männer Leichtathletik Weltrekord	Nao Kazami im Jahre 2018
6,5 Stunden	5 Tage	Verdauungsdurchlaufzeit von Ratten - Dauer	
6:33 Stunden 11 s		100 km Straßenlauf Frauen Leichtathletik Weltrekord von Tomoe Abe im Jahre 2000	Es liefen Männer mit

Ausdehnung		Begriffliche Erfassbarkeit	Erläuterungen
von	bis		
6:38 Stunden		Tagesdauer in Reykjavík/Island im November jeden Jahres	Gemittelter Monatswert
6:41 Stunden		Brenndauer einer 100W-Birne durch den Energiegehalt eines Big Mac	Energiegehalt: 576 kcal
6:42 Stunden	4,2 Tage	Halbwertszeit vom schädlichen Acenaphthylen (PAK) in Böden	
7 Stunden		Halbwertszeit des Organophosphor-Insektizids Methylparathion bei pH 7	In wässriger Lösung bei 70 °C
7 Stunden		Halbwertszeit des Organophosphor-Insektizids Chlorthion bei pH 3	In wässriger Lösung bei 70 °C
7 Stunden		Halbwertszeit des Organophosphor-Insektizids Disulfoton bei pH 9	In wässriger Lösung bei 70 °C
7 Stunden		Halbwertszeit des Organophosphor-Insektizids Azinphos bei pH 4	In wässriger Lösung bei 70 °C
7 Stunden	9 Stunden	Empfohlenes Schlafmaß für Erwachsene	Im Durchschnitt
7 Stunden	10 Stunden	Weg des Speisebreis durch Dickdarm	
7 Stunden	40 Stunden	Pharmakokinetische Halbwertszeit für Phenytoin bei Erwachsenen	Je nach Konzentration
7,06 Stunden		Umlaufzeit des Mondes Naiad um seinen Planeten Neptun	Mittlerer Abstand zum Neptun: 48.227 Kilometer
7 Stunden 12 min	5 Tage	NOx - Mittlere atmosphärische Lebensdauer	
7,46 Stunden		Umlaufzeit des Mondes Thalassa um seinen Planeten Neptun	Mittlerer Abstand zum Neptun: 50.075 Kilometer
7:28 Stunden	7:46 Stunden	Autoreisezeit von Hamburg nach München laut Falk Routenplaner bei guter Verkehrslage	Je nach Strecke 779 bis 835 km
7:30 Stunden		Zellteilungsdauer vom Einzeller *Pelomyxa binucleata*	
7,5 Stunden	8,5 Stunden	Durchschnittliche Spieldauer eines Cricket Matches	
7:39 Stunden		Autoreisezeit von Berlin nach Freiburg laut Falk Routenplaner bei guter Verkehrslage	808 km
7:42 Stunden		Arbeitsstundenzahl US-amerikanischer Frauen pro Tag (Stand 2006)	Im Durchschnitt
7:45 Stunden	8:13 Stunden	Reiseflugzeit internationaler Airlines von London nach New York City	Je nach Airline
7:51 Stunden		Kürzester Tag mittlerer Breiten	Richtwert zum Beispiel für Frankfurt / Main
8:00 Stunden		Reiseflugzeit internationaler Airlines von Frankfurt nach Delhi	Mit Air India
8 Stunden		Länge eines Erdentages, würde der Mond die Erdrotation nicht bremsen	
8 Stunden		Halbwertszeit des Organophosphor-Insektizids Azinphos bei pH 6	In wässriger Lösung bei 70 °C
8 Stunden		Zeitraum zwischen Verzehr von Knollenblätterpilzen und Brechdurchfallsymptomen	
8 Stunden		Belichtungszeit des ersten Heliographie-Fotos 1826 durch Joseph Niépce	Entwicklung mit Lavendel-Öl und Petroleum
8 Stunden		Halbwertszeit des Organophosphor-Insektizids Parathion bei pH 7	In wässriger Lösung bei 70 °C
8 Stunden	10 Stunden	Aufenthaltsdauer von Ölsardinen im menschlichen Magen	
8 Stunden	10 Stunden	Aufenthaltsdauer von sehr fettem Fleisch im menschlichen Magen	
8 Stunden	15 Stunden	Biologische Halbwertszeit vom Medikament Methotrexat im menschlichen Körper	Bei hoher Dosierung

Ausdehnung		Begriffliche Erfassbarkeit	Erläuterungen
von	bis		
8,04 Stunden		Umlaufzeit des Mondes Despina um seinen Planeten Neptun	Mittlerer Abstand zum Neptun: 52.526 Kilometer
8:12 Stunden		Schlafenszeit in Deutschland pro Tag	Im Durchschnitt
8:18 Stunden		Halbwertszeit vom radioaktiven Element Astat	Nur 30 g auf der Erde erhalten
8:20 Stunden	8:35 Stunden	Reiseflugzeit internationaler Airlines von Paris nach New York City	Je nach Airline
8:22 Stunden		Schlafenszeit in OECD-Staaten pro Tag	Im Durchschnitt
8:24 Stunden		Arbeitsstundenzahl US-amerikanischer Männer pro Tag (Stand 2006)	Im Durchschnitt
8:30 Stunden		Reiseflugzeit internationaler Airlines von Frankfurt nach Bombay	Auf Lufthansa
8:30 Stunden	9:15 Stunden	Empfohlenes Schlafmaß für Jugendliche im Alter von 11 bis 17 Jahren	Im Durchschnitt
8:35 Stunden		Reiseflugzeit internationaler Airlines von London nach Nairobi	
8:45 Stunden		Sternengeburtsrate in Galaxie HDF850.1 - eine neue Sonne entsteht alle ...	Im Durchschnitt, 1.000 Sonnen pro Jahr
8:46 Stunden		Tagesdauer in Reykjavík/Island im Februar jeden Jahres	Gemittelter Monatswert
8:50 Stunden		Schlafenszeit in Frankreich pro Tag	Im Durchschnitt
9 Stunden		Halbwertszeit des Organophosphor-Insektizids Chlorthion bei pH 2	In wässriger Lösung bei 70 °C
9 Stunden		Halbwertszeit des Organophosphor-Insektizids Azinphos bei pH 3 und pH 5	In wässriger Lösung bei 70 °C
9 Stunden		Information Abstandslänge für menschliche Merkfähigkeit von 30%	30% Erinnerung auch jenseits 9 h
9:00 Stunden	10:05 Stunden	Reiseflugzeit internationaler Airlines von London nach Bombay	Je nach Airline
9 Stunden	12 Stunden	Empfohlenes Schlafmaß (Ø) für Babies im Alter von 3 bis 11 Monaten	Plus 2-4 Nickerchen à 30 min - 2 h
9 Stunden	13 Stunden	Kritische Tageslänge von Langtagpflanzen	
9,075 Stunden		Rotationsperiode des Asteroiden Ceres	
9,5 Stunden		Tagesdauer in Reykjavík/Island im Oktober jeden Jahres	Gemittelter Monatswert
9,6 Stunden		Fortpflanzungszyklus Verfrühung bei Meerestieren wegen Klimawandel	Im Ø, pro Jahr, Frühjahr und Sommer
9,6 Stunden		Propengas - Durchschnittliche Lebensdauer in der Atmosphäre	
9,6 Stunden		Fortpflanzungszyklus Verfrühung bei Wasserpflanzen wegen Klimawandel	Im Ø, pro Jahr, Frühjahr und Sommer
9:55 Stunden		Eigenrotation des Jupiters - ein Umlauf bzw. eine Tageslänge	
10 Stunden		Dauer eines Tages nach der Französischen Revolution	Gültigkeit bis mindestens 1801
10 Stunden		Einsinkdauer von robotischen Argo-Treibbojen	Für Tsunamibeobachtung
10 Stunden		Rekordzeit für Besteigung des Berges Eiger über die Nordwand durch Reinhold Messner	Im Jahre 1974
10 Stunden		Halbwertszeit des Organophosphor-Insektizids Methylparathion bei pH 6	In wässriger Lösung bei 70 °C
10 Stunden		Wochenarbeitsstunden deutscher Vollzeitstudierender in einem Job	Studie WO BLEIBT DIE ZEIT (2001/2002)

Ausdehnung		Begriffliche Erfassbarkeit	Erläuterungen
von	bis		
10 Stunden		Mount St. Helens Ausbruch Asche Reisezeit bis Yellowstone Nationalpark	Am 18. Mai 1980
10 Stunden		Überwehende Seefläche, bis reifer Seegang einer Welle beginnt	> 200 km Wasserfläche
10 Stunden	11 Stunden	Blühzeit von Drachenfrüchten *Hylocereus* über Nacht	Nur eine Nacht pro Jahr
10 Stunden	11 Stunden	Empfohlenes Schlafmaß für Schulkinder im Alter von 5 bis 12 Jahren	Im Durchschnitt
10 Stunden	20 Stunden	Östrusdauer (Brunstzyklus) bei weiblichen Hausmäusen und Ratten	
10,29 Stunden		Umlaufzeit des Mondes Galatea um seinen Planeten Neptun	Mittlerer Abstand zum Neptun: 61.953 Kilometer
10:20 Stunden		Reiseflugzeit internationaler Airlines von Frankfurt nach Seoul	Auf Asiana
10:23 Stunden	10:33 Stunden	Autoreisezeit von Flensburg nach Freilassing laut Falk Routenplaner bei guter Verkehrslage	Je nach Strecke 1.075 bis 1.122 km
10,5 Stunden		Kürzeste Tagesdauer an Wendekreisen - auf der Erde	
10,5 Stunden	18 Stunden	Empfohlenes Schlafmaß für Neugeborene im Alter von 1 bis 2 Monaten	Im Durchschnitt
10,64 Stunden		Halbwertszeit vom Blei Isotop Pb-212	
10:40 Stunden	10:55 Stunden	Reiseflugzeit internationaler Airlines von Frankfurt nach Bangkok	Je nach Airline
10:47 Stunden		Eigenrotation des Saturns - ein Umlauf bzw. eine Tageslänge	
10:55 Stunden		Reiseflugzeit internationaler Airlines von Los Angeles nach Paris	Mit Air France
10:56 Stunden 46 s		Rekordzeit für Besteigung des Mount Everest durch Lhakpa Gelu	Im Jahre 2003
11:00 Stunden		Reiseflugzeit internationaler Airlines von Los Angeles nach Frankfurt	Mit Air France
11 Stunden		Halbwertszeit des Organophosphor-Insektizids Methylparathion bei pH 3-5	In wässriger Lösung bei 70 °C
11 Stunden	13 Stunden	Empfohlenes Schlafmaß für Vorschulkinder im Alter von 3 bis 5 Jahren	Im Durchschnitt
11 Stunden	15 Stunden	Kritische Tageslänge von Kurztagpflanzen	
> 11 Stunden		Kritische Tageslänge der Langtagpflanze Bilsenkraut *Hyoscyamus folium*	< 11 Stunden Sonnenlicht blüht sie nicht
11:30 Stunden		Reiseflugzeit internationaler Airlines von Frankfurt nach San Francisco	Mit United Airlines
11:40 Stunden		Reiseflugzeit internationaler Airlines von Paris nach Los Angeles	Mit Air France
11:42 Stunden		Benötigte Arbeitszeit für Anschaffung von 1 kg Kaffee in Ostdeutschland	Im Jahre 1989, Westdeutschland 53,26 Minuten
11:45 Stunden		Reiseflugzeit internationaler Airlines von Frankfurt nach Los Angeles	Auf Lufthansa
11:48 Stunden		Tagesdauer in Reykjavík/Island im März jeden Jahres	Gemittelter Monatswert
11:50 Stunden	12:05 Stunden	Reiseflugzeit internationaler Airlines von Frankfurt nach Sao Paulo	Je nach Airline
11:57 Stunden		Umlaufzeit des Mondes Amalthea um seinen Planeten Jupiter	Genau 11 Stunden 57 Minuten 23 Sekunden
< 12 Stunden		Verweilzeit von sehr reaktiven VOC in der Atmosphäre	zum Beispiel Propengas
12 Stunden		Komplette Abtastung der Erdoberfläche mit polarumlaufenden Wettersatelliten	Ein Umlauf dauert 100 Minuten

Ausdehnung		Begriffliche Erfassbarkeit	Erläuterungen
von	bis		
12 Stunden		Halbwertszeit des Organophosphor-Insektizids Methylparathion bei pH 2	In wässriger Lösung bei 70 °C
12 Stunden		Längster und kürzester Tag am Äquator	
12 Stunden		Halbwertszeit des Organophosphor-Insektizids Chlorthion bei pH 1	In wässriger Lösung bei 70 °C
12 Stunden		Glykogen Speicher Dauer in menschlicher Leber	Danach baut Körper Fettgewebe ab
12 Stunden		Östrusdauer (Brunstzyklus) bei weiblichen Goldhamstern	
12 Stunden		Halbwertszeit des Organophosphor-Insektizids Metasystox R bei pH 1 bis pH 4 und pH 6	In wässriger Lösung bei 70 °C
12 Stunden	14 Stunden	Empfohlenes Schlafmaß für Kleinkinder im Alter von 1 bis 3 Jahren	Im Durchschnitt
12 Stunden	22 Stunden	Östrusdauer (Brunstzyklus) bei weiblichen Rindern	
12 Stunden	24 Stunden	Periode von Gezeitenwellen (Wasserwellen)	Ursache: Mond, Sonne
12 Stunden	24 Stunden	Rotten Anlaufphase Dauer - mesophile Organismen wirken bei 10 °C bis 45 °C	Bei professionellen Kompostierungen
12 Stunden	42 Stunden	Biologische Halbwertszeit vom Medikament Phenytoin im menschlichen Körper	
12 Stunden	48 Stunden	Toxinwirkungsdauer mit Verbrennungen 3. Grades des Riesen-Bärenklaus	Bei Sonnenkontakt der Haut
12 Stunden	7 Tage	Verweilzeit von reaktiven volatilen organischen Verbindungen in der Atmosphäre	VOC
12 Stunden	16 Tage	Verdauungsdurchlaufzeit von Schafen - Dauer	
0,51 Tage		Umlaufzeit des Mondes Portia um seinen Planeten Uranus	Mittlerer Abstand zum Uranus: 66.097 Kilometer
12:15 Stunden		Zeitabstand zweier aufeinander folgender Hochwasser (Flut zu Flut)	
12:20 Stunden		Reiseflugzeit internationaler Airlines von Frankfurt nach Singapur	Mit Singapur Airlines
13 Stunden		Halbwertszeit des Organophosphor-Insektizids Parathion bei pH 6	In wässriger Lösung bei 70 °C
13 Stunden	4 Tage	Verdauungsdurchlaufzeit von Schweinen - Dauer	
13:10 Stunden		Tagesdauer in Reykjavík/Island im September jeden Jahres	Gemittelter Monatswert
13,31 Stunden		Umlaufzeit des Mondes Larissa um seinen Planeten Neptun	Mittlerer Abstand zum Neptun: 73.548 Kilometer
13,5 Stunden		Längster Tag an Wendekreisen	
14 Stunden		Halbwertszeit des Organophosphor-Insektizids Azinphos bei pH 2	In wässriger Lösung bei 70 °C
14 Stunden		Tagesdauer in Kairo/Ägypten zum 21. Juni jeden Jahres	Der längste Tag im Jahr, ungefähre Angabe
14,2 Stunden		Produktionszeit eines Nissans in Europa im Jahre 2008	Im Durchschnitt
14,4 Stunden		Fortpflanzungszyklus Verfrühung bei Phytoplankton wegen Klimawandel - pro Jahr	Im Durchschnitt, Frühjahr und Sommer
14,4 Stunden		Acetaldehyd - Durchschnittliche Lebensdauer in der Atmosphäre	0,6 Tage
14,8 Stunden		Halbwertszeit von Natrium-24	Es entsteht Magnesium
< 15 Stunden		Arbeitszeit pro Woche - Definition des Arbeitsamtes für Arbeitslosigkeit	Trotz Wille mehr zu arbeiten

Ausdehnung		Begriffliche Erfassbarkeit	Erläuterungen
von	bis		
15 Stunden		Halbwertszeit des Organophosphor-Insektizids Methylparathion bei pH 1	In wässriger Lösung bei 70 °C
15 Stunden		Halbwertszeit des Organophosphor-Insektizids Metasystox R bei pH 5	In wässriger Lösung bei 70 °C
15 Stunden		Tagesdauer in Madrid/Spanien zum 21. Juni jeden Jahres	Der längste Tag im Jahr, ungefähre Angabe
15 Stunden		Halbwertszeit des Organophosphor-Insektizids Trichlorphon bei pH 5	In wässriger Lösung bei 70 °C
15 Stunden	20 Stunden	Giftwirkung von Methanol	Verzögerung nach Einnahme
15 Stunden	8 Tage	Biologische Halbwertszeit von Methadon im menschlichen Körper	Zumeist 15 Stunden bis 72 Stunden
15:10 Stunden		Tagesdauer in Reykjavík/Island im April jeden Jahres	Gemittelter Monatswert
15:58 Stunden		Eigenrotation des Neptuns - ein Umlauf bzw. eine Tageslänge	
16 Stunden		Tagesdauer in Paris/Frankreich zum 21. Juni jeden Jahres	Der längste Tag im Jahr, ungefähre Angabe
16 Stunden	72 Stunden	Biologische Halbwertszeit vom Medikament Buprenorphin im menschlichen Körper	Ein Morphin
16:23 Stunden		Dauer des Nonstop Linienfluges von Auckland nach Doha in einer Boing 777-200 LR	14.530 km
16:30 Stunden		Tagesdauer in Reykjavík/Island im August jeden Jahres	Gemittelter Monatswert
16:37 Stunden		Dauer des Nonstop Linienfluges von Doha nach Sao Paulo in einer Boing 777-200 LR	13.670 km
16:55 Stunden		Dauer des Nonstop Linienfluges von Dallas nach Sydney in einem Airbus 380	13.800 km
17 Stunden		Tagesdauer in Manchester/Großbritannien zum 21. Juni jeden Jahres	Der längste Tag im Jahr, ungefähre Angabe
17 Stunden	2,7 Tage	Verdauungsdurchlaufzeit von Hunden - Dauer	
17:10 Stunden		Dauer des Nonstop Linienfluges von Perth nach London in einer Boing 787-900	14.500 km
17:14 Stunden		Eigenrotation des Uranus - ein Umlauf bzw. eine Tageslänge	
17:20 Stunden		Dauer des Nonstop Linienfluges von Manila nach New York in einer Boing 777-300 ER	13.700 km
17:25 Stunden		Dauer des Nonstop Linienfluges von Auckland nach Dubai in einem Airbus 380	14.200 km
17:30 Stunden		Dauer des Nonstop Linienfluges von Los Angeles nach Singapur in einer Boing 787-900	14.110 km
17:30 Stunden		Dauer des Nonstop Linienfluges von Houston nach Sydney in einer Boing 787-900	13.830 km
18 Stunden		Halbwertszeit des Organophosphor-Insektizids Parathion bei pH 4	In wässriger Lösung bei 70 °C
18 Stunden		Tagesdauer in Kopenhagen/Dänemark zum 21. Juni jeden Jahres	Der längste Tag im Jahr, ungefähre Angabe
18,28 Stunden		Umlaufzeit des Mondes Puck um seinen Planeten Uranus	Name von Shakespeares Kobold inspiriert
18:33 Stunden		Tagesdauer in Reykjavík/Island im Mai jeden Jahres	Gemittelter Monatswert
18:35 Stunden		Dauer des längsten Nonstop Linienfluges - Flug in einem Airbus 350-900 ULR	16.700 km von Singapur nach New York
19 Stunden		Halbwertszeit vom Element Rutherfordium	Atome zu groß, um lange zu leben
19 Stunden		Tagesdauer in Stockholm/Schweden zum 21. Juni jeden Jahres	Der längste Tag im Jahr, ungefähre Angabe

Ausdehnung		Begriffliche Erfassbarkeit	Erläuterungen
von	bis		
19 Stunden	26 Stunden	Dauer der hinduistisch-vedischen Mondzeit *Tidhi*	Hinduistisch-vedische Zeitenlehre
19 Stunden	100 Stunden	Biologische Halbwertszeit vom Medikament Flurazepam im menschlichen Körper	Nicht das aktive Des-Metabolit
19:50 Stunden		Tagesdauer in Reykjavík/Island im Juli jeden Jahres	Gemittelter Monatswert
20 Stunden		Halbwertszeit des Organophosphor-Insektizids Parathion bei pH 5	In wässriger Lösung bei 70 °C
20 Stunden		Tagesdauer in Mittelfinnland zum 21. Juni jeden Jahres	Der längste Tag im Jahr, ungefähre Angabe
20 Stunden	100 Stunden	Biologische Halbwertszeit vom Medikament Diazepam im menschlichen Körper	Nicht das aktive Nordazepam-Metabolit
21 Stunden		Länge eines Tages vor 450 Millionen Jahren	
21 Stunden		Halbwertszeit des Organophosphor-Insektizids Parathion bei pH 3	In wässriger Lösung bei 70 °C
21:20 Stunden		Tagesdauer in Reykjavík/Island zum 21. Juni jeden Jahres	Der längste Tag im Jahr
21,5 Stunden		Besuchsdauer des Mondes der Apollo-11-Mission im Jahre 1969	
21,6 Stunden		Formaldehyd - Durchschnittliche Lebensdauer in der Atmosphäre	0,9 Tage
22 Stunden		Schlafenszeit von Koalabären während eines Tages	
22 Stunden		Länge eines Tages vor 350 Millionen Jahren	
22 Stunden		Halbwertszeit des Organophosphor-Insektizids Disulfoton bei pH 8	In wässriger Lösung bei 70 °C
22:30 Stunden		Produktionszeit eines Renaults in Europa im Jahre 2008	Im Durchschnitt
22,62 Stunden		Umlaufzeit des Mondes Mimas um seinen Planeten Saturn	Mondoberflächentemperatur minus 209 °C
23 Stunden		Länge eines Tages während Periode vor 295 bis 325 Millionen Jahren	
23:56 Stunden		Eigenrotation der Erde - ein Umlauf bzw. eine Tageslänge	
23:56 Stunden		Längster Tag am Polarkreis - Dauer	
< 24 Stunden		Effusive Vulkanausbrüche - alle ... - im globalen Maßstab	Beispiel: Kilauea auf Hawai'i
< 24 Stunden		Dauer der Romanhandlung im großen Roman Ulysses von James Joyce	Der Tag war der 16.06.1904
< 24 Stunden		Milde Vulkanausbrüche - alle ... - im globalen Maßstab	Beispiel: Stromboli
1 Tag		86.400 Sekunden	Altsächsisch: *dag*
1 Tag		1.440 Minuten	
1 Tag		24 Stunden	Seit 90 Millionen Jahren
1 Tag		Vorbereitungszeit für Unternehmungsgründungen in Neuseeland (2012)	
1 Tag		Zeitspanne zum Registrieren von Grundstücken in Neuseeland und Portugal	Quelle: World Bank 2013
1 Tag		Nachtkerzen und Stechapfel Einzelblüten Lebensdauer (Blühdauer)	
1 Tag		Mindestmaß von zeitigen Ersatzfreiheitsstrafen gemäß deutschem Strafgesetzbuch	StGB § 43, Ersatz für nicht gezahltes Geld

Ausdehnung		Begriffliche Erfassbarkeit	Erläuterungen
von	bis		
1 Tag		Erdrotation Dauer um die polare Achse um 360°	
1 Tag		Dauer der Polarnacht am Polarkreis ab ca. ± 67,16° geografischer Breite	Unterer Sonnenrand unterhalb Horizont
1 Tag		Emittierte Stickoxide (NOx) werden von OH-Gruppen oxidiert innerhalb ...	Als Luftemissionen
24 Stunden		Menschlicher Verbrauch von 40 Kilogramm ATP - pro ...	Das ist der Grund für die warme Haut
24 Stunden		Halbwertszeit des Organophosphor-Insektizids Azinphos bei pH 1	In wässriger Lösung bei 70 °C
24 Stunden		Erste Mortalitätserfassung bei Fisch-Tests - nach ...	
24 Stunden		Befruchtete menschliche Eizelle gilt als entwicklungsfähig - nach ...	... nach Kernverschmelzung, §8 ESchG
24 Stunden		Verweildauer von Propangas in Atmosphäre	
24 Stunden		Maximale Leichen Beerdigungszeit bei Cholera Epidemie in Hamburg	Im Jahre 1892
24 Stunden		Statische Wasserfloh- bzw. Daphnientests - Dauer	Kein Austausch des Mediums
24 Stunden		Dauer eines *Ahorātram*	Hinduistisch-vedische Zeitenlehre
1 Tag		Mythische Schaffung von Tag und Nacht am 1. Schöpfungstag	Durch Gott gemäß Altem Testament
1 Tag		Bevölkerungswachstum in Indien um 42.500 Menschen - innerhalb ...	Rate: 1,1 %. Stand 2014.
1 Tag		Zirkadiane Rhythmen Dauer gemäß Definition der Chronobiologie	u.a. für Stoffwechsel
24 Stunden	48 Stunden	Lösen der Totenstarre bei Menschen am ganzen Körper	Zeit nach Todeseintritt, bei 21 °C
1 Tag	2 Tage	Geburtszeitpunkt Differenz in Schneeganskolonien	Zeitgleiche Geburt von 1 Million Gänsen
1 Tag	2 Tage	Inkubationszeit für Grippe mit verschiedenen Influenzaviren	Tröpfcheninfektion
1 Tag	2 Tage	Inkubationszeit für Tripper	
1 Tag	2 Tage	Krankheitsdauer von Norovirus-Erkrankung	In den meisten Fällen
1 Tag	3 Tage	Lebensdauer von Leukozyten bei Menschen (je nach Aktivität)	Im Durchschnitt
1 Tag	3,5 Tage	Verdauungsdurchlaufzeit von Pferden - Dauer	
1 Tag	4 Tage	Ammoniak NH3 - Verweildauer in der Atmosphäre - Treibhausgas	Unbeständiges Spurengas, vol. 0,1-6 ppb
1 Tag	5 Tage	Inkubationszeit für Cholera	
1 Tag	5 Tage	Durchschnittliche Verweilzeit von Wasser in Treibeis	
1 Tag	7 Tage	Inkubationszeit für Diphtherie mit *Corynebacterium diphtheriae* -Erreger	
1 Tag	7 Tage	Inkubationszeit für Ruhr mit *Entamoeba histolytica* -Erreger	Abort, Nahrungsmittel, Fliegen
1 Tag	10 Tage	Inkubationszeit für Durchfall mit *Campylobacter* -Erreger	Meist 2 bis 5 Tage
1 Tag	28 Tage	Ansteckungsgefahr mit Influenza-Grippeviren	Ab 1 Tag vor Beschwerde-Beginn
1 Tag	28 Tage	Dauer von genetischen Diagnoseverfahren der Präimplantationsdiagnostik	Je nach Verfahren

Ausdehnung		Begriffliche Erfassbarkeit	Erläuterungen
von	bis		
> 24 Stunden		Unumkehrbarkeit einer Knollenblätterpilz Vergiftung der Leber	Maßnahmen binnen 24 Stunden
> 24 Stunden		Periode von Transgezeitenwellen (langperiodische Wasserwellen)	Ursache: Mond, Sonne, Stürme
> 1 Tag		Infradiane Rhythmen Dauer gemäß Definition der Chronobiologie	u.a. für Heilungsprozesse
24:37 Stunden		Eigenrotation vom Mars - ein Umlauf bzw. eine Tageslänge	
25 Stunden		Zweiter bemannter Raumflug durch German Titow - Dauer	8.8.1961 - litt an Raumkrankheit
25 Stunden	12 Tage	Verdauungsdurchlaufzeit von Rindern - Dauer	
1,12 Tage		Umlaufzeit des Mondes Proteus um seinen Planeten Neptun	Mittlerer Abstand zum Neptun: 117.647 Kilometer
27 Stunden		Lebensdauer von Stickstoffoxid (NO) bei Reaktion mit Hydroxlradikalen	Stoßpartner in Troposphäre benötigt
27 Stunden		Restlebenszeit der 36-jährigen Patientin nach erster deutscher Herztransplantation	Am 13.02.1969. Quelle: Eckart 2011
27 Stunden		Halbwertszeit des Organophosphor-Insektizids Trichlorphon bei pH 4	In wässriger Lösung bei 70 °C
27 Stunden		Halbwertszeit des Organophosphor-Insektizids Parathion bei pH 2	In wässriger Lösung bei 70 °C
28 Stunden		Halbwertszeit des Organophosphor-Insektizids Disulfoton bei pH 7	In wässriger Lösung bei 70 °C
30 Stunden	35 Stunden	Lebensdauer von Darmschleimhautzellen (je nach Aktivität)	
30 Stunden	36 Stunden	Östrusdauer (Brunstzyklus) bei weiblichen Schafen	
30 Stunden	40 Stunden	Biologische Halbwertszeit vom Medikament Clonazepam im menschlichen Körper	
1,3 Tage	1,6 Tage	Lebensdauer von Dünndarmzellen bei Menschen	Im Durchschnitt
32 Stunden		Halbwertszeit des Organophosphor-Insektizids Trichlorphon bei pH 1	In wässriger Lösung bei 70 °C
32:53 Stunden		Umlaufzeit des Mondes Enceladus um seinen Planeten Saturn	
33 Stunden		Halbwertszeit des Organophosphor-Insektizids Trichlorphon bei pH 3	In wässriger Lösung bei 70 °C
1,41 Tage		Umlaufzeit des Mondes Miranda um seinen Planeten Uranus	Mittlerer Abstand zum Uranus: 129.872 Kilometer
34 Stunden		Halbwertszeit des Organophosphor-Insektizids Parathion bei pH 1	In wässriger Lösung bei 70 °C
34 Stunden		Halbwertszeit des Organophosphor-Insektizids Trichlorphon bei pH 2	In wässriger Lösung bei 70 °C
34:30 Stunden		Wochenarbeitsstunden US-amerikanischer Angestellter (Stand 2012)	Im Durchschnitt, ohne Landwirtschaftssektor
35:12 Stunden		Produktionszeit eines VW's in Europa im Jahre 2008	Im Durchschnitt
36 Stunden		Brenndauer der havarierten Ölplattform *Deepwater Horizon*	22.04.2010
1,5 Tage	8,3 Tage	Biologische Halbwertszeit vom Medikament Nordazepam im menschlichen Körper	
38 Stunden		Maximal erlaubte Arbeitsstundenzahl pro Woche in Australien (Stand 2010)	Wenige Ausnahmen erlaubt
38 Stunden		Halbierungsrate von Aerosolen (Ø 50 nm, 2 g/cm³) bei 1 atm und 25°C	1 Milliarde sphärische Teilchen pro m³
39:54 Stunden		Produktionszeit eines BMW's in Europa im Jahre 2008	Im Durchschnitt

Ausdehnung		Begriffliche Erfassbarkeit	Erläuterungen
von	bis		
40 Stunden		Flugdauer von Wanderregenpfeifern - 250.000 Flügelschläge bei 90 km/h	Jährlich, von Alaska nach Hawai'i
41:20 Stunden		Produktionszeit eines VW's in Nordamerika im Jahre 2007	Im Durchschnitt
1,75 Tage	10,4 Tage	Biologische Halbwertszeit vom Medikament Desflurazepam im menschlichen Körper	
1,769137 Tage		Umlaufzeit des Mondes Io um seinen Planeten Jupiter	Genau 42,45930686 Stunden
1,8 Tage	1,9 Tage	Lebensdauer von Magenzellen (Pylorus) bei Menschen	Im Durchschnitt
44 Stunden		Halbwertszeit des Organophosphor-Insektizids Disulfoton bei pH 6	In wässriger Lösung bei 70 °C
1,89 Tage		Umlaufzeit des Mondes Tethys um seinen Planeten Saturn	Mondoberflächentemperatur minus 187 °C
1,9 Tage		Krankheitsbedingte Fehlzeiten in Rumänien im Jahre 2007	
1,9 Tage		Ethengas - Durchschnittliche Lebensdauer in der Atmosphäre	
46 Stunden		Wochenbedarf deutscher Studenten für Studium, Lernen und Uni-Anfahrt	Studie WO BLEIBT DIE ZEIT
2 Tage		Rückkehrzeit von 60 % aller Wassermoleküle in Atmosphäre - innerhalb ...	Nach Regenereignissen
2 Tage		Wiesenstorchschnabel Einzelblüten Lebensdauer (Blühdauer)	
2 Tage		Schlafmohn Einzelblüten Lebensdauer (Blühdauer)	
2 Tage		Expositionsdauer aquatischer Organismen bei toxikologischen Tests	48 Stunden für Akuttests
2 Tage		Vorbereitungszeit für Unternehmungsgründungen in Mazedonien (2012)	
2 Tage		Charakteristische Messzeit für den biochemischen Sauerstoffbedarf (BSB)	Daher auch BSB_2 genannt
2 Tage		Vorbereitungszeit für Unternehmungsgründungen in Australien (2012)	
2 Tage		Zeitspanne zum Registrieren von Grundstücken in Georgien und Thailand	
2 Tage		Vorbereitungszeit für Unternehmungsgründungen in Georgien (2012)	Quelle: World Bank 2013
2 Tage		Hügel-Weidenröschen und Feldrose Einzelblüten Lebensdauer (Blühdauer)	
2 Tage		Mythische Schaffung von Himmel und Wolken am 2. Schöpfungstag	Durch Gott gemäß Altem Testament
2 Tage		Blattloser Ehrenpreis und Ackersenf Einzelblüten Lebensdauer (Blühdauer)	
48 Stunden		Maximal erlaubte Arbeitsstundenzahl pro Woche in der EU	Richtlinie 2003/88/EG
48 Stunden		Maximal erlaubte Arbeitsstundenzahl pro Woche in Mexiko und Kolumbien	Wird aber kaum nachgehalten
48 Stunden		Inkubationszeit bei Fisch-Eier-Tests	Prüfung auf Toxizität in Abwässern
48 Stunden		Dauer zwischen Sexereignis und Eibefruchtung durch Samenzelle	Eileiterreise von Hundert Millionen Spermien
48 Stunden		Avisierte Überlebenszeit von 100 Prozent aller Versuchsfische in Goldorfentests	Abwassertests
48 Stunden		Zweite Mortalitätserfassung bei Fisch-Tests - nach ...	
48 Stunden	28 Tage	Ansteckungsgefahr durch Norovirus-Erreger (nach Ende der Beschwerden)	Meist 48 Stunden

Ausdehnung		Begriffliche Erfassbarkeit	Erläuterungen
von	bis		
2 Tage	3 Tage	Imago Stadium Entwicklungsdauer von Seidenspinnern	Davor 14-21 Tage Verpuppung
2 Tage	3 Tage	Empfohlene Reifezeit von frisch geschlachtetem Schweinefleisch	Nach Schlachtungsprozess
2 Tage	3 Tage	Puppenstadium Dauer von Stechmücken *Aedes*	
2 Tage	3 Tage	Östrusdauer (Brunstzyklus) bei weiblichen Schweinen	
2 Tage	4 Tage	Lebensdauer von Blutplättchen bei Katzen	
2 Tage	4 Tage	Kohlenstoff-Umsatz im Meer - Zyklusdauer	Wie schnell setzt sich ein C-Atom um?
2 Tage	4 Tage	Östrusdauer (Brunstzyklus) bei weiblichen Füchsen	
2 Tage	5 Tage	Ausheilungszeit bei Pontiac-Fieber mit Legionellen-Bakterien	In den meisten Fällen
2 Tage	6 Tage	Ionenaustausch Dauer an Oberflächen und variablen Ladungen in Böden	In Tonmineralen mittelfristiger
2 Tage	7 Tage	Inkubationszeit für Milzbrand mit *Bacillus anthraci*- Erreger	
2 Tage	7 Tage	Inkubationszeit für Weichen Schanker *Haemophilus ducreyi* -Erreger	Berührung, vor allem Geschlechtsverkehr
2 Tage	7 Tage	Inkubationszeit für Scharlach mit *Streptokokken*	Tröpfchen- oder Schmierinfektion
2 Tage	8 Tage	Inkubationszeit für Erkältung mit diversen Erregern	
2 Tage	8 Tage	Puppenstadium Dauer von Taufliegen *Drosophila*	
2 Tage	8 Tage	Rädertierchen Höchstalter	
2 Tage	10 Tage	Inkubationszeit für Legionärskrankheit mit Legionellen-Bakterien	
2 Tage	14 Tage	Inkubationszeit für Coronavirus SARS-CoV-2	
2 Tage	16 Tage	Halbwertszeit vom schädlichen BTX-Aromat Benzol in Böden	Je nach Umweltbedingung und Studie
2 Tage	21 Tage	Inkubationszeit für Ebolavirus	Meist 8 bis 10 Tage
2 Tage	22 Tage	Halbwertszeit vom schädlichen BTX-Aromat Toluol in Böden	Je nach Umweltbedingung und Studie
2 Tage	8 Tage	Stickstoffdioxid NO2 - Verweildauer in der Atmosphäre - Treibhausgas	Unbeständiges Spurengas, vol. 1-100 ppb
2 Tage	180 Tage	Inkubationszeit für Darmerkrankung mit *Clostridium difficile* -Erregern	Oft nach Antibiotika-Einnahme
50 Stunden		Länge des Interviews von Alfred Hitchcock durch François Truffaut	Im Jahre 1962
2,1 Tage	322 Tage	Halbwertszeit vom schädlichen Fluoren (PAK) in Böden	Je nach Umweltbedingung und Studie
2,1 Tage	5 Jahre 292 Tage	Halbwertszeit vom schädlichen Benzo(a)pyren (PAK) in Böden	Je nach Umweltbedingung und Studie
51,873 Stunden		Halbwertszeit vom Blei Isotop Pb-203	
2,43 Tage		Rhythmus bei Mutationen in menschlichen Lungenzellen - eine Mutation alle ...	Von Rauchern, 150 Mutationen pro Jahr
2,5 Tage		Zeitspanne zum Registrieren von Grundstücken in Holland und Litauen	Quelle: World Bank 2013
60 Stunden		Halbwertszeit des Organophosphor-Insektizids Disulfoton bei pH 5	In wässriger Lösung bei 70 °C

Ausdehnung		Begriffliche Erfassbarkeit	Erläuterungen
von	bis		
2,52 Tage		Umlaufzeit des Mondes Ariel um seinen Planeten Uranus	Mittlerer Abstand zum Uranus: 191.020 Kilometer
62 Stunden		Halbwertszeit des Organophosphor-Insektizids Disulfoton bei pH 1 bis 4	In wässriger Lösung bei 70 °C
2,7 Tage		Verkürzte Klinik Aufenthaltsdauer bei pre-operativer Aufklärung	Im Durchschnitt. Quelle: Prof. Egle
2,74 Tage		Umlaufzeit des Mondes Dione um seinen Planeten Saturn	Mondoberflächentemperatur minus 186 °C
2,8 Tage		Toluol - Durchschnittliche Lebensdauer in der Atmosphäre	
2,8 Tage	1 Jahr 265 Tage	Halbwertszeit vom schädlichen Pyren (PAK) in Böden	Je nach Umweltbedingung und Studie
2,8 Tage	5 Jahre 256 Tage	Halbwertszeit vom schädlichen Phenanthren (PAK) in Böden	Je nach Umweltbedingung und Studie
70 Stunden		Biologische Halbwertszeit vom Medikament Donepezil im menschlichen Körper	
72 Stunden		Dritte Mortalitätserfassung bei Fisch-Tests - nach ...	
3 Tage		Fütterungsdauer von heranwachsenden Bienenarbeiterinnen mit Gelée	Zweite 6 Tage: Bienenbrot
3 Tage		Biologische Halbwertszeit von Quecksilber in aquatischen Organismen	Als Methylquecksilber, Quelle: Marian Burros
3 Tage		Fütterungsdauer von heranwachsenden Bienen Drohnen mit Gelée Royale	Zweite 11 Tage: Bienenbrot
3 Tage		Bauchhärlinge (Flaschentierchen) - maximale Lebenserwartung	
3 Tage		Zeitspanne zum Registrieren von Grundstücken in Norwegen	Quelle: World Bank 2013
3 Tage		Alpen-Sonnenröschen Einzelblüten Lebensdauer (Blühdauer)	
3 Tage		Halbwertszeit vom giftigen Pestizid Glyphosat beim Abbau in Böden	
3 Tage		Festdauer des Volksfestes Hanse Sail in Rostock und des Weimarer Zwiebelmarktes	
3 Tage		Festdauer der Kirmes Wendsche Kärmetze in Wenden	
3 Tage		Besuchszyklus vom Klima Satelliten Ibuki für dieselbe Messstelle	Messungen von CO2 und Methan
3 Tage		Festdauer des Volksfests Hamburger Hafengeburtstag	
3 Tage		Residenzdauer von Phosphor in meerischem Phytoplankton	Spätestens an Fraßfeinde (Zooplankton)
3 Tage		Vorbereitungszeit für Unternehmungsgründungen in Hong Kong (2012)	
3 Tage		Abhängedauer von Geflügel- und Schweinefleisch - bis ...	Prozess der Fleischreifung
3 Tage		Vorbereitungszeit für Unternehmungsgründungen in Singapur (2012)	
3 Tage		Vorbereitungszeit für Unternehmungsgründungen in Ruanda (2012)	
3 Tage		Gifteffektivität nach toxikologischer Exposition an aquatischen Organismen	Nach 72 Stunden wirkt das Gift
3 Tage		Heckenkirsche Einzelblüten Lebensdauer (Blühdauer)	
3 Tage		Mythische Schaffung von Festland und Pflanzen am 3. Schöpfungstag	Durch Gott gemäß Altem Testament
3 Tage	4 Tage	Schneeblindheit - maximale Dauer bei leichtem Krankheitsverlauf	Vor allem durch kurzwellige UV-B-Strahlung

Ausdehnung		Begriffliche Erfassbarkeit	Erläuterungen
von	bis		
3 Tage	4 Tage	Imago Stadium Entwicklungsdauer von Mehlmotten	Davor 5-7 Tage Verpuppung
3 Tage	4 Tage	Wasserhaltefähigkeit von wassergesättigten Böden (Feldkapazität)	Gegen die Schwerkraft haltbar
3 Tage	5 Tage	Inkubationszeit für Trichinose mit *Trichinen*- Erregern	Fleisch von infizierten Schweinen
3 Tage	6 Tage	Ohne Trinken können Menschen maximal 3 bis 6 Tage leben	
3 Tage	6 Tage	Inkubationszeit für Gelbfieber	
3 Tage	10 Tage	Halbwertszeit vom schädlichen Ethylbenzol in Böden	Je nach Umweltbedingung und Studie
3 Tage	10 Tage	Abhängedauer von Wildgefügel bis zur Hautgout-Reife	Prozess der Fleischreifung
3 Tage	11 Tage	Larvenstadium Dauer von Taufliegen *Drosophila*	
3 Tage	13 Tage	Puppenstadium Dauer von Schmeißfliegen	
3 Tage	16 Tage	Inkubationszeit für Paratyphus mit *Salmonella enterica* -Erreger	Berührung, Trinkwasser, Abort, Fliegen
3 Tage	21 Tage	Inkubationszeit für Wundstarrkrampf mit *Clostridium tetani*- Erreger	Verschmutzte Wunden
3 Tage	1 Jahr	Keimung von Samen der Gymnospermen nach ...	
> 3 Tage		Abschluss des Reifeprozesses von Hühnereiern - nach dem Legen	
74 Stunden 59 min		Besuchsdauer des Mondes von Apollo 17 im Dezember 1972	Längste verbrachte Zeit auf dem Mond
76 Stunden		Flugdauer zum Mond der ersten Mondmission Apollo-11 im Jahre 1969	
3,3 Tage		Hochwasserabflusszeit des Rheins von Basel nach Mannheim (80 Stunden)	Früher 110 Stunden
82:57 Stunden		Siegerzeit bei Tour de France 2019 durch Egan Bernal	
83:17 Stunden 13 s		Siegerzeit bei Tour de France 2018 durch Geraint Thomas	
3,5 Tage		Krankheitsbedingte Fehlzeiten in Deutschland im Jahre 2007	
3,5 Tage		Zeitspanne zum Registrieren von Grundstücken in Island	Quelle: World Bank 2013
3,5 Tage	182 Tage	Halbwertszeit vom schädlichen Anthracen (PAK) in Böden	Je nach Umweltbedingung und Studie
84:46 Stunden 14 s		Siegerzeit bei Tour de France 2015 durch Chris Froome	
3,551 Tage		Umlaufzeit des Mondes Europa um seinen Planeten Jupiter	
3,6 Tage		Rhythmus für Mutationen noch ungeborener Menschen - eine Mutation alle ...	In 9 Monaten durchschnitt 75 Mutationen
86:20 Stunden 55 s		Siegerzeit bei Tour de France 2017 durch Chris Froome	
89:4 Stunden 48 s		Siegerzeit bei Tour de France 2016 durch Chris Froome	
3,8 Tage		Halbwertszeit vom schweren radioaktiven Edelgas Radon 222	
3 Tage 22 Stunden		Dritter bemannter Raumflug durch Andrijan Nikolajew - Dauer	15. August 1962 in Wostok 3
4 Tage		Rote Lichtnelken und Mastkraut Einzelblüten Lebensdauer (Blühdauer)	

Ausdehnung		Begriffliche Erfassbarkeit	Erläuterungen
von	bis		
4 Tage		Winterlinden Blühbeginn Verzögerung je 100 m von Süd nach Nord - um ...	
4 Tage		Halbwertszeit vom nicht reaktiven chemischen Radikal Tyrosyl	
4 Tage		Zyklusdauer bei Goldhamstern	
4 Tage		Festdauer der Volksfeste Alstervergnügen in Hamburg und Barthelmarkt in Oberstimm	
4 Tage		Vorbereitungszeit für Unternehmungsgründungen in Belgien (2012)	
4 Tage		Vorbereitungszeit für Unternehmungsgründungen in Albanien (2012)	
4 Tage		Festdauer des Volksfestes Sim-Jü (Simon-Juda-Markt) in Werne	
4 Tage		Festdauer des Festwochenendes an der Jade in Wilhelmshaven	
4 Tage		Festdauer des Annentages in Brakel und des Blasheimer Marktes in Lübbecke	
4 Tage		Von Kaiser Nikolaus benötigte Reisezeit von St. Petersburg nach Berlin	Im Jahre 1834
4 Tage		Testdauer von LD50 Asellus Tests für die Chemikalie Lindan	
4 Tage		Festdauer der Volksfeste Mainzer Johannisfest und Bocholter Kirmes	
4 Tage		Dunkle Fetthenne Einzelblüten Lebensdauer (Blühdauer)	
4 Tage		Mythische Schaffung von Sonne, Mond und Sternen am 4. Schöpfungstag	Durch Gott gemäß Altem Testament
4 Tage		Entwicklung vom befruchteten Frosch-Ei zur fertigen Kaulquappe	Inkl. Zellteilung und Morphogenese
4 Tage		Festdauer der Volksfeste Eisleber Wiesenmarkt und Haaner Kirmes	
96 Stunden		Expositionszeit bei Fisch-Tests	So lange werden Fische Substanz ausgesetzt
4 Tage	5 Tage	Zyklusdauer bei Hausmäusen und Ratten	
4 Tage	5 Tage	Trinkwasser Aufnahme Rhythmus von Wüstenelefanten in Namibia - alle ...	
4 Tage	5 Tage	Paarungsflug zu Drohnensammelplätzen von Bienenköniginnen im Alter von	100 Millionen Spermien in 20-60 min
4 Tage	6 Tage	Verdoppelungszeit des Geburtsgewichts von Mäusen und Pferden	
4 Tage	6 Tage	Biologische Halbwertszeit vom Medikament Fluoxetin im menschlichen Körper	
4 Tage	8 Tage	Durchschnittliche Verweilzeit von Wasser in Troposphäre	
4 Tage	10 Tage	Larvenstadium Dauer von Stubenfliegen	
4 Tage	12 Tage	Verweildauer von Flamingos im Nest - nach Schlupf	
4 Tage	15 Tage	Larvenstadium Dauer von Schmeißfliegen	
4 Tage	16 Tage	Biologische Halbwertszeit vom Medikament Septroxetin im menschlichen Körper	
4 Tage	18 Tage	Puppenstadium Dauer von Stubenfliegen	
4 Tage	10 Jahre	Organschäden und Ausbildung von Organkrebs nach ionisierender Strahlung	Teils mit Tod des Individuums

Ausdehnung		Begriffliche Erfassbarkeit	Erläuterungen
von	bis		
4,14 Tage		Umlaufzeit des Mondes Umbriel um seinen Planeten Uranus	Mittlerer Abstand zum Uranus: 266.300 km
100 Stunden		Halbwertszeit vom Kampfstoff Sarin bei pH 7	Bei pH 12 rund 5 Sekunden
4,2 Tage	3 Jahre	Halbwertszeit vom schädlichen Benzo(a)anthracen (PAK) in Böden	Je nach Umweltbedingung und Studie
4,3 Tage		Lebensdauer von Afterzellen bei Menschen	
4,5 Tage		Durchschnittlicher Krankenhausaufenthalt in Schweden im Jahre 2007	Liegezeit
4,52 Tage		Umlaufzeit des Mondes Rhea um seinen Planeten Saturn	Mondoberflächentemperatur minus 200 °C
110 Stunden		Halbierungsrate von Aerosolen (Ø 100 nm, 2 g / cm³) bei 1 atm und 25°C	1 Milliarde sphärische Teilchen pro m³
4,6 Tage		Früherer Hochwasserabflusszeit des Rheins von Basel nach Mannheim	Vor der Begradigung
4,6 Tage		Krankheitsbedingte Fehlzeiten im EU-Durchschnitt im Jahre 2007	Von Arbeitnehmern
4 Tage 23 Stunden		Vierter bemannter Raumflug im Jahre 1963 durch Waleri Bykowski - Dauer	Letzter Rekord für einen Soloflug
5 Tage		Futterlose Zeit heranwachsender Bienenköniginnen	Erste 11 Tage gabs Gelée Royale
5 Tage		Klebriger Lein und Schachblume Einzelblüten Lebensdauer (Blühdauer)	
5 Tage		Festdauer des Brokser Heiratsmarktes in Bruchhausen-Vilsen	
5 Tage		Stammzellenalter von Blastozysten (Grundlage für Handel mit Zellen)	Frühes Embryonalstadium
5 Tage		Lebensdauer von Blutplättchen bei Meerschweinchen	
5 Tage		Zoll Abwicklungszeit für Importe in Zypern (2013)	
5 Tage		Sechstagekrieg als dritter arabisch-israelischer Krieg - Dauer	05.06.1967 - 10.06.1967
5 Tage		Zyklusdauer bei Ratten	
5 Tage		Pharmakokinetische Halbwertszeit für Phenobarbital bei Erwachsenen	Epilepsiebehandlung und Schlafmittel
5 Tage		Echtes Tausendgüldenkraut Einzelblüten Lebensdauer (Blühdauer)	
5 Tage		Festdauer der Volksfeste Ravensburger Rutenfest und Pützchens Markt in Bonn	
5 Tage		Festdauer der Volksfeste Bietigheimer Pferdemarkt und Soester Allerheiligenkirmes	
5 Tage		Charakteristische Messzeit für den biochemischen Sauerstoffbedarf (BSB)	Daher auch BSB_5 genannt
5 Tage		Festdauer des Heinerfestes in Darmstadt und des Neusser Bürger-Schützenfestes	
5 Tage		Festdauer des Gallimarktes in Leer, des Hochheimer Marktes und Kreuznacher Jahrmarktes	
5 Tage		Festdauer des Leinewebermarktes in Bielefeld und der Hüstener Kirmes in Arnsberg	
5 Tage		95 % von Pflanzenschutzmitteln muss laut OECD abgebaut sein nach ...	5 Tage nach Bodeneintrag
5 Tage		Frist zwischen israelischem Versöhnungstag und Laubhüttenfest	
5 Tage		Meiose Dauer bei pflanzlichen Zellen - bis zu ...	

Ausdehnung		Begriffliche Erfassbarkeit	Erläuterungen
von	bis		
5 Tage		Festdauer der Beecker Kirmes in Duisburg und der Muswiese in Rot am See	
5 Tage		Festdauer der Kirmes Sommersend in Münster und der Martinikirmes in Dinslaken	
5 Tage		Festdauer des Roonkarker Martes in Rodenkirchen	
5 Tage		Mythische Schaffung von Vögeln und Fischen am 5. Schöpfungstag	Durch Gott gemäß Altem Testament
5 Tage		London-Smog mit 12.000 Toten - Dauer	05.12. bis 09.12.1952
5 Tage	6 Tage	Dauer des 13. Kalendermonats in Äthiopien - 5 *oder* 6 Tage	Schaltjahrsausgleich
5 Tage	6 Tage	Halbwertszeit vom starken Herbizid MCPA in Böden	Wuchsstoffherbizid
5 Tage	7 Tage	Puppenstadium Dauer von Mehlmotten	
5 Tage	7 Tage	Influenza-Grippe Krankheitssymptome	Bei unkompliziertem Verlauf
5 Tage	9 Tage	Verdoppelungszeit des Geburtsgewichts von Ratten	
5 Tage	10 Tage	Funktionsdauer von Bienenarbeiterinnen als "Baubiene"	Hier Produktion von Bienenwachs
5 Tage	10 Tage	Charakteristische Reaktionszeit im Klimasystem Troposphäre	
5 Tage	1 Jahr	Durchschnittliche Verweilzeit von Wasser in Böden	Bodenwasser, Bodenfeuchtigkeit
5,01 Tage		Halbwertszeit für Betazerfall vom Isotop Bismut-210	
5,6 Tage	1 Jahr 165 Tage	Halbwertszeit vom schädlichen Chrysen (PAK) in Böden	Je nach Umweltbedingung und Studie
5,876 Tage		Umlaufzeit des Mondes Triton um seinen Planeten Neptun	
5,9 Tage		Ethanol - Durchschnittliche Lebensdauer in der Atmosphäre	
< 6 Tage		Überflutung Toleranz Dauer von Kirschbäumen - pro Jahr	*Prunus avium*
144 Stunden		Halbwertszeit vom Kampfstoff Sarin bei pH 5,5	Bei pH 12 rund 5 Sekunden
6 Tage		Fütterungsdauer von heranwachsenden Bienenarbeiterinnen mit Bienenbrot	Erste 3 Tage: Gelée Royale
6 Tage		Eigenrotation des Plutos - ein Umlauf	6 Tage 9 Stunden
6 Tage		Roter Fingerhut und Gelbe Taglilie Einzelblüten Lebensdauer (Blühdauer)	
6 Tage		Vorbereitungszeit für Unternehmungsgründungen in Italien (2012)	
6 Tage		Vorbereitungszeit für Unternehmungsgründungen in der Türkei (2012)	
6 Tage		Vorbereitungszeit für Unternehmungsgründungen in den USA (2012)	
6 Tage		Festdauer der Sterkrader Fronleichnamskirmes in Oberhausen	
6 Tage		Festdauer des Speyerer Brezelfest	
6 Tage		Reisezeit auf erster Eisenbahnstrecke von der Ostküste bis zur Westküste in den USA	Strecke zwischen New York und San Francisco
6 Tage		Von Pastor Hartmann benötigte Reisezeit für 150 km von Berlin nach Stettin	Im Jahre 1657

Ausdehnung		Begriffliche Erfassbarkeit	Erläuterungen
von	bis		
6 Tage		Ästiges Tausendgüldenkraut Einzelblüten Lebensdauer (Blühdauer)	
6 Tage		Larvenstadium Dauer von Stechmücken *Aedes*	
6 Tage		Zeitspanne zum Registrieren von Grundstücken in der Türkei und in UAE	Quelle: World Bank 2013
6 Tage		Festdauer der Volksfeste Stoppelmarkt in Vechta und Speyerer Brezelfest	
6 Tage		Lebensdauer von Blutplättchen bei Kaninchen	
6 Tage		Verdoppelungszeit des Geburtsgewichts von Kaninchen	
6 Tage		Mythische Schaffung von Menschen und Landtieren am 6. Schöpfungstag	Durch Gott gemäß Altem Testament
6 Tage	7 Tage	Rottetrommelverfahren für fertige Rotteprodukte in Abfallwirtschaft - Mindestdauer	Gemäß hygienisch-bakteriologischem Güteindex
6 Tage	14 Tage	Inkubationszeit für Ringelröteln mit Parvovirus B19	Berührung und Tröpfcheninfektion
6 Tage	20 Tage	Inkubationszeit für Kinderlähmung mit Polioviren	Schmier- und Schmutzinfektion
6 Tage	40 Tage	Larvenstadium Dauer von Heuschrecken	
6,2 Tage		Lebensdauer von Enddarmzellen bei Menschen	Im Durchschnitt
6,5 Tage	16 Tage	Verdoppelungszeit des Geburtsgewichts von Schweinen	
< 7 Tage		Überflutung Toleranz Dauer von Buchen - pro Jahr	*Fagus sylvatica*
< 7 Tage		Biologische Halbwertszeit von Wasser im menschlichen Körper	Bei zeitgleichem Alkoholkonsum
7 Tage		Eine Woche	Germanisch für: (Götterwache) Wechsel
7 Tage		Dauer einer Sieben-Tage-Woche	Seit Kaiser Konstantin ab 321 n. Chr.
7 Tage		Pelargonien und Scharfer Hahnenfuß Einzelblüten Lebensdauer (Blühdauer)	
7 Tage		Ames-Test Dauer zur Identifikation von chemischen Mutagenen	Forschungsfrage "Krebs durch Pharmaka"
7 Tage		Pessachfest in Israel - Dauer	
7 Tage		Winterlinden Blühbeginn Verzögerung je Breitengrad - um ...	
7 Tage		Auswaschung Dauer von Stickoxiden und Schwefeldioxid nach Emittierung	Über Hydroxidradikale im Wasser
7 Tage		Kraal Düngung Rhythmus - alle 7 Tage wird Kraal abgebaut	Tierfäkalien bleiben zurück
7 Tage		Abhängedauer von Kalbfleisch - bis ...	Prozess der Fleischreifung
7 Tage		Laubhüttenfest in Israel - Dauer	Sukhotfest
7 Tage		Empfohlene Reifezeit von frisch geschlachtetem Schweinefleischkotelett	
7 Tage		Luchse fressen an einem 15 kg schweren Reh über die Dauer von ...	zum Beispiel im Schwarzwald
7 Tage		Explosive Vulkanausbrüche - alle ... - im globalen Maßstab	Beispiel: Galeras
7 Tage		Zyklusdauer bei vielen Nagetieren	

Das Kapitel des Aufbruchs

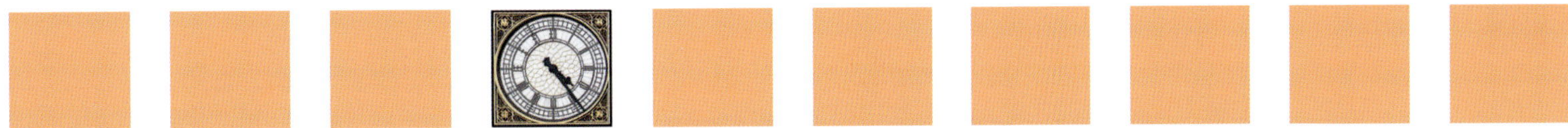

Von 7 Tage bis 3 Monate

Ausdehnung		Begriffliche Erfassbarkeit	Erläuterungen
von	bis		
7 Tage		Bevölkerungswachstum in Bangladesch um 50.000 Menschen - innerhalb ...	Stand 2020
7 Tage		Zyklusdauer christlicher Ruhetage gemäß Mythos des 7. Schöpfungstages	Gemäß Altem Testament
7 Tage	9 Tage	Lebensdauer von Blutplättchen bei Hunden	
7 Tage	10 Tage	Östrusdauer (Brunstzyklus) bei weiblichen Katzen	
7 Tage	10 Tage	Larvenstadium Dauer von Läusen	
7 Tage	10 Tage	Bildung von Eiern und Schlupf von Daphnien bei semistatischen Daphnientests - nach ...	
7 Tage	12 Tage	Verweildauer von Wassermolekülen in Luft nach Verdunstungsprozessen	Dann erst Niederschlag
7 Tage	14 Tage	Inkubationszeit für Keuchhusten mit *Bordetella pertussis* -Erreger	Tröpfcheninfektion
7 Tage	14 Tage	Biologische Halbwertszeit von Wasser im menschlichen Körper	Ohne zusätzlichen Alkohol
7 Tage	14 Tage	Inkubationszeit für Leptospirose mit *Spirochaeten* -Erregern	Durch Ratten
7 Tage	14 Tage	Puppenstadium Dauer von Rapsweißlingen	
7 Tage	14 Tage	Inkubationszeit für Wundrose mit *Streptokokken* -Erregern	Durch Berührung
7 Tage	17 Tage	Inkubationszeit für Pocken mit Orthopoxviren	Tröpfcheninfektion, Berührung
7 Tage	20 Tage	Imago Stadium Entwicklungsdauer von Bohnen-Blattläusen	Ohne Verpuppung Stadium
7 Tage	28 Tage	Halbwertszeit vom schädlichen BTX-Aromat Xylol in Böden	Je nach Umweltbedingung und Studie
7 Tage	28 Tage	Halbwertszeit vom schädlichen BTX-Aromat Toluol in Wasserkörpern	Je nach Umweltbedingung und Studie
7 Tage	28 Tage	Halbwertszeit vom schädlichen BTX-Aromat Trimethylbenzol in Böden	Je nach Umweltbedingung und Studie
7 Tage	28 Tage	Inkubationszeit für Hirnhautentzündung FSME mit Viren	Meist 1 bis 2 Wochen
7 Tage	28 Tage	Inkubationszeit für Typhus mit *Salmonella Typhi* -Erregern	Schmier- und Schmutzinfektion
7 Tage	30 Tage	Inkubationszeit von Kindern für Pfeiffer-Drüsenfieber mit Epstein-Barr-Virus	
7 Tage	56 Tage	Inkubationszeit von Hepatitis epidemica	
> 7 Tage		Verweilzeit von langsam reagierenden VOC in der Atmosphäre	Flüchtige organische Verbindungen
7,155 Tage		Umlaufzeit des Mondes Ganymed um seinen Planeten Jupiter	
7 Tage 19 Stunden		Dauer des ersten Alleinfluges um die Erde durch Wiley Post mit der Winnie Mae 1933	Start auf Long Island nahe New York
7,8 Tage		Durchschnittlicher Krankenhausaufenthalt in Deutschland im Jahre 2007	Liegezeit
8 Tage		Sequenzierungsdauer für das komplette menschliche Genom (Stand 2011)	
8 Tage		Inkubationszeit für Malaria mit dem Erreger *Plasmodium vivax* - min. ...	
8 Tage		Larvenstadium Dauer von Honigbienen	
8 Tage		Zoll Abwicklungszeit für Importe in Australien, Barbados und Belgien (2013)	Im Durchschnitt
8 Tage		Pessachfest Dauer in der Diaspora bei orthodoxen Juden	

Ausdehnung		Begriffliche Erfassbarkeit	Erläuterungen
von	bis		
8 Tage		Dauer zwischen Tod und Beerdigung des Wissenschaftlers Isaac Newton	
8 Tage		Festdauer des Lukasmarkt in Mayen	
8 Tage		Abstand des christlichen "Weißen Sonntag" zum Ostersonntag	
8 Tage		Verdoppelungszeit des Geburtsgewichts von Hunden - innerhalb ...	
8 Tage		Dauer des jüdischen Lichterfestes und des Lullusfestes in Bad Hersfeld	
8 Tage		Sumpf-Herzblatt und Leberblümchen Einzelblüten Lebensdauer	Blühdauer
8 Tage		Moos-Steinbrech und Winterling Einzelblüten Lebensdauer	Blühdauer
8 Tage	10 Tage	Verweildauer von Wasser in der Atmosphäre	Phase im hydrologischen Kreislauf
8 Tage	14 Tage	Lebensdauer von Blutplättchen bei Menschen	
8 Tage	35 Tage	Abhängedauer von Rindfleisch und Wildbret	Prozess der Fleischreifung
8 Tage	8 Monate	Inkubationszeit für Tollwut mit Lyssa Viren	Durch Biss von erkrankten Tieren
8,02 Tage		Halbwertszeit vom radioaktiven Jod Isotop I-131 (β-Strahlung)	Krebs, Schilddrüse/Knochenmark kum.
8,1 Tage		Lebensdauer von Lungenzellen (Alveolen) bei Menschen	
8,706234 Tage		Umlaufzeit des Mondes Titania um seinen Planeten Uranus	
8,9 Tage	15 Tage	Kreislauf eines Wassermoleküls im Wasserkreislauf	41,8 mal pro Jahr = alle 8,9 Tage
9 Tage		Östrusdauer (Brunstzyklus) bei weiblichen Hunden	
9 Tage		Festdauer der Volksfeste Dürkheimer Wurstmarkt und Libori in Paderborn	
9 Tage		Puppenstadium Dauer von Honigbienen	
9 Tage		Festdauer der Volksfeste Palmfest in Recklinghausen und Annakirmes in Düren	
9 Tage		Festdauer der Volksfeste Baumblütenfest in Werder und Wormser Backfischfest	
9 Tage		Festdauer der Frühjahrsend und Herbstend Feste in Münster	
9 Tage		Maximal erlaubtes Alter von Hühnereiern Klasse A *extra / extra frisch*	Alter ab Legedatum, in Deutschland
9 Tage	14 Tage	Inkubationszeit für Masern mit Morbilli Virus	Tröpfcheninfektion
> 9 Tage		Erlaubtes Alter von Hühnereiern im deutschen Handel der Güteklasse A	Alter ab Legedatum
9,1 Tage		Lebensdauer von Magenzellen (Cardia) bei Menschen	Im Durchschnitt
9,16 Tage		Durchschnittliche Verweilzeit von Wasser in der Atmosphäre	
9,5 Tage		Verdoppelungszeit des Geburtsgewichts von Katzen	
9,6 Tage		Durchschnitte Verweildauer/Residenzzeit von Wasser in der Atmosphäre	
10 Tage		Futterlose Zeit heranwachsender Bienen Drohnen	Erste 14 Tage: Gelée & Bienenbrot

Ausdehnung		Begriffliche Erfassbarkeit	Erläuterungen
von	bis		
10 Tage		Verweildauer von Schwefelwasserstoff in der Atmosphäre	H2S, 0,2 ppb
10 Tage		Lebensdauer von Lymphozyten Effektor Zellen beim Menschen	
10 Tage		Festdauer des Wolfsburger Schützen- und Volksfestes und Erbacher Wiesenmarktes	
10 Tage		Sinkdauer von Eiern des Antarktischen Krills bis auf 3 km Tiefe	Eiablage erfolgte oberflächennah
10 Tage		Festdauer der Volksfeste Kieler Woche und Düsseldorfer Rheinmarkt	
10 Tage		Längste Verweildauer von Aerosolen in Atmosphäre	Durchmesser 100 Nanometer bis 100 Mikrometer
10 Tage		Trübungsbestimmung bei Biomasse-Titer-Algen-Tests (BMTA)	10 Tage nach Zusetzung einer Grünalge
10 Tage		Lebensdauer von Dickdarmzellen beim Menschen	Im Durchschnitt
10 Tage		Festdauer der Volksfeste Kramermarkt Oldenburg und Schützenfest Hannover	
10 Tage		Graugans Fußmarsch Länge - bis zu ...	Distanz von 160 km
10 Tage		Festdauer der Königshöfer Messe in Lauda-Königshofen	
10 Tage		Lebensdauer von Blutplättchen bei Rindern	
10 Tage		Zeitraum kollektiven Kalbens von bis zu zwei Millionen Mongoleigazellen	Einmal jährlich
10 Tage		Funktion von Bienenarbeiterinnen in den ersten 10 Lebenstagen: "Putzbiene"	Brutzellen- und Eigenreinigung
10 Tage		Larvenstadium Dauer der Bohnen-Blattlaus	
10 Tage		Festdauer der Volksfeste Rudolstädter Vogelschießen und Cranger Kirmes in Herne	
10 Tage		Alpenveilchen Einzelblüten Lebensdauer (Blühdauer)	
10 Tage	12 Tage	Verdoppelungszeit des Geburtsgewichts von Schafen	
10 Tage	14 Tage	Inkubationszeit für Fleckfieber mit *Rickettsia prowazeki* -Erreger	Nach Biss einer Kleider- oder Kopflaus
10 Tage	20 Tage	Lebensdauer von Leberzellen bei Menschen (je nach Aktivität)	Im Durchschnitt
10 Tage	30 Tage	Imago Stadium Entwicklungsdauer von Läusen	Ohne Verpuppungstadium
10 Tage	40 Tage	Imago Stadium Entwicklungsdauer von Schmeißfliegen	Davor 3-13 Tage Verpuppung
10 Tage	50 Tage	Halbwertszeit vom schädlichen Phtalat DEHP in Böden	
10 Tage	50 Tage	Imago Stadium Entwicklungsdauer von Stubenfliegen	4-18 Generationen pro Jahr
10 Tage	60 Tage	Verweildauer/Residenzzeit von Wasser in Flüssen	
10 Tage	2 Jahre	Halbwertszeit vom schädlichen BTX-Aromat Benzol in Wasserkörpern	Je nach Umweltbedingung und Studie
11 Tage		Fütterungsdauer von heranwachsenden Bienenköniginnen mit Gelée Royale	
11 Tage		Festdauer des Gäubodenvolksfestes in Straubing	
11 Tage		Fütterungsdauer von heranwachsenden Bienen Drohnen mit Bienenbrot	Erste 3 Tage: Gelée Royale

Ausdehnung		Begriffliche Erfassbarkeit	Erläuterungen
von	bis		
11 Tage		Festdauer des Festes Kronacher Freischießen	
11 Tage		Propangas - Durchschnittliche Lebensdauer in der Atmosphäre	
11 Tage	13 Tage	Geschlechtsreife von Feldmäusen *Microtus arvalis* - nach ...	Schnellste Geschlechtsreife
11 Tage	14 Tage	Brutdauer von Feldlerchen	
11 Tage	21 Tage	Inkubationszeit für Windpocken	
11,3 Tage		Belichtungszeit für Ultra Deep Field des Weltraumteleskops Hubble	Sichtweite: 13 Milliarden Lichtjahre
11,57 Tage		Eine Million Sekunden	
11,9 Tage		Trans Alaska Erdöl Pipeline - Öl Transportdauer von Prudhoe Bay bis ins südliche Valdez	Bei 6 km/h
12 Tage		Futterlose Zeit heranwachsender Bienen Arbeiterinnen	Erste 9 Tage: Gelée & Bienenbrot
12 Tage		Stachelblättriger Steinbrech Einzelblüten Lebensdauer (Blühdauer)	
12 Tage		Festdauer der Volksfeste Bergkirchweih in Erlangen und Maiwoche in Osnabrück	
12 Tage		Brutdauer eines Kuckucks	
12 Tage		Festdauer des Volksfests Michaeliskirchweih in Fürth	
12 Tage		Reifung der männlichen Bienen (Drohnen) ist abgeschlossen nach ...	Nach dem 12. Lebenstag
12 Tage		Gewürzkrokus Einzelblüten Lebensdauer (Blühdauer)	
12 Tage	13 Tage	Brutdauer von Buchfinken und Buntspechten	
12 Tage	14 Tage	Männliche und weibliche Wendehälse erbrüten fünf bis elf Junge in ...	
12 Tage	14 Tage	Brutdauer von Haussperlingen	
12 Tage 113 min		Weltraumzeit der Astronauten Buzz Aldrin und Neil Armstrong während Apollo-11-Mission	Aldrin war der zweite Mensch auf dem Mond
13 Tage		Weltumrundung Dauer von Wüste Taklamakan Staubpartikeln auf 5.000 m Höhe	Zu gegebenen Zeitpunkten
13 Tage		Ethingas - Durchschnittliche Lebensdauer in der Atmosphäre	
13 Tage		Brutdauer von Hausrotschwänzen	
13 Tage		Kubakrise Dauer	1962
13 Tage	14 Tage	Brutdauer von Amseln, Kohlmeisen und Zilpzalps	
13 Tage	17 Tage	Verdoppelungszeit des Geburtsgewichts von Meerschweinchen	
13 Tage	20 Tage	Häutungsrhythmus des Antarktischen Krills - alle ...	Chitinpanzer Erneuerung
13 Tage	21 Tage	Inkubationszeit für Röteln mit Rötelnvirus	Tröpfcheninfektion
13,46 Tage		Umlaufzeit des Mondes Oberon um seinen Planeten Uranus	Mittlerer Abstand zum Uranus: 583.519 Kilometer
14 Tage		Menschliches Leben beginnt in Großbritannien erst 14 Tage nach der Befruchtung	Laut britischem Gesetz

Ausdehnung		Begriffliche Erfassbarkeit	Erläuterungen
von	bis		
14 Tage		Durchschnitte Verweildauer/Residenzzeit von Wasser in Flüssen	
14 Tage		Durchschnittliche Verweilzeit von Wasser in Flüssen	Bei Fließgeschwindigkeit von 1 m / sek
14 Tage		Generelle Kündigungsfrist in der Probezeit für Arbeitsverträge	Gemäß BGB § 622
14 Tage		Schwermetallmessung bei Immissionstests mit dem Weidelgras *Lolium multiflorum*	14 Tage nach Exposition
14 Tage		Halbwertszeit des Kontaktherbizids Bentazon in Böden	
14 Tage		Übliche Reifezeit von frisch geschlachteter Rindfleisch Hochrippe	
14 Tage		Larvenstadium Dauer von Rapsweißlingen	
14 Tage		Inkubationszeit für Brucellose mit Brucellen-Erreger	Seltene Übertragung von Tieren
14 Tage		Durchschnittlicher Krankenhausaufenthalt in Deutschland im Jahre 1991	Fast doppelt so lang wie 2007
14 Tage		Zyklusdauer bei Katzen	
14 Tage		Imago Stadium Entwicklungsdauer von Taufliegen *Drosophila*	5 bis 6 Generationen pro Jahr
14 Tage		Festdauer der Volksfeste Oster- und Herbstplärrer in Augsburg	
14 Tage		Bergahorn erträgt Überflutungen - bis ... lang	
14 Tage		Benzol - Durchschnittliche Lebensdauer in der Atmosphäre	
14 Tage		Zeitraum vom Ei bis zur fertig entwickelten Fruchtfliege *Drosophilidae*	Durchschnitt
14 Tage		Stubenfliegen legen bis zu eintausend Eier innerhalb ...	
14 Tage	15 Tage	Brutdauer von Staren	
14 Tage	16 Tage	Brutdauer von Zaunkönigen und Rauchschwalben	
14 Tage	17 Tage	Männliche und weibliche Grauspechte erbrüten fünf bis neun Junge in ...	
14 Tage	17 Tage	Brutdauer von Kolibris	
14 Tage	21 Tage	Inkubationszeit für Röteln-Viren	
14 Tage	21 Tage	Trockenzeit Dauer für Schwarzwälder Schinken	An der Luft
14 Tage	21 Tage	Inkubationszeit für Gürtelrose	
14 Tage	21 Tage	Erste Ausdünnung von Weißweinstöcken (Silvaner, Riesling) - vor der Ernte	Ansonsten droht Sonnenbrand
14 Tage	21 Tage	Puppenstadium Dauer von Seidenspinnern	
14 Tage	21 Tage	Semistatische Wasserfloh- bzw. Daphnientests - Dauer 14 Tage oder 21 Tage	Austausch des Mediums alle zwei Tage
14 Tage	21 Tage	Säuge Periode von Meerschweinchen	
14 Tage	22 Tage	Erdnematoden Höchstalter	
14 Tage	28 Tage	Halbwertszeit vom schädlichen BTX-Aromat Styrol in Böden	Je nach Umweltbedingung und Studie

Ausdehnung		Begriffliche Erfassbarkeit	Erläuterungen
von	bis		
14 Tage	28 Tage	Ansteckungsgefahr mit *Campylobacter* -Durchfall-Erregern	Auch nach Abklingen der Krankheit
14 Tage	28 Tage	Abfallwirtschaftliche Intensivrotte - Dauer	Kompostierung
14 Tage	35 Tage	Bergahorn und Spitzahorn Keimungszeitraum	
14 Tage	42 Tage	Kürzeste Inkubationszeit für AIDS	
14 Tage	56 Tage	Halbwertszeit vom schädlichen BTX-Aromat Trimethylbenzol in Wasser	Je nach Umweltbedingung und Studie
14 Tage	120 Tage	Prophasendauer der Meiose beim Menschen	Viel länger als Prophasendauer der Mitose
14 Tage	9 Monate	Lebensdauer von Lymphozyten Gedächtniszellen bei Ratten	
14 Tage	50 Wochen	Durchschnitte Verweildauer/Residenzzeit von Bodenfeuchtewasser im Boden	Quelle: Münz (2004)
14 Tage	1 Jahr	Halbwertszeit vom schädlichen BTX-Aromat Xylol in Wasserkörpern	Je nach Umweltbedingung und Studie
> 14 Tage		Abhängedauer von Wildbret bis zur Hautgout-Reife	Prozess der Fleischreifung
> 14 Tage		Mindestalter von Flamingos, um sich mit anderen Jungvögeln in Crèches zu versammeln	Crèches sind Ansammlungen von Jungtieren
14,7 Tage		Lebensdauer von Lippenzellen bei Menschen	Im Durchschnitt
15 Tage		Vorbereitungszeit für Unternehmungsgründungen in Deutschland (2012)	
15 Tage		Methanol - Durchschnittliche Lebensdauer in der Atmosphäre	
15 Tage		Stabilität Dauer von Asselkot in Wasser	
15 Tage		Dauer einer menschlichen Zweiwochenfrist unter den Pitṛ	Pitṛ: Hinduistische Vorfahren
15 Tage	17 Tage	Männliche und weibliche Grünspechte erbrüten fünf bis acht Junge in ...	
15 Tage	17 Tage	Brutdauer von Ringeltauben	
15 Tage	20 Tage	Verweildauer gewisser Restmengen an Phosphat in Pflanzen - für ...	Auch Residenzdauer genannt
15 Tage	23 Tage	Inkubationszeit für Mumps mit *Paramyxovirus parotitis* -Erreger	
15 Tage	60 Tage	Imago Stadium Entwicklungsdauer von Stechmücken *Aedes*	3-12 Generationen pro Jahr
15,945 Tage		Umlaufzeit des Mondes Titan um seinen Planeten Saturn	
16 Tage		Entwicklungszeit bis zur ausgewachsenen Bienenkönigin	
16 Tage		Mitose der menschlichen Spermatogonien	
16 Tage		Festdauer der Volksfeste Rosenheimer Herbstfest und Kiliani Volksfest in Würzburg	
16 Tage		Zeitliche Auflösungpräzision (TR) von LANDSAT Satelliten	Für sich verändernde Erdaufnahmen
16 Tage		Festdauer des Nürnberger Volksfestes	Im Frühling
16 Tage		Flatback Schildkröten legen pro Saison 3 Nester - alle 16 Tage eines	
16 Tage	18 Tage	Festdauer des Münchner Oktoberfests	Je nach Jahr

Ausdehnung		Begriffliche Erfassbarkeit	Erläuterungen
von	bis		
16 Tage	76 Tage	Stubenfliegen - maximale Lebenserwartung	
16,689 Tage		Umlaufzeit des Mondes Kallisto um seinen Planeten Jupiter	
17 Tage		Halbwertszeit von Dioxin bei Ratten (Ablagerung im Fettgewebe)	Bei Menschen 5 bis 10 Jahre
17 Tage		Festdauer des Starkbierfestes im Paulaner am Nockherberg	
17 Tage		Erster emotionaler Kummer von Kleinkindern - 17 Tage nach Geburt	Messort Hypothalamus
17 Tage		Festdauer der Volksfeste Cannstatter Wasen, Bremer Osterwiese und Bremer Freimarkt	
17 Tage		Zyklusdauer bei Meerschweinchen und Schafen	
17 Tage		Festdauer des Volksfests Nürnberger Volksfest	Im Herbst
17 Tage		Festdauer des Öcher Bends (Osterbend) in Aachen	
17 Tage	18 Tage	Brutdauer von Dohlen und Elstern	
18 Tage		Moosbeere Einzelblüten Lebensdauer (Blühdauer)	
18 Tage		Brutdauer von Wellensittichen	
18 Tage		Zoll Abwicklungszeit für Importe in Albanien (2013)	Im Durchschnitt
18 Tage		Verdauungsdurchlaufzeit von Kamelen - Dauer	
18 Tage		Jom-Kippur-Krieg als vierter arabisch-israelischer Krieg - Dauer	06.10.1973 - 24.10.1973
18 Tage		Hühnerei Alter ab dem zur Kühlung (+ 5 °C bis + 8 °C) empfohlen wird	Alter ab Legedatum
18 Tage 4 Stunden		Reisedauer des Dampfschiffes Sirius von Cork/Irland nach New York City	Im Jahre 1838
18 Tage	20 Tage	Puppenstadium Dauer von Mehlkäfern	
18 Tage	20 Tage	Säuge Periode von Igeln	
18 Tage	20 Tage	Verdoppelungszeit des Geburtsgewichts von Ziegen	
18 Tage	20 Tage	Brutdauer von Aaskrähen und Mauerseglern	
18 Tage	21 Tage	Grünspecht Jungvögel verlassen die Bruthöhle nach ...	Sie bleiben noch 3-7 Wochen zusammen
18,2 Tage	21 Tage	Halbwertszeit vom schädlichen Dibenz(a,h)anthracen (PAK) in Böden	
19 Tage		Geschlechtsreife von weiblichen Berglemmingen im Alter von ...	
19 Tage		Durchschnittlicher Krankenhausaufenthalt in Japan im Jahre 2007	Liegezeit
19 Tage		Festdauer des Volksfests Maschseefest in Hannover	
19 Tage		Biologische Halbwertszeit vom Medikament Vandetanib im menschlichen Körper	
19 Tage	21 Tage	Brutdauer von Eisvögeln	
19 Tage	23 Tage	Fahrtdauer des Chinazuges von Deutschland nach China	DB Schenker

Ausdehnung		Begriffliche Erfassbarkeit	Erläuterungen
von	bis		
19,1 Tage		Lebensdauer von Fußsohlenzellen bei Menschen	Im Durchschnitt
19,4 Tage		Lebensdauer von Bauchhautzellen bei Menschen	Im Durchschnitt
20 Tage		Zyklusdauer bei Rindern	
20 Tage		Reichskanzler von Krosigk Regierungsdauer (Deutsches Reich)	03.05.1945 bis 23.05.1945
20 Tage		Längere Wartezeit von gesetzlich Krankenversicherten in NRW	Privatversicherte sind eher dran
20 Tage	21 Tage	Brutdauer von Kolkraben	
20 Tage	22 Tage	Wendehals Jungvögel verlassen die Bruthöhle nach ...	Sie bleiben danach länger als 7 Tage zusammen
20 Tage	45 Tage	Lebensdauer von Erythrozyten (rote Blutkörperchen) von Mäusen	
21 Tage		Entwicklungszeit bis zur ausgewachsenen Bienen Arbeiterin	
21 Tage		Zyklus von Uredosporen (Schwarzrost des Getreides)	Lösung: Zwischenwirt Berberitze vermeiden
21 Tage		Impuls Verinnerlichung in menschlichen Körper-Geist-Gefügen - nach ...	
21 Tage		Inkubationszeit von Syphilis mit *Treponema pallidum* -Erregern	Berührung, vor allem Geschlechtsverkehr
21 Tage		Bananen Schiffstransportdauer von Amerika nach Europa	Bei 14,4 °C
21 Tage		Quarantänedauer der Astronauten Aldrin und Armstrong nach ihrer Apollo-11-Mission	Armstrong war erster Mensch auf dem Mond
21 Tage		Brunftdauer von Rothirschen	
21 Tage		Zyklusdauer bei Schweinen und bei den meisten Haustieren	
21 Tage		Halbwertszeit vom Antibiotikum Streptomycin im Boden	Beim Obstanbau gegen Feuerbrand
21 Tage		Brutdauer von Haushühnern	
21 Tage		Letztes empfohlenes Verkaufsdatum von Hühnereiern im deutschen Handel	Ab Legetag. Danach B-Ei für Industrie
21 Tage	24 Tage	Brutdauer von Blässhühnern	
21 Tage	25 Tage	Larvenstadium Dauer von Seidenspinnern	
21 Tage	28 Tage	Empfohlene Reifezeit von frisch geschlachteter Rindfleisch Hochrippe	Längere Zeit da durchwachsen
> 21 Tage		Mietenkompostierung für fertige Rotteprodukte in Abfallwirtschaft - Mindestdauer	Gemäß hygienisch-bakteriologischem Güteindex
> 21 Tage		Brikollareverfahren für fertige Rotteprodukte in Abfallwirtschaft - Mindestdauer	Gemäß hygienisch-bakteriologischem Güteindex
21,28 Tage		Umlaufzeit des Mondes Hyperion um seinen Planeten Saturn	
510 Stunden		Weltumrundung Flugzeit des Luftschiffs Graf Zeppelin in den 1920er Jahren	
520 Stunden		Halbierungsrate von Aerosolen (Ø 500 nm, 2 g/cm^3) bei 1 atm und 25 °C	1 Milliarde sphärische Teilchen pro m^3
22 Tage		Beginn des Herzschlagens beim menschlichen Embryo - nach etwa ...	Der 22.Schwangerschaftstag
22 Tage		Zyklusdauer bei Pferden	

Ausdehnung		Begriffliche Erfassbarkeit	Erläuterungen
von	bis		
22 Tage	23 Tage	Nestlingsdauer vom Kuckuck	
22 Tage	24 Tage	Brutdauer von Lachmöwen	
23 Tage		Fahrtage der Tour de France 2019	
23 Tage		Festdauer des Volksfests Kleiner Wasen	Stuttgarter Frühlingsfest
23 Tage	25 Tage	Grauspecht Jungvögel verlassen die Bruthöhle nach ...	
23 Tage	25 Tage	Brutdauer von Fasanen	
23 Tage	35 Tage	Normale Zyklusdauer bei Frauen	
≤ 24 Tage		Zyklusdauer bei Frauen bei jedem zehnten Zyklus	
24 Tage		Entwicklungszeit bis zur ausgewachsenen Bienen Drohne	
24 Tage		Erste Reifeteilung innerhalb der Spermatogenese	
24 Tage	29 Tage	Brutdauer von Kiebitzen	
24,1 Tage		Halbwertszeit vom Thorium Isotop Th-234	
24,66 Tage		Zoll Abwicklungszeit für Importe als weltweiter Durchschnitt (2013)	
25 Tage	29 Tage	Brutdauer von Haubentauchern	
25 Tage	30 Tage	Weibliche Steinkäuze erbrüten drei bis fünf Junge in ...	
25 Tage	110 Tage	Biologische Halbwertszeit vom Medikament Amiodaron im menschlichen Körper	
602 Stunden		Rechenzeit eines Supercomputers für Dezimalbestimmung der Zahl π (pi)	Mit 124.100.000.000 Dezimalstellen
25,2 Tage		Zoll Abwicklungszeit für Exporte als weltweiter Durchschnitt (2013)	
25,26 Tage		Umkreisdauer des Exoplaneten PSR 1257+12 b um Pulsar PSR 1257+12	
26 Tage		Zeitspanne für Bau eines Lagerhauses in Singapur (Position 1 weltweit)	Quelle: World Bank 2013
26 Tage	29 Tage	Weibliche Rauhfußkäuze erbrüten zwei bis acht Junge in ...	Meist in Schwarzspechthöhlen
26 Tage	29 Tage	Brutdauer von Stockenten	
27 Tage		Lebensdauer von Hautzellen bei Menschen	
27 Tage		Zoll Abwicklungszeit für Importe in Algerien (2013)	Im Durchschnitt
27 Tage		Häufigste Zyklusdauer bei Frauen zwischen 19 und 45 Jahren	
27 Tage	28 Tage	Brutdauer von Waldohreulen	
27 Tage	32 Tage	Brutdauer von Flamingos	
655 Std 43,7 Min		Mondumlaufbahn um die Erde Dauer	Von Westen nach Osten
28 Tage		Zyklusdauer bei Menschen und Rhesusaffen	13% aller menschlichen Zyklen

Ausdehnung		Begriffliche Erfassbarkeit	Erläuterungen
von	bis		
28 Tage		Neonatalität als Begriff für Säuglinge bis zum Alter von ...	
28 Tage		Generelle Kündigungsfrist für Arbeitsverträge in Deutschland	Gemäß BGB § 622
28 Tage		Kündigungsfrist für Arbeitsverträge von Schwerbehinderten in Deutschland	Gemäß SGB IX § 86
28 Tage		Dauer von biologischen Abbaubarkeitstests	Inkubation von Bakterien
28 Tage		Krankheitsverlauf von Lungenentzündungen durch Legionellen - bis ...	In den meisten Fällen
28 Tage		Neugeborene - Maximalalter per Definition	
28 Tage		Mindesthaltbarkeitsdatum von Hühnereiern in der EU	Gemäß EU-Verordnung
28 Tage	29 Tage	Brutdauer von Wanderfalken	
28 Tage	29 Tage	Wachstumsdauer zur ausgewachsenen Wanderheuschrecke	Weitere 16 bis 18 Tage für Geschlechtsreife
28 Tage	30 Tage	Weibliche Waldkäuze erbrüten drei bis fünf Junge in ...	
28 Tage	31 Tage	Bandbreite für vier Kalender-Nundinae des römischen Kalenders	
28 Tage	31 Tage	Mindestmaß von zeitigen Freiheitsstrafen gemäß deutschem Strafgesetzbuch	StGB § 38, offiziell mindestens ein Monat
28 Tage	35 Tage	Schlachtzeitpunkt von Masthybridhühnern oder -hähnchen (Schlachtreife) in Deutschland	900 bis 1.200 g, im Lebensalter der Tiere ...
28 Tage	36 Tage	Biologische Halbwertszeit von Blei in menschlichem Blut	Quelle: Griffin et al.
28 Tage	42 Tage	Larvenentwicklung der Miesmuschel - Dauer	
28 Tage	42 Tage	Säuge Periode von Katzen und Seehunden	
28 Tage	56 Tage	Inkubationszeit von Erwachsenen für das Pfeiffer-Drüsenfieber	Mit Epstein-Barr-Virus
28 Tage	210 Tage	Halbwertszeit vom schädlichen BTX-Aromat Styrol in Wasserkörpern	Je nach Umweltbedingung und Studie
28 Tage	1 Jahr	Abfallwirtschaftliche Nachrotte - Dauer	Kompostierung
28,75 Tage		Halbierungsrate von Aerosolen (Ø 1 µm, 2 g/cm³) bei 1 atm und 25 °C	1 Milliarde sphärische Teilchen pro m³
29 Tage		Dauer des Monats Februar in Schaltjahren	
29 Tage	30 Tage	Dauer eines Monats bei den Babyloniern	
29,5151 Tage		Mittlere Dauer eines Monats im attischen 8-Jahres-Zyklus *Oktaeteris*	Im antiken Athen
29,5301 Tage		Mittlere Dauer eines Monats im attischen 160-Jahres-Zyklus	Im antiken Athen
29,5303 Tage		Mittlere Dauer eines Monats im attischen 16-Jahres-Zyklus *Hekkaidekaeteris*	Im antiken Athen
29,53059 Tage		Dauer der synodischen Periode des Mondes (Mondumlauf)	Offizielle Dauer (Stand Jahr 2000)
30 Tage		Ein Monat	Von Mond, mhd: *mane* , ein Mondumlauf
30 Tage		Lebensdauer der meisten menschlichen Zellen	Aber: Leberzellen (Jahre), Gehirnzellen
30 Tage		Tropische Orchideen *Cattleya labiata* Einzelblüten Lebensdauer	Blühdauer

Ausdehnung		Begriffliche Erfassbarkeit	Erläuterungen
von	bis		
30 Tage		Ansteckungsgefahr durch Salmonellen-Erreger	Nach Abklingen von Symptomen
30 Tage		Dauer eines *Masa*	Hinduistisch-vedische Zeitenlehre
30 Tage		Pfeilgiftfrösche verlieren in Gefangenschaft ihre Giftigkeit nach ...	Ihr Gift rührt von giftigen Insekten
30 Tage		Halbwertszeit von Sulfonamiden in Gülle bei 10 °C und pH 8	
30 Tage		Nestbau Dauer von Salanganen Seglervögeln (auf Borneo)	Nester aus Speichelfäden
30 Tage		Supernovas sind sichtbar - mitunter bis zu ...	
30 Tage		Festdauer des Volksfests Hamburger Frühlings- und Sommerdoms	
30 Tage	35 Tage	Waldkauz Jungvögel verlassen die Bruthöhle nach ...	Selbstständig erst nach 70 Tagen
30 Tage	36 Tage	Rauhfußkauz Jungvögel verlassen die Bruthöhle nach ...	Danach wochenlange Elternversorgung
30 Tage	40 Tage	Lebensdauer von Granulocyten von Menschen	45 % bis 75 % aller Leukozyten sind Granulocyten
30 Tage	50 Tage	Biologische Halbwertszeit vom Polonium Isotop Po-210	Je nach Alter und Geschlecht
30 Tage	< 60 Tage	Dritthöchste Selbstmordrate in deutschen Gefängnissen nach ... Hafttagen	10 Suizide pro Jahr (Stand 2000 bis 2004)
30 Tage	60 Tage	Hemisphärische Durchmischung von Gasen innerhalb ...	OH, H2O, H2O2, C3H8, NO
30 Tage	60 Tage	Verdunstung Dauer in trocken dürren (ariden) Klimata	Ökophysiologische Klimaklassifikation
30 Tage	120 Tage	Tundra Vegetationsperiode	Pro Jahr
30 Tage	120 Tage	Biologische Halbwertszeit vom Cäsium Isotop Cs-137 (β-Strahlung)	Je nach Alter und Geschlecht
30 Tage	180 Tage	Optionale Fahrverbot Dauer für Verurteilte gemäß deutschem Strafgesetzbuch	§ 44 StGB
> 30 Tage		Inkubationszeit für Tuberkulose mit *Mycobacterium tuberculosis* -Erregern	Tröpfcheninfektion
> 30 Tage		Imago Stadium Entwicklungsdauer von Heuschrecken	Ohne Verpuppungstadium
31 Tage		Festdauer des Volksfests Hamburger Winterdom	
31 Tage	34 Tage	Brutdauer von Störchen	
31 Tage	37 Tage	Brutdauer vom Uhu	
31 Tage		Zeitspanne zum Registrieren von Grundstücken in Bahrein und El Salvador	Quelle: World Bank 2013
32 Tage	130 Tage	Ionenaustausch in Tonmineral Zwischenschichten in Böden - Dauer	Kurzfristiger bei größeren Körnern
33 Tage	35 Tage	Brutdauer von Mäusebussarden	
≥ 33 Tage		Zyklusdauer bei Frauen - bei jedem sechsten Zyklus	
34,5 Tage		Lebensdauer von Ohrhautzellen bei Menschen	Im Durchschnitt
35 Tage		Geschlechtsdifferenzierung in der menschlichen Embryonalentwicklung	Wird es ein Mädchen? Check nach 35 Tagen
35 Tage		Biologische Halbwertszeit vom Medikament Dutasterid im menschlichen Körper	

Ausdehnung		Begriffliche Erfassbarkeit	Erläuterungen
von	bis		
35 Tage		Zyklusdauer bei Schimpansen	
35 Tage		Steinkauz Jungvögel verlassen die Bruthöhle nach ...	Voll flugfähig erst nach 45 Tagen
35 Tage		Lebensdauer von Erythrozyten (rote Blutkörperchen) von Hühnern	
35 Tage		Einjährige Wüstenpflanzen - Höchstalter	
35 Tage	40 Tage	Imago Stadium Entwicklungsdauer von Honigbienen	Davor neun Tage Verpuppung
35 Tage	56 Tage	Ruptur (Aufreißen) des weiblichen Eileiters bei Eileiterschwangerschaft	... nach Schwangerschaftsbeginn
> 35 Tage		Zyklusdauer bei 5 % aller gesunden Frauen	
35,4 Tage		Technisch mögliche Laufstunden von Photovoltaik-Anlagen - in Deutschland	Entspricht 850 Jahresstunden
37,1 Tage	182 Tage	Halbwertszeit vom schädlichen Fluoranthen (PAK) in Böden	Je nach Umweltbedingung und Studie
38 Tage		Vorbereitungszeit für Unternehmungsgründungen in China (2012)	Stand 2012
38 Tage		Erfassungsraum von Börsen Durchschnittskursen als besondere Kenngröße	Gleitender Kurzfrist-Durchschnitt
40 Tage		Vorbereitungszeit für Unternehmungsgründungen auf Malta	Stand 2012
40 Tage		Biblische Aufenthaltsdauer von Moses bei Gott, um das Gesetz zu empfangen	40 Tage und 40 Nächte
40 Tage		Vorbereitungszeit für Unternehmungsgründungen im Jemen	Stand 2012
40 Tage		Vorbereitungszeit für Unternehmungsgründungen in Guatemala	Stand 2012
40 Tage		Ohne Essen kann ein Mensch bis zu 40 Tage leben	
40 Tage		Abstand zwischen Auferstehung und Himmelfahrt von Jesus	Quelle: Die Bibel
40 Tage		Tropische Orchidee *Cypripedium insigne* Einzelblüten Lebensdauer	Blühdauer
40 Tage		Dauer der eigentlichen Sintflut	Quelle: Die Bibel
40 Tage		Zeitspanne zum Registrieren von Grundstücken in Deutschland	Quelle: World Bank 2013
40 Tage		Larvenstadium von Mehlmotten - Dauer	
40 Tage		Dauer der Pest-Quarantäne im Mittelalter	
40 Tage		Fastendauer von Jesus in der Wüste	Quelle: Die Bibel
40 Tage	42 Tage	Larvenstadium Dauer von Schaben *Blatella germanica*	
40 Tage	90 Tage	Erste Augenöffnung neugeborener Pandabären - nach ...	
> 40 Tage		Halbwertszeit persistenter Stoffe in Süßwasser oder Flussmündungen	Gemäß REACH-Verordnung der EU
41 Tage		Vorbereitungszeit für Unternehmungsgründungen in Trinidad und Tobago	Stand 2012
42 Tage		Bienenarbeiterinnen - Höchstalter der Sommergeneration	
42 Tage		Säuge Periode von Hunden	

Ausdehnung		Begriffliche Erfassbarkeit	Erläuterungen
von	bis		
42 Tage		Verdoppelungszeit des Geburtsgewichts von Seehunden	
42 Tage		Hähnchen aus bäuerlicher Aufzucht haben Freigang - ab einem Lebensalter von ...	Bei langsam wachsenden Rassen
42 Tage		Brunstdauer von Bienenköniginnen	
42 Tage		Milchkälber Mindestsäugeperiode mit Mutter- und/oder Kuhmilch	Schlachtgewicht maximal 75 kg
42 Tage		Brutdauer von Straußenvögeln	
42 Tage		Lebensdauer von Erythrozyten (rote Blutkörperchen) von Enten	
42 Tage	56 Tage	Schlachtzeitpunkt deutscher Stubenküken (Schlachtreife)	Schlachtgewicht von weniger als 650 g
42 Tage	84 Tage	Säuge Periode von Schafen	
43 Tage		Zoll Abwicklungszeit für Importe in Angola (2013)	Im Durchschnitt
43 Tage	45 Tage	Brutdauer von Steinadlern	
44 Tage		Vorbereitungszeit für Unternehmungsgründungen in Belize	Stand 2012
44 Tage		Zeitspanne für Bau eines Lagerhauses in UAE (Position 3 weltweit)	Quelle: World Bank 2013
45 Tage		Alter voll flugfähiger Steinkauz Jungvögel	
45 Tage		Kohlenmonoxid - Durchschnittliche Lebensdauer in der Atmosphäre	Dabei hemisphärische Verteilung
45 Tage		Saharastaub weht nach Deutschland - alle ...	Im Jahresdurchschnitt neunmal
45 Tage	68 Tage	Lebensdauer von Erythrozyten von Kaninchen und Ratten	
46 Tage		Taufliegen *Drosophila* Höchstalter	
46,4 Tage	3 Jahre 146 Tage	Halbwertszeit vom schädlichen Chlorpestizid Aldrin in Böden	Je nach Umweltbedingung und Studie
47 Tage		Verdoppelungszeit des Geburtsgewichts von Rindern	
47 Tage		Vorbereitungszeit für Unternehmungsgründungen in Indonesien	
47,5 Tage		Lebensdauer von Luftröhrenzellen bei Menschen	Im Durchschnitt
< 48 Tage		Überflutung Toleranz Dauer von Bergahorn Bäumen - pro Jahr	*Acer pseudoplatanus*
48 Tage		Vorbereitungszeit für Unternehmungsgründungen in Gaza und der West Bank	
48 Tage	50 Tage	Brutdauer von Gänsegeiern	
49 Tage		Waldkäuze werden flügge nach ...	
49 Tage	56 Tage	Säuge Periode von Füchsen und Wölfen	
50 Tage		Orchidee (*Phalaenopsis grandiflora*) Einzelblüten Lebensdauer (Blühdauer)	
50 Tage		Vorbereitungszeit für Unternehmungsgründungen in Bolivien	
50 Tage		Abstand zwischen Ostern und Pfingsten	Ostern wird dabei mitgezählt

Ausdehnung		Begriffliche Erfassbarkeit	Erläuterungen
von	bis		
50 Tage		Dauer der ersten kommerziellen Ski Expedition durch die Antarktis	1988 bis 1989
50 Tage		Dauer der ersten Solo Antarktis Ski Durchquerung einer Frau - ohne Hilfspersonal	Liv Arnesen im Jahre 1994
50 Tage		Versickerungszeit von Grundwassertropfen ab Schutzzonenrand II bis Fassungsanlage	50-Tage-Linie, Kenngröße der Wasserwirtschaft
1.200 h	1.400 h	Kumulierte Recherchezeit für dieses Buch	50 Tage bis 58 Tage
50 Tage	90 Tage	Imago Stadium Entwicklungsdauer von Heimchen	Ohne Verpuppungstadium
50 Tage	60 Tage	Mindestverweildauer von Grundwasser, damit es als keimfrei angesehen werden kann	Quelle: Münz (2004)
50 Tage	65 Tage	Biologische Halbwertszeit von Quecksilber (als Methylquecksilber) in Menschen	Je nach Alter und Geschlecht, je nach Quelle
50 Tage	100 Tage	Taiga Tagesmitteltemperaturen über 10 °C	Dauer der Periode
51 Tage		Gänzlicher Berichtsabschnitt des Trojanischen Krieges in Homer's Ilias	Insgesamt zehnjährige Belagerung
51 Tage		Vorbereitungszeit für Unternehmungsgründungen in Papua Neuguinea	Stand 2012
51,28 Tage		Zeitspanne zum Registrieren von Grundstücken weltweit (Ø)	Quelle: World Bank 2013
1.236 Stunden		Halbwertszeit vom stabilsten Isotop des Elements Mendelevium Md-258	Zerfällt zu Es-254 durch Alphazerfall
52 Tage		Brutdauer von Königspinguinen	
52 Tage		Vorbereitungszeit für Unternehmungsgründungen im Kosovo	
53 Tage		Dauer der ersten Solo Antarktis Ski Durchquerung ohne Hilfspersonal	1992/1993 durch Erling Kagge
53,12 Tage	53,22 Tage	Halbwertszeit vom Beryllium-Isotop Be-7	Unterschiedliche Quellen
54 Tage		Zeitspanne für Bau eines Lagerhauses in Kolumbien und Vanuatu (Position 4 weltweit)	Quelle: World Bank 2013
55 Tage	70 Tage	Geschlechtsreife von Meerschweinchen im Alter von ...	
56 Tage		Dauer von unmittelbaren Auswirkungen (Dürre etc.) von La Niña und el Niño	Acht Wochen
56 Tage		Generationszyklus der Ackerschmalwand (von Samenkeimung bis -reife)	Acht Wochen
56 Tage		Reichskanzler von Schleicher Regierungsdauer (Deutsches Reich)	03.12.1932 bis 28.01.1933
56 Tage		Säuge Periode von Kaninchen und Tigern	
56 Tage		Vorbereitungszeit für Unternehmungsgründungen in Ecuador und Swasiland	Stand 2012
56 Tage	70 Tage	Säuge Periode von Rindern und Schweinen	
58 Tage		Ski Trekking Dauer Ousland's und Kagge's zum Nordpol	800 km von Ellesmere Island
58 Tage		Eigenrotation des Merkurs - ein Umlauf bzw. eine Tageslänge	Genau 58 Tage, 15 Stunden, 36 Minuten
58 Tage		Vorbereitungszeit für Unternehmungsgründungen in Gabun und Fidschi	Stand 2012
60 Tage		*Echerichia Coli* -Bakterien erzeugen 4.000 Generationen in ...	
60 Tage		Hauptwachstumszeit von Getreide - während ...	

Ausdehnung		Begriffliche Erfassbarkeit	Erläuterungen
von	bis		
60 Tage		Orchidee *Oncidium cruentatum* Einzelblüten Lebensdauer (Blühdauer)	
60 Tage		Vorbereitungszeit für Unternehmungsgründungen in Costa Rica (2012)	
60 Tage		Geschlechtsreife von Goldhamstern - im Alter von ...	
60 Tage		Dauer eines *Rutu* (Saison)	Hinduistisch-vedische Zeitenlehre
60 Tage		Krallenfrösche werden erwachsen (adult) nach ... Lebensalter	
60 Tage		Trockenzeit Dauer an Wasserscheide Nil / Kongo in Ruanda	Im Durchschnitt
60 Tage		Verdoppelungszeit des Geburtsgewichts von Pferden	
60 Tage	90 Tage	Imago Stadium Entwicklungsdauer von Mehlkäfern	Davor 18 bis 20 Tage Verpuppung
60 Tage	90 Tage	Geschlechtsreife von Ratten - im Alter von ...	
60 Tage	90 Tage	Säuge Periode von Rehen und Wildschweinen	
60 Tage	105 Tage	Winterschlaf Dauer von Eichhörnchen und Hamstern	
60 Tage	120 Tage	Humides Klima in Dornenstrauchsavannen - Dauer	Afrika, Asien, Mexiko, Südamerika
60 Tage	120 Tage	Erstes Verlassen ihrer Geburts-Eishöhle von Eisbär Neugeborenen - nach ...	Verlassen der Höhle: März oder April
60 Tage	180 Tage	Geschlechtsreife von Mäusen im Alter von ...	
> 60 Tage		Halbwertszeit persistenter Stoffe in Meerwasser	Gemäß REACH-Verordnung der EU
61 Tage		Menschlicher Embryo wird zum Fötus - nach 61 Tagen der Befruchtung	Mit Ende der Organogenese
61 Tage		Vorbereitungszeit für Unternehmungsgründungen in Botswana (2012)	
61 Tage		Ethangas - Durchschnittliche Lebensdauer in der Atmosphäre	Vermehrt aus Frackingabbau
62 Tage		Vorbereitungszeit für Unternehmungsgründungen im Tschad (2012)	
62 Tage	71 Tage	Lebensdauer von Erythrozyten (rote Blutkörperchen) von Schweinen	
62,1 Tage	7 Jahre 110 Tage	Halbwertszeit vom schädlichen Chlorpestizid Lindan in Böden	Je nach Umweltbedingung und Studie
< 63 Tage		Überflutung Toleranz Dauer von Linden - pro Jahr	*Tilia sp.*
< 63 Tage		Überflutung Toleranz Dauer von Hainbuchen - pro Jahr	*Carpinus betulus*
63 Tage		Entwicklung erster Nervenzellen im menschlichen Fötus - nach ...	Ab 9. Schwangerschaftswoche
63 Tage		Halbwertszeit von Heizöl in Ton Böden (bei 27 °C)	Nach Song et al. 1990
63 Tage	84 Tage	Mietenkompostierung Rottezeit bis zur Herstellung von Fertigkompost	Mit abfallwirtschaftlichem Umsetzen
63 Tage	112 Tage	Erste Bewegungen des menschlichen Fötus im Mutterleib - nach ...	9.-16. Schwangerschaftswoche
63 Tage	150 Tage	Schlachtzeitpunkt von deutschen Puten (Schlachtreife)	♀ 12 kg und ♂ 20 kg
64 Tage		Brutzeit von Kaiserpinguinen	

Ausdehnung		Begriffliche Erfassbarkeit	Erläuterungen
von	bis		
64 Tage		Zeitspanne zum Registrieren von Grundstücken in Belgien	Quelle: World Bank 2013
64 Tage		Zyklus der menschlichen Spermatogenese - Dauer	
64 Tage		Lebensdauer von Harnblasenzellen bei Menschen	Im Durchschnitt
< 65 Tage		Summierte tolerierte Überflutungsdauer von Eschen pro Jahr	*Fraxinus excelsior*
66 Tage		Vorbereitungszeit für Unternehmungsgründungen in Namibia (2012)	
66 Tage		Reisedauer der Pilgerväter auf der Mayflower von Plymouth nach Cape Cod	Im Jahre 1620
66,54 Tage		Umkreisdauer des Exoplaneten PSR 1257+12 c um Pulsar PSR 1257+12	
67 Tage		Dauer der ersten Antarktis Ski Durchquerung durch ein Frauen Team	1992/1993
67 Tage	252 Tage	Halbwertszeit vom schädlichen Benzo[b]fluoranthen (PAK) in Böden	Je nach Umweltbedingung
68 Tage		Vorbereitungszeit für Unternehmungsgründungen in Angola (2012)	
68 Tage	77 Tage	Lebensdauer von Erythrozyten (rote Blutkörperchen) von Katzen	
69 Tage		Zeitspanne zum Registrieren von Grundstücken in Fidschi und Malawi	Quelle: World Bank 2013
< 70 Tage		Schlachtzeitpunkt von deutschen Zuchtkaninchen - vor der Geschlechtsreife	Im Lebensalter der Tiere von ..., 1 bis 3 kg
70 Tage		Orchidee (*Cypripedium villosum*) Einzelblüten Lebensdauer (Blühdauer)	
70 Tage		Säuge Periode von Löwen	
70 Tage		Schlachtzeitpunkt von deutschen Spanferkeln (Schlachtreife)	Im Lebensalter der Tiere von ..., 8 bis 15 kg
70 Tage		Grönland Durchquerung Dauer von Arved Fuchs mit Hundeschlitten	Im Jahre 1983
70 Tage		Schlachtzeitpunkt von deutschen jungen Puten (Schlachtreife)	Im Lebensalter der Tiere von ..., 3 bis 4 kg
70 Tage		Verdoppelungszeit des Geburtsgewichts von Eseln	
70 Tage	153 Tage	Lebensdauer von Erythrozyten (rote Blutkörperchen) von Schafen	
70,83 Tage		Sonnenscheindauer in Deutschland pro Jahr: 1.700 Stunden	Von 8.760 Jahresstunden = 19,4%
72 Tage		Zeitspanne zum Registrieren von Grundstücken in Papua Neuguinea	Quelle: World Bank 2013
73 Tage		Zyklusdauer im Diskordianischen Kalender	5 Zyklen à 73 Tage = 365 Tage
74 Tage		Halbwertszeit des Elements Mendelevium	Atome sind zu groß, um lange zu leben
74 Tage		Vorbereitungszeit für Unternehmungsgründungen im Irak (2012)	
75 Tage		Schulferien Dauer deutscher Schüler pro Jahr	Nur gerechnete Werktage
76 Tage		Jährlicher Leseaufwand für alle Internet Nutzungsbedingungen - in Deutschland	Laut Rechtsinformatiker N. Forgó, Uni Hannover
76 Tage		Lebenskusszeit eines Menschen	Quelle: Wort und Bild Verlag
77 Tage		Zeitspanne zum Registrieren von Grundstücken in Nigeria und Usbekistan	Quelle: World Bank 2013

Ausdehnung		Begriffliche Erfassbarkeit	Erläuterungen
von	bis		
77,5 Tage		Zeitspanne zum Registrieren von Grundstücken in Trinidad und Tobago	Quelle: World Bank 2013
78 Tage		Flamingos werden flügge nach ...	
78 Tage		Zeitspanne zum Registrieren von Grundstücken in Eritrea	Quelle: World Bank 2013
79 Tage		Falkland Krieg Dauer - zwischen Argentinien und Großbritannien	02.04.1982 bis 20.06.1982
79,33 Tage		Umlaufzeit des Mondes Japetus um seinen Planeten Saturn	
80 Tage		Orchidee (*Odontoglossum rossii*) Einzelblüten Lebensdauer (Blühdauer)	
80 Tage		Brutdauer von Königsalbatrossen	
80 Tage		Biologische Halbwertszeit von Kupfer, im Durchschnitt	
1.920 Stunden	2.100 Stunden	Kumulierte Recherchezeit für dieses Buch	80 bis 88 Vollzeittage
80 Tage	90 Tage	Lebensdauer von Erythrozyten (rote Blutkörperchen) von Meerschweinchen	
80 Tage	180 Tage	Halbwertszeit vom schädlichen Dibutylphthalat in Böden	
80 Tage	232 Tage	Imago Stadium Entwicklungsdauer von Schaben *Blatella germanica*	Ohne Verpuppungstadium
81 Tage		Halbwertszeit beim Abbau vom Herbizid Chlortoluron in Bodentiefe < 30cm	Abbau durch Mikroorganismen
81 Tage		Zeitspanne zum Registrieren von Grundstücken in Israel	Quelle: World Bank 2013
83,3 Tage		Technisch mögliche Laufstunden von Windparks an Land - in Deutschland	Entspricht 2.000 Jahresstunden
83,3 Tage		Technisch mögliche Laufstunden von Solarthermischen Kraftwerken - in Deutschland	Entspricht 2.000 Jahresstunden
84 Tage		Vorbereitungszeit für Unternehmungsgründungen in Eritrea (2012)	
84 Tage		Kumulierte Festdauer des Hamburger Doms als größtem Volksfest Deutschlands	Jedes Jahr dreimal vier Wochen
84 Tage		Halbwertszeit von Heizöl in Lehmböden (bei 27 °C)	Nach SONG et al. 1990
84 Tage	112 Tage	Abfallwirtschaftliche Mietenkompostierung Rottezeit bis zur Herstellung von Fertigkompost	Ohne Umsetzen mit künstlicher Belüftung
84 Tage	140 Tage	Säuge Periode von Pferden und Eseln	
> 84 Tage		Halbwertszeit von Flugbenzin in allen Böden	Nach SONG et al. 1990
85 Tage		Vorbereitungszeit für Unternehmungsgründungen in Kambodscha (2012)	
85 Tage		Beginn der Ausbildung von Organen bei der menschlichen Fetogenese	Ab dem 85. Schwangerschaftstag
85 Tage		Zoll Abwicklungszeit für Importe in Afghanistan (2013)	Im Durchschnitt
85 Tage	90 Tage	Inkubationszeit von Brillenkaimanen	Im Durchschnitt
88 Tage		Sonnenumlaufbahn des Merkurs - ein Umlauf	
89 Tage		Erste emotionale Gemütserregung von Kleinkindern 90 Tage nach Geburt	Messort Hypothalamus
90 Tage		El Niño Dreimonatsperiode - wenn davon fünf hintereinander auftreten ...	...spricht man erst von El Niño

Ausdehnung		Begriffliche Erfassbarkeit	Erläuterungen
von	bis		
90 Tage		Menschlicher Fötus hat menschliche Gestalt - ab ...	Ab 12. Schwangerschaftswoche
90 Tage		Trimester - Dauer von Studienabschnitten an Hochschulen	Weit verbreitet an internationalen Hochschulen
90 Tage		Säuge Periode von Gämsen	
90 Tage		Fließdauer von warmem El Niño -Wasser von Südostasien nach Südamerika	
90 Tage		Vorbereitungszeit für Unternehmungsgründungen in Simbabwe (2012)	
90 Tage		Testdauer von (sub-) chronischen oralen Toxizitätstests an Nagetieren	Wiederholte orale Verabreichung
90 Tage		Testdauer von subakuten oralen Toxizitätstests an Nagetieren	Wiederholte orale Verabreichung
90 Tage		Schlachtzeitpunkt von deutschen Kaninchen (Schlachtreife)	Im Lebensalter der Tiere von ..., 1,5 kg
90 Tage		Maximale Einfrierdauer von Eiklar	
90 Tage		Hauptwachstumszeit von Hackfrüchten - während ...	Kartoffeln, Zuckerrüben, Feldgemüse
90 Tage		Vogelzug Dauer von Schneegänsen für 5.000 km	Jährlich von Mexiko in arktische Tundra
90 Tage	92 Tage	Ein Quartal = ein Vierteljahr - Dauer	Je nach Quartal
90 Tage	120 Tage	Winterschlaf Dauer von Igeln	
90 Tage	120 Tage	Winterstarre Dauer von Teichmolchen	
90 Tage	120 Tage	Säuge Periode von Braunbären und Hirschen	
90 Tage	120 Tage	Verdunstung Dauer in subariden Klimata	Ökophysiologische Klimaklassifikation
90 Tage	135 Tage	Lebensdauer von Erythrozyten (rote Blutkörperchen) von Hunden	
90 Tage	150 Tage	Schlachtzeitpunkt von deutschen Zuchtschweinen (Schlachtreife) - im Alter von ...	
90 Tage	150 Tage	Kompostierungsphase 1 - Abfälle werden Rohkompost nach ...	Zum Mulchen verwendbar
90 Tage	< 180 Tage	Höchste Selbstmordrate in deutschen Gefängnissen nach ... Hafttagen	13 Suizide pro Jahr (Stand 2000-2004)
90 Tage	180 Tage	Schlachtzeitpunkt von neuseeländischen Milchlämmern (Schlachtreife) - im Alter von ...	Im Lebensalter der Tiere von ..., 12 bis 15kg
90 Tage	180 Tage	Schlachtzeitpunkt von irischen Milchlämmern (Schlachtreife) - im Alter von ...	Im Lebensalter der Tiere von ..., 16 bis 18kg
90 Tage	210 Tage	Geschlechtsreife von Heringen im Alter von ...	
90 Tage	5 Jahre	Freiheitsstrafmaß wegen Verunglimpfung des Bundespräsidenten	Gemäß StGB § 90
90 Tage	5 Jahre	Freiheitsstrafmaß für Türken, die Deutsche für Wehrdienst in der Türkei anwerben	Im Sinne von StGB § 109h
90 Tage	5 Jahre	Freiheitsstrafmaß für IS-Mitglieder, die Deutsche dem IS-Wehrdienst zuführen	Im Sinne von StGB § 109h
3 Monate		Kündigungsfrist für Insolvenzverwalter in Deutschland	Gemäß Insolvenzordnung § 113

Hier spielt das Leben

Von 3 Monate bis 4 Jahre

Ausdehnung		Begriffliche Erfassbarkeit	Erläuterungen
von	bis		
> 90 Tage		Schlachtreife von Hähnchen aus bäuerlicher Aufzucht - ab Lebensalter ...	2 bis 3 kg
92 Tage		Vorbereitungszeit für Unternehmungsgründungen in Laos (2012)	
92 Tage		Südpol Durchquerung Dauer von Reinhold Messner und Arved Fuchs	Fußmarsch zwischen 13.11.89 und 12.02.90
93,2 Tage	9 Jahre 219 Tage	Halbwertszeit vom Dirty Dozen-Pestizid Chlordan in Böden	Je nach Umweltbedingung und Studie
94 Tage		Vorbereitungszeit für Unternehmungsgründungen in Osttimor (2012)	
95 Tage		Zeitspanne für Bau eines Lagerhauses in Swasiland und Brunei (Weltposition Nr. 35)	Quelle: World Bank 2013
95 Tage		Dauer der ersten Antarktis Ski Durchquerung ohne Hilfspersonal	1992/1993 durch British Polar Plod
97 Tage		Zeitspanne für Bau eines Lagerhauses in Deutschland (Weltposition Nr. 36)	Quelle: World Bank 2013
98,21 Tage		Umkreisdauer des Exoplaneten PSR 1257+12 d um Pulsar PSR 1257+12	
99 Tage		Regentschaft Dauer des 2. Deutschen Kaisers Friedrich III.	09.03.1888 bis 15.06.1888
100 Tage		Früheste Reife von Cabernet Sauvignon Trauben nach erster Blüte	
100 Tage	500 Tage	Durchschnittliche Verweilzeit von Wasser in Stratosphäre	
101 Tage		Vorbereitungszeit für Unternehmungsgründungen in Brunei (2012)	
101 Tage		Reisezeit Thor Heyerdahls 1947 bei erster Pazifik-Überquerung in einem Holzboot	7.000 km mit Kon-Tiki von Peru nach Tuamotu
102 Tage	158 Tage	Imago Stadium Entwicklungsdauer von Schaben *Periplaneta americana*	Ohne Verpuppungstadium
105 Tage		Lebensdauer von Erythrozyten (rote Blutkörperchen) von Tauben	
105 Tage		Vorbereitungszeit für Unternehmungsgründungen in Haiti (2012)	
106 Tage	125 Tage	Lebensdauer von Erythrozyten (rote Blutkörperchen) von Ziegen	
106 Tage	3 Jahre 146 Tage	Halbwertszeit vom schädlichen Chlorpestizid Dieldrin in Böden	Je nach Umweltbedingung und Studie
108 Tage	150 Tage	Lebensdauer von Erythrozyten (rote Blutkörperchen) von Menschen	Je nach Aktivität
109 Tage		Wasserflöhe Höchstalter	
110 Tage		Larvenstadium von Stabheuschrecken - Dauer	
110 Tage	5 Jahre 6 Monate	Halbwertszeit vom schädlichen Chlorpestizid Heptachlor/-epoxid in Böden	Je nach Umweltbedingung und Studie
112 Tage		Dauer des Praktischen Jahres von deutschen Medizinstudenten	Gemäß Ärztlicher Approbationsordnung
< 115 Tage		Summierte Überflutungsdauer, die Feldahornbäume pro Jahr tolerieren können	*Acer campestre*
118 Tage		Erste emotionale Aggression von Kleinkindern - 118 Tage nach Geburt	Messort Hypothalamus
119 Tage		Vorbereitungszeit für Unternehmungsgründungen in Brasilien (2012)	
120 Tage		Hauptwachstumszeit von Grünland - während ...	Gras und krautige Pflanzen
120 Tage		Erste Laufversuche neugeborener Pandabären - im Alter von ...	

Ausdehnung		Begriffliche Erfassbarkeit	Erläuterungen
von	bis		
120 Tage		Fasste man die Erdgeschichte in 365 Tage, entspräche die Zeit ohne Leben ...	Erde ohne Leben: Erste 1,5 Milliarden Jahre
120 Tage		Trockenzeit in Savanne von Ruanda - Dauer	Im Durchschnitt
120 Tage		Siebter Kreuzzug Dauer - Kreuzfahrer Kampf in Nordafrika	Juli bis November 1270
120 Tage	123 Tage	Tertial - Dauer von Studienabschnitten an medizinischen Fakultäten in Hochschulen	Vier Monate als drittel Teil eines Jahres
120 Tage	150 Tage	Kältestarre von Blindschleichen, Erdkröten und Grasfröschen - Dauer	
120 Tage	150 Tage	Menschliche Föten im Mutterleib hören die ersten Töne - im Alter von ...	
120 Tage	150 Tage	Kältestarre Dauer von Kreuzottern und Ringelnattern	
120 Tage	150 Tage	Larvenstadium von Mehlkäfern - Dauer	
> 120 Tage		Halbwertszeit persistenter Stoffe in Böden und Flussmündungssedimenten	Gemäß REACH-Verordnung der EU
125 Tage		Lebensrasierzeit eines durchschnittlichen Mannes	
126 Tage		Menschliche Föten im Mutterleib öffnen Mund und schlucken Fruchtwasser	Ab 18. Schwangerschaftswoche
126 Tage		Halbwertszeit von Heizöl in Sandböden (bei 27 °C)	Nach SONG et al. 1990
> 126 Tage		Halbwertszeit von Dieselöl in Sandböden (bei 27 °C)	Nach SONG et al. 1990
127 Tage	180 Tage	Verdoppelungszeit des Geburtsgewichts von Menschen - im Alter von ...	
< 128 Tage		Summierte Überflutungsdauer, die Stieleichen pro Jahr tolerieren können	*Quercus robur*
< 128 Tage		Summierte Überflutungsdauer, die Grauerlen pro Jahr tolerieren können	*Alnus incana*
< 128 Tage		Summierte Überflutungsdauer, die Graupappeln pro Jahr tolerieren können	*Populus canescens*
128 Tage		Kohlenmonoxid - Verweildauer in der Atmosphäre - Treibhausgas	Unbeständiges Spurengas, 50 ppb bis 0,1 ppm
135 Tage		Vorbereitungszeit für Unternehmungsgründungen in Äquatorial Guinea	Im Jahre 2012
135 Tage	210 Tage	Humides Klima in Trockensavannen - Dauer	In Afrika, Asien, Australien
< 136 Tage		Summierte Überflutungsdauer, die Feld- und Flatterulmen pro Jahr tolerieren können	*Ulmus carpinifolia*
< 137 Tage		Summierte Überflutungsdauer, die Hybridpappeln pro Jahr tolerieren können	*Populus canadensis*
138,376 Tage		Halbwertszeit vom Polonium Isotop Po-210	Vergiftung Arafats und Litwinenkos
140 Tage	150 Tage	Lebensdauer von Erythrozyten (rote Blutkörperchen) von Pferden	
140 Tage	168 Tage	Großhirnrinde des menschlichen Fötus im Mutterleib wird angelegt - im Alter von ...	Erfahrungen werden abgespeichert
140 Tage	175 Tage	Abfallwirtschaftliche Mietenkompostierung Rottezeit bis zur Herstellung von Fertigkompost	Ohne Umsetzen und ohne künstlicher Belüftung
141 Tage		Schlacht an der Somme im 1. Weltkrieg - Dauer	Rund 10.000 Tote pro Tag
144 Tage		Vorbereitungszeit für Unternehmungsgründungen in Venezuela (2012)	
146 Tage		Zeitspanne von Insolvenzverfahren in Irland im Durchschnitt (Weltposition Nr. 1)	Quelle: World Bank 2013

Ausdehnung		Begriffliche Erfassbarkeit	Erläuterungen
von	bis		
147 Tage		Entwicklung Iris des Auges vom menschlichen Fötus im Mutterleib - nach ...	Ab 21. Schwangerschaftswoche
148 Tage		Erste emotionale Abneigung von Kleinkindern - 148 Tage nach Geburt	Messort Hypothalamus
150 Tage		Fließdauer von angolanischem Niederschlagswasser ins Okavango Delta	Bis zu 150 Tage
150 Tage		Zeitspanne zum gerichtlichen Eintreiben einer Schuld in Singapur (Weltposition Nr. 1)	Quelle: World Bank 2013
150 Tage		Baikalsee Vereisung Dauer	Pro Jahr, im Durchschnitt
150 Tage	180 Tage	Winterschlaf Dauer von Fledermäusen, Waldeidechsen und Zauneidechsen	
150 Tage	180 Tage	Winterschlaf Dauer von Mauereidechsen und Murmeltieren	
150 Tage	180 Tage	Winterstarre Dauer von Laubfröschen und Zauneidechsen	
150 Tage	270 Tage	Geschlechtsreife von Kaninchen im Alter von ...	
153 Tage		Trichine Höchstalter - im Darm lebend	
161 Tage		Vorbereitungszeit für Unternehmungsgründungen in Republik Kongo (2012)	
163 Tage		Halbwertszeit beim Abbau von Chlortoluron in Bodentiefe 50-70cm	Abbau durch Mikroorganismen
165 Tage		Biologische Halbwertszeit vom Medikament Bedaquilin im menschlichen Körper	
166,7 Tage		Technisch mögliche Laufstunden von Windparks auf See - in Deutschland	Entspricht 4.000 Jahresstunden
168 Tage		Entwicklung Lungenbläschen des menschlichen Fötus im Mutterleib - nach ...	In 24. Schwangerschaftswoche
168 Tage	182 Tage	Innen- und Mittelohr des menschlichen Fötus im Mutterleib voll ausgebildet - nach ...	Ab 24.-26. Schwangerschaftswoche
< 170 Tage		Summierte Überflutungsdauer, die Silberweiden pro Jahr tolerieren können	
170 Tage		König Ludwig II. lebte nur 170 Tage auf Schloss Neuschwanstein	Nach 17 Jahren Bauzeit
170 Tage		Reichskanzler von Papen Regierungsdauer (Deutsches Reich)	01.06.1932 bis 17.11.1932
172,71 Tage		Zeitspanne für Bau eines Lagerhauses im weltweiten Durchschnitt	Quelle: World Bank 2013
175 Tage		Reifedauer der Kakaofrucht (auf dem Kakaobaum *Theobroma cacao*)	
177 Tage		Erste emotionale Euphorie von Kleinkindern - 177 Tage nach Geburt	Messort Hypothalamus
180 Tage		Einjährige Pflanzen - Lebenserwartung der meisten Einjährigen	
180 Tage		Schlachtzeitpunkt von deutschen Lämmern (Schlachtreife)	Im Lebensalter von ..., 18-20 kg
180 Tage		Imago Stadium Entwicklungsdauer von Stabheuschrecken	Ohne Verpuppungsstadium
180 Tage		Krokodile kommen ... ohne Nahrung aus	
180 Tage		Einleitung eines Volksbegehrens in Hamburg und Brandenburg - alle ...	Zwischen 1946 und 2012
180 Tage		Rinder Lebensalter zum Zeitpunkt der Kastration zum Ochsen - etwa ...	
180 Tage		Phasendauer für Liberalisierung politischer Systeme gemäß Ralf Dahrendorf	1. Phase: Wandel zur Demokratie

Ausdehnung		Begriffliche Erfassbarkeit	Erläuterungen
von	bis		
180 Tage		Rhythmus für Mutationen in männlichen Spermien - eine Mutation alle ...	40-jährige = 80 Mutationen
180 Tage		Geschlechtsreife von Hasen im Alter von ...	
180 Tage		Dauer einer *Ayana*	Hinduistisch-vedische Zeitenlehre
180 Tage		Kaiserpinguin Jungtiere verlassen ihre Kolonie nach ...	
180 Tage		Absolute Zeit eines Menschenlebens, die er auf der Toilette sitzt	Studie Geo Wissen (36/2005)
180 Tage		Bettwanzen und niedere Krebse Höchstalter	
180 Tage		Zeitraum zwischen Bestäubung und Befruchtung bei Nacktsamern (Cycadeen)	
6 Monate		Maximale Kündigungsfrist in Deutschland für Arbeitsverträge	z. B. gemäß § 34 TVöD im öffentlichen Dienst
180 Tage	210 Tage	Winterschlaf Dauer von Haselmäusen und Siebenschläfern	7-Schläfer schläft bis zu 7 Monate
180 Tage	240 Tage	Bienenarbeiterinnen - Höchstalter der Wintergeneration	Geburt im Herbst
180 Tage	< 270 Tage	Zweithöchste Selbstmordrate in deutschen Gefängnissen nach ... Hafttagen	10 Suizide pro Jahr (Stand 2000-2004)
180 Tage	270 Tage	Verdunstung Dauer in semiariden Klimata	
180 Tage	270 Tage	Schlachtzeitpunkt von schwäbisch-hällischen Schweinen (Schlachtreife)	Im Alter von ...
180 Tage	300 Tage	Säuge Zeit von Buckelwal Jungtieren	
180 Tage	360 Tage	Durchbrechen mittlerer Schneidezähne von Säuglingen im zweiten Lebenshalbjahr	
180 Tage	5 Jahre	Freiheitsstrafmaß wegen Verleumdung des Bundespräsidenten	Gemäß StGB § 90
180 Tage	5 Jahre	Freiheitsstrafmaß wegen Vergewaltigung und sexueller Nötigung	Gemäß StGB § 177
180 Tage	10 Jahre	Freiheitsstrafmaß wegen Offenbarens von Staatsgeheimnissen	Gemäß StGB § 95
> 180 Tage		Halbwertszeit persistenter Stoffe in Meeressedimenten	Gemäß REACH-Verordnung der EU
182 Tage		Lebensdauer von Stickstoffoxid (NO) bei Reaktion mit Sauerstoff (O2)	Reaktion in Troposphäre. NO 50 ppb.
182 Tage		Augenlider des menschlichen Fötus ausgebildet, Augen teilweise geöffnet - nach ...	Ab 26. Schwangerschaftswoche
182 Tage	183 Tage	Formelle Dauer eines Studiensemesters an deutschen Universitäten	Je nach Semester
182,5 Tage		Ein halbes Jahr	
184 Tage		Kumulierte Haftdauer für Journalisten des Spiegel-Verlags 1962/1963	Davon Rudolf Augstein: 103 Tage
190 Tage		Erste emotionale Angst von Kleinkindern - 190 Tage nach Geburt	Messort Hypothalamus
195 Tage		Zeitspanne zum gerichtlichen Eintreiben einer Schuld in Usbekistan (Weltposition Nr. 2)	Quelle: World Bank 2013
196 Tage		Menschlicher Fötus kann riechen, Nasenlöcher von Gewebepfropf befreit - nach ...	Ab 28. Schwangerschaftswoche
200 Tage		Erfassungsraum von Börsen Durchschnittskursen als besondere Kenngröße	Gleitender Langfrist-Durchschnitt
> 200 Tage		Nebeltage in der Wüste Namib	Pro Jahr im Durchschnitt

Ausdehnung		Begriffliche Erfassbarkeit	Erläuterungen
von	bis		
205 Tage		Lanzettfischchen Höchstalter	
208,3 Tage		Technisch mögliche Laufstunden von Wasserkraftwerken - in Deutschland	Entspricht 5.000 Jahresstunden
210 Tage		Geschlechtsreife von Hausschweinen im Alter von ...	
210 Tage		Maximaler ununterbrochener Dämmerschlaf von Braunbären in Höhle	
210 Tage		Menschlicher Fötus erkennt die Stimme der eigenen Mutter - nach ...	Ab 7. Schwangerschaftsmonat
210 Tage		Entwicklung Oberflächenfilm Lungenbläschen des menschlichen Fötus - nach ...	Dieser ermöglicht später das Atmen
210 Tage	231 Tage	Larvenstadium Dauer von Heimchen	
210 Tage	240 Tage	Humides Klima in Feuchtsavannen - Dauer	AF, Asien, AUS, Indien, Südamerika
210 Tage	1 Jahr 2 Monate	Säuge Periode von Rhesusaffen	
216 Tage		Zeitspanne zum gerichtlichen Eintreiben einer Schuld in Neuseeland (Weltposition Nr. 3)	Quelle: World Bank 2013
219 Tage		Zeitspanne von Insolvenzverfahren in Japan im Durchschnitt (Weltposition Nr. 2)	Quelle: World Bank 2013
220 Tage		Dauer der ersten ummaschinisierten Durchquerung der Antarktis	Im Jahre 1990
225 Tage		Zeitspanne zum gerichtlichen Eintreiben einer Schuld in Bhutan (Weltposition Nr. 4)	Quelle: World Bank 2013
226 Tage		Sonnenumlaufbahn der Venus - Dauer eines Umlaufs	
228 Tage		Zeitspanne zum gerichtlichen Eintreiben einer Schuld im Südsudan (Weltposition Nr. 5)	Quelle: World Bank 2013
230 Tage		Zeitspanne zum gerichtlichen Eintreiben einer Schuld in Ruanda & Südkorea	Quelle: World Bank 2013
230 Tage	250 Tage	Inversion Häufigkeiten im Rheintal zwischen Mainz und Worms pro Jahr	vor allem im Winterhalbjahr
237 Tage		Zeitspanne zum gerichtlichen Eintreiben einer Schuld in Aserbaidschan	Quelle: World Bank 2013
238 Tage		Der Boxer Max Schmeling wollte 100 Jahre alt werden. So viele Tage fehlten ihm am Ende.	
240 Tage		Geschlechtsreife von Opossums im Alter von ...	
240 Tage		Buckelwale leben von ihren Fettreserven für die Dauer von ...	Während Kälberaufzucht in Karibik
243 Tage		Eigenrotation der Venus - Dauer eines Umlaufs	Genau 243 Tage, 27 Minuten
243 Tage		Nestlingsdauer von Königsalbatrossen	
244 Tage		Halbwertszeit vom Zink Isotop Zn-65	
248,29 Tage		Umlaufzeit des Mondes Himalia um seinen Planeten Jupiter	
< 259 Tage		Schwangerschaftsdauer im Falle einer sogenannten Frühgeburt	
259 Tage	294 Tage	Schwangerschaftsdauer im Falle einer sogenannten Reifgeburt	
< 260 Tage		Häufigkeitsdauer von 181 Blitzereignissen pro km² in Maracaibo-See	Venezuela
260 Tage		Zeitspanne zum gerichtlichen Eintreiben einer Schuld in Kirgisistan (Weltposition Nr. 8)	Quelle: World Bank 2013

Ausdehnung		Begriffliche Erfassbarkeit	Erläuterungen
von	bis		
265 Tage		Driftzeit des Forschungsschiffes *Deutschland* durch das antarktische Packeis	Im Jahre 1912
266 Tage		Bangladesch-Krieg zwischen West- und Ostpakistan (heute Bangladesch)	25.03.1971 bis 17.12.1971
270 Tage		Keimfähigkeit von Samen der Esskastanien	Bei guter Lagerung
270 Tage		Zeitspanne zum gerichtlichen Eintreiben einer Schuld in Russland (Weltposition Nr. 9)	Quelle: World Bank 2013
270 Tage		Verzögerung Temperaturanstieg am Boden / in Troposphäre durch El Niño	Anstieg um 0,1 bis 0,2 °C. 1997 0,7 bis 0,9 °C
270 Tage		Ab diesem Lebensalter beginnen Säuglinge, sich von der Mutter zu entfernen	
270 Tage		Verzögerung Temperaturanstieg am Boden / in Troposphäre durch La Niña	Anstieg um 0,1 bis 0,2 °C. 1997 0,7 bis 0,9 °C
270 Tage		Absolute Zeit eines Menschenlebens, die er wäscht und bügelt	Studie Geo Wissen (36/2005)
270 Tage		Absolute Zeit eines Menschenlebens, die er mit seinen Kindern spielt	Studie Geo Wissen (36/2005)
270 Tage		Absolute Zeit eines Menschenlebens, die er für den Arbeitsweg aufbringt	Studie Geo Wissen (36/2005)
270 Tage	einige Jahre	Inkubationszeit für Lepra	
270,8 Tage		Technisch mögliche Laufstunden von Import-Steinkohle-Kraftwerken in Deutschland	Entspricht 6.500 Jahresstunden
270,8 Tage		Technisch mögliche Laufstunden von Braunkohle-Kraftwerken in Deutschland	Entspricht 6.500 Jahresstunden
270,8 Tage		Technisch mögliche Laufstunden von Erdgas-GuD-Kraftwerken in Deutschland	Entspricht 6.500 Jahresstunden
270,8 Tage		Technisch mögliche Laufstunden von Erdgas-Blockheizkraftwerken in Deutschland	Entspricht 6.500 Jahresstunden
270,8 Tage		Technisch mögliche Laufstunden von Biogas-Blockheizkraftwerken in Deutschland	Entspricht 6.500 Jahresstunden
270,8 Tage		Technisch mögliche Laufstunden von Kernkraftwerken in Deutschland	Entspricht 6.500 Jahresstunden
275 Tage		Zeitspanne zum gerichtlichen Eintreiben einer Schuld in Weißrussland	Quelle: World Bank 2013
276 Tage		Zeitspanne zum gerichtlichen Eintreiben einer Schuld in Guinea (Weltposition Nr. 11)	Quelle: World Bank 2013
285 Tage		Zeitspanne zum gerichtlichen Eintreiben einer Schuld in Norwegen (Weltposition Nr. 12)	Quelle: World Bank 2013
284 Tage	1 Jahr 251 Tage	Larvenstadium von Schaben *Periplaneta americana*	Dauer
285 Tage		Zeitspanne zum gerichtlichen Eintreiben einer Schuld in Georgien	Quelle: World Bank 2013
285 Tage	1 Jahr	Humides Klima in tropischen Regenwäldern - Dauer	
288 Tage		Einleitung eines Volksbegehrens in Mecklenburg-Vorpommern - alle ...	Zwischen 1946 und 2012
288 Tage		Einleitung eines Volksbegehrens in Schleswig-Holstein - alle ...	Zwischen 1946 und 2012
292 Tage		Katar: Frauen mit höherer Lebenserwartung als Männer - um ...	
292 Tage		Zeitspanne von Insolvenzverfahren in Kanada im Durchschnitt (Weltposition Nr. 3)	Quelle: World Bank 2013
0,8 Jahre		Lebenserwartungsverlust der nicht-hispanischen US-Bevölkerung gegenüber 2019	Stand 1. Halbjahr 2020
> 294 Tage		Schwangerschaftsdauer bei sogenannten *übertragenen* Neugeburten	

Ausdehnung		Begriffliche Erfassbarkeit	Erläuterungen
von	bis		
300 Tage		Geschlechtsreife von Füchsen - im Alter von ...	
300 Tage		In diesem Lebensalter ahmen Säuglinge Laute nach	
300 Tage		Früher Schlachtzeitpunkt von Bullen in Deutschland	Im Lebensalter der Tiere von ...
300 Tage	1 Jahr	Verdunstung Dauer in vollariden Klimata	
300 Tage	1 Jahr 6 Monate	In diesem Lebensalter sprechen Kinder/Säuglinge die ersten Worte	
302 Tage		Schlacht von Verdun Dauer	21.02.1916 bis 19.12.1916, 700.000 Tote
306 Tage		Ehelich sind Kinder - sofern Ehe mindestens ... vor Geburt bestand	Eherecht in Deutschland
307 Tage		Unehelich sind Kinder - von mindestens ... vor Geburt geschiedenen Eltern	Eherecht in Deutschland
310 Tage		Waldmäuse Höchstalter	
314 Tage		Zeitspanne zum gerichtlichen Eintreiben einer Schuld in der Mongolei	Quelle: World Bank 2013
314 Tage		Zeitspanne zum gerichtlichen Eintreiben einer Schuld in Schweden	Quelle: World Bank 2013
315 Tage		Erstes emotionales Zuneigungsvermögen von Kleinkindern - nach ...	Messort Hypothalamus - nach Geburt
325 Tage		Regentschaft Dauer von König Edward VIII.	20.01.1936 bis 11.12.1936
328 Tage		Bangladesch: Frauen mit höherer Lebenserwartung als Männer - um ...	
346,62 Tage		Dauer eines Eklipsenjahres bzw. eines drakonitischen Jahres	Auch Finsternisjahr genannt
350 Tage		Summierte Weltraumbesuchszeit von Thomas Reiter zwischen 1995 und 2006	Bei zwei Flügen
353 Tage	355 Tage	Kumulierte Tage von Mondjahren	6 × 29 Tage plus 6 × 30 Tage
354,37 Tage		Durchschnittliche Jahreslänge von Mondkalendern	Vor allem im Muslimischen Kalender
360 Tage		Anzahl der Tage eines Jahres bei der Zinsrechnung	In Deutschland
360 Tage		Dauer einer *Samvatsara / Deva Ahorātram*	Hinduistisch-vedische Zeitenlehre
360,136 Tage		Umlaufzeit des Mondes Nereide um seinen Planeten Neptun	Mittlerer Abstand zum Neptun: 5.513.787 km
< 1 Jahr		Dichlorfluormethan - Verweildauer in der Atmosphäre - Treibhausgas	Kühlschrankgas, vol. 1 ppt
< 1 Jahr		Wildenten behalten gutes Aroma bis zum Lebensalter von ...	
< 1 Jahr		Ozon I - Verweildauer in der Stratosphäre - Treibhausgas	Unbeständiges Spurengas, vol. 5 bis 10 ppm
< 1 Jahr		Baby bzw. Säugling - Altersspanne per Definition	Durchschnittliches Gewicht: 10 kg
< 1 Jahr		Freiheitsstrafmaß wegen Angriff auf AfD-Abgeordnete und Mitarbeiter am Landtag	Gemäß StGB § 106b
< 1 Jahr		Fohlen - Alter	Ein junges Hauspferd
< 1 Jahr		Freiheitsstrafmaß wegen Angriff auf LINKE-Abgeordnete und Mitarbeiter am Bundestag	Gemäß StGB § 106b
< 1 Jahr		Alter von Kälbern	Noch nicht geschlechtsreife Kühe

Ausdehnung		Begriffliche Erfassbarkeit	Erläuterungen
von	bis		
< 1 Jahr		Ozon II - Verweildauer in der Troposphäre - Treibhausgas	Unbeständiges Spurengas, vol. 15 bis50 ppb
< 1 Jahr		Freiheitsstrafmaß wegen widerrechtlichen Betretens fremder Häuser & Wohnungen	Gemäß StGB § 123
< 1 Jahr		Schwefeldioxid - Verweildauer in der Atmosphäre - Treibhausgas	Unbeständiges Spurengas, vol. 0,2 bis 4 ppb
< 1 Jahr		Stickstoffmonoxid - Verweildauer in der Atmosphäre - Treibhausgas	Unbeständiges Spurengas, vol. 0,5 bis 5 ppb
< 1 Jahr		Freiheitsstrafmaß wegen Angriff auf FDP-Abgeordnete und Mitarbeiter im Bundesrat	Gemäß StGB § 106b
< 1 Jahr	10 Jahre	Aufenthaltsdauer von Kohlenstoff Atomen in schnellen Kohlenstoff Pools	Streu und organische Substanz
< 1 Jahr	50 Jahre	Grundwasserverweilzeiten in Sachsen-Anhalt	
1 Jahr		31.536.000 Sekunden	
1 Jahr		525.600 Minuten	
1 Jahr		8.760 Stunden	
1 Jahr		12 Monate	
1 Jahr		Sonnenumlaufbahn der Erde - Dauer	Eine Revolution
1 Jahr		365,24219052 Tage gemäß tropischem Jahr (Stand: Jahr 2000) - auch Besseljahr genannt	365 Tage, 5 h, 48 min, 45,261 sec
1 Jahr		365,24222 Tage gemäß Orthodoxem Kirchenkalender	
1 Jahr		365,2424 Tage gemäß (nordgewandter) Frühlingsäquinoktium Rechnung	Stand 2000
1 Jahr		365,2425 Tage gemäß gregorianischem = modernen Kalenderjahr	365 Tage, 5 h, 48 min, 47 sec
1 Jahr		365,25 Tage - gemäß Azteken-Kalender	1 Kalenderjahr
1 Jahr		365,25 Tage - gemäß Julianischem Kalender	1 Kalenderjahr
1 Jahr		365,25 Tage - gemäß attischem 8-Jahres-Kalenderzyklus *Oktaeteris*	
1 Jahr		365,25 Tage - gemäß attischem 160-Jahres-Kalenderzyklus	
1 Jahr		365,2564 Tage - Dauer eines Sternenjahres	
1 Jahr		365,4375 Tage - gemäß attischem 16-Jahres-Kalenderzyklus	
1 Jahr		366 Tage - Dauer von Schaltjahren in vielen Sonnenkalendern	
1 Jahr		383 bis 385 Tage - Dauer von Schaltjahren in einigen Mondkalendern	
1 Jahr		Lebensdauer einer Spitzmaus	
1 Jahr		Ruhezeit von jüdischem Ackerland in einem Sabbatjahr	Nach 6 Jahren Ackerbewirtschaftung
1 Jahr		Tragezeit von Buckelwal Weibchen	
1 Jahr		Lichtjahr Dauer - Licht reist in einem Jahr 9.460.730.472.580,8 km	
1 Jahr		Minimum Freiheitsstrafe für "Verbrechen" nach deutschem Recht	"... hat ein Verbrechen begangen ..."

Ausdehnung		Begriffliche Erfassbarkeit	Erläuterungen
von	bis		
1 Jahr		90 % der menschlichen Körperzellen ersetzen sich mindestens einmal pro Jahr	
1 Jahr		Dauer des natürlichen Streuabbaus (Mull) von Ulmen - innerhalb ...	Bei pH 6,5 und im Durchschnitt
1 Jahr		Geschlechtsreife von Singvögeln und Katzen - im Alter von ...	
1 Jahr		Dauer des natürlichen Streuabbaus (Mull) von Schwarzerlen - innerhalb ...	Bei pH 4,6 und im Durchschnitt
1 Jahr		Heftige Vulkanausbrüche - alle ... - im globalen Maßstab	Beispiel: Ruiz in Kolumbien
1 Jahr		Lebensdauer von Chlormethan (CH3Cl) in Chemosphäre	
1 Jahr		Dauer des natürlichen Streuabbaus (Mull) von Eschen - innerhalb ...	Bei pH 6,4 und im Durchschnitt
1 Jahr		Mittlere Verweilzeit von maritimem Schwefel (Sulfat-Aerosole) in Flüssen	Über Meerdämpfe an Land
1 Jahr		Geschlechtsreife von Fledermäusen und Hunden - im Alter von ...	
1 Jahr		Zunahme der Lebenserwartung jeder zweiten neugeborenen Frau in Deutschland	
1 Jahr		Mittlere Verweilzeit von Atomen in der Atmosphäre	
1 Jahr		Mineralisierungsrate von Stickstoff in Tropenböden bei jährlich 20 Tonnen pro Hektar	
1 Jahr		Absolute Zeit eines Menschenlebens, die er ins Kino, Theater, Konzert geht	Studie Geo Wissen (36/2005)
1 Jahr	1 Jahr 3 Monate	Schlachtzeitpunkt von deutschen Suppenhühnern	1.000 - 2.000 g
1 Jahr	1 Jahr 6 Monate	Schlachtzeitpunkt von neuseeländischem Zuchtrotwild	Im Lebensalter der Tiere von ...
1 Jahr	2 Jahre	Wirtschaftliche Nutzbarkeit von Spitzahorn Samen - bis Samenalter von ...	
1 Jahr	2 Jahre	Geschlechtsreife von Enten, Hühnern und Spitzmäusen im Alter von ...	
1 Jahr	2 Jahre	Durchschnittlich entwickelte einjährige Kinder zeigen mit dem Finger auf etwas	
1 Jahr	2 Jahre	Geschlechtsreife von Ziegen und Schafen im Alter von ...	
1 Jahr	2 Jahre	Interhemisphärische Durchmischung von Gasen innerhalb ...	CH4, CO2, CH3CCl3, N2O, SF6, N2
1 Jahr	3 Jahre	Kirschlorbeer, Efeu, Oleander und Liguster Blätter Lebensdauer	Immergrünes Gewächse
1 Jahr	3 Jahre	Charakteristische Reaktionszeit im Klimasystem Stratosphäre	
1 Jahr	3 Jahre	Nachregelung der Weltzeit im Rhythmus von ...	
1 Jahr	3 Jahre	1. Schritt der Medikamentenentwicklung: Krankheit Zielmolekül beschreiben	Dauer für Phasen Ident,Valid, Model
1 Jahr	4 Jahre	Ozeanische Rift Eruptionsperiodendauer	
1 Jahr	10 Jahre	Halbwertszeit von Dioxinen bei Menschen (Ablagerung im Fettgewebe)	Bei Ratten 17 Tage
1 Jahr	10 Jahre	Freiheitsstrafmaß für Hochverrat gegen andere Staaten	Gemäß StGB § 82
1 Jahr	10 Jahre	Freiheitsstrafmaß für Gewaltandrohung Schottland von Großbritannien abzutrennen	Gemäß deutschem Strafgesetzbuch § 82
1 Jahr	100 Jahre	Charakteristische Reaktionszeit im Klimasystem Gebirgsgletscher	

Ausdehnung		Begriffliche Erfassbarkeit	Erläuterungen
von	bis		
> 1 Jahr		Säuge Periode von Schimpansen	
> 1 Jahr		Lämmer werden zu Jungschafen im Alter von ...	
> 1 Jahr		Zirkulationsdauer oligomiktischer Seen	Vollzirkulationen treten nicht jedes Jahr auf
> 1 Jahr		Jährlinge - Alter per Definition	Junge Hauspferde
1 Jahr 5 Tage		Länge eines Jahres vor 90 Millionen Jahren	370 Tage
1 Jahr 5 Tage		Zeitspanne zum gerichtlichen Eintreiben einer Schuld in USA	Quelle: World Bank 2013
1 Jahr 10 Tage		Dauer der Sintflut gemäß Altem Testament	Gen 7,10 bis 24 und Gen 8,1 bis 14
1 Jahr 20 Tage		Länge eines Jahres während Periode vor 295 bis 325 Millionen Jahren	385 Tage
1 Jahr 29 Tage		Zeitspanne zum gerichtlichen Eintreiben einer Schuld in Deutschland	Quelle: World Bank 2013
1 Jahr 1 Monat	1 Jahr 3 Monate	Brutzeit von Brückenechsen - Rekord im Tierreich	
1 Jahr 1 Monat	1 Jahr 3 Monate	Schlachtzeitpunkt von deutschen Mastrindern (Schlachtreife) - ab ...	Im Lebensalter von ..., 430 bis 600 kg
1 Jahr 1 Monat	1 Jahr 3 Monate	Schlachtzeitpunkt von spanischen Porco Ibérico Schweinen (Schlachtreife)	Im Lebensalter von ..., 160 bis 180 kg
1 Jahr 35 Tage		Länge eines Jahres vor 400 Millionen Jahren	400 Tage
1 Jahr 41 Tage		Zeitspanne zum gerichtlichen Eintreiben einer Schuld in China	Quelle: World Bank 2013
1 Jahr 45 Tage		Länge eines Jahres vor 530 Millionen Jahren	410 Tage
1 Jahr 55 Tage		Länge eines Jahres vor 450 Millionen Jahren	420 Tage
1 Jahr 2 Monate		Geschlechtsreife von Rehen - im Alter von ...	
1 Jahr 2 Monate		Paranuss Entwicklungszeitraum - von der Blüte zur Nuss	
425 Tage		Tatsächlich zustande kommende Volksbegehren im Hamburg - alle ...	Zwischen 1946 und 2012
438 Tage		Zeitspanne von Insolvenzverfahren in Deutschland im Durchschnitt (Weltposition Nr. 18)	Quelle: World Bank 2013
445 Tage		Jahreslänge im Jahre 46 v. Chr. (wegen Einführung eines neuen Kalenders)	altrömisch wurde julianisch
1 Jahr 3 Monate	1 Jahr 6 Monate	In diesem Lebensalter sprechen Kinder/Säuglinge die ersten Zweiwortsätze	Fast immer ab 24 Monaten
1 Jahr 3 Monate		Keimfähigkeit von Samen der Rosskastanien	Bei guter Lagerung
1 Jahr 3 Monate		Erste emotionale Eifersucht von Kleinkindern - 15 Monate nach Geburt	Messort Hypothalamus
456 Tage		Botswana: Männer mit höherer Lebenserwartung als Frauen - um ...	
467 Tage		Wally Herberts Fußmarschdauer durch die zugefrorene Arktis 1968	Alaska -Nordpol - Spitzbergen
1,28 Jahre		Turnus von extremen Wetterereignissen auf der Erde laut Weltklimarat IPCC - alle ...	Bei 4,0 °C Erwärmung gegenüber 1850 bis 1900
1 Jahr 4 Monate		Absolute Zeit eines Menschenlebens, in der er seine Wohnung putzt	Studie Geo Wissen (36/2005)
1 Jahr 4 Monate		Keimfähigkeit von Samen der Zitronen	Bei guter Lagerung

Ausdehnung		Begriffliche Erfassbarkeit	Erläuterungen
von	bis		
1 Jahr 4 Monate		Keimfähigkeit von Samen der Kokosnuss	Bei guter Lagerung
500 Tage		Lebensdauer von Erythrozyten (rote Blutkörperchen) von Schildkröten	
513 Tage		Zeitspanne zum Registrieren von Grundstücken in Kiribati	Quelle: World Bank 2013
< 1 Jahr 6 Monate		Kleinkinder fremdeln typischerweise bis zum Lebensalter von ...	
1 Jahr 6 Monate		Dauer des natürlichen Streuabbaus (Mull) von Robinien - innerhalb ...	Bei pH 5,4 und im Durchschnitt
1 Jahr 6 Monate		Dauer des natürlichen Streuabbaus (Mull) von Traubenkirschen - innerhalb ...	Im Durchschnitt
1 Jahr 6 Monate		Dauer des natürlichen Streuabbaus (Mull) von Edelkastanien - innerhalb ...	Bei pH 4,5 und im Durchschnitt
1 Jahr 6 Monate		Dauer des natürlichen Streuabbaus (Mull) von Weißbuchen - innerhalb ...	Im Durchschnitt
1 Jahr 6 Monate		Spitzmäuse Höchstalter	
1 Jahr 6 Monate		Chinesischer Boxeraufstand gegen westlich-japanischen Imperialismus	1900 bis 1901
1 Jahr 6 Monate		Einleitung eines Volksbegehrens in Bayern - alle ...	Zwischen 1946 und 2012
1 Jahr 6 Monate		Junge Pandabären verlassen ihre Mutter im Alter von ...	
1 Jahr 6 Monate		Geschlechtsreife von Hirschen und Wildschweinen im Alter von ...	
1 Jahr 6 Monate		Säuge Periode von Gorillas	
1 Jahr 6 Monate	2 Jahre	Geschlechtsreife von Rindern - im Alter von ...	
1 Jahr 6 Monate	2 Jahre	Üblicher Schlachtzeitpunkt von Jungbullen und Färsen in Lebensalter von ...	In Deutschland
1 Jahr 7 Monate		Absolute Zeit eines Menschenlebens, in der er Sport treibt und sich fit hält	Studie Geo Wissen (36/2005)
1 Jahr 219 Tage		Pakistan: Frauen mit höherer Lebenserwartung als Männer - um ...	
621,63 Tage		Zeitspanne zum gerichtlichen Eintreiben einer Schuld weltweit (Ø)	Quelle: World Bank 2013
645 Tage		Zeitspanne zum gerichtlichen Eintreiben einer Schuld im Jemen	Quelle: World Bank 2013
1 Jahr 280 Tage	1 Jahr 10 Monate	Schwangerschaftsperiode von Afrikanischen Elefanten	
1 Jahr 285 Tage		Schwangerschaftsperiode von Asiatische Elefanten	
1 Jahr 329 Tage		Eine Million Minuten	
22 Monate		Keimfähigkeit von Samen des Kaffeestrauchs	Bei guter Lagerung
22 Monate		Absolute Zeit eines Menschenlebens, in der er sich fortbildet und lernt	Studie Geo Wissen (36/2005)
1 Jahr 321 Tage		Sonnenumlaufbahn des Mars - Dauer	Revolution
1 Jahr 329 Tage		Vorbereitungszeit für Unternehmungsgründungen in Surinam (2012)	
1,9 Jahre		Lebenserwartungsverlust der US-hispanischen Bevölkerung gegenüber 2019 - um ...	Stand 1. Halbjahr 2020
1,902 Jahre		1.000.000 Minuten	

Ausdehnung		Begriffliche Erfassbarkeit	Erläuterungen
von	bis		
< 2 Jahre		Altersabschnitt von Kindern, in denen körperlicher Minderwuchs aufholbar ist	Minderwuchs aus Entwicklung im Mutterleib
< 2 Jahre		Rückenteignungsfrist für Ansprüche gemäß deutschem Baugesetzbuch - Dauer	Gemäß § 102
< 2 Jahre		Freiheitsstrafmaß wegen Beschädigung der Flagge der Republik Westsahara	Gemäß StGB § 104
< 2 Jahre		Freiheitsstrafmaß wegen Unkenntlichmachung der Flagge Kosovos	Gemäß StGB § 104
< 2 Jahre		Freiheitsstrafmaß wegen Entfernung der Flagge Palästinas - in Deutschland	Gemäß StGB § 104
< 2 Jahre		Freiheitsstrafmaß wegen Zerstörung der Flagge Abchasiens in Deutschland	Gemäß StGB § 104
< 2 Jahre		Freiheitsstrafmaß wegen beschimpfendem Unfug an der Flagge Taiwans	Gemäß StGB § 104
< 2 Jahre		Freiheitsstrafmaß wegen Unkenntlichmachung der Flagge Südossetiens	Gemäß StGB § 104
2 Jahre		Zweijährige winterannuelle Pflanzen - Lebenserwartung	zum Beispiel Karotten, roter Fingerhut
2 Jahre		Dauer des natürlichen Streuabbaus (Mull) von Bergahorn - innerhalb ...	Bei pH 4,5 und im Durchschnitt
2 Jahre		Ratten Durchschnittsalter	
2 Jahre		Geschlechtsreife von Bibern, Igeln und Makaken im Alter von ...	
2 Jahre		Ruhestandszeit deutscher Männer im Jahre 1960	Im Alter 65 bis 67, Studie Gans (2007)
2 Jahre		Geschlechtsreife von Schnabeltieren und Maulwürfen - im Alter von ...	
2 Jahre		Düngewirkung von Rottwirtschaft Asche - Dauer	Asche düngt Getreide
2 Jahre		In den USA muss man seinen Führerschein neu zulassen - alle ...	... und geht nebenbei wählen (motor voter)
2 Jahre		Preiselbeere und Ölbaum Blätter Lebensdauer	Immergrünes Gewächse
2 Jahre		Verjährungsfrist für Ansprüche aus Kaufverträgen	Gemäß § 438 BGB
2 Jahre		Biennium Dauer - veralteter Begriff für vorbereitende Studienzeit	Vor allem für Fachbereiche der Philosophie
2 Jahre		Sechster Kreuzzug Dauer - Kreuzfahrer Kampf gegen Ayyubiden	1248 bis 1250
2 Jahre		Simbabwe: Männer mit höherer Lebenserwartung als Frauen - um ...	
2 Jahre		Deep Freeze Fischfang Trawler - ununterbrochene Zeitspanne auf See	Große Trawler docken kaum an
2 Jahre		Geschlechtsreife von Steinmardern im Alter von ...	
2 Jahre		Erster Indisch-Pakistanischer Krieg (Erster Kaschmir-Krieg) - Dauer	1947 bis 1949
2 Jahre		Veränderungssperren - Dauer im Sinne des deutschen Baugesetzbuches	Gemäß § 17
2 Jahre		Dauer des natürlichen Streuabbaus (Mull) von Linden - innerhalb ...	Bei pH 5,4 und im Durchschnitt
2 Jahre		Säuge Periode von Elefanten und Nashörnern - bis ...	
2 Jahre		Verjährungsfrist für Ansprüche aus Reiseverträgen	Gemäß § 651g BGB
2 Jahre		Zyklusdauer für Verdoppelung der Transistoren in CPU's	Gemäß Gordon Moore Regel

Ausdehnung		Begriffliche Erfassbarkeit	Erläuterungen
von	bis		
2 Jahre		Keimfähigkeit von Samen der Buche, Haselnuss und Zitterpappel	Bei guter Lagerung
2 Jahre	3 Jahre	Kleinkinder - Altersspanne	Im rechtlichen Sinne auch bis zum 7. Lebensjahr
2 Jahre	3 Jahre	Geschlechtsreife von Eidechsen und Weinbergschnecken - im Alter von ...	
2 Jahre	3 Jahre	Mindestalter der Uzarapflanze *Uzarae* für Eignung als Arzneimittel	Wurzelwirkstoff gegen Reisediarrhö
2 Jahre	3 Jahre	Geschlechtsreife des Antarktischen Krills - im Alter von ...	
2 Jahre	3 Jahre	Ameisen-Arbeiterinnen bei Roten Waldameisen *Formica rufa* - Höchstalter	
2 Jahre	3 Jahre	Kiefer Nadeln Lebensdauer	Immergrünes Gewächs
2 Jahre	3 Jahre	Araukarien Nadeln Entwicklungszeit von Bestäubung bis zur Reife	
2 Jahre	3 Jahre	Durchschnittlich entwickelte 2-jährige Kinder benennen Körperteile an sich selbst	Oder an einer Puppe, im Alter von ...
2 Jahre	3 Jahre	4. Schritt der Medikamentenentwicklung: Marktzulassung Dauer	Behandlung, Monitoring
2 Jahre	3 Jahre	Eier Legeperiode von Haushühnern	
2 Jahre	3 Jahre	Eisbären - gemeinsame Familienzeit, bevor sie getrennte Wege gehen	Geschwisterzeit nach der Geburt
2 Jahre	3 Jahre	Keimfähigkeit von Samen der Hainbuche	
2 Jahre	3 Jahre	Mindestalter vom Bittersüßstengel *Dulcamares* für Eignung als Arzneimittel	Stängel von *Dulcamares stipites*
2 Jahre	4 Jahre	Geschlechtsreife von Forellen und Affen - im Alter von ...	
2 Jahre	4 Jahre	Resistenzbildung von Mikroorganismen gegen Pestizide	
2 Jahre	4 Jahre	Wissensvorsprung von Eingeweihten über Inhalte neuer Buchpublikationen	... wenn man den Autor kennt
2 Jahre	4 Jahre	Explosionsartiger Vermehrungszyklus von Lemmingen - alle ...	
2 Jahre	4 Jahre	Stechpalme und Mammutbaum Blätter Lebensdauer	Immergrüne Gewächse
2 Jahre	4 Jahre	Goldhamster, Schlammschnecken und Kraken *Octopus* Höchstalter	
2 Jahre	5 Jahre	Maikäfer lebt so lange als Larve (Engerling)	Als ausgewachsener Käfer nur wenige Wochen
2 Jahre	6 Jahre	Tannen Zapfen Bildung - alle ...	
2 Jahre	6 Jahre	Vermehrungszyklus von Schnabelkerfen Insekten als Honigtau-Produzenten	Der Honigtau des Tannenhonigs
2 Jahre	6 Jahre	Geschlechtsreife von Eisbären - im Alter von ...	Je nach Quelle
2 Jahre	10 Jahre	Periode von La Niña und später El Niño - alle ...	Üblicherweise ab Weihnachten (el niño, das Kind)
2 Jahre	10 Jahre	Datenhaltbarkeit in Flashspeichern	
2 Jahre	10 Jahre	Altersspanne von Kindern, die im Durchschnitt 24 Fragen pro Stunde stellen	
2 Jahre	10 Jahre	Datenhaltbarkeit auf Festplattenlaufwerken im laufenden Betrieb	Je nach Tagesbetriebsdauer
2 Jahre	55 Jahre	Kohlendioxid - Verweildauer in der Atmosphäre - Treibhausgas	Unbeständiges Spurengas

Ausdehnung		Begriffliche Erfassbarkeit	Erläuterungen
von	bis		
2 Jahre	55 Jahre	Chlordifluormethan - Verweildauer in der Atmosphäre - Treibhausgas	Verbotenes FCKW, vol. 60 ppt
2 Jahre	55 Jahre	Wasserstoff - Verweildauer in der trockenen aerosolfreien Atmosphäre	Beständiges Spurengas, vol. 0,56 ppm
2 Jahre 1 Tag	3 Jahre 1 Tag	Reisezeitraum von Wandergesellen und Dachdeckergesellen	Danach Einheimischmeldung
2 Jahre 17 Tage		Weltraumbesuch von Sergei Awdejew zwischen 1992 und 1999 - über ...	Verbrachte meisten Geburtstage im All
2 Jahre 39 Tage		Weltraumbesuch von Alexander Kaleri zwischen 1992 und 2011 - über ...	Bei 4 Flügen
2 Jahre 2 Monate		Absolute Zeit eines Menschenlebens, in der er kocht und Brote schmiert	Studie Geo Wissen (36/2005)
2 Jahre 2 Monate		Reichskanzler Brüning Regierungsdauer (Deutsches Reich)	30.03.1930 bis 30.05.1932
2 Jahre 75 Tage		Weltraumbesuch von Sergei Krikaljow zwischen 1988 und 2005 - über ...	Bei 6 Flügen
2,3 Jahre		Tatsächlich zustande kommende Volksbegehren im Brandenburg - alle ...	Zwischen 1946 und 2012
2 Jahre 141 Tage		Belagerung Leningrads während des 2. Weltkrieges	1941 - 1944, vor allem durch Deutsche
2,4 Jahre		Lebenserwartungsverlust der hispanischen US-Männer gegenüber 2019	Stand 1. Halbjahr 2020
890 Tage		Zeitspanne zum gerichtlichen Eintreiben einer Schuld in Israel	Quelle: World Bank 2013
30 Monate		Maximale Säuge Periode von jungen Eisbären	
30 Monate		Dauer des natürlichen Streuabbaus (Mull) von Eichen - innerhalb ...	Bei pH 4,7 und im Durchschnitt
30 Monate		Dauer des natürlichen Streuabbaus (Mull) von Zitterpappeln - innerhalb ...	Bei pH 5,7 und im Durchschnitt
30 Monate		Dauer des natürlichen Streuabbaus (Mull) von Birken - innerhalb ...	Bei pH 5,5 und im Durchschnitt
30 Monate		Geschlechtsreife von Flusspferden - im Alter von ...	
30 Monate		Absolute Zeit eines Menschenlebens, die er im Auto verbringt	Studie Geo Wissen (36/2005)
2 Jahre 219 Tage		Halbwertszeit vom Promethium Isotop Pm-147	2 Jahre plus 7,2 Monate
2 Jahre 244 Tage		Zeitspanne von Insolvenzverfahren im weltweiten Durchschnitt	Quelle: World Bank 2013
2 Jahre 256 Tage	10 Jahre 6 Monate	Halbwertszeit vom schädlichen Chlorpestizid DDT in Böden	Je nach Umweltbedingung und Studie
2 Jahre 270 Tage		1.000 Tage	
33 Monate		Spanischer Bürgerkrieg - Dauer	1936 - 1939
2,8 Jahre		Tatsächlich zustande kommende Volksentscheide im Hamburg - alle ...	Zwischen 1946 und 2012
34 Monate		Absolute Zeit eines Menschenlebens, die er verplaudert und vertratscht	Studie Geo Wissen (36/2005)
2,9 Jahre		Indien: Frauen mit höherer Lebenserwartung als Männer - um ...	
< 3 Jahre		Bei Kleinkindern ist die volle Verzahnung erreicht - nach ...	Das Milchgebiss
< 3 Jahre		Freiheitsstrafmaß wegen Verunglimpfung der Flagge der Europäischen Union	In Deutschland , gemäß StGB § 90c
< 3 Jahre	5 Jahre	Freiheitsstrafmaß wegen Befreiung eines Gefangenen	Gemäß StGB § 120 - je nach Befreier

Ausdehnung		Begriffliche Erfassbarkeit	Erläuterungen
von	bis		
3 Jahre		Ausreifung des Eichenspinners zum Vollinsekt	
3 Jahre		Maximales Alter von Marienkäfern (inkl. 1 Jahr im Larvenstadium)	
3 Jahre		Griechischer Bürgerkrieg - Dauer	1946 – 1949
3 Jahre		Geschlechtsreife von Bisons, Wölfen und Grasfröschen im Alter von ...	
3 Jahre		Pflanzenforschung Projekte des Alplanta Instituts - Dauer	Im Durchschnitt
3 Jahre		Dritter Punischer Krieg zwischen Karthago und Rom - Dauer	149 – 146 v. Chr
3 Jahre		Verjährungsfrist für Verfolgungen wegen Taten mit Strafmaß 'Freiheitsstrafe < 1 Jahr'	In Deutschland gemäß § 78 StGB
3 Jahre		Erster Kreuzzug Dauer - Kreuzfahrer Kampf gegen Seldschuken und Fatimiden	1096 – 1099
3 Jahre		Einer der vier Rhythmen des Kumbh Mela-Festes am Ganges - alle ...	
3 Jahre		Zweiter Kreuzzug Dauer - Kreuzfahrer Kampf gegen Seldschuken	1146 - 1149
3 Jahre		Buckelwal Fortpflanzungs Rhythmus - alle ...	
3 Jahre		Dritter Kreuzzug Dauer - Kreuzfahrer Kampf gegen Ayyubiden	1189 - 1192
3 Jahre		Regelmäßige Verjährungsfrist für offene Forderungen in Deutschland	Gemäß § 195 BGB
3 Jahre		Maji-Maji-Krieg der Einwohner Ostafrikas gegen das Deutsche Reich - Dauer	1905 - 1907, 15 deutsche & 300.000 lokale Tote
3 Jahre		Koreakrieg - Dauer	1950 - 1953. Mehr als 4 Millionen Tote
3 Jahre		Keimfähigkeit von Samen der Eichen	Bei guter Lagerung
3 Jahre		Kompostierungsphase 2 - Abfälle werden Reifekompost nach ...	Guter Dünger für Böden
3 Jahre		Schlachtzeitpunkt von langsam wachsenden Rindern in Lebensalter von ...	
3 Jahre		Biafra-Krieg als Sezessionskrieg zwischen Nigeria und dem Gebiet Biafra	Dauer 1967 - 1970
3 Jahre		Maximales Strafmaß bei Export von Iguana Leguanen aus Hawai'i	Auch Geldstrafen bis zu 200.000 US-Dollar
3 Jahre		Dauer des natürlichen Streuabbaus (Mull) von Roteichen - innerhalb ...	Bei pH 4,8 und im Durchschnitt
3 Jahre		Mindestalter deutscher Kinder für Transport in gurtlosen Fahrzeugen	§ 21 StVO
3 Jahre		Erwartete Öl Reserve Dauer von Erdöl aus der Arktis (Stand 2013) - für ...	Inklusive aus Tiefseebohrungen
3 Jahre		Dauer des natürlichen Streuabbaus (Mull) von Rotbuchen - innerhalb ...	Bei pH 4,3 und im Durchschnitt
3 Jahre		Zebrafische Höchstalter - unter guten Laborbedingungen	
3 Jahre		Dauer des natürlichen Streuabbaus (Moder) von Fichten - innerhalb ...	Bei pH 4,1 und im Durchschnitt
3 Jahre		Mindestalter deutscher Kinder für Rechtsanspruch auf Kindergartenplatz	§ 24 SGB VIII
3 Jahre		Dritter Kongokrieg - Dauer	2006 - 2009
3 Jahre		Keimfähigkeit von Samen des Spitzahorns	Wirtschaftlich nutzbar: bis 1-2 Jahre

Ausdehnung		Begriffliche Erfassbarkeit	Erläuterungen
von	bis		
3 Jahre		Strafmaß für He Jiankui wegen Erschaffung genmanipulierter Zwillingsbabys	2019 in China verurteilt
3 Jahre		Strafmaß gegen Frankreichs ex-Präsident Nicolas Sarkozy wegen Korruption	Verurteilung am 01. März 2021 in Frankreich
3 Jahre		Maximales Strafmaß bei Verunglimpfung der Farbe Rot im Wappen von RLP	Bedingungen siehe § 90a StGB
3 Jahre		Maximales Strafmaß bei Verunglimpfung der Farbe Weiß im Wappen von RLP	Bedingungen siehe § 90a StGB
3 Jahre		Maximales Strafmaß bei Verunglimpfung der Farbe Gelb im Wappen von RLP	Bedingungen siehe § 90a StGB
3 Jahre		Maximales Strafmaß bei Verunglimpfung der Farbe Schwarz im Wappen von RLP	Bedingungen siehe § 90a StGB
3 Jahre		Maximales Strafmaß bei Verunglimpfung der Farbe Schwarz in Flagge von RLP	Bedingungen siehe § 90a StGB
3 Jahre		Maximales Strafmaß bei Verunglimpfung der Farbe Rot in Flagge von RLP	Bedingungen siehe § 90a StGB
3 Jahre		Maximales Strafmaß bei Verunglimpfung der Farbe Weiß in Flagge von RLP	Bedingungen siehe § 90a StGB
3 Jahre		Maximales Strafmaß bei Verunglimpfung der Farbe Gelb in Flagge von RLP	Bedingungen siehe § 90a StGB
3 Jahre		Maximales Strafmaß bei Verunglimpfung der Flagge von Sachsen	Bedingungen siehe § 90a StGB
3 Jahre		Maximales Strafmaß bei Verunglimpfung der Flagge von Brandenburg	Bedingungen siehe § 90a StGB
3 Jahre		Maximales Strafmaß bei Verunglimpfung der Dienstflagge von Baden-Württemberg	Bedingungen siehe § 90a StGB
3 Jahre		Maximales Strafmaß bei Verunglimpfung der Dienstflagge zur See Niedersachens	Bedingungen siehe § 90a StGB
3 Jahre		Maximales Strafmaß bei Verunglimpfung des Wappens von Nordrhein-Westfalen	Bedingungen siehe § 90a StGB
3 Jahre		Maximales Strafmaß bei Verunglimpfung des Wappens von Sachsen-Anhalt	Bedingungen siehe § 90a StGB
3 Jahre		Maximales Strafmaß bei Verunglimpfung des Großen Wappens von Bayern	Bedingungen siehe § 90a StGB
3 Jahre		Maximales Strafmaß bei Verunglimpfung des Großen Wappens von Bremen	Schlüssel, Bedingungen siehe § 90a StGB
3 Jahre		Maximales Strafmaß bei Verunglimpfung des Mittleren Wappens von Hamburg	Helm, Bedingungen siehe § 90a StGB
3 Jahre		Maximales Strafmaß bei Verunglimpfung des Mittleren Wappens von Bremen	Krone, Bedingungen siehe § 90a StGB
3 Jahre		Maximales Strafmaß bei Verunglimpfung des Kleinen Wappens von Hamburg	Burg, Bedingungen siehe § 90a StGB
3 Jahre		Maximales Strafmaß bei Verunglimpfung des Kleinen Wappens von Bremen	Löwen, Bedingungen siehe § 90a StGB
3 Jahre		Maximales Strafmaß bei Verunglimpfung des Berliner Bären als Symbol Berlins	Bedingungen siehe § 90a StGB
3 Jahre		Maximales Strafmaß bei Verunglimpfung des Märkischen Adlers von Brandenburg	Bedingungen siehe § 90a StGB
3 Jahre		Maximales Strafmaß bei Verunglimpfung des Bunten Löwen Hessens	Bedingungen siehe § 90a StGB
3 Jahre		Maximales Strafmaß bei Verunglimpfung des Sachsenrosses von Niedersachsen	Bedingungen siehe § 90a StGB
3 Jahre		Maximales Strafmaß bei Verunglimpfung der Lippischen Rose von NRW	Bedingungen siehe § 90a StGB
3 Jahre		Maximales Strafmaß bei Verunglimpfung des Westfalenpferdes von NRW	Bedingungen siehe § 90a StGB
3 Jahre		Maximales Strafmaß bei Verunglimpfung des Pfälzer Löwen von RLP	Bedingungen siehe § 90a StGB

Ausdehnung		Begriffliche Erfassbarkeit	Erläuterungen
von	bis		
3 Jahre		Maximales Strafmaß bei Verunglimpfung des Mainzer Rades von RLP	Bedingungen siehe § 90a StGB
3 Jahre		Maximales Strafmaß bei Verunglimpfung des Rautenkranzes von Sachsen	Bedingungen siehe § 90a StGB
3 Jahre		Maximales Strafmaß bei Verunglimpfung des Preußischen Adlers Sachsen-Anhalts	Bedingungen siehe § 90a StGB
3 Jahre		Maximales Strafmaß bei Verunglimpfung des Nesselblattes von Schleswig-Holstein	Bedingungen siehe § 90a StGB
3 Jahre		Maximales Strafmaß bei Verunglimpfung des Schleswigschen Löwen von S-H	Bedingungen siehe § 90a StGB
3 Jahre		Maximales Strafmaß bei Verunglimpfung des Bunten Löwen von Thüringen	Bedingungen siehe § 90a StGB
3 Jahre		Maximales Strafmaß bei Verunglimpfung der Hymne des Saarlandes	Bedingungen siehe § 90a StGB
3 Jahre		Maximales Strafmaß bei Verunglimpfung der Hymne von Hessen	Bedingungen siehe § 90a StGB
3 Jahre	4 Jahre	Maulwürfe und Ratten Höchstalter	
3 Jahre	4 Jahre	Erster Milchzahn von Mammuts löste sich nach einem Lebensalter von ...	
3 Jahre	4 Jahre	Säuge Periode von Orang Utans	
3 Jahre	4 Jahre	Geschlechtsreife von Kröten, Pferden und Salamandern - im Alter von ...	
3 Jahre	4 Jahre	Durchschnittlich entwickelte 3-jährige Kinder benennen zwei Farben richtig	
3 Jahre	4 Jahre	Wirtschaftlicher Planungshorizont im deutschen Ackerbau	
3 Jahre	4 Jahre	Fertig entwickeltes rosa Federkleid von Flamingos - im Lebensalter von ...	
3 Jahre	4 Jahre	Geschlechtsreife von Straußenvögeln - im Alter von ...	
3 Jahre	5 Jahre	Halbwertszeit für die Gültigkeit wissenschaftlicher Erklärungen	
3 Jahre	5 Jahre	Geschlechtsreife von Löwen - im Alter von ...	
3 Jahre	6 Jahre	Zirbelkiefer Nadeln Lebensdauer	Immergrünes Gewächs
3 Jahre	6 Jahre	Geschlechtsreife von Krokodilen und Pinguinen - im Alter von ...	
3 Jahre	6 Jahre	Geschlechtsreife von vielen Raubvögeln - im Alter von ...	
3 Jahre	6 Jahre	Rückkehr junger Kaiserpinguine zu Ihrer Geburtskolonie - nach ...	
3 Jahre	7 Jahre	Entsendezeit ins Ausland für Auslandskorrespondenten pro Standort	Im deutschen Durchschnitt
3 Jahre	7 Jahre	Nadelbaum Nadeln Alter	Je nach Nadelbaum
3 Jahre	8,6 Jahre	Methan - Durchschnittliche Lebensdauer in der Atmosphäre	Manche Quellen geben 4 Jahre an
> 3 Jahre		Alter von Pferden zum Zeitpunkt des Einreitens	
3,09 Jahre		Zeitspanne für Bau eines Lagerhauses in Haiti (Weltposition Nr. 1)	Quelle: World Bank 2013
3,25 Jahre		Zeitspanne zum gerichtlichen Eintreiben einer Schuld in Italien	Quelle: World Bank 2013
3,3 Jahre		Siderische Umlaufzeit des Enckeschen Kometen	

Ausdehnung		Begriffliche Erfassbarkeit	Erläuterungen
von	bis		
3,3 Jahre		Turnus von extremen Wetterereignissen auf der Erde laut Weltklimarat IPCC - alle ...	Bei 2,0 °C Erwärmung gegenüber 1850 bis 1900
3,4 Jahre		China: Frauen mit höherer Lebenserwartung als Männer - um ...	Stand 2011
3,45 Jahre		Afghanistans Staatsflagge veränderte sich durchschnittlich alle ... (Stand 2021)	Zwischen 1921 und 2021
3,48 Jahre		Zeitspanne zum gerichtlichen Eintreiben einer Schuld in Slowenien	Quelle: World Bank 2013
3,5 Jahre		Computer Nutzungsdauer im Jahre 2012	Im Durchschnitt
3,5 Jahre		Tatsächlich zustande kommende Volksbegehren im Bayern - alle ...	Zwischen 1946 und 2012
3,5 Jahre	5 Jahre	Absolute Essens- und Trinkenszeit eines Menschen in seinem Leben	Studie Geo Wissen (36/2005)
3,52 Jahre		Umlaufzeit des Mondes Sycorax um seinen Planeten Uranus	
3,56 Jahre		Zeitspanne zum gerichtlichen Eintreiben einer Schuld in Griechenland	Quelle: World Bank 2013
186 Wochen		Längste Führungszeit der Tennisweltrangliste Frauen in einer Serie	Durch Steffi Graf und Serena Williams
3,6 Jahre		Iran: Frauen mit höherer Lebenserwartung als Männer - um ...	Stand 2010
3,61 Jahre		Zeitspanne zum gerichtlichen Eintreiben einer Schuld in Sri Lanka	Quelle: World Bank 2013
3 Jahre 8 Monate		Durchschnittliche effektive Haftstrafe für Raub in den USA	Quelle: Bureau of Justice Statistics
3,8 Jahre		Tatsächlich zustande kommende Volksbegehren im Thüringen - alle ...	Zwischen 1946 und 2012
3,8 Jahre		Dauer des natürlichen Streuabbaus (Moder) von Kiefern - innerhalb ...	Bei pH 4,2 und im Durchschnitt
3,8 Jahre		Ägypten: Frauen mit höherer Lebenserwartung als Männer - um ...	
3,8 Jahre		Dauer des natürlichen Streuabbaus (Moder) von Douglasien - innerhalb ...	Im Durchschnitt
3 Jahre 10 Monate		Durchschnittlicher Erlass von Haftstrafenzeit bei Vergewaltigung in den USA	Quelle: Bureau of Justice Statistics
3,84 Jahre		Zeitspanne zum gerichtlichen Eintreiben einer Schuld in Guatemala	Quelle: World Bank 2013
3,89 Jahre		Zeitspanne zum gerichtlichen Eintreiben einer Schuld in Indien	Quelle: World Bank 2013
4 Jahre		Sperma Lagerzeit bei weiblichen Suppenschildkröten *Chelonia mydas* - bis ...	Sexueller Selektionsmechanismus
4 Jahre		Geschlechtsreife von Blauwalen, Seehunden und Kamelen im Alter von ...	
4 Jahre		Mäuse Höchstalter	
4 Jahre		Maximale Eignung von Atommüll Nasslagerung Abklingbecken	Gemäß diverser Expertisen
4 Jahre		Vierter Kreuzzug Dauer - Republik Venedig/Kreuzfahrer Kampf gegen Byzanz	1200 - 1204
4 Jahre		James Clark Ross Antarktis Expedition Dauer	1839 - 1843

Im Geiste des Sozialen

Von 4 Jahre bis 17 Jahre

Ausdehnung		Begriffliche Erfassbarkeit	Erläuterungen
von	bis		
4 Jahre		Rhythmus von Fußball Europa- und Weltmeisterschaften	
4 Jahre		Erste Traubenernte nach originärer Pflanzung von Weinstöcken - nach ...	Produkt heißt Jungfernwein
4 Jahre		Fünfter Kreuzzug Dauer - Kreuzfahrer Kampf gegen Ayyubiden	1217 - 1221
4 Jahre		Erhebungsrhythmus für Wasserversorgung in der Landwirtschaft - alle ...	in Deutschland, auch Abwasserversorgung
4 Jahre		Zisterzienser Novizen werden nach 4 Jahren weiße Zisterzienser Mönche	
4 Jahre		Turnus für Bürgermeister Wahlen in Bremen - alle ...	Bremerhaven 6 Jahre
4 Jahre		Erster Weltkrieg Dauer	1914 - 1918
4 Jahre		Indonesischer Unabhängigkeitskrieg Dauer	1945 - 1949
4 Jahre		Turnus von Olympischen Spielen - alle ...	
4 Jahre		Bürgerkrieg in Ruanda Dauer	1990 - 1994
4 Jahre	5 Jahre	Wacholder Nadeln Lebensdauer	Immergrünes Gewächs
4 Jahre	5 Jahre	Durchschnittlich entwickelte 4-jährige Kinder benennen die Grundfarben	Grün, gelb, rot, blau, weiß, schwarz
4 Jahre	5 Jahre	Turnus für Bürgermeister Wahlen in Hamburg - alle ...	2014: 4 Jahre, bald 5 Jahre
4 Jahre	5 Jahre	Geschlechtsreife von Karpfen und Tigern im Alter von ...	
4 Jahre	6 Jahre	2. Schritt der Medikamentenentwicklung: Bioinformatische Wirkstoffentwicklung	Entdeckung, Design, Optimierung
4 Jahre	6 Jahre	Lorbeerblätter Lebensdauer	Immergrünes Gewächs
4 Jahre	8 Jahre	Geschlechtsreife von Pavianen im Alter von ...	
4 Jahre	16 Jahre	Inkubationszeit für AIDS mit HIV-Virus vor Eintritt der akuten Phase	Symptome nach 2 Wochen möglich
4 Jahre	29 Jahre	Weltweite Energiereserven auf Uran-Basis (Atomenergie) - für ...	Wenn alle Energie durch AKW's
> 4 Jahre		Ab diesem Lebensalter verspüren Kinder den Wunsch nach Selbstständigkeit	... und orientieren sich mehr zu Altersgenossen
4,1 Jahre		Niederlande: Frauen mit höherer Lebenserwartung als Männer - um ...	
4,2 Jahre		Halbwertszeit vom schädlichen Chlorpestizid Hexachlorbenzol in Böden	
4,2 Jahre		Schweden: Frauen mit höherer Lebenserwartung als Männer - um ...	Stand 2009
4,25 Jahre		Halbwertszeit von Hyperlinks im Internet	Nach 1 Jahr sind 15 % nicht mehr gültig
4,2465 Jahre		Lichtlaufzeit des Lichts vom erdnächsten Stern Proxima Centauri zur Erde	± 0,0003 Jahre
4 Jahre 3 Monate		Durchschnittlicher Haftstrafenerlass bei Raub in den USA	Quelle: Bureau of Justice Statistics
4,3 Jahre		Einleitung eines Volksbegehrens in Baden-Württemberg - alle ...	Zwischen 1946 und 2012
4,45 Jahre		Zeitspanne zum gerichtlichen Eintreiben einer Schuld in Afghanistan	Quelle: World Bank
237 Wochen		Längste Führungszeit der Tennisweltrangliste Herren in einer Serie	Durch Roger Federer

Ausdehnung		Begriffliche Erfassbarkeit	Erläuterungen
von	bis		
4,6 Jahre		Türkei: Frauen mit höherer Lebenserwartung als Männer - um ...	Stand 2008
1.682 Tage		Sonnenumlaufbahn des Kleinplaneten Ceres - Dauer	
< 5 Jahre		Höchstalter von Kindern im Sinne der Kindersterblichkeit Statistik	Gemäß UNICEF Definition
< 5 Jahre		Freiheitsstrafmaß wegen Störung der Feststellung eines Wahlergebnisses	Gemäß StGB § 107
< 5 Jahre		Freiheitsstrafmaß für Polizisten wegen Nichtbelangung angreifender Antifa-Personen	Gemäß StGB § 258
< 5 Jahre		Freiheitsstrafmaß für Nachbarn wegen Duldung wissentlicher Kindesmisshandlung	Gemäß StGB § 258
< 5 Jahre		Freiheitsstrafmaß für Widerstand gegen 'Diensthandlungen' von Polizistinnen	Gemäß StGB § 113
< 5 Jahre		Freiheitsstrafmaß für Angriff auf hilfeleistende Feuerwehrleute	Gemäß StGB § 115
< 5 Jahre		Freiheitsstrafmaß für Angriff auf hilfeleistende Rettungssanitäter	Gemäß StGB § 115
< 5 Jahre		Freiheitsstrafmaß für "Ich vererbe Dir das Haus, wenn Du die CDU wählst"	Im Sinne von StGB § 108b
< 5 Jahre		Freiheitsstrafmaß für "Ich lade Dich zum Essen ein, wenn Du die SPD wählst"	Im Sinne von StGB § 108b
< 5 Jahre		Freiheitsstrafmaß für "Ich will 1.000 Euro von Dir, wenn ich nicht wählen gehe"	Im Sinne von StGB § 108b
< 5 Jahre		Freiheitsstrafmaß für "Ich will eine Lohnerhöhung von Dir, wenn ich die FDP wähle"	Im Sinne von StGB § 108b
5 Jahre		Ein Jahrfünft - Dauer	Auch *Quinquennium* genannt
5 Jahre		Dauergrünland Definition - ohne Nutzung für Fruchtfolgen über ...	
5 Jahre		Verjährungsfrist wegen Taten mit Strafmaß "Freiheitsstrafe 1 bis 5 Jahre"	Gemäß StGB § 78
5 Jahre		Dauer von Alexander Humboldts Reise in Karibik und Südamerika	1799 - 1804
5 Jahre		Seesterne, Spulwürmer, Sepias und Goldlaufkäfer Höchstalter	
5 Jahre		Turnus für hauptamtliche Bürgermeister Wahlen in Niedersachsen - alle ...	
5 Jahre		Verjährungsfrist für Ansprüche wegen Baumängeln	Gemäß § 634a BGB
5 Jahre		Turnus von extremen Wetterereignissen auf der Erde laut Weltklimarat IPCC - alle ...	Bei 1,5 °C Erwärmung gegenüber 1850 bis 1900
5 Jahre		Staatenlosigkeit Dauer vom Physiker Albert Einstein	1896 bis 1901
5 Jahre		Bienenköniginnen Höchstalter	
5 Jahre		Dauer des natürlichen Streuabbaus (Moder) von Lärchen - innerhalb ...	Bei pH 4,2 und im Durchschnitt
5 Jahre		Zweiter Kongokrieg - Dauer	1998 - 2003
5 Jahre		Wachstumszeit von Kaffeepflanzen bis zur ersten Ernte	
5 Jahre		Turnus für Bürgermeister Wahlen in Berlin - alle ...	
5 Jahre		Dauer von Ehejahren zur hölzernen Hochzeit	
5 Jahre		Amtsfähigkeitsverbotsdauer für Anwärter, die eine Freiheitsstrafe von > 1 Jahr verbüßten	Gilt auch für öffentliche Wahlen

Ausdehnung		Begriffliche Erfassbarkeit	Erläuterungen
von	bis		
5 Jahre		Bürgerkrieg in der Elfenbeinküste Dauer	2002 – 2007
5 Jahre		Übliche Breite von Kohorten in der Demographie	Kohorten sind Bevölkerungsgruppen
5 Jahre		Geschlechtsreife von Braunbären, Hummern und Buckelwalen	Im Alter von ...
5 Jahre		Maximales Alter in denen Kinder kulturübergreifend mit der Zeit gleich umgehen	
5 Jahre		Halbwertszeit von Literatur (Lektüre und Anzahl der Zitationen)	
5 Jahre		Dauer von Charles Darwins Reise in der Beagle um die Welt und nach Galapagos	1831 - 1836
5 Jahre		Keimfähigkeit von Samen der Walnuss	Bei guter Lagerung
5 Jahre		Turnus für hauptamtliche Bürgermeister Wahlen in Nordrhein-Westfalen - alle ...	
5 Jahre		Maximale Entsendezeit ins Ausland für Auslandskorrespondenten des SWR	
5 Jahre		Zaunkönige, Guppy Fische und Seepferdchen Höchstalter	
5 Jahre		Maximales Strafmaß bei Aktivität gegen Verfassungsgrundsätze und Staatsziele	Verfassungsgrundsätze = Staatsziele
5 Jahre		Maximales Strafmaß bei Aktivität gegen Deutschland als sozialen Bundesstaat	§ 90a StGB, Art. 1, 20, 20a GG
5 Jahre		Maximales Strafmaß bei Aktivität gegen Deutschland als demokratischen Bundesstaat	§ 90a StGB, Art. 1, 20, 20a GG
5 Jahre		Maximales Strafmaß bei Aktivität gegen die Rechtsprechung	§ 90a StGB, Art. 1, 20, 20a GG
5 Jahre		Maximales Strafmaß bei Aktivität gegen die vollziehende Gewalt	§ 90a StGB, Art. 1, 20, 20a GG
5 Jahre		Maximales Strafmaß bei Aktivität gegen besondere Organe der Gesetzgebung	§ 90a StGB, Art. 1, 20, 20a GG
5 Jahre		Maximales Strafmaß bei Aktivität der Exekutive gegen Gesetz und Recht	§ 90a StGB, Art. 1, 20, 20a GG
5 Jahre		Maximales Strafmaß bei Aktivität der Judikative gegen Gesetz und Recht	§ 90a StGB, Art. 1, 20, 20a GG
5 Jahre		Maximales Strafmaß bei Aktivität der Legislative gegen verfassungsmäßige Ordnung ...	... der Bundesrepublik Deutschland
5 Jahre		Maximales Strafmaß bei Aktivität der Legislative gegen die Würde des Menschen	§ 90a StGB, Art. 1 Abs. 1 GG
5 Jahre		Maximales Strafmaß bei Aktivität der Legislative gegen Würdeschutz durch den Staat	§ 90a StGB, Art. 1 Abs. 1 GG
5 Jahre		Maximales Strafmaß bei Aktivität der Judikative gegen Würdeschutz durch den Staat	§ 90a StGB, Art. 1 Abs. 1 GG
5 Jahre		Maximales Strafmaß bei Aktivität der Exekutive gegen Würdeschutz durch den Staat	§ 90a StGB, Art. 1 Abs. 1 GG
5 Jahre		Maximales Strafmaß bei Aktivität der Exekutive gegen natürliche Lebensgrundlagen	§ 90a StGB, Art. 20a GG
5 Jahre		Maximales Strafmaß bei Aktivität der Ortsverwaltung gegen natürliche Lebensgrundlagen	§ 90a StGB, Art. 20a GG
5 Jahre		Maximales Strafmaß bei Aktivität von Polizist*innen gegen natürliche Lebensgrundlagen	§ 90a StGB, Art. 20a GG
5 Jahre		Maximales Strafmaß bei Aktivität von Staatsanwälten gegen natürliche Lebensgrundlagen	§ 90a StGB, Art. 20a GG
5 Jahre		Maximales Strafmaß bei Aktivität der Ortsverwaltung gegen natürliche Lebensgrundlagen	§ 90a StGB, Art. 20a GG
5 Jahre		Maximales Strafmaß bei Aktivität des Finanzamtes gegen natürliche Lebensgrundlagen	§ 90a StGB, Art. 20a GG

Ausdehnung		Begriffliche Erfassbarkeit	Erläuterungen
von	bis		
5 Jahre		Maximales Strafmaß bei Aktivität von Ministern gegen natürliche Lebensgrundlagen	§ 90a StGB, Art. 20a GG
5 Jahre		Maximales Strafmaß bei Aktivität des Kreises gegen natürliche Lebensgrundlagen	§ 90a StGB, Art. 20a GG
5 Jahre		Maximales Strafmaß bei Aktivität von Bürgermeistern gegen natürliche Lebensgrundlagen	§ 90a StGB, Art. 20a GG
5 Jahre		Maximales Strafmaß bei Aktivität der Bundeswehr gegen natürliche Lebensgrundlagen	§ 90a StGB, Art. 20a GG
5 Jahre		Maximales Strafmaß bei Aktivität von Soldaten gegen natürliche Lebensgrundlagen	§ 90a StGB, Art. 20a GG
5 Jahre		Maximales Strafmaß bei Aktivität des Landrates gegen natürliche Lebensgrundlagen	§ 90a StGB, Art. 20a GG
5 Jahre		Maximales Strafmaß bei Aktivität der Judikative gegen natürliche Lebensgrundlagen	§ 90a StGB, Art. 20a GG
5 Jahre		Maximales Strafmaß bei Aktivität der Legislative gegen natürliche Lebensgrundlagen	§ 90a StGB, Art. 20a GG
5 Jahre		Maximales Strafmaß bei Aktivität der Exekutive gegen Tiere	§ 90a StGB, Art. 20a GG
5 Jahre		Maximales Strafmaß bei Aktivität des Bauamtes gegen Tiere	§ 90a StGB, Art. 20a GG
5 Jahre		Maximales Strafmaß bei Aktivität der Kreisverwaltung gegen Tiere	§ 90a StGB, Art. 20a GG
5 Jahre		Maximales Strafmaß bei Aktivität von Bundesverfassungsrichtern gegen Tiere	§ 90a StGB, Art. 20a GG
5 Jahre		Maximales Strafmaß bei Aktivität des Bundesverwaltungsgerichtes gegen Tiere	§ 90a StGB, Art. 20a GG
5 Jahre		Maximales Strafmaß bei Aktivität der Oberverwaltungsgerichte gegen Tiere	§ 90a StGB, Art. 20a GG
5 Jahre		Maximales Strafmaß bei Aktivität der Verwaltungsgerichte gegen Tiere	§ 90a StGB, Art. 20a GG
5 Jahre		Maximales Strafmaß bei Aktivität von Stadtratsmitgliedern gegen Tiere	§ 90a StGB, Art. 20a GG
5 Jahre		Maximales Strafmaß bei Aktivität von Kreistagsmitgliedern gegen Tiere	§ 90a StGB, Art. 20a GG
5 Jahre		Maximales Strafmaß bei Aktivität von Landtagsmitgliedern gegen Tiere	§ 90a StGB, Art. 20a GG
5 Jahre		Maximales Strafmaß bei Aktivität von Bundestagsmitgliedern gegen Tiere	§ 90a StGB, Art. 20a GG
5 Jahre		Maximales Strafmaß bei Aktivität von Bundesratsmitgliedern gegen Tiere	§ 90a StGB, Art. 20a GG
5 Jahre	6 Jahre	Durchschnittlich entwickelte Kinder im Alter von ... können ihre Stimmungen benennen	
5 Jahre	6 Jahre	Altersklasse Fußball-Junioren G-Jugend	Gemäß DFB-Definition
5 Jahre	6 Jahre	Tausendfüßer *Lithobius* Höchstalter	
5 Jahre	6 Jahre	Vorschulkind - Alter per Definition	In Deutschland
5 Jahre	6 Jahre	Erste rentable Traubenernte nach originärer Pflanzung von Weinstöcken	Zwei Jahre nach Jungfernwein
5 Jahre	7 Jahre	Durchschnittsalter von Haushühnern	... wenn nicht vorher geschlachtet
5 Jahre	7 Jahre	Nutzungsdauer abgebrannter Böden von nomadenartigen eingeborenen Völkern	Dauer Nutzung = Dauer Fruchtbarkeit
5 Jahre	8 Jahre	Eidechsen *Lacerta* Höchstalter	
5 Jahre	10 Jahre	Überflutungszyklus von Hartholz Auen - alle ...	

Ausdehnung		Begriffliche Erfassbarkeit	Erläuterungen
von	bis		
5 Jahre	10 Jahre	Projektdauer naturwissenschaftlicher Forschungsgruppen	Im Durchschnitt
5 Jahre	10 Jahre	Sozialisations-Zeitpunkt von Menschen gemäß Primacy-Modell - zwischen ... Lebensjahr	
5 Jahre	11 Jahre	Tannen und Fichten Nadeln Lebensdauer	Immergrüne Gewächse
5 Jahre	19 Jahre	Herzschrittmacher Funktionsdauer	Normal: 5 bis 12 Jahre
> 5 Jahre		Mindestbewuchs Dauer von Grünfutterflächen als Dauergründland	Gemäß EU-Direktzahlungsregelung
> 5 Jahre		Freiheitsstrafmaß für Aussetzung der BRD einer Gefahr eines Angriffskrieges	Gemäß Völkerstrafgesetzbuch § 13
> 5 Jahre		Freiheitsstrafmaß für Totschlag in Deutschland gemäß Strafgesetzbuch § 212	In der Schweiz mehr als 1 Jahr
5,1 Jahre		USA: Frauen mit höherer Lebenserwartung als Männer - um ...	Stand 2019
5 Jahre 1 Monat		Durchschnittliche Haftstrafe für Überfall in den USA	Quelle: Bureau of Justice Statistics
5,2 Jahre		USA: Frauen mit höherer Lebenserwartung als Männer - um ...	Stand 2009
5,27 Jahre		Halbwertszeit vom Kobalt Isotop Co-60	
5,3 Jahre		Siderische Umlaufzeit des Kometen Mrkós	
5,3 Jahre		Deutschland: Frauen mit höherer Lebenserwartung als Männer - um ...	Stand 2013
5,4 Jahre		Italien: Frauen mit höherer Lebenserwartung als Männer - um ...	Stand 2009
5,4 Jahre		USA: Frauen mit höherer Lebenserwartung als Männer - um ...	Stand 2020
5,4 Jahre		Ryanair Fluggesellschaft Flotte Durchschnittsalter	298 Flugzeuge, Stand 08/2014
5,4 Jahre		Easyjet Fluggesellschaft Flotte Durchschnittsalter	218 Flugzeuge, Stand 08/2014
5,5 Jahre		Österreich: Frauen mit höherer Lebenserwartung als Männer - um ...	Stand 2009
5,75 Jahre		Halbwertszeit vom Radium Isotop Ra-228	
5,7 Jahre		Einleitung eines Volksbegehrens im Saarland - alle ...	Zwischen 1946 und 2012
5 Jahre 11 Monate		Durchschnittliche effektive Haftstrafdauer für Mord und Vergewaltigung in den USA	Quelle: Bureau of Justice Statistics
5,9629 Jahre		Lichtlaufzeit des Lichts vom erdnahen Stern Barnards Pfeilstern zur Erde	± 0,0004 Jahre
310 Wochen		Kumulierte Führungszeit der Tennisweltrangliste Herren durch Roger Federer	Erstmals 02.02.2004
6 Jahre		Eine Ameisenkolonie kann 1.900 Kammern anlegen - innerhalb ...	40 Tonnen Erde raus, 6 Tonnen Blattstücke rein
6 Jahre		Zeitspanne von Insolvenzverfahren in Kambodscha im Durchschnitt	Quelle: World Bank 2013
6 Jahre		Durchschnittliche DFG Förderdauer wissenschaftlicher Schwerpunktprogramme	Gemäß dfg.de/foerderung/programme
6 Jahre		Lebensalter deutscher Kindern ab dem sie der Schulpflicht unterliegen	Beginn abhängig vom Bundesland
6 Jahre		Einer der vier Rhythmen des Kumbh Mela-Festes am Ganges - alle ...	In Indien
6 Jahre		Kontroll Rhythmus für Wasserrohr Leitungen in Deutschland - alle ...	Gemäß DVGW 392

Ausdehnung		Begriffliche Erfassbarkeit	Erläuterungen
von	bis		
6 Jahre		Alter des jüngsten Alzheimer Patienten	Gemäß Autopsie nach seinem Tod
6 Jahre		Aufbewahrungspflicht für digitale Dokumente und Handels- und Geschäftsbriefe	Keine Eingangs- und Ausgangsrechnungen
6 Jahre		Phasendauer für Demokratisierung politischer Systeme gemäß Dahrendorf	2. Phase: Stellung der Machtfrage
6 Jahre		Alter vom klonierten Schaf *Dolly* bei Ausbruch seiner Lungenkrankheit ...	... was altersbedingt zu früh war
6 Jahre		Antarktischer Krill *Euphausia superba* Lebensdauer	
6 Jahre		Bebauungszeit von jüdischem Ackerland vor einem Sabbatjahr	Danach ein Jahr Brache
6 Jahre		Alter von König Ludwig IV. im Jahr seiner Krönung zum König des Ostfrankenreiches	Im Jahre 900
6 Jahre		Siderische Umlaufzeit des Kometen Pons-Winnecke	
6 Jahre		Mindestalter deutscher Kinder für Medienqualifizierung *USK/FSK ab 6*	
6 Jahre		Frühestes Brutalter von Flamingos	
6 Jahre		Turnus des Eidgenössischen Turnfestes - alle ...	Erstes Fest 1832
6 Jahre		Mindestalter deutscher Kinder für Besuche von Filmveranstaltungen bis 20 Uhr	§ 11 Jugendschutzgesetz in Deutschland
6 Jahre		Zweiter Weltkrieg Dauer	1939 - 1945
6 Jahre		Aufbewahrungspflicht für private einkommensteuerliche Unterlagen gem. AO § 147a	Bei > 500.000 Euro Jahreseinkommen
6 Jahre		Turnus für Bürgermeister Wahlen in Bayern, Thüringen und Hessen - alle ...	
6 Jahre		Bürgerkrieg der Republik Kongo - Dauer	1991 - 1997
6 Jahre	7 Jahre	Geschlechtsreife von Giraffen und Pandabären - im Alter von ...	
6 Jahre	7 Jahre	Durchschnittlich entwickelte 6-jährige Kinder verstehen die Regeln eines Spieles	
6 Jahre	7 Jahre	Geschlechtsreife von weiblichen Gorillas - im Alter von ...	
6 Jahre	7 Jahre	Zweiter Milchzahn von Mammuts löste sich nach einem Lebensalter von ...	
6 Jahre	8 Jahre	Eiben Nadeln Lebensdauer	Immergrünes Gewächs
6 Jahre	8 Jahre	Turnus für hauptamtliche Bürgermeister Wahlen in Schleswig-Holstein - alle ...	Je nach Gemeinde
6 Jahre	8 Jahre	Menschliche Haarwurzeln Lebensdauer	
6 Jahre	9 Jahre	3. Schritt der Medikamentenentwicklung: Klinische Studien - Dauer	Pharmakologische Untersuchungen
319 Wochen		Kumulierte Führungszeit der Tennisweltrangliste durch Serena Williams	Erstmals 08.07.2002
6,2 Jahre		Emirates Airlines Flotte Durchschnittsalter	208 Flugzeuge, Stand 08/2014
332 Wochen		Kumulierte Führungszeit der Tennisweltrangliste durch Martina Navratilova	Erstmals 10.07.1978
6,4 Jahre		Turkish Airlines Flotte Durchschnittsalter	221 Flugzeuge, Stand 08/2014
6,5 Jahre		Spanien: Frauen mit höherer Lebenserwartung als Männer - um ...	

Ausdehnung		Begriffliche Erfassbarkeit	Erläuterungen
von	bis		
6,5 Jahre		Portugal: Frauen mit höherer Lebenserwartung als Männer - um ...	Stand 2011
6,53 Jahre		Siderische Umlaufzeit des Kometen 6P/d'Arrest	Zirkuliert zwischen Mars und Jupiter
6 Jahre 6 Monate		Durchschnittlich Haftstrafen Erlass bei Mord in den USA	Quelle: Bureau of Justice Statistics
6,62 Jahre		Siderische Umlaufzeit des Kometen 21P Giacobini-Zinner	
6,7 Jahre		Hispanische Frauen mit höherer Lebenserwartung als hispanische Männer - um ...	In den USA, Stand 2019, zum Beispiel aus Kuba
6,8 Jahre		Frankreich: Frauen mit höherer Lebenserwartung als Männer - um ...	Stand 2010
6 Jahre 321 Tage		Siderische Umlaufzeit des Kometen 17P Holmes	
6,9 Jahre		Finnland: Frauen mit höherer Lebenserwartung als Männer - um ...	Stand 2012
7 Jahre		Juristische Geschäftsunfähigkeit deutscher Kinder bis ... Lebensjahr	§ 104 Nr. 1 BGB
7 Jahre		Bauzeit der ersten Eisenbahnstrecke von der Ostküste zur Westküste der USA	Strecke zwischen New York und San Francisco
7 Jahre		Juristisch beschränkte Geschäftsfähigkeit deutscher Kinder ab ... Lebensjahr	§§ 106 ff. BGB
7 Jahre		Eine Hebdomade - Dauer eines Lebensabschnitts gemäß dem Altgriechen Solon	Jeder Mensch durchlebte 10 Hebdomaden
7 Jahre		Juristische Deliktsunfähigkeit deutscher Kinder bis zum ... Lebensjahr	§ 828 BGB
7 Jahre		Juristisch beschränkte Deliktsfähigkeit deutscher Kinder ab ... Lebensjahr	§ 828 Abs. 3 BGB
7 Jahre		Ohrwurm und Seeigel Höchstalter	
7 Jahre		Turnus für Bürgermeister Wahlen in Sachsen und Sachsen-Anhalt - alle ...	
7 Jahre		Bärlappe und Eichenfarne Höchstalter	
7 Jahre		Gallischer Krieg Dauer	58 – 51 v. Chr.
7 Jahre		Ruhestandszeit deutscher Frauen im Jahre 1960	Im Alter 65 bis 72, Studie P. Gans 2007
7 Jahre		Siebenjähriger Krieg in Amerika zwischen Großbritannien und Frankreich	1754 – 1763
7 Jahre		Kroatien: Frauen mit höherer Lebenserwartung als Männer - um ...	
7 Jahre		Wartezeit zwischen Veröffentlichung und Nobelpreisehrung für PCR-Arbeit von Kary Mullis	
7 Jahre		Spanischer Unabhängigkeitskrieg als Teil der Napoleonischen Kriege	1807 - 1814
7 Jahre		Bürgerkrieg in Uganda Dauer	1979 – 1986
7 Jahre		CO2-freie Atmosphäre in ... sobald Kohlenstoff-Kreislauf stillstünde	
7 Jahre		Computer Nutzungsdauer in 90er Jahren	Im Durchschnitt in Deutschland
7 Jahre		Ende des Längenwachstums von Affen - im Alter von ...	
7 Jahre		Modellzyklus für BMW-Fahrzeuge bzgl. Amortisation	
61.320 Stunden		Reine Arbeitszeit eines Menschen während seines Lebens	Studie Geo Wissen (36/2005)

Ausdehnung		Begriffliche Erfassbarkeit	Erläuterungen
von	bis		
7 Jahre	8 Jahre	Altersklasse Fußball-Junioren F-Jugend	Gemäß DFB-Definition
7 Jahre	8 Jahre	Endzeitpunkt von Kindheit im deutschen Mittelalter - im Alter von ...	Kinder waren kleine Erwachsene
7 Jahre	9 Jahre	Schwarzmilane Lebensalter in dem sie Nestbau mittels Plastik betreiben	Explizit weißer Kunststoff
7 Jahre	9 Jahre	Turnus für hauptamtliche Bürgermeister Wahlen in Mecklenburg-Vorpommern - alle ...	Je nach Gemeinde
377 Wochen		Kumulierte Führungszeit der Tennisweltrangliste Frauen durch Steffi Graf	Erstmals 17.08.1987
7,3 Jahre		Brasilien: Frauen mit höherer Lebenserwartung als Männer - um ...	Stand 2008
7,3 Jahre		Betriebszugehörigkeit (Ø) von Angestellten in Dänemark 2009	
7,3 Jahre		Alitalia Flotte Durchschnittsalter	78 Flugzeuge, Stand 08/2014
7,5 Jahre		Bergkiefer Nadeln Lebensdauer	Immergrünes Gewächs
7,5 Jahre		Schwarze nicht-hispanische Frauen mit höherer Lebenserwartung als Männer	In den USA, Stand 1. Halbjahr 2020
7,5 Jahre		Argentinien: Frauen mit höherer Lebenserwartung als Männer - um ...	Stand 2011
7,53 Jahre		Lichtlaufzeit des Lichts vom erdnahen Sub-Brown Zwergstern WISE 0855-0714 zur Erde	± 0,26 Jahre
7,78 Jahre		Lichtlaufzeit des Lichts vom erdnahen Stern Wolf 359 zur Erde	± 0,26 Jahre, ein roter Zwerg
7,9 Jahre		Slowakei: Frauen mit höherer Lebenserwartung als Männer - um ...	Stand 2009
7,9 Jahre		Air India Flotte Durchschnittsalter	93 Flugzeuge, Stand 08/2014
7,9 Jahre		Hispanische Bürger mit höherer Lebenserwartung als schwarze non-hispanische Bürger	In den USA, Stand 1. Halbjahr 2020
7 Jahre 11 Monate		Durchschnittliche Haftstrafe für Raub in den USA	Quelle: Bureau of Justice Statistics
8 Jahre		Turnus für hauptamtliche Bürgermeister Wahlen in Rheinland-Pfalz - alle ...	
8 Jahre		Gottesanbeterinnen, Kolibris, Feldhasen und Lerchen Vögel - Höchstalter	
8 Jahre		Dauer eines einfachen Oktaeteris als Zeiteinheit im altgriechisch attischen Kalender	
8 Jahre		Regenwürmer *Lumbricus terrestris* Höchstalter	
8 Jahre		Mindestalter der Ginsengwurzel *Ginseng radix* für Eignung als Arzneimittel	Haupt-, Neben- und Haarwurzeln
8 Jahre		Geschlechtsreife von jungen Menschenaffen - im Alter von ...	
8 Jahre		Zweite Spanische Republik (Segunda República Española) - Dauer	1931 - 1939
8 Jahre		Mindestalter deutscher Kinder für Recht auf Fahrbahn- und Radwegenutzung	§ 2 Abs. 5 StVO
8 Jahre		Zeitlicher Abstand zwischen Entdeckung des Uranus und des Urans	Benennung des Metalls nach dem Planeten
8 Jahre		Österreichischer Erbfolgekrieg als weltumspannender Krieg - Dauer	1740 – 1748
8 Jahre		Algerienkrieg - Frankreich gegen Algerien	1954 - 1962
8 Jahre		Turnus für Bürgermeister Wahlen in Baden-Württemberg - alle ...	

Ausdehnung		Begriffliche Erfassbarkeit	Erläuterungen
von	bis		
8 Jahre		Amerikanischer Unabhängigkeitskrieg - Dauer	1775 - 1783
8 Jahre		Dauer des attischen Achtjahres-Kalenderzyklus *Oktaeteris*	Im antiken Athen
8 Jahre		Zweiter Japanisch-Chinesischer Krieg - Dauer	1937 – 1945
8 Jahre		Wehrdienst Mindestdauer von Berufssoldaten in den USA	
8 Jahre		Vorsprung des Gregorianischen Kalenders vor dem Äthiopischen Kalender	Fast 8 Jahre
8 Jahre		Französischer Indochina Krieg - Dauer	1946 – 1954
8 Jahre		Turnus für hauptamtliche Bürgermeister Wahlen in Brandenburg - alle ...	
8 Jahre		Erster Golfkrieg zwischen Iran und Irak - Dauer	1980 – 1988
8 Jahre		Jugoslawienkrieg - Dauer	1991 - 1999
8 Jahre		Irakkrieg - Dauer	2003 - 2011
8 Jahre		8 Milliarden Menschen auf der Erde - in ...	2020
8 Jahre	10 Jahre	Geschlechtsreife von Gibbons und Schimpansen - im Alter von ...	
8 Jahre	13 Jahre	Erste Schambehaarung bei jungen Frauen im Alter von etwa ...	
8 Jahre	15 Jahre	Erster pubertärer Längenwachstumsschub bei jungen Frauen im Alter von ...	
8 Jahre	80 Jahre	Phasendauer für Konsolidierung politischer Systeme gemäß Ralf Dahrendorf	3. Phase
8,1 Jahre		Ungarn: Frauen mit höherer Lebenserwartung als Männer - um ...	Stand 2010
8,2 Jahre		Betriebszugehörigkeit von Angestellten in Großbritannien 2009	Im Durchschnitt
8,3 Jahre		Irak: Frauen mit höherer Lebenserwartung als Männer - um ...	Stand 2009
8,6 Jahre		Iberia Flotte Durchschnittsalter	87 Flugzeuge, Stand 08/2014
8,6 Jahre		Lichtlaufzeit des Lichts vom erdnahen Stern Sirius A (Alpha Canis Majoris A) zur Erde	± 0,04 Jahre, mit bloßem Auge sichtbar
8,6 Jahre		Finnair Flotte Durchschnittsalter	57 Flugzeuge, Stand 08/2014
8,7 Jahre		Polen: Frauen mit höherer Lebenserwartung als Männer - um ...	Stand 2011
9 Jahre		Reisezeit zum Uranus - bei Voyager Geschwindigkeit 57.000 km/h	
9 Jahre		Teichmuscheln, Siebenschläfer und Kohlmeisen Höchstalter	
9 Jahre		Kohlenstoff-Umsatz im Wald - durchschnittliche Zyklusdauer	So schnell setzt sich ein C-Atom um
9 Jahre		Pfälzischer Erbfolgekrieg als Teil der französischen Reunionskriege - Dauer	1688 – 1697
9 Jahre	10 Jahre	Geschlechtsreife von männlichen Walrossen - im Alter von ...	Weibchen im Alter von 4-10 Jahren
9 Jahre	10 Jahre	Altersklasse Fußball-Junioren E-Jugend	Gemäß DFB-Definition
9 Jahre	10 Jahre	Geschlechtsreife von männlichen Gorillas - im Alter von ...	Weibchen im Alter von 6-7 Jahren

Ausdehnung		Begriffliche Erfassbarkeit	Erläuterungen
von	bis		
9 Jahre	10 Jahre	Höhepunkt Populationszyklus vom Schneeschuhhasen und Kanadaluchses - nach ...	Auch beim Wasserfloh *daphnia*
9 Jahre	13 Jahre	Wachstumsbeginn von Scheide und Gebärmutter bei jungen Frauen	Im Alter von ...
9 Jahre	14 Jahre	Hodenwachstum bei jungen Männern im Alter von ...	
9 Jahre	16 Jahre	Beginn der Brustentwicklung bei jungen Frauen im Alter von ...	
9 Jahre	55 Jahre	Methan - Verweildauer in der Atmosphäre - starkes Treibhausgas	Unbeständig, 1,5 ppm
9,3 Jahre		Japan Airlines Flotte Durchschnittsalter	118 Flugzeuge, Stand 08/2014
9,3 Jahre		South African Airlines Flotte Durchschnittsalter	50 Flugzeuge, Stand 08/2014
< 9 Jahre 6 Monate		Halbwertszeit vom schädlichen Benzo(g,h,i)perylen (PAK) in Böden	
9 Jahre 6 Monate	15 Jahre	Meerschweinchen Höchstalter	
9,6 Jahre		Zeit zwischen populationsdynamischer Abnahme von Schneeschuhhasen und Rückgang ...	... von Luchsfellen gemäß Hudson Bay Company
9 Jahre 9 Monate		Durchschnittliche Haftstrafe für Vergewaltigung in den USA	Quelle: Bureau of Justice Statistics
< 10 Jahre		Kopierschutzrecht Dauer für Orchesterwerke	Für Werke verstorbener Komponisten
< 10 Jahre		Freiheitsstrafmaß für Antifa-Mitglieder wegen Bedrohung von Demo-Teilnehmern	Gemäß StGB § 125 und § 125a
< 10 Jahre		Freiheitsstrafmaß für Hooligans wegen Bedrohung anderer Fußballfans	Gemäß StGB § 125 und § 125a
< 10 Jahre		Freiheitsstrafmaß wegen "Ich kaufe nicht mehr bei Dir, wenn Du wählen gehst"	Im Sinne von StGB § 108
10 Jahre		Ein Jahrzehnt - Dauer	Auch *Dekade* (gr.) oder *Dezennium* (lat.) genannt
10 Jahre		Alter von Holzbestandteilen in denen Nadelbäume Wasser leiten	
10 Jahre		Nadeln von Nadelbäumen bleiben so lange am Baum, bevor sie abfallen	
10 Jahre		Halbwertszeit von Cadmium in menschlichen Körperzellen	Siehe Itai-Itai Krankheit
10 Jahre		Moose (Widertonmoos) Höchstalter	
10 Jahre		Turnus der Oberammergauer Passionsfestspiele - alle ...	Seit 1680
10 Jahre		Cadmium Verlagerungsdauer für 50 cm Wegstrecke in sauren Böden	Neutrale Böden: 300 Jahre
10 Jahre		Keimfähigkeit von Samen der Weymouth Kiefer und der Kornblumen	Bei guter Lagerung
10 Jahre		Recht am eigenen Bild nach deutschem Recht - Dauer	Gemäß § 22 KunstUrhG
10 Jahre		Gesicherte Öl Reserven der USA (2012) - für ...	Auf Basis R/P-Ratio
10 Jahre		Beschränkte Kinder Deliktsfähigkeit bei fahrlässigen Verkehrsunfällen in Deutschland	Ab Alter von ... / § 828 Abs. 2 BGB
10 Jahre		Turnus von Decennaliae als Festturnus zur Ehrenbekundung römischer Kaiser	Man erinnerte an das 'Dienstgelöbnis' des Kaisers
10 Jahre		Gesicherte Öl Reserven von Großbritannien (2012) - für ...	Auf Basis R/P-Ratio
10 Jahre		Ruhestandszeit deutscher Männer im Jahre 2000	Im Alter 65 is 75, Studie P. Gans 2007

Ausdehnung		Begriffliche Erfassbarkeit	Erläuterungen
von	bis		
10 Jahre		Hydraulisch aktiver Rhythmus des subglazialen Mercer Lakes in der Antarktis	Leerung und Füllung alle 10 Jahre
10 Jahre		Turnus für Bürgermeister Wahlen im Saarland - alle ...	
10 Jahre		Lehrpläne Erneuerung für Schulen in Rheinland-Pfalz - alle ...	
10 Jahre		Grundwasser Isochrone für forstwirtschaftliches Einzugsgebiet III A	Isochrone = Linie gleicher Fließzeit
10 Jahre		Verjährungsfrist für Ansprüche an Grundstücksrechten	Gemäß § 196 BGB
10 Jahre		Durchschnittliche Verweilzeit von Wasser in großen Seen	
10 Jahre		Verjährungsfrist für Verfolgungen wegen Taten mit Strafmaß 'Freiheitsstrafe 5-10 Jahre'	In Deutschland gemäß § 78 StGB
10 Jahre		Dauer von Ehejahren zur Rosenhochzeit	
10 Jahre		Turnus von extremen Wetterereignissen auf der Erde laut Weltklimarat IPCC	Momentaufnahme 2021, alle 10 Jahre ein Ereignis
10 Jahre		Geschlechtsreife von Orang-Utans im Alter von ...	
10 Jahre		Durchschnittliche Verweilzeit von Wasser in Mischzonen der Ozeane	Bis 150 Meter unter Wasserspiegel
10 Jahre		Keimfähigkeit von Samen des Kürbis, Mohns und der Quecken	Bei guter Lagerung
10 Jahre		Regenwürmer und Seewalzen Höchstalter	
10 Jahre		Bauzeit des Ludwig-Donau-Main-Kanals	1836 bis 1846
10 Jahre		Pflicht deutscher Kinder zur Fahrbahn-/Radwegnutzung mit dem Fahrrad ...	Ab Alter von ... / § 2 Abs. 5 StVO
10 Jahre		Verweildauer von Wassermolekülen in Seen	
10 Jahre		Eisdecke auf nördlicher Halbkugel (Septemberwert) sinkt 10,7 % - alle ...	Stand: 2011
10 Jahre		Kataklysmische Vulkanausbrüche - alle ... - im globalen Maßstab	Beispiel: Galunggung auf Java
10 Jahre		FCKW's - Dauer für Zug aus Troposphäre in Stratosphäre	
10 Jahre	14 Jahre	Erster Erguss ohne Samen bei jungen Männern im Alter von ...	Nicht zwingend
10 Jahre	15 Jahre	Waldkiefern Höhenzuwachs Kulmination im Alter von ...	
10 Jahre	15 Jahre	Erste Schambehaarung bei jungen Männern im Alter von etwa ...	
10 Jahre	15 Jahre	Peniswachstum bei jungen Männern im Alter von etwa ...	
10 Jahre	15 Jahre	Affen Lebenserwartung (Menschenaffen in freier Wildbahn 35 bis 50 Jahre)	
10 Jahre	16 Jahre	Erste Monatsblutung (Menarche) von jungen Frauen im Alter von ...	Normale Betrachtung
10 Jahre	18 Jahre	Sozialisations-Zeitpunkt von Menschen - zwischen ... Lebensjahren	Gemäß Intermediate-Modell
10 Jahre	18 Jahre	Hitlerjugend Mitgliedsalter	
10 Jahre	18 Jahre	Geschlechtsreife (Pubertät) von jungen Frauen im Alter von ...	Normale Betrachtung
10 Jahre	20 Jahre	Wahrscheinlichkeit einer Kernschmelze mit nuklearer Verseuchung - alle ...	Laut Max-Planck-Institut Mainz

Ausdehnung		Begriffliche Erfassbarkeit	Erläuterungen
von	bis		
10 Jahre	20 Jahre	Biologische Halbwertszeit von Blei in menschlichen Knochen	Je nach Quelle
10 Jahre	25 Jahre	Zeitraum zwischen Verstrahlungssymptomen und Exposition	Radioaktiv-Strahlung
10 Jahre	30 Jahre	Brachephase Minimum für tropische Ferralsol Böden	Für optimale Landwirtschaft
10 Jahre	30 Jahre	Datenhaltbarkeit von Festplattenlaufwerken als Archivmedien	Sofern gelagert
10 Jahre	30 Jahre	Datenhaltbarkeit auf gelagerten Disketten	Je nach Datendichte
10 Jahre	35 Jahre	Internationales Angelverbot für Muscheltiere (Shellfish Closures) - Zeitraum	Zwecks Regeneration der Bestände
10 Jahre	50 Jahre	Grundwasserverweilzeiten in Lockergesteinen Sachsen-Anhalts	
10 Jahre	100 Jahre	Durchschnittliche Verweilzeit von Wasser in oberem Grundwasser	Fließgeschwindigkeit 1 bis 10 Meter pro Tag
10 Jahre	300 Jahre	Wirtschaftlicher Planungshorizont in deutscher Forstwirtschaft	Erste Umtriebszeit nach 10 Jahren
10 Jahre	500 Jahre	Rostvorgang - Dauer bis etwas verrostet ist	
10 Jahre	10.000 Jahre	Dauer für Ausprägung eines Boden Horizontes A	Leichte bis volle Ausprägung
10 Jahre	10.000 Jahre	Charakteristische Reaktionszeit im Klimasystem Grundwasser	
> 10 Jahre		Mittlere Verweildauer von Atomen in der Lithospähre	
> 10 Jahre		Aufenthaltsdauer von Kohlenstoff Atomen in langsamen Kohlenstoff Pools	Humus Fraktionen
> 10 Jahre		Lebensdauer von Lymphozyten Gedächtniszellen beim Menschen	
> 10 Jahre		Ideales Alter von Lehrpferden für beginnende Reiter	
> 10 Jahre		Freiheitsstrafmaß für Personen, die einen Angriffskrieg planen oder umsetzen	Gemäß Völkerstrafgesetzbuch § 13
> 10 Jahre		Freiheitsstrafmaß für Hochverrat gegen den Bund	Gemäß StGB § 81
> 10 Jahre		Freiheitsstrafmaß für Versuche die verfassungsmäßige Ordnung zu ändern	Gemäß StGB § 81
10,3 Jahre		Betriebszugehörigkeit (Ø) von Angestellten in Deutschland 1992	
10,7 Jahre		Air France Flotte Durchschnittsalter	Stand 08/2014
10,8 Jahre		Betriebszugehörigkeit (Ø) von Angestellten in Deutschland 2009	
10,9 Jahre		Gesicherte Erdgas Reserven von Nordamerika (2009) - für ...	Auf Basis R/P-Ratio
11 Jahre		Rotkehlchen Höchstalter	Durch Ringfunde nachgewiesen
11 Jahre		Erfinderalter des US-Amerikaners Frank Epperson, dem Erfinder von Eis am Stil	Patent anmeldendes Alter
11 Jahre		Restliche Lebenserwartung für 65-jährige Briten	20. Jahrhundert
11 Jahre		Laufzeit von Andrew Lloyd Webbers Musical *Phantom of the Opera* in Hamburg	Ununterbrochene Laufzeit 1990 bis 2001
11 Jahre		Umpolung des Sonnenmagnetfelds - alle ...	Im Durchschnitt, u.a. im Jahre 2000
11 Jahre	12 Jahre	Altersklasse Fußball-Junioren D-Jugend	Gemäß DFB-Definition

Ausdehnung		Begriffliche Erfassbarkeit	Erläuterungen
von	bis		
11 Jahre	14 Jahre	Erster pubertärer Längenwachstumsschub bei jungen Männern	Im Alter von ...
11,04 Jahre		Sonnenfleckenzyklus Dauer - Schwabe-Zyklus	Ø variiert über die Jahrhunderte
11,2 Jahre		Tatsächlich zustande kommende Volksentscheide in Bayern - alle ...	Zwischen 1946 und 2012
11,2 Jahre		Einleitung eines Volksbegehrens in Hessen - alle ...	Zwischen 1946 und 2012
11,2 Jahre		Betriebszugehörigkeit (Ø) von Angestellten in Italien 2009	
11,5 Jahre		Maximale Lebensdauer von LEDs	Entspricht 100.000 Stunden
11,5 Jahre		Betriebszugehörigkeit (Ø) von Angestellten in Frankreich 2009	
11,5 Jahre		Lufthansa Flotte Durchschnittsalter	278 Flugzeuge, Stand 08/2014
11,8 Jahre		Ukraine: Frauen mit höherer Lebenserwartung als Männer - um ...	Stand 2008
11 Jahre 314 Tage		Sonnenumlaufbahn des Jupiters	Eine Revolution
< 12 Jahre		Von Entwicklungspsychologen betrachteter Sozialisationszeitraum	
12 Jahre		Austern und Eichhörnchen Höchstalter	
12 Jahre		Ende des Längenwachstums von Menschenaffen - im Alter von ...	Normale Betrachtung
12 Jahre		Geschlechtsreife von Europäischen Sumpfschildkröten - im Alter von ...	
12 Jahre		Historisch vom Vatikan definiertes Mindestalter für sexuelle Beziehungen	
12 Jahre		Wachstumsrate der Menschheit von 5 auf 6 Milliarden Individuen	Von 1987 bis 1999
12 Jahre		Erlöschende Kindersitzpflicht für deutsche Jugendliche im Alter von ...	Bei Körpergröße < 1,5 m
12 Jahre		Mindestalter deutscher Kinder für Medienqualifizierung	Gemäß USK/FSK ab 12
12 Jahre		Beschäftigungsdauer ab der maximale Kündigungsfrist für Arbeitsverträge greift	z. B. gemäß § 34 TVöD im öffentlichen Dienst
12 Jahre		Einer der vier Rhythmen des Kumbh Mela-Festes am Ganges	In Indien
12 Jahre		Bedingte Religionsmündigkeit deutscher Kinder ab Lebensalter von ...	Kein Wechsel gegen Kindeswillen
12 Jahre		Wachstumsrate der Menschheit von 6 auf 7 Milliarden Individuen	Von 1999 bis 2011
12 Jahre		Grundwasser Isochrone für städtisches Einzugsgebiet III B	Isochrone = Linie gleicher Fließzeit
12 Jahre	13 Jahre	Lebensdauer von üblichen Seefrachtcontainern aus Stahl	
12 Jahre	14 Jahre	Erste Achselbehaarung bei jungen Männern im Alter von etwa ...	
12 Jahre	15 Jahre	Geschlechtsreife des Bärlapp Gametophyten	Keimzellen bildende sexuelle Generation
12 Jahre	15 Jahre	Entwicklung Oberlippenflaum und Stimmbruch bei Männern im Alter von ...	
12 Jahre	15 Jahre	Geschlechtsreife von Aalen *Anguilla spp.* im Alter von ...	
12 Jahre	15 Jahre	Geschlechtsreife von Elefanten im Alter von ...	

Ausdehnung		Begriffliche Erfassbarkeit	Erläuterungen
von	bis		
12 Jahre	17 Jahre	Sozialisation Zeitraum gemäß der Studie "Kinder & Politik"	Sekundäre Sozialisation
12 Jahre	17 Jahre	Volle Brustentwicklung bei jungen Frauen im Alter von ...	
12 Jahre	20 Jahre	Geschlechtsreife (Pubertät) von jungen Männern im Alter von ...	
12,1 Jahre		US Airways Flotte Durchschnittsalter	341 Flugzeuge, Stand 08/2014
12,2 Jahre		Lufthansa Cargo Flotte Durchschnittsalter	19 Frachtflugzeuge, Stand 08/2014
12,32 Jahre		Halbwertszeit eines Tritium-Atoms (Wasserstoff-Isotop)	
12 Jahre 5 Monate		Durchschnittliche Haftstrafe für Mord in den USA	Quelle: Bureau of Justice Statistics
12,5 Jahre		Russland: Frauen mit höherer Lebenserwartung als Männer - um ...	Stand 2009
12,6 Jahre		Germanwings Fluggesellschaft Flotte Durchschnittsalter	70 Flugzeuge, Stand 08/2014
< 13 Jahre		Geltungsdauer deutscher Kinderreisepässe bis Kindesalter von ...	§ 5 Abs. 2 Passgesetz
13 Jahre		Lachse Höchstalter	
13 Jahre		Gesetzliches Erwachsenenalter in einigen Staaten Afrikas	
13 Jahre		Erwachsenenalter nach jüdischer Tradition	Mindestalter des Bar Mitzvah
13 Jahre		Spanischer Erbfolgekrieg Dauer	1701 - 1714
13 Jahre		Mindestalter deutscher Kinder für geringfügige Beschäftigungsfähigkeit	§ 2 Kinderarbeitsschutzverordnung
13 Jahre		Vietnamkrieg - Dauer der amerikanischen Phase (1960 - 1973)	Tote: 58.000 US, 3,8 Millionen Vietnam
13 Jahre		Gesicherte Öl Reserven von Norwegen (2012) - für ...	Auf Basis R/P-Ratio
13 Jahre		Portugiesische Kolonialkriege in Mosambik und Angola - Dauer	1961 – 1974
13 Jahre		Gensequenzierung des ersten kompletten menschlichen Genoms - Dauer	1994 - 2007 - für 2,7 Milliarden US Dollar
13 Jahre		Dritter Milchzahn von Mammuts löste sich im 13. Lebensjahr	
13 Jahre		Wachstumsrate der Menschheit von 4 auf 5 Milliarden Individuen	Von 1974 bis 1987
13 Jahre	14 Jahre	Altersklasse Fußball-Junioren C-Jugend	Gemäß DFB-Definition
13 Jahre	19 Jahre	Teenager Alter - alle englischen Zahlen enden auf ..."teen"	
13 Jahre	21 Jahre	Jugend Alter - gemäß westeuropäischer Kultur und deutschem Strafrecht	Adoleszenz, vom Kind bis zum Erwachsenen
13,2 Jahre		Einleitung eines Volksbegehrens in Rheinland-Pfalz - alle ...	Zwischen 1946 und 2012
13,4 Jahre		Erste Samenzellen (Spermarche) bei jungen Männern - nach ...	Durchschnittswert
13,4 Jahre		British Airways Flotte Durchschnittsalter	Stand 08/2014
13,6 Jahre		American Airlines Flotte Durchschnittsalter	622 Flugzeuge, Stand 08/2014
13,6 Jahre		United Airlines Flotte Durchschnittsalter	696 Flugzeuge, Stand 08/2014

Ausdehnung		Begriffliche Erfassbarkeit	Erläuterungen
von	bis		
< 14 Jahre		Kindesalter gemäß deutscher juristischer Definition	
< 14 Jahre		Maximales Alter von mehr als 50 % aller deutschen Kindern im Mittelalter	Sterbealter
14 Jahre		Rotfuchs - maximales Alter in Gefangenschaft	
14 Jahre		Wachstumsrate der Menschheit von 3 auf 4 Milliarden Individuen	Von 1960 bis 1974
14 Jahre		Schleiereulen, Wölfe und Igel - Höchstalter	Durch Ringfunde nachgewiesen
14 Jahre		Gesicherte Öl Reserven von China (2012) - für ...	Auf Basis R/P-Ratio
14 Jahre	15 Jahre	Ausbildung von Akne bei jungen Frauen - im Alter von ...	Normale Betrachtung, nicht zwingend
14 Jahre	17 Jahre	Jugendlichen Alter gemäß deutscher juristischer Definition	
14 Jahre	21 Jahre	Ausbildung von Akne bei jungen Männern - im Alter von ...	Normale Betrachtung, nicht zwingend
173 Monate		Trockenperiode mit null Niederschlag in Arica / Chile	Oktober 1903 bis Januar 1918
14,6 Jahre		Gesicherte Erdgas Reserven der OECD-Länder (2009) - für ...	Auf Basis R/P-Ratio
15 Jahre		Vogelspinnen, Lamas und wilde Piranhas - Höchstalter	
15 Jahre		Erste Konkurrenzkämpfe von Walrossen gegen Artgenossen im Alter von ...	Erlangung der sozialen Geschlechtsreife
15 Jahre		Buckelwale sind ausgewachsen im Alter von ...	
15 Jahre		Bauzeit des Puppenpalastes Titania	Ausgestellt im Schloss Egeskov, Insel Fünen
15 Jahre		Höchstmaß von *zeitigen* Freiheitsstrafen gemäß deutschem Strafgesetzbuch	StGB § 38, Zeit- als Gegensatz zur Geldstrafe
15 Jahre		USA Staatsangehörigkeit Dauer des Physikers Albert Einstein	5 Jahre staatenlos, 54 Jahre Schweiz, ...
15 Jahre		Grundwasser Asseln - maximales Alter	bekannte Krebstierchen
15 Jahre		Restliche Lebenserwartung für 65-jährige Römer	1. bis 4. Jahrhundert n. Chr.
15 Jahre		Frankreichs Staatsflagge in komplett weißer Farbe - summierte Dauer	
15 Jahre		Zimmertanne Nadeln Lebensdauer	Immergrünes Gewächs
15 Jahre		Südamerikanische Unabhängigkeitskriege - Dauer	1810 – 1825
15 Jahre		Dauer von Ehejahren zur Gläsernen Hochzeit, Lumpen-, Kristall- und Flaschenhochzeit	
15 Jahre	16 Jahre	Altersklasse Fußball-Junioren B-Jugend	Gemäß DFB-Definition
15 Jahre	< 18 Jahre	Jugendlichenalter gemäß § 2 des deutschen Jugendarbeitsschutzgesetzes	
15 Jahre	20 Jahre	Zyklusdauer der Rottwirtschaft für Einschlag und Verbrennen von Wald	Asche düngt zwei Jahre lang Getreide
15 Jahre	20 Jahre	Zyklusdauer der Rottwirtschaft für Entwicklung von Niederwald	Nutzung als Brennholz
15 Jahre	20 Jahre	Hunde Höchstalter	
15 Jahre	21 Jahre	Ende des Längenwachstums von jungen Männern - im Alter von ...	Normale Betrachtung

Ausdehnung		Begriffliche Erfassbarkeit	Erläuterungen
von	bis		
15 Jahre	25 Jahre	Jugendlichenalter gemäß UNO Definition	
15 Jahre	25 Jahre	Rotbuchen Totholz Zersetzung innerhalb ...	
15 Jahre	25 Jahre	Ernte von Bäumen im Niederwald nach Wachstumsphase von ...	"auf den Stock setzen"
15 Jahre	1.100 Jahre	Verweildauer von Cadmium in Böden	Je nach Studie
15 Jahre	90.000 Jahre	Dauer für Ausprägung eines Boden Horizonts Bv (v für verwittert)	Ganz leichte bis volle Ausprägung
15 Jahre	800.000 Jahre	Dauer für Ausprägung eines Boden Horizonts Bt (t für ton-akkumuliert)	Ganz leichte bis volle Ausprägung
15 Jahre	3 MJ	Dauer für Ausprägung eines Boden Horizonts Bj (in Deutschland nur fossil/reliktisch)	Ohne erkennbare Ausgangsstrukturen
15,3 Jahre		Altersmedian der Bevölkerung im Niger im Jahre 2014	50 % sind jünger, 50 % sind älter
15,7 Jahre		Altersmedian der Bevölkerung in Uganda im Jahre 2014	50 % sind jünger, 50 % sind älter
16 Jahre		Dauer eines zweifachen Oktaeteris als Zeiteinheit im altgriechisch attischen Kalender	
16 Jahre		Jugendliches Mindestalter für Medienqualifizierung "ab 16"	
16 Jahre		Pflicht zum Besitz eines Personalausweises oder Reisepasses in Deutschland	Ab Lebensalter ... / § 1 Personalausweisgesetz
16 Jahre		Schwalben, Rehe und Rentiere Höchstalter	Durch Ringfunde nachgewiesen
16 Jahre		Mindestalter in Deutschland für beschränkte Ehemündigkeit	Befreiung vom Eheverbot, § 1303 BGB
16 Jahre		Schutzalter in der Schweiz - bis ...	Vorstufe des Erwachsenendaseins
16 Jahre		Mindestalter für Erwerb der Führerscheinklassen A1, AM, L, T	§ 10 Abs. 1 FeV
16 Jahre		Turnus in dem sich die Erde und der Mars am nächsten kommen - alle ...	Im Durchschnitt
16 Jahre		Ruhestandszeit deutscher Frauen im Jahre 2000	Im Alter 65 bis 81, Studie P. Gans 2007
16 Jahre		Mindestalter in Deutschland für Testierfähigkeit	§ 2229 BGB
16 Jahre		Gesetzliches Erwachsenenalter in Schottland und Holland	
16 Jahre		Mindestalter für Recht auf Einwilligung in Organentnahme nach Tod	§ 2 Abs. 2 TPG / in Deutschland
16 Jahre		Eichdauer für Stromzähler in Deutschland	
16 Jahre		Mindestalter für Recht auf Aufenthalt in Gaststätten bis 24 Uhr	§ 4 Jugendschutzgesetz / in Deutschland
16 Jahre		Zyklusdauer im attischen 16-Jahres-Kalenderzyklus *Hekkaidekaeteris*	Im antiken Athen
16 Jahre		Mindestalter in Deutschland für Einsichtsrecht ins Geburtenregister	
16 Jahre		Mindestalter für Recht auf Aufenthalt bei Tanzveranstaltungen bis 24 Uhr	§ 5 Jugendschutzgesetz / in Deutschland
16 Jahre		Betriebszugehörigkeit (Ø) von Angestellten bei Werner & Mertz in Mainz	Daten von 2012, Reinigungsmittelhersteller
16 Jahre		Aktives Kommunalwahl- und Bürgerschaftswahlrecht in Bremen und Hamburg	Ab Lebensalter von ...
16 Jahre		Gesicherte Öl Reserven von Indien (2012) - für ...	Auf Basis R/P-Ratio

Ausdehnung		Begriffliche Erfassbarkeit	Erläuterungen
von	bis		
16 Jahre		Durchschnittliche Schul- und Hochschulzeit deutscher Bürger	
16 Jahre		Mindestalter in Deutschland für Erwerbsrecht der Segelfluglizenz	§ 23 Luftverkehrs-Zulassungs-Ordnung
16 Jahre		Keimfähigkeit von Samen des Raps	Bei guter Lagerung
16 Jahre	20 Jahre	Typisches Alter von globalen Bildungswanderern	unter anderem Studenten
16,1 Jahre		Condor Fluggesellschaft Flotte Durchschnittsalter	39 Flugzeuge, Stand 08/2014
16,2 Jahre		Siderische Umlaufzeit des Kometen Schwassmann-Wachmann	
16,2 Jahre		Altersmedian der Bevölkerung in Mali im Jahre 2014	50 % sind jünger, 50 % sind älter
16,5 Jahre		Altersmedian der Bevölkerung in Malawi im Jahre 2014	50 % sind jünger, 50 % sind älter
16,7 Jahre		Altersmedian der Bevölkerung in Sambia im Jahre 2014	50 % sind jünger, 50 % sind älter
17,0 Jahre		Altersmedian der Bevölkerung in Burundi im Jahre 2014	50 % sind jünger, 50 % sind älter
17 Jahre		Graugänse *Anser anser* und Makrelen *Scomber scombrus* - maximales Alter	
17 Jahre		Qualifizierendes Wehrfähigkeitsalter in Deutschland	§ 5 Abs. 1 a Wehrpflichtgesetz
17 Jahre		Wehrfähigkeitsalter in den USA	Mit Zustimmung der Eltern
17 Jahre		Gesicherte Öl Reserven von Brasilien (2012) - für ...	Auf Basis R/P-Ratio
17 Jahre		Zweiter Punischer Krieg zwischen Karthago Hannibals und Rom - Dauer	218 – 201 v. Chr.
17 Jahre		Mindestalter in Deutschland für Recht auf Import von zollfreien Waren	§ 2 Abs. 5 Nr. 2 Einreise-Freimengen-Verordnung
17 Jahre		Regentschaft Dauer des 1. Deutschen Kaisers Wilhelm I.	1871 bis 1888
17 Jahre		Mosambiks Bürgerkrieg - Dauer	1976 – 1993
17 Jahre		Mindestalter in Deutschland für Recht auf begleitetes Fahren mit Pkw	§ 48 a Fahrerlaubnis-Verordnung
17 Jahre		Keimfähigkeit von Samen der Hirse	Bei guter Lagerung

Das Kapitel der Reife

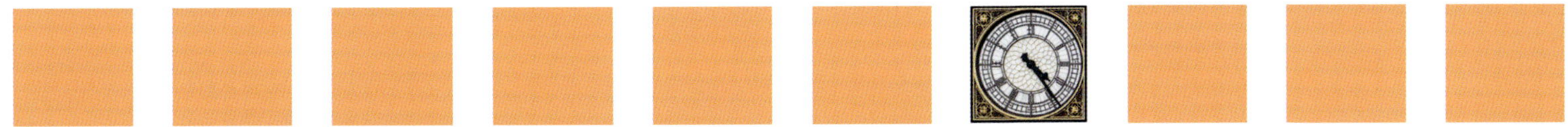

Von 17 Jahre bis 67 Jahre

Ausdehnung		Begriffliche Erfassbarkeit	Erläuterungen
von	bis		
17 Jahre		Gefängnisaufenthalt von Earl Washington wegen Vergewaltigung, bevor seine Unschuld ...	... über ein Genverfahren festgestellt wurde
17 Jahre		Bevölkerung Verdoppelungsrate Kenias - alle ...	Stand: 2003
17 Jahre		Restliche Lebenserwartung für 30-jährige Römer	1. bis 4. Jahrhundert n. Chr.
17 Jahre	18 Jahre	Altersklasse Fußball-Junioren A-Jugend	Gemäß DFB-Definition
17 Jahre	30 Jahre	Lebensalter der mobilsten Migranten - im globalen Durchschnitt	Überwiegend Männer
17 Jahre	50 Jahre	Wehrpflichtalter in Österreich für alle männlichen Staatsbürger	Allgemeine Wehrpflicht
17 Jahre	65 Jahre	Wehrpflichtalter in Österreich für alle Offiziere und Unteroffiziere	
17,1 Jahre		Altersmedian der Bevölkerung in Mosambik und im Südsudan im Jahre 2014	50 % sind jünger, 50 % sind älter
17,2 Jahre		Altersmedian der Bevölkerung in Burkina Faso im Jahre 2014	50 % sind jünger, 50 % sind älter
17,4 Jahre		Delta Airlines Flotte Durchschnittsalter	754 Flugzeuge, Stand 08/2014
17,5 Jahre		In diesem Alter verlassen Männer in Schweden ihr Elternhaus	Quelle: Eurostat 2020, Durchschnittsalter
17,6 Jahre		In diesem Alter verlassen Frauen in Schweden ihr Elternhaus	Quelle: Eurostat 2020, Durchschnittsalter
17,6 Jahre		Altersmedian der Bevölkerung im Tschad und in Tansania im Jahre 2014	50 % sind jünger, 50 % sind älter
17,8 Jahre		Altersmedian der Bevölkerung in Äthiopien im Jahre 2014	50 % sind jünger, 50 % sind älter
17,9 Jahre		Altersmedian der Bevölkerung in Somalia im Jahre 2014	50 % sind jünger, 50 % sind älter
18,0 Jahre		Altersmedian der Bevölkerung in Benin im Jahre 2014	50 % sind jünger, 50 % sind älter
< 18 Jahre		Kindesalter gemäß Kinderrechtskonvention der UNO	
18 Jahre		Kaninchen Höchstalter	
18 Jahre		Mindestalter in Deutschland für Recht auf Waffenscheinerwerb	§ 4 Abs. 1 Waffengesetz
18 Jahre		Gesetzliches Erwachsenenalter in Deutschland, Indien, China und Wales	
18 Jahre		Mindestalter in Deutschland für Zutrittsrecht zu Solarien	§ 4 NiSG
18 Jahre		Laufzeit von Andrew Lloyd Webbers Musical *Cats* am New Yorker Broadway	Ununterbrochene Laufzeit 1982 bis 2000
18 Jahre		Deutsche Staatsangehörigkeit Dauer des Physikers Albert Einstein	5 Jahre staatenlos, 54 Jahre Schweizer, ...
18 Jahre		Mindestalter für Erwerb der Führerscheinklassen A2, B, BE, C1, C1E, C, CE	In Deutschland
18 Jahre		Gesicherte Kohle Reserven von Indonesien (2012) - für ...	
18 Jahre		Wehrfähigkeitsalter in den USA	Auch ohne Zustimmung der Eltern
18 Jahre		Mindestalter in Deutschland für Recht zum Rauchen in der Öffentlichkeit	§ 10 Jugendschutzgesetz
18 Jahre		Keimfähigkeit von Samen des Leins	Bei guter Lagerung
18 Jahre		Beginn der Strafbarkeit des Beischlafs zwischen Geschwistern ab Alter ...	§ 173 Abs. 3 StGB in Deutschland

Ausdehnung		Begriffliche Erfassbarkeit	Erläuterungen
von	bis		
18 Jahre		Weinbergschnecken, Forellen, Amseln und Lungenfische Höchstalter	
18 Jahre	20 Jahre	Alter in Deutschland von Heranwachsenden	Gemäß Strafrecht
18 Jahre	21 Jahre	Mindestalter in Deutschland für Zutrittsrecht zu Spielkasinos	
18 Jahre	30 Jahre	Wehrpflichtalter in Schweden unter König Gustav II. um 1630	
18 Jahre	30 Jahre	Wehrdienstalter in Finnland	Allgemeine Wehrpflicht
18 Jahre	35 Jahre	Frühes Erwachsenenalter in der Entwicklungspsychologie	
18 Jahre	45 Jahre	Wehrpflichtalter in Griechenland	Allgemeine Wehrpflicht
18 Jahre	60 Jahre	Wehrpflichtalter in Finnland	Allgemeine Wehrpflicht
18,1 Jahre		Durchschnittsalter von Frauen in Bangladesch bei Erstgeburt (Stand 2010)	
18,1 Jahre		Effektive Halbwertszeit vom Strontium Isotop-90 (β-Strahlung)	
18,2 Jahre		Altersmedian der Bevölkerung in Palästina im Jahre 2014	50 % sind jünger, 50 % sind älter
18,6 Jahre		Altersmedian der Bevölkerung in Afghanistan im Jahre 2014	50 % sind jünger, 50 % sind älter
18,75 Jahre		Reisezeit zu allen 6.852 Inseln Japans (bei einer Insel pro Tag)	
19 Jahre		Klapperschlangen Höchstalter	
19 Jahre		Gesicherte Öl Reserven von Angola (2012) - für ...	Auf Basis R/P-Ratio
19 Jahre		Gesetzliches Erwachsenenalter in Südkorea, fast ganz Kanada, Alabama/USA	
19 Jahre		Trockenperiode mit null Niederschlag im Wadi Halfa / Sudan	
19 Jahre		Gesicherte Erdöl Reserven von Deutschland (2012) - für ...	Auf Basis R/P-Ratio
19 Jahre		Altersunterschied von Kiefern in Staatswäldern gegenüber privaten Wäldern	In Rheinland-Pfalz
19 Jahre		Nördliche Sturmschwalben Höchstalter	u.a. auf Island
19 Jahre		Keimfähigkeit von Samen des Kohls und Hanfs	Bei guter Lagerung
19,2 Jahre		Altersmedian der Bevölkerung im Jemen im Jahre 2014	50 % sind jünger, 50 % sind älter
19,5 Jahre		Reisezeit zu allen 7.107 Inseln der Philippinen (bei einer Insel pro Tag)	
19,6 Jahre		In diesem Alter verlassen Frauen in Luxemburg ihr Elternhaus	Quelle: Eurostat 2020, Durchschnittsalter
19,9 Jahre		Altersmedian der Bevölkerung im Irak im Jahre 2014	50 % sind jünger, 50 % sind älter
< 20 Jahre		Wirtschaftlicher Planungshorizont im europäischen Naturschutz	Von Tag 0 (heute) bis in 20 Jahren
20,0 Jahre		In diesem Alter verlassen Männer in Luxemburg ihr Elternhaus	Quelle: Eurostat 2020, Durchschnittsalter
20 Jahre		Prothallium (Gametophyt der Bärlappe bzw. Schlangenmoose) - maximale Lebensspanne	Keimzellen bildende sexuelle Generation
20 Jahre		Halbwertszeit von Blei im menschlichen Verdauungstrakt, in Nerven und Hoden	

Ausdehnung		Begriffliche Erfassbarkeit	Erläuterungen
von	bis		
20 Jahre		Bauzeit der Cheops Pyramide im alten Ägypten	Laut Herodot und Diodor
20 Jahre		Verweilzeit von Wasser in Tieflandseen Deutschlands	Im Durchschnitt
20 Jahre		Mammutbaum-Nadel - maximale Lebensspanne	
20 Jahre		Auswanderwelle Dauer - zwei Millionen Deutsche fliehen in die USA	Wirtschaftskrise 1870 bis 1890
20 Jahre		Geschlechtsreife von Brückenechsen und Nashörnern - nach ...	
20 Jahre		Regentschaft Dauer des 3. Deutschen Kaisers Wilhelm II.	1888 bis 1918
20 Jahre		Gesetzliches Erwachsenenalter in Indonesien und Japan	
20 Jahre		Keimfähigkeit von Samen des Kopfsalats	Bei guter Lagerung
20 Jahre		Verjährungsfrist für Verfolgungen wegen Taten mit Strafmaß 'Freiheitsstrafe > 10 Jahre'	In Deutschland gemäß § 78 StGB
20 Jahre		Regenwürmer *Lumbricus badensis* Höchstalter	
20 Jahre		Restliche Lebenserwartung für 10-jährige Römer	1. bis 4. Jahrhundert n. Chr.
20 Jahre		Spinnen, Makrelen und Strandschnecken Höchstalter	
20 Jahre		Dauer von Ehejahren zur Porzellan-, Chrysanthemen-, Dornen und Kupferhochzeit	
20 Jahre		Seeadler Höchstalter	In Deutschland durch DDT ausgerottet
20 Jahre		Kängurus, Ziegen und Schafe - Höchstalter	
20 Jahre	24 Jahre	Junge Erwachsene Alter - gemäß UNO Definition	
20 Jahre	25 Jahre	Biber Höchstalter	
20 Jahre	25 Jahre	Altersunterschied von Eichen in Staatswäldern gegenüber privaten Wäldern	In Rheinland-Pfalz
20 Jahre	25 Jahre	Winterlinden Blühreife ab einem Alter von ...	Alle 2-4 Jahre, bei Stockausschlägen ab 10 Jahren
20 Jahre	25 Jahre	Alte Weinstöcke	
20 Jahre	30 Jahre	Lebenserwartung von Menschen mit Zystischer Fibrose	Krankheitsbild durch Deletionsmutation
20 Jahre	30 Jahre	Wirtschaftlicher Planungshorizont in deutscher Holz- und Sägeindustrie	
20 Jahre	30 Jahre	Flusskrebse und Wildschweine Höchstalter	
20 Jahre	30 Jahre	Aralsee wird in 20 bis 30 Jahren verschwunden sein (Stand 2011)	See in Kasachstan und Usbekistan
20 Jahre	30 Jahre	Höchstalter kleiner Krokodile in Gefangenschaft	Kaimane, je nach Quelle
20 Jahre	34 Jahre	Wehrpflichtalter in der Schweiz bis zum Grad des Oberleutnants	
20 Jahre	5.000 Jahre	Langzeitwirkung von ionisierender Strahlung bzgl. Erbkrankheiten und Sterilität	Auch für Entstehung neuer Arten
> 20 Jahre		Alter von Menschen bei denen sich maligne Melanome bilden	Bösartigster Hautkrebs
> 20 Jahre	90 Jahre	Kammmuscheln Alter	Zumeist bis 20 Jahre, in Antarktis bis 90 Jahre

Ausdehnung		Begriffliche Erfassbarkeit	Erläuterungen
von	bis		
20,6 Jahre		Altersmedian der Bevölkerung in Simbabwe im Jahre 2014	50 % sind jünger, 50 % sind älter
20,7 Jahre		Altersmedian der Bevölkerung in Gambia und in der Elfenbeinküste im Jahre 2014	50 % sind jünger, 50 % sind älter
20,9 Jahre		In diesem Alter verlassen Frauen in Dänemark ihr Elternhaus	Quelle: Eurostat 2020, Durchschnittsalter
21,0 Jahre		Altersmedian der Bevölkerung in Namibia im Jahre 2014	50 % sind jünger, 50 % sind älter
21 Jahre		Kormorane und Mauersegler Höchstalter	Mauersegler durch Ringfunde erwiesen
21 Jahre		Reisezeit zur Pluto Umlaufbahn - bei Raumsonde Voyager Geschwindigkeit 57.000 km/h	
21 Jahre		Volle strafrechtliche Verantwortlichkeit als Erwachsener ab Lebensalter ...	§ 10 StGB
21 Jahre		In diesem Alter wurde Justus von Liebig Universitätsprofessor	Einer der Hauptgründer der Organischen Chemie
21 Jahre		Mindestalter für passives Wahlrecht zum Landtag in Hessen	
21 Jahre		Laufzeit von Andrew Lloyd Webbers Musical *Cats* an Londoner Musical Theater	Ununterbrochene Laufzeit 1981 bis 2002
21 Jahre		Gesicherte Öl Reserven von Russland (2012) - für ...	Auf Basis R/P-Ratio
21 Jahre		Höchstalter von Staren - gehören zu den häufigsten Vögeln weltweit	Durch Ringfunde nachgewiesen
21 Jahre		Alter des US-Revolverhelden Billy the Kid bei seinem Tod im Jahre 1881	
21 Jahre		Mindestalter für Erwerb der Führerscheinklassen D1, D1E, D, DE	§ 10 Abs. 1 FeV / in Deutschland
21 Jahre		Chinesischer Bürgerkrieg - Dauer	1928 – 1949
21 Jahre		Mindestalter für Triebfahrzeugführer	§ 48 Abs. 1 Eisenbahn-Bau- und Betriebsordnung
21 Jahre	34 Jahre	Typisches Alter von qualifizierten Arbeitsplatzwanderern	Global
21,1 Jahre		Altersmedian der Bevölkerung in der Westsahara im Jahre 2014	50 % sind jünger, 50 % sind älter
21,2 Jahre		In diesem Alter verlassen Frauen in Finnland ihr Elternhaus	Quelle: Eurostat 2020, Durchschnittsalter
21,5 Jahre		In diesem Alter verlassen Männer in Dänemark ihr Elternhaus	Quelle: Eurostat 2020, Durchschnittsalter
21,7 Jahre		Altersmedian der Bevölkerung in Guatemala und Vanuatu im Jahre 2014	50 % sind jünger, 50 % sind älter
21 Jahre 243 Tage		Halbwertszeit vom radioaktiven Element Actinium	
21,9 Jahre		In diesem Alter verlassen Frauen in Estland ihr Elternhaus	Quelle: Eurostat 2020, Durchschnittsalter
263 Monate		Studienanfänger Alter in Deutschland im Jahre 2007	Im Durchschnitt
22 Jahre		Laubfrosch Höchstalter	
22 Jahre		Gesicherte Öl Reserven von Algerien (2012) - für ...	Auf Basis R/P-Ratio
22 Jahre		Atlantischer Hering *Clupea harengus* Höchstalter	
22 Jahre		Zweiter Sudanesischer Bürgerkrieg - Dauer	1983 – 2005
22 Jahre		Sonnenfleckenzyklus Dauer - Hale-Zyklus oder magnetischer Zyklus	

Ausdehnung		Begriffliche Erfassbarkeit	Erläuterungen
von	bis		
22 Jahre		Laufzeit aller jemals weltweit betriebenen Kernkraftwerke - Durchschnittswert	Stand 2013 - 125 wurden abgeschaltet
22 Jahre		Keimfähigkeit von Samen der Bohnen und Zwiebeln	Bei guter Lagerung
22 Jahre	32 Jahre	Dauer von menschlichen Generationen (Urgroßmutter, Großmutter, Mutter etc.)	Laut OECD Familien Datenbanken
22,3 Jahre		Halbwertszeit vom Blei Isotop Pb-210	
22,3 Jahre		Altersmedian der Bevölkerung in Jordanien im Jahre 2014	50 % sind jünger, 50 % sind älter
22,4 Jahre		In diesem Alter verlassen Männer in Estland ihr Elternhaus	Quelle: Eurostat 2020, Durchschnittsalter
22,6 Jahre		Altersmedian der Bevölkerung in Haiti, Honduras und Tonga im Jahre 2014	50 % sind jünger, 50 % sind älter
22,8 Jahre		In diesem Alter verlassen Männer in Finnland ihr Elternhaus	Quelle: Eurostat 2020, Durchschnittsalter
22,9 Jahre		Altersmedian der Bevölkerung in Papua Neuguinea im Jahre 2014	50 % sind jünger, 50 % sind älter
23,0 Jahre		In diesem Alter verlassen Frauen in Deutschland ihr Elternhaus	Quelle: Eurostat 2020, Durchschnittsalter
23 Jahre		Gibbons Höchstalter	Schwanzlose Primaten
23 Jahre		Haubentaucher, Sterntaucher Vögel, Haussperlinge Höchstalter	Sterntaucher durch Ringfunde erwiesen
23 Jahre		Erster Punischer Krieg zwischen Karthago und Rom - Dauer	264 – 241 v. Chr.
23 Jahre		Koalitionskriege zwischen Frankreich und europäischen Rivalen - Dauer	1792 - 1815, Napoleon Bonaparte gegen alle
23,3 Jahre		In diesem Alter verlassen Frauen in Frankreich ihr Elternhaus	Quelle: Eurostat 2020, Durchschnittsalter
23,6 Jahre		In diesem Alter verlassen Frauen in den Niederlanden ihr Elternhaus	Quelle: Eurostat 2020, Durchschnittsalter
286 Monate		Puma - maximales Alter in Gefangenschaft	
24 Jahre		Gartengrasmücken Höchstalter	Singvögel mit wunderbarem Lied
24 Jahre		Bussarde Höchstalter	Durch Ringfunde nachgewiesen
24 Jahre		Marco Polos Aufenthaltsdauer in China, unter anderem am Hofe Kublai Khans	1271 - 1295
24 Jahre		Axolotl Alter	Schwanzlurche
8.760 Tage		Kumulierte Fahrtdauer aller Züge für Atommüll Umlagerung in zentralisiertes US-Lager	70.000 Tonnen Atommüll, 1 Zug pro Tag
24 Jahre	25 Jahre	Durchschnittliche Lebenserwartung von Frauen im Mittelalter	In Europa, je nach Quelle
24 Jahre	34 Jahre	Kanarienvögel Höchstalter	
24 Jahre 4 Monate	25 Jahre	Absolute Schlafzeit eines Menschen in seinem Leben	Bei Lebenserwartung von 73 Jahren
24,4 Jahre		In diesem Alter verlassen Frauen in Litauen ihr Elternhaus	Quelle: Eurostat 2020, Durchschnittsalter
24,5 Jahre		Regentschaft von Queen Victoria als Kaiserin von Indien	1876-1901
24,6 Jahre		In diesem Alter verlassen Männer in Deutschland und Frauen in Österreich ihr Elternhaus	Quelle: Eurostat 2020, Durchschnittsalter
24,7 Jahre		In diesem Alter verlassen Frauen in Tschechien ihr Elternhaus	Quelle: Eurostat 2020, Durchschnittsalter

Ausdehnung		Begriffliche Erfassbarkeit	Erläuterungen
von	bis		
24,8 Jahre		In diesem Alter verlassen Männer in Frankreich und Frauen in Belgien ihr Elternhaus	Quelle: Eurostat 2020, Durchschnittsalter
24,9 Jahre		Iran Air Flotte Durchschnittsalter	35 Flugzeuge, Stand 08/2014
24,9 Jahre		In diesem Alter verlassen Männer in den Niederlanden ihr Elternhaus	Quelle: Eurostat 2020, Durchschnittsalter
25 Jahre		Verdoppelungsrate der Bevölkerung Algeriens - alle ...	Stand 2003
25 Jahre		Termitenköniginnen, Enten, Elstern, Elche und Damwild Höchstalter	
25 Jahre		Mindestalter als Adoptionsbewerber in Deutschland	Mindestalter des Ehegatten: 21 Jahre
25 Jahre		Ameisenköniginnen bei Roten Waldameisen *Formica rufa* - Höchstalter	
25 Jahre		Wachstumszeit menschlicher Augen	
25 Jahre		Mindestalter für Wählbarkeit als Schöffe in Deutschland	§ 33 Gerichtsverfassungsgesetz
25 Jahre		Turnus für das heilige Jubeljahr (ab dem Jahre 1475 n. Chr.)	Annus iubilaeus, schemat hajobel
25 Jahre		Mindestalter für Wählbarkeit als ehrenamtlicher Arbeits- oder Sozialrichter	§ 21 ArbGG; § 16 SGG / in Deutschland
25 Jahre		Heidelbeersträucher, Islandpferde und Kabeljaus - Höchstalter	
25 Jahre		Mindestalter für Wählbarkeit als ehrenamtlicher Verwaltungsrichter	§ 20 VwGO / in Deutschland
25 Jahre		Mittlere Lebenserwartung von Menschen mit Duchenne Muskeldystrophie	Krankheitsbild durch Deletionsmutation
25 Jahre		Höchstalter für Familienversicherung bei Ausbildung in Deutschland	§ 10 Abs. 2 SGB V
25 Jahre		Grüne Leguane *Iguana iguana* Höchstalter	
25 Jahre		Dauer von Ehejahren zur Silbernen Hochzeit	
25 Jahre	30 Jahre	Delphine, Gämsen und Zitronenmelisse - Höchstalter	
25 Jahre	49 Jahre	Typisches Alter von Wohn- und Wohnumfeldwanderern	Global
25,3 Jahre		In diesem Alter verlassen Frauen in Lettland ihr Elternhaus	Quelle: Eurostat 2020, Durchschnittsalter
25 Jahre 5 Monate		Hochschulabsolventenalter (Bachelor) in Deutschland im Jahre 2007	Naturwissenschaften und Mathematik
25,5 Jahre		In diesem Alter verlassen Frauen in Rumänien ihr Elternhaus	Quelle: Eurostat 2020, Durchschnittsalter
25,8 Jahre		In diesem Alter verlassen Frauen in der Türkei ihr Elternhaus	Quelle: Eurostat 2020, Durchschnittsalter
25 Jahre 10 Monate		Hochschulabsolventenalter (Bachelor) in Deutschland im Jahre 2007	Über alle Studienrichtungen verteilt
25 Jahre 319 Tage		Tigerdame Bengali - Alter am 27. Juli 2021	Bengali lebt in US-Wildtier-Reservat
26 Jahre		Erster Backenzahn von Mammuts löste sich im 26. Lebensjahr	
26 Jahre		Durchschnittsalter aller 442 weltweit noch betriebenen Kernkraftwerke	Stand 2013
26 Jahre		Pinguine und Seehunde Höchstalter	
26 Jahre	28 Jahre	Regeldienstzeit in römischen Flotten	1. bis 3. Jahrhundert n. Chr.

Ausdehnung		Begriffliche Erfassbarkeit	Erläuterungen
von	bis		
26,1 Jahre		Altersmedian der männlichen Bevölkerung in Indien im Jahre 2011	50 % sind jünger, 50 % sind älter
26,2 Jahre		In diesem Alter verlassen Männer in Belgien ihr Elternhaus	Quelle: Eurostat 2020, Durchschnittsalter
26,2 Jahre		In diesem Alter verlassen Frauen in Ungarn und Zypern ihr Elternhaus	Quelle: Eurostat 2020, Durchschnittsalter
26,3 Jahre		In diesem Alter verlassen Frauen in Slowenien ihr Elternhaus	Quelle: Eurostat 2020, Durchschnittsalter
26,4 Jahre		In diesem Alter verlassen Europäer und Österreicher im Durchschnitt ihr Elternhaus	Quelle: Eurostat 2020
26,6 Jahre		In diesem Alter verlassen Männer in Litauen ihr Elternhaus	Quelle: Eurostat 2020, Durchschnittsalter
26,7 Jahre		Altersmedian der Bevölkerung in Indien im Jahre 2011	50 % sind jünger, 50 % sind älter
26,8 Jahre		Altersmedian der Bevölkerung in Südafrika im Jahre 2014	50 % sind jünger, 50 % sind älter
26,9 Jahre		In diesem Alter verlassen Frauen in Polen ihr Elternhaus	Quelle: Eurostat 2020, Durchschnittsalter
27 Jahre		Blutegel, Hausschweine und Fasane Höchstalter	
27 Jahre		Mindestalter von Deutschen für Ernennung zum Beamten auf Lebenszeit	Nicht in allen Bundesländern
27 Jahre		Peloponnesischer Krieg zwischen Attischem See- und Peloponnesischem Bund	431 - 404 v.Chr.
27 Jahre		Haftzeit des späteren südafrikanischen Präsidenten Nelson Mandela	Zwischen 1963 und 1990
27 Jahre		Bürgerkrieg in Angola - Dauer	1975 - 2002
27 Jahre		Höchstalter bei Wählbarkeit zur Jugend- und Auszubildendenvertretung ...	... im deutschen öffentlichen Dienst
27 Jahre 44 Tage		Alter des Musikers Kurt Cobain bei seinem Tod im Jahre 1994	Mitglied der Band Nirvana
27,3 Jahre		In diesem Alter verlassen Männer in Tschechien ihr Elternhaus	Quelle: Eurostat 2020, Durchschnittsalter
27,4 Jahre		In diesem Alter verlassen Frauen in Irland ihr Elternhaus	Quelle: Eurostat 2020, Durchschnittsalter
27 Jahre 125 Tage		Alter des Musikers Brian Jones bei seinem Tod im Jahre 1969	Gründungsmitglied der Band Rolling Stones
27,4 Jahre		10.000 Tage	
27,4 Jahre		Altersmedian der weiblichen Bevölkerung in Indien im Jahre 2011	50 % sind jünger, 50 % sind älter
27,4 Jahre		In diesem Alter verlassen Männer in Zypern ihr Elternhaus	Quelle: Eurostat 2020, Durchschnittsalter
27 Jahre 207 Tage		Alter der Musikerin Janis Joplin bei ihrem Tod im Jahre 1970	US-amerikanische Rock- und Bluessängerin
27 Jahre 258 Tage		Alter des Musikers Jim Morrison bei seinem Tod im Jahre 1971	Mitglied der Band The Doors
27,8 Jahre		In diesem Alter verlassen Frauen in Bulgarien ihr Elternhaus	Quelle: Eurostat 2020, Durchschnittsalter
27 Jahre 295 Tage		Alter des Musikers Jimi Hendrix bei seinem Tod im Jahre 1970	US-amerikanischer Gitarrist und Sänger
27 Jahre 312 Tage		Alter der Musikerin Amy Winehouse bei ihrem Tod im Jahre 2011	Britische Soul- und Jazzsängerin
27,9 Jahre		In diesem Alter verlassen Männer in Lettland ihr Elternhaus	Quelle: Eurostat 2020, Durchschnittsalter
27 Jahre 11 Monate		Schwäne Höchstalter	

Ausdehnung		Begriffliche Erfassbarkeit	Erläuterungen
von	bis		
28 Jahre		Steinkorallen, Kobras, Teichmolche, Seelöwen und Dromedare Höchstalter	
28 Jahre		Nordirischer Bürgerkrieg - Dauer	1969 - 1997
28 Jahre	32 Jahre	Durchschnittliche Lebenserwartung von Männern im Mittelalter	In Europa, je nach Quelle
28 Jahre 88 Tage		Berliner Mauer Standdauer	Vom 13.08.1961 bis 09.11.1989
28,4 Jahre		In diesem Alter verlassen Männer in Ungarn ihr Elternhaus	Quelle: Eurostat 2020, Durchschnittsalter
28,4 Jahre		In diesem Alter verlassen Frauen in Griechenland und Nordmazedonien ihr Elternhaus	Quelle: Eurostat 2020, Durchschnittsalter
28,5 Jahre		Biologische Halbwertszeit vom Strontium Isotop Sr-90 (β-Strahlung)	Knochenkrebs, Leukämie, in Zähnen
28,5 Jahre		In diesem Alter verlassen Frauen in Serbien ihr Elternhaus	Quelle: Eurostat 2020, Durchschnittsalter
28,6 Jahre		In diesem Alter verlassen Männer in Slowenien ihr Elternhaus	Quelle: Eurostat 2020, Durchschnittsalter
28,8 Jahre		In diesem Alter verlassen Frauen in Spanien ihr Elternhaus	Quelle: Eurostat 2020, Durchschnittsalter
28,9 Jahre		Durchschnittsalter deutscher Frauen bei Erstgeburt (Stand 2010)	
28,9 Jahre		In diesem Alter verlassen Männer in Irland ihr Elternhaus	Quelle: Eurostat 2020, Durchschnittsalter
29 Jahre		Austernfischer, Buchfinken und Trampeltiere - Höchstalter	Trampeltiere haben zwei Höcker
29 Jahre		Ameisenköniginnen bei Schwarzen Wegameisen *Lasius niger* - Höchstalter	
29 Jahre		Gesicherte Erdgas Reserven von China (2009) - für ...	Auf Basis R/P-Ratio
29 Jahre		Tiger Höchstalter	Tiger Guddo im Zoo von Kanpur wurde 26
29,1 Jahre		Durchschnittsalter dänischer Frauen bei Erstgeburt (Stand 2010)	
29,1 Jahre		In diesem Alter verlassen Frauen in Portugal ihr Elternhaus	Quelle: Eurostat 2020, Durchschnittsalter
29 Jahre 39 Tage		Dauer einer islamischen Kalenderzykluslänge	10.631 Tage
29,2 Jahre		Durchschnittsalter griechischer Frauen bei Erstgeburt (Stand 2007)	
29,2 Jahre		In diesem Alter verlassen Männer in Polen und Frauen in Italien ihr Elternhaus	Quelle: Eurostat 2020, Durchschnittsalter
29,3 Jahre		In diesem Alter verlassen Frauen in Malta ihr Elternhaus	Quelle: Eurostat 2020, Durchschnittsalter
29,4 Jahre		In diesem Alter verlassen Frauen in der Slowakei ihr Elternhaus	Quelle: Eurostat 2020, Durchschnittsalter
29 Jahre 168 Tage		Sonnenumlaufbahn des Saturns	
29,6 Jahre		Durchschnittsalter von südkoreanischer Frauen bei Erstgeburt (Stand 2008)	
29,8 Jahre		Durchschnittsalter von Frauen aus Hong Kong bei Erstgeburt (Stand 2008)	
29,8 Jahre		In diesem Alter verlassen Männer in der Türkei ihr Elternhaus	Quelle: Eurostat 2020, Durchschnittsalter
29,8 Jahre		Durchschnittsalter von irischen Frauen bei Erstgeburt (Stand 2011)	
< 30 Jahre		iOmega REV-Wechsellaufwerk - vermutete Datenhaltbarkeit	Diverse Quellen

Ausdehnung		Begriffliche Erfassbarkeit	Erläuterungen
von	bis		
30,0 Jahre		In diesem Alter verlassen Männer in Rumänien ihr Elternhaus	Quelle: Eurostat 2020, Durchschnittsalter
30 Jahre		Zeitspanne, die die Talipot-Palme als Mehrjährige zur Blütenbildung benötigt	
30 Jahre		Spitzahorn maximale Laubmenge - bei Lebensalter von ...	
30 Jahre		Verjährungsfrist für Ansprüche wegen Verletzung des Körpers	Gemäß § 197 BGB
30 Jahre		Klima ist definiert als Wetterschema während eines Zeitraums von ...	
30 Jahre		Dauer von Ehejahren zur Perlenhochzeit	
30 Jahre		Grundwasser Isochrone für forstwirtschaftliches Einzugsgebiet IIIB	Isochrone = Linie gleicher Fließzeit
30 Jahre		Löwe - maximales Alter in Gefangenschaft	
30 Jahre		SS (Schutzstaffel) Mindestalter der paramilitärischen Mitglieder	
30 Jahre		Hainbuchen Blühreife ab einem Alter von ...	
30 Jahre		Waldkiefern Volumenzuwachs Kulmination im Alter bis ...	
30 Jahre		Verjährungsfrist für Ansprüche wegen Verletzung der sexuellen Selbstbestimmung	Gemäß § 197 BGB
30 Jahre		Keimfähigkeit von Samen der Robinie (Scheinakazie)	
30 Jahre		Verjährungsfrist für Verfolgungen wegen Taten mit Strafmaß 'Freiheitsstrafe lebenslang'	In Deutschland gemäß § 78 StGB
30 Jahre		Keimfähigkeit von Samen der Melone	Bei guter Lagerung
30 Jahre		Mondrauten Farne Höchstalter	
30 Jahre		Englischer Rosenkrieg zwischen den Adelsgeschlechtern York und Lancaster	1455 – 1485
30 Jahre		Mindestalter von Deutschen für Wählbarkeit als Landrat in Baden-Württemberg	§ 38 Landkreisordnung von Baden-Württemberg
30 Jahre		Dreißigjähriger Krieg um die Kontrolle in Deutschland und Europa - Dauer	1618 – 1648
30 Jahre		Vietnamkrieg - Dauer	1945 - 1975
30 Jahre		Eritreas Unabhängigkeitskrieg - Dauer	1961 – 1991, für Unabhängigkeit von Äthiopien
30 Jahre		Bisons, Hirsche, Steinböcke und Schollen Höchstalter	
30 Jahre		Verjährungsfrist für Herausgabeansprüche aus Eigentum	Gemäß § 197 BGB
30 Jahre		Biologische Halbwertszeit von Cadmium in menschlichen Knochen	
30 Jahre		Höchstalter bei der deutschen Studentischen Krankenversicherung	§ 5 Abs. 1 Ziff. 9 SGB V
30 Jahre		Verjährungsfrist für Ansprüche aus Vollstreckungsbescheiden und Gerichtsurteilen	Gemäß § 197 BGB
30 Jahre		Trichine Höchstalter - eingekapselt	Fadenwürmer
30 Jahre	40 Jahre	Rückbildung des Nervensystems von Chorea-Huntington (Veitstanz)-Patienten - ab ...	Krankheitsbild durch Insertionsmutation
30 Jahre	50 Jahre	Winterlinden Blühreife in geschlossenem Bestand - ab einem Alter von ...	

Ausdehnung		Begriffliche Erfassbarkeit	Erläuterungen
von	bis		
30 Jahre	50 Jahre	Magneto Optical Disk - erwartete Haltbarkeit	MO-Disk, diverse Quellen
30 Jahre	50 Jahre	Schwarzpappeln Umtriebszeit (wirtschaftlich nutzbares Holz) - im Alter ...	In der Forstwirtschaft
30 Jahre	80 Jahre	Verweildauer/Residenzzeit von Wasser in Süßwasser-Seen	Im Durchschnitt
30 Jahre	100 Jahre	Schwäne Höchstalter	
> 30 Jahre		Zuchtpiranhas Höchstalter	
> 30 Jahre		Datenhaltbarkeit auf Magnetbändern	
> 30 Jahre	< 40 Jahre	Alter von Jesus	Alter ist höchst umstritten
30,17 Jahre		Halbwertszeit vom radioaktiven Cäsium Isotop Cs-137 (β-Strahlung)	Atommüll verursacht Stammzellenschädigung
30,5 Jahre		Altersmedian der Bevölkerung in der Türkei im Jahre 2014	50 % sind jünger, 50 % sind älter
30,7 Jahre		In diesem Alter verlassen Männer in Spanien und Griechenland ihr Elternhaus	Quelle: Eurostat 2020, Durchschnittsalter
30,9 Jahre		In diesem Alter verlassen Frauen in Kroatien ihr Elternhaus	Quelle: Eurostat 2020, Durchschnittsalter
31,0 Jahre		In diesem Alter verlassen Männer in Malta ihr Elternhaus	Quelle: Eurostat 2020, Durchschnittsalter
31 Jahre		Keimfähigkeit von Samen der Karotte und Erbse	Bei guter Lagerung
31 Jahre		Alter des Komponisten Franz Schubert bei seinem Tod im Jahre 1828	
31 Jahre		Maximales Wehrfähigkeitsalter in den USA für Ersteinschreibung	Für die Küstenwache
31 Jahre		Anakonda Würgeschlangen und Gänse - Höchstalter	
31,1 Jahre		In diesem Alter verlassen Frauen in Montenegro ihr Elternhaus	Quelle: Eurostat 2020, Durchschnittsalter
31,2 Jahre		In diesem Alter verlassen Männer in Italien ihr Elternhaus	Quelle: Eurostat 2020, Durchschnittsalter
31,71 Jahre		Eine Milliarde Sekunden	
32,0 Jahre		In diesem Alter verlassen Männer in Bulgarien ihr Elternhaus	Quelle: Eurostat 2020, Durchschnittsalter
32 Jahre		Keimfähigkeit von Samen der Gerste, des Roggens und des Weizens	Bei guter Lagerung
32 Jahre		Alter des Fußball-Profis Robert Enke bei seinem Suizid im Jahre 2009	
32,2 Jahre		In diesem Alter verlassen Männer in der Slowakei ihr Elternhaus	Quelle: Eurostat 2020, Durchschnittsalter
32,5 Jahre		Altersmedian der Bevölkerung in Albanien im Jahre 2014	Das jüngste Land Europas
33 Jahre		Wachstumsrate der Menschheit von 2 auf 3 Milliarden Individuen - innerhalb ...	Von 1927 bis 1960
33 Jahre	54 Jahre	Blindschleichen - Höchstalter	Ungiftige Reptilien
33 Jahre		Alter des Komponisten Vincenzo Bellini bei seinem Tod im Jahre 1835	Komponierte zuvor die Oper Norma
33,8 Jahre		In diesem Alter verlassen Männer in Serbien ihr Elternhaus	Quelle: Eurostat 2020, Durchschnittsalter
34,0 Jahre		In diesem Alter verlassen Männer in Kroatien ihr Elternhaus	Quelle: Eurostat 2020, Durchschnittsalter

Ausdehnung		Begriffliche Erfassbarkeit	Erläuterungen
von	bis		
34 Jahre		Giraffen Höchstalter	
34 Jahre		Maximales Wehrfähigkeitsalter in den USA für Ersteinschreibung	Für die Army
< 35 Jahre		Wirtschaftlicher Planungshorizont im deutschen Weinbau	Von Tag 0 (heute) bis in 35 Jahren
35 Jahre		Mindestalter für Wählbarkeit zum Wehrbeauftragten des Bundestages	§ 14 Abs. 1 WBeauftrG, in Deutschland
35 Jahre		Höchstalter für die Ernennung zum deutschen Beamten auf Lebenszeit	Im Regelfall
35 Jahre		Populationsdynamische Rhythmusdauer an Eisbergfriedhöfen im Weddellmeer/Antarktis	Eisberge zerstören Leben & Wiederbesiedelung
35 Jahre		Bandwürmer, Fledermäuse, Tauben, Katzen und Paviane - Höchstalter	
35 Jahre		Mindestalter für Wählbarkeit zum Ministerpräsidenten in Baden-Württemberg	Art. 46 Abs. 1 Satz 2 BWVerf
35 Jahre		Durchschnittsalter von Malern auf ihrem Schaffenshöhepunkt	Quelle: Buch Information is beautiful
35 Jahre		Gesicherte Kohle Reserven von China (2012) - für ...	
35 Jahre		Letztes Wehrpflichtalter in Österreich zum Grundwehrdienst	
35 Jahre		Restliche Lebenserwartung für 30-jährige Briten	20. Jahrhundert
35 Jahre		Alter des Komponisten Wolfgang Amadeus Mozart bei seinem Tod im Jahre 1791	
35 Jahre		Mindestalter für Wählbarkeit zum Richter an Oberstem Bundesgerichtshof	In Deutschland
35 Jahre	40 Jahre	Alter des britischen Piraten Edward *Blackbeard* Teach bei seinem Tod im Jahre 1718	Ungenaue Aufzeichnungen
35 Jahre	50 Jahre	Menschenaffen Lebenserwartung in freier Wildbahn	
35 Jahre	65 Jahre	Mittleres Erwachsenenalter in der Entwicklungspsychologie	
35,6 Jahre		Durchschnittliche Lebenserwartung von Männern im 19. Jahrhundert	In Europa
35,6 Jahre		In diesem Alter verlassen Männer in Montenegro ihr Elternhaus	Quelle: Eurostat 2020, Durchschnittsalter
35,7 Jahre		In diesem Alter verlassen Männer in Nordmazedonien ihr Elternhaus	Quelle: Eurostat 2020, Durchschnittsalter
36 Jahre		Alter von Marilyn Monroe bei ihrem Tod im Jahre 1962	US-amerikanische Schauspielerin
36 Jahre		Alter des jamaikanischen Musikers Bob Marley bei seinem Tod im Jahre 1981	Mitbegründer der Reggae-Musik
36 Jahre		Alter des Militärführers George Armstrong Custer bei seinem Tod im Jahre 1876	Tod am Little Bighorn in Montana
36 Jahre		Durchschnittsalter von Jazzmusikern auf ihrem Schaffenshöhepunkt	Quelle: Information is beautiful
36 Jahre		Alter des Komponisten Georges Bizet bei seinem Tod im Jahre 1875	Komponierte zuvor die Oper Carmen
36 Jahre		Alter des Komponisten Henry Purcell bei seinem Tod im Jahre 1695	Komponierte zuvor die Oper Dido und Aeneas
36,4 Jahre		Altersmedian der Bevölkerung in Irland im Jahre 2014	Eines der jüngsten Länder Europas
36,5 Jahre		Mittlerer Generationenabstand im Frankreich und Deutschland des Jahres 1875	Gemäß Gustav von Rümelin
37 Jahre		Keimfähigkeit von Samen des Mais	Bei guter Lagerung

Ausdehnung		Begriffliche Erfassbarkeit	Erläuterungen
von	bis		
37 Jahre		Alter des niederländischen Malers Vincent van Gogh bei seinem Tod im Jahre 1890	Mit van Gogh wurde die Malerei moderner
37 Jahre		Alter des russischen Nationaldichters Alexander Puschkin bei seinem Tod im Jahre 1837	
37 Jahre		Alter des Lakota Häuptlings Crazy Horse bei seinem Tod im Jahre 1877 in den USA	Echter Name: Thasuŋke Witko
37 Jahre		Durchschnittsalter von Wissenschaftlern auf ihrem Schaffenshöhepunkt (Wirken 1935-1965)	Quelle: Buch Information is beautiful
37,2 Jahre		Altersmedian der männlichen Bevölkerung in den USA im Jahre 2020	Gemäß CIA World Fact Book
37,7 Jahre		Alter von Europäern (Zentralwert = Median) im Jahre 2003	50 % sind jünger, 50 % sind älter
37,8 Jahre		Altersmedian der Bevölkerung in Neuseeland im Jahre 2014	
37,9 Jahre		Altersmedian der Bevölkerung in den USA im Jahre 2014	
38 Jahre		Sterbealter der Biochemikerin Rosalind Franklin, die an Krebs starb	Durch Röntgenforschung an DNS
38 Jahre		Zebras Höchstalter	
38 Jahre		Alter des Komponisten Felix Mendelssohn Bartholdy bei seinem Tod im Jahre 1847	
38 Jahre		Alter des Komponisten George Gershwin bei seinem Tod im Jahre 1937	
38 Jahre		Alter des französischen Königs Ludwig XVI. bei seinem Tod im Jahre 1793	Guillotiniert durch Vertreter der Revolution
38,4 Jahre		Durchschnittliche Lebenserwartung von Frauen im 19. Jahrhundert	In Europa
38,5 Jahre		Altersmedian der Bevölkerung in den USA im Jahre 2020	Gemäß CIA World Fact Book
39 Jahre		Maximales Wehrfähigkeitsalter in den USA für Ersteinschreibung	Für Luftwaffe und Marine
39 Jahre		Alter des US-Bürgerrechtlers Martin Luther King bei seiner Ermordung im Jahre 1968	Berühmte Rede am 28.08.1963: "I have a dream"
39 Jahre		Keimfähigkeit von Samen des Selleries und des Tabaks	Bei guter Lagerung
39 Jahre		Alter des Komponisten Carl Maria von Weber bei seinem Tod im Jahre 1826	
39 Jahre		Altersmedian der Bevölkerungen in Großbritannien und Frankreich in 2007	4 Jahre jünger als Deutschland
> 39 Jahre		Lebensfähigkeit von Diasporen des Wiesenklees in Böden	Toole und Brown (1946)
39,8 Jahre		Altersmedian der weiblichen Bevölkerung in den USA im Jahre 2020	Gemäß CIA World Fact Book
40 Jahre		Erdkröten, Boas, Walrosse und Kuckucke - Höchstalter	
40 Jahre		Sterberisiko erhöht sich sprunghaft ab Menschenalter von ...	
40 Jahre		Mindestalter von Deutschen für Wählbarkeit zum Richter am Bundesverfassungsgericht	§ 3 BVerfGG
40 Jahre		Alter des Beatles Musikers John Lennon bei seiner Ermordung im Jahre 1980	Wurde in New York ermordet
40 Jahre		Durchschnittsalter von Wissenschaftlern auf ihrem Schaffenshöhepunkt (Wirken > 1965)	Quelle: Buch Information is beautiful
40 Jahre		Lebenserwartung von Afghanen im Jahre 1979	Im Durchschnitt
40 Jahre		Dauer von Ehejahren zur Smaragdhochzeit, Rubinhochzeit und Granathochzeit	

Ausdehnung		Begriffliche Erfassbarkeit	Erläuterungen
von	bis		
40 Jahre		Nitrat Ankunft im Grundwasser nach Versickerung auf Agrarflächen	Bis zu ...
40 Jahre		Dauer des israelitischen Auszugs aus Ägypten	Quelle: Die Bibel
40 Jahre		Mindestalter von Deutschen für Wählbarkeit zum Bundespräsidenten	Art. 54 GG
40 Jahre		Biologische Halbwertszeit von Plutonium in menschlicher Leber	
40 Jahre		Mindestalter für Wählbarkeit zum bayerischen Ministerpräsidenten	Art. 44 Abs. 2 BayVerf
40 Jahre		Bodensee Zufrierungsereignis - alle ...	
40 Jahre		Alter des US-amerikanischen Autors Edgar Allan Poe bei seinem Tod im Jahre 1849	Schrieb viele Krimis und Horrorgeschichten
40 Jahre	41 Jahre	Alter des portugiesischen Seefahrers Ferdinand Magellan bei seinem Tod im Jahre 1521	Ungenaue Aufzeichnungen
40 Jahre	41 Jahre	Alter des deutschen Piraten Klaus Störtebecker bei seinem Tod im Jahre 1401	Ungenaue Aufzeichnungen
40 Jahre	41 Jahre	Alter des Gesetzlosen Alonzo Longabaugh (Sundance Kid) bei seinem Tod im Jahre 1908	Ungenaue Aufzeichnungen
40 Jahre	50 Jahre	Pferde Höchstalter	Manche angeblich bis 61 Jahre
40 Jahre	50 Jahre	Rotbuchen produzieren Bucheckern in Zeitspanne ihres ... Lebensalters	Im Freistand
40 Jahre	60 Jahre	Geplante Restlaufzeit der spanischen Kernkraftwerke (Stand 2011)	
40 Jahre	75 Jahre	Bäume in schwedischen Wäldern haben mindestens 1 x gebrannt ...	... in den letzten 40-75 Jahren
40 Jahre	80 Jahre	Rotbuchen produzieren Bucheckern in Zeitspanne ihres ... Lebensalters	Im Bestand
41 Jahre		Keimfähigkeit von Samen des Hafers	Bei guter Lagerung
41 Jahre		Gesicherte Kohle Reserven von Polen (2012) - für ...	
41 Jahre		Goldfische, Eisbären und Kapuzineraffen Höchstalter	
41 Jahre		Gesicherte Öl Reserven von Nigeria (2012) - für ...	Auf Basis R/P-Ratio
41 Jahre		Alter der britischen Opernsängerin Kathleen Ferrier bei ihrem Tod im Jahre 1953	
41 Jahre		Diadochenkriege als Nachfolgekriege nach dem Tod Alexanders des Großen - Dauer	322 – 281 v. Chr.
41 Jahre	60 Jahre	Alter von Bäumen der 3. Altersklasse - gemäß Säge- und Holzindustrie	In Deutschland
42 Jahre		Kegelrobben Höchstalter	
42 Jahre		Sonnenfleckenzyklus Dauer - Schove-Zyklus	Oder 50 Jahre
42 Jahre		Von hunderttausenden Eiern reifen in ... durchschnittlich 500 Eizellen - bei Frauen	500 Eizellen = 42 Jahre x 12 Monate x 1 Ei
42 Jahre		Heidekraut Höchstalter	
42 Jahre		Alter des Komponisten Modest Mussorgski bei seinem Tod im Jahre 1881	Komponierte zuvor die Oper Boris Godunov
42 Jahre		Alter des US-amerikanischen Bankräubers Butch Cassidy bei seinem Tod im Jahre 1908	Echter Name: Robert LeRoy Parker
43 Jahre		Feuersalamander Höchstalter	

Ausdehnung		Begriffliche Erfassbarkeit	Erläuterungen
von	bis		
43 Jahre		Altersmedian der Bevölkerung in Deutschland im Jahre 2007	50 % sind jünger, 50 % sind älter
43 Jahre		Alter der Schauspielerin Romy Schneider bei ihrem Tod im Jahre 1982	Schneider schauspielerte schon mit 15 Jahren
43 Jahre		Alter des CDU-Politikers Uwe Barschel bei seinem Tod im Jahre 1987	Wahrscheinlicher Selbstmord
43 Jahre		Zweiter Backenzahn von Mammuts löste sich im 43. Lebensjahr	
43,7 Jahre		Altersmedian der Bevölkerung in der EU im Jahre 2019	50 % sind jünger, 50 % sind älter
43,9 Jahre		Altersmedian der Bevölkerung auf der Isle of Man im Jahre 2014	50 % sind jünger, 50 % sind älter
44,0 Jahre		Altersmedian der Bevölkerung in Hong Kong im Jahre 2014	50 % sind jünger, 50 % sind älter
44 Jahre		Filme auf Cellulosetriacetat - maximale Haltbarkeit	
44 Jahre		Silbermöwen Höchstalter	32 Jahre durch Ringfunde erwiesen
44 Jahre 4 Monate		Regentschaftszeit von Queen Elizabeth I. von England	Zwischen 1558 und 1603
44,7 Jahre		Altersmedian von Männern in Deutschland im Jahre 2013	50 % der Männer sind älter, 50 % jünger
44,8 Jahre		Durchschnittliche Lebenserwartung von Männern im Jahre 1898	In Europa
45 Jahre		Hummer, Nashörner und Maultiere Höchstalter	
45 Jahre		Dauer von Ehejahren zur Messinghochzeit	
45 Jahre		Alter des Musikers Freddy Mercury bei seinem Tod im Jahre 1991	Ehemals Leadsänger der Gruppe Queen
45 Jahre		Durchschnittliche Lebenserwartung eines in 2007 Neugeborenen im Königreich Lesotho	Nachbarland von Südafrika
45 Jahre		Ende der Wehrpflicht für deutsche Männer in Friedenszeiten - mit vollendetem Alter von ...	§ 3 Abs. 3 WPflG
45 Jahre		Alter des Dichters Friedrich Schiller bei seinem Tod im Jahre 1805	
45,09 Jahre		Regierungskabinettsmitglieder in Island - Durchschnittsalter	Quelle: OECD 2018, Island hat niedrigsten Wert
45,7 Jahre		Median Alter in Deutschland (Stand 2013)	50 % sind jünger, 50 % sind älter
46 Jahre		Durchschnittsalter männlicher Autoren auf ihrem Schaffenshöhepunkt	Quelle: Buch Information is beautiful
46 Jahre		Alter des US-Präsidenten John F. Kennedy bei seiner Ermordung im Jahre 1963	
46,2 Jahre		Regierungskabinettsmitglieder in Norwegen - Durchschnittsalter	Quelle: OECD 2018
46,8 Jahre		Median Alter von Frauen in Deutschland (Stand 2013)	Quelle: destatis
46,8 Jahre		Altersmedian der Bevölkerung in Deutschland im Jahre 2014	Drittältestes Land der Erde
47 Jahre		Braunbären Höchstalter	
47 Jahre		Alter des britischen Antarktisforscher Sir Ernest Shackleton bei seinem Tod im Jahre 1922	Wird für seine Führungsstärke gerühmt
47,13 Jahre		Regierungskabinettsmitglieder in Estland - Durchschnittsalter	Quelle: OECD 2018
47,36 Jahre		Regierungskabinettsmitglieder in Dänemark - Durchschnittsalter	Quelle: OECD 2018

Ausdehnung		Begriffliche Erfassbarkeit	Erläuterungen
von	bis		
47,44 Jahre		Regierungskabinettsmitglieder in Finnland - Durchschnittsalter	Quelle: OECD 2018
47,5 Jahre		Durchschnittsalter deutscher Frauen bei Eintritt ihrer Perimenopause	
47,9 Jahre		Median Alter von Frauen in Deutschland (Stand 2014)	Quelle: CIA World Fact Book
47,93 Jahre		Regierungskabinettsmitglieder in Österreich - Durchschnittsalter	Quelle: OECD 2018
48 Jahre		Reisezeit zu allen 17.508 Inseln Indonesiens (bei einer Insel pro Tag)	
48 Jahre		Lehrer Alter im bundesdeutschen Durchschnitt (Stand 2012)	
48 Jahre		Buckelwale Höchstalter	
48 Jahre		Alter des italienischen Opernsängers Enrico Caruso bei seinem Tod im Jahre 1921	
48,3 Jahre		Durchschnittliche Lebenserwartung von Frauen im Jahre 1898	In Europa
48,58 Jahre		Regierungskabinettsmitglieder in den Niederlanden - Durchschnittsalter	Quelle: OECD 2018
48,87 Jahre		Regierungskabinettsmitglieder in Australien - Durchschnittsalter	Quelle: OECD 2018
49 Jahre		Biologische Halbwertszeit vom Strontium Isotop Sr-90 in Muskeln	β-Strahlung
49 Jahre		Schnabeligel Höchstalter	
49 Jahre		Maximales Lebensalter von globalen Altersruhesitz-Wanderern - im Ø	Ab 70 Jahre ziehen viele ins Altersheim
49,07 Jahre		Lebenserwartung bei Geburt der Bevölkerung im Tschad (Stand 2013)	Letzter Rang, Länderrang 223
49,48 Jahre		Lebenserwartung bei Geburt der Bevölkerung in Südafrika (Stand 2013)	Vorletzter Rang, Länderrang 222
49,5 Jahre		Lebenserwartung bei Geburt der Bevölkerung in Guinea-Bissau (Stand 2013)	Drittletzter Rang, Länderrang 221
49,7 Jahre		Durchschnittsalter von deutschen männlichen Selbstmördern im Jahre 1980	Quelle: destatis, 11.789 Männer
< 50 Jahre		Bildungszeitraum von Pararendzina-Böden in Südwest-Deutschland	Beispiel: Am Kaiserstuhl im Breisgau
50 Jahre		Schwämme, Kaiserpinguine und Schimpansen Höchstalter	
50 Jahre		Sonnenfleckenzyklus Dauer - Schove-Zyklus	Oder 42 Jahre, je nach Definition
50 Jahre		Turnus von extremen Wetterereignissen auf der Erde laut Weltklimarat IPCC	Zwischen 1850 und 1900 alle 50 Jahre ein Ereignis
50 Jahre		Alter des US-Musikers Michael Jackson bei seinem Tod im Jahre 2009	King of Pop
50 Jahre		Höchstalter von Haushühnern	Durchschnitt 5 bis 7 Jahre
50 Jahre		Trockenperioden großer Teile der chilenischen Atacama Wüste - bis zu ...	
50 Jahre		Rekonvaleszenzdauer für Bevölkerung nach Dreißigjährigem Krieg 1618-1648	Erholung von Auswirkungen des Krieges
50 Jahre		Durchschnittsalter aller Fichten in rheinland-pfälzischen Privatwäldern	Stand 2011
50 Jahre		Mindestalter des Orakels von Delphi, einer Weissagungsstätte im alten Griechenland	In der Regel durchgeführt von Bauernfrauen
50 Jahre		Durchschnittsalter der 400 reichsten Chinesen	Laut FORBES Statistik

Ausdehnung		Begriffliche Erfassbarkeit	Erläuterungen
von	bis		
50 Jahre		Alter des Komponisten Gustav Mahler bei seinem Tod im Jahre 1911	Komponist von 10 berühmten Sinfonien
50 Jahre		Alter der Frauenrechtlerin Edith Stein bei ihrem Tod am 09. August 1942	
50 Jahre		Alter des Komponisten Gaetano Donizetti bei seinem Tod im Jahre 1848	Komponierte die Oper Lucia di Lammermoor
50 Jahre		Alter des Komponisten Kurt Weill bei seinem Tod im Jahre 1950	
50 Jahre		Dauer von Ehejahren zur Goldenen Hochzeit	
50 Jahre		Turnus von biblischen Erlassjahren - alle ...	Schuldenerlass und Besitzausgleich
50 Jahre		Wachstum Periode von Brückenechsen - nach ...	Bei Maximalalter von 100 Jahren
50 Jahre		Keimfähigkeit von Samen des Senfs	Bei guter Lagerung
50 Jahre	60 Jahre	Lebensabschnitt von Menschen mit dem zweitgrößten Unglücksempfinden	Nur ab 80. Lebensjahr ist es höher
50 Jahre	60 Jahre	Pelikane Höchstalter	
50 Jahre	70 Jahre	Blütenbildung Zeitspanne vom Bromelien Gewächs *Puya raimondii*	
50 Jahre	70 Jahre	Leistungsschutzrecht Dauer in Deutschland	§70 Urheberrechtsgesetz
50 Jahre	80 Jahre	Polygyne Ameisenstaaten (mit 2 bis 5.000 Königinnen) Höchstalter	
50 Jahre	80 Jahre	Geschätzte Datenhaltbarkeit auf gepressten CDs	Unter Idealbedingungen, gem. Herstellerangaben
50 Jahre	100 Jahre	Feuerrotation in sommertrockenen Gebieten Alaskas und Kanadas - alle ...	Zeitraum zwischen 2 Feuerereignissen
50 Jahre	100 Jahre	Einschlagshäufigkeit von Citykiller-Asteroiden auf der Erde (> 50 m) - alle	Können ganze Städte zerstören
50 Jahre	200 Jahre	Wachstumszeitraum von Bevölkerungen nach Erreichen einer TFR = 2,1	Sobald Frauen 2,1 Kinder gebähren
50 Jahre	300 Jahre	Periode von auftretenden Supernovae in Galaxien	
50 Jahre	500.000 Jahren	Altersbestimmung durch Thermolumineszenz-Methode	Für Moränen, Fluss- und Dünensande, Löss
> 50 Jahre		Entwicklung von Basalzellkarzinomen bei Menschen im Alter von	Hautkrebs
50,01 Jahre		Lebenserwartung bei Geburt der Bevölkerung in Swasiland (Stand 2013)	Viertletzter Rang, Länderrang 220
50,05 Jahre		Regierungskabinettsmitglieder in Neuseeland - Durchschnittsalter	Quelle: OECD 2018
50,11 Jahre		Lebenserwartung bei Geburt der Bevölkerung in Afghanistan (Stand 2013)	Fünftletzter Rang, Länderrang 219
50,45 Jahre		Regierungskabinettsmitglieder in Kanada - Durchschnittsalter	Quelle: OECD 2018
50,47 Jahre		Regierungskabinettsmitglieder in Tschechien - Durchschnittsalter	Quelle: OECD 2018
50,50 Jahre		Regierungskabinettsmitglieder in Lettland - Durchschnittsalter	Quelle: OECD 2018
50,64 Jahre		Regierungskabinettsmitglieder in Schweden - Durchschnittsalter	Quelle: OECD 2018
50,80 Jahre		Regierungskabinettsmitglieder in Irland - Durchschnittsalter	Quelle: OECD 2018
51 Jahre		Alter von Napoléon Bonaparte bei seinem Tod im Jahre 1821	Kaiser Frankreichs, Feldherr, Diktator

Ausdehnung		Begriffliche Erfassbarkeit	Erläuterungen
von	bis		
51,07 Jahre		Regierungskabinettsmitglieder in der Slowakei - Durchschnittsalter	Quelle: OECD 2018
51,09 Jahre		Regierungskabinettsmitglieder in Großbritannien - Durchschnittsalter	Quelle: OECD 2018
52 Jahre		Schwarzschnabel-Sturmtaucher *Puffinus puffinus* Höchstalter	u. a. auf Island
52 Jahre		Perserkriege Dauer - Persien versuchte Griechenland anzugliedern	500 – 448 v. Chr.
52 Jahre		Turnus der Mayakalender - alle ...	Kalender Neubeginn alle 52 Jahre
52 Jahre		Durchschnittsalter deutscher Frauen bei Eintritt ihrer Menopause	
52 Jahre		Alter des Schriftstellers William Shakespeare bei seinem Tod im Jahre 1616	Werke: Romeo und Julia, Hamlet und Othello
52,3 Jahre		Erwartetes Alter (Zentralwert = Median) von Europäern im Jahre 2050	50 % jünger, 50 % älter
52,3 Jahre		Durchschnittsalter von deutschen Selbstmördern im Jahre 1980	Quelle: destatis
52,4 Jahre		Median Alter im Fürstentum Monaco (Stand 2014)	Ältestes Land der Welt und Stadtstaat
53 Jahre		Alter der Opernsängerin Maria Callas bei ihrem Tod im Jahre 1977	
53 Jahre		Alter des russischen Komponisten Pjotr Iljitsch Tschaikowski bei seinem Tod im Jahre 1893	
53 Jahre		Alter des norwegisch-isländischen Seefahrers Erik der Rote bei seinem Tod im Jahre 1003	
53 Jahre		Alter des walisischen Piraten Sir Henry Morgan bei seinem Tod im Jahre 1688	
53 Jahre		Alter des Komponisten Alexander Borodin bei seinem Tod im Jahre 1887	Komponierte zuvor die Oper Fürst Igor
53,12 Jahre		Regierungskabinettsmitglieder in OECD-Ländern - Durchschnittsalter	Quelle: OECD 2018
53,14 Jahre		Regierungskabinettsmitglieder in Polen - Durchschnittsalter	Quelle: OECD 2018
53,32 Jahre		Regierungskabinettsmitglieder in der Türkei - Durchschnittsalter	Quelle: OECD 2018
53,79 Jahre		Regierungskabinettsmitglieder in Belgien und Ungarn - Durchschnittsalter	Quelle: OECD 2018
53,94 Jahre		Regierungskabinettsmitglieder in Luxemburg - Durchschnittsalter	Quelle: OECD 2018
54 Jahre		Flusspferde Höchstalter	
54 Jahre		Alter des italienischen Seefahrers Christoph Kolumbus bei seinem Tod im Jahre 1506	
54 Jahre		Schweizer Staatsangehörigkeit Dauer des Physikers Albert Einstein	5 Jahre staatenlos, 18 Jahre Deutsches Reich, ...
54,29 Jahre		Regierungskabinettsmitglieder in Slowenien - Durchschnittsalter	Quelle: OECD 2018
54,7 Jahre		Durchschnittsalter von deutschen männlichen Selbstmördern im Jahre 2006	Quelle: destatis, 7.225 Männer
54,71 Jahre		Regierungskabinettsmitglieder in Spanien - Durchschnittsalter	Quelle: OECD 2018
54,79 Jahre		20.000 Tage	
< 55 Jahre		Altersgrenze deutscher Frauen für Zivildienst Kandidatur im Verteidigungsfalle	Art. 12a Abs. 4 GG
55 Jahre		Durchschnittliche Lebenserwartung afrikanischer Frauen (Stand 2011)	5 Jahre länger als Männer

Ausdehnung		Begriffliche Erfassbarkeit	Erläuterungen
von	bis		
55 Jahre		Durchschnittsalter weiblicher Autoren auf ihrem Schaffenshöhepunkt	Quelle: Buch Information is beautiful
55 Jahre		Alter des britischen Piraten Sir Francis Drake bei seinem Tod im Jahre 1596	Erster englischer Weltumsegler
55 Jahre		Alter des norwegischen Entdeckers Roald Amundsen bei seinem Tod im Jahre 1928	Seemann und Polarforscher
55 Jahre		Restliche Lebenserwartung für 10-jährige Engländer im 20. Jahrhundert	
55 Jahre		Riesensalamander Höchstalter	
55 Jahre		Dauer von Ehejahren zur Platinen Hochzeit	
55 Jahre		Gesicherte Erdöl Reserven von Kasachstan (2012) - für ...	Auf Basis R/P-Ratio
55 Jahre		Alter des deutschen Philosophen Friedrich Wilhelm Nietzsche bei seinem Tod im Jahre 1900	Werk: Also sprach Zarathustra
55 Jahre	56 Jahre	Alter des niederländischen Seefahrers Abel Tasman bei seinem Tod im Jahre 1659	Erster Europäer in Neuseeland (1642)
55,11 Jahre		Regierungskabinettsmitglieder in Italien - Durchschnittsalter	Quelle: OECD 2018
55,25 Jahre		Regierungskabinettsmitglieder in Mexiko - Durchschnittsalter	Quelle: OECD 2018
55,28 Jahre		Regierungskabinettsmitglieder in Frankreich - Durchschnittsalter	Quelle: OECD 2018
55,8 Jahre		Durchschnittsalter von deutschen Selbstmördern im Jahre 2006	Quelle: destatis, 1 % aller Sterbenden
55,82 Jahre		Regierungskabinettsmitglieder in Israel - Durchschnittsalter	Quelle: OECD 2018
56 Jahre		Gesicherte Erdgas Reserven der globalen Gasvorkommen	Stand 2013, auf Basis R/P-Ratio
56 Jahre		Alter des deutschen Komponisten Ludwig van Beethoven bei seinem Tod im Jahre 1827	Für Elise, 9. Sinfonie, Oper Fidelio
56,17 Jahre		Regierungskabinettsmitglieder in Portugal - Durchschnittsalter	Quelle: OECD 2018
56,8 Jahre		Durchschnittsalter von deutschen Selbstmördern im Jahre 2011	Quelle: destatis, 1 % aller Sterbenden
57 Jahre		Durchschnittsalter von deutschen weiblichen Selbstmördern im Jahre 1980	Quelle: destatis, 6.662 Frauen
57 Jahre		Alter des italienischen Entdeckers Amerigo Vespucci bei seinem Tod im Jahre 1512	Amerika ist nach ihm benannt
57,43 Jahre		Regierungskabinettsmitglieder in der Schweiz - Durchschnittsalter	Quelle: OECD 2018
57,71 Jahre		Regierungskabinettsmitglieder in Chile - Durchschnittsalter	Quelle: OECD 2018
58 Jahre		Alter des englischen Schriftstellers Charles Dickens bei seinem Tod im Jahre 1870	Werke: David Copperfield und Oliver Twist
58 Jahre		Alter des Beatles Musikers George Harrison bei seinem Tod im Jahre 2001	Komponist und Leadgitarrist
58 Jahre		Alter des Seefahrers Otto von Kotzebue bei seinem Tod im Jahre 1787	Umsegelte dreimal die Erde
58 Jahre	59 Jahre	Alter des Hunkpapa Lakota Häuptlings Sitting Bull bei seinem Tod im Jahre 1890 in den USA	Ungenaue Aufzeichnungen
59 Jahre		Durchschnittsalter von deutschen weiblichen Selbstmördern im Jahre 2006	Quelle: destatis, 2.540 Frauen
59 Jahre		Orang Utans Höchstalter	
59,77 Jahre		Regierungskabinettsmitglieder in Deutschland - Durchschnittsalter	Quelle: OECD 2018, fast 15 Jahre mehr als Island

Ausdehnung		Begriffliche Erfassbarkeit	Erläuterungen
von	bis		
< 60 Jahre		Alter von 50 % aller Bäume in rheinland-pfälzischen Staatswäldern	
< 60 Jahre		Alter von 66 % aller Fichten in rheinland-pfälzischen Staatswäldern	
< 60 Jahre		Alter von 75 % aller Lärchen in rheinland-pfälzischen Staatswäldern	
< 60 Jahre		Alter von 98 % aller Douglasien in rheinland-pfälzischen Staatswäldern	
60 Jahre		Altersgrenze deutscher Männer für Wehrpflicht im Verteidigungsfalle	§ 3 Abs. 5 WPflG
60 Jahre		Alter des tschechischen Komponisten Bedrich Smetana bei seinem Tod im Jahre 1884	Komponierte zuvor *Die Moldau*
60 Jahre		Alpenveilchen Höchstalter	
60 Jahre		Tannen blühen ab einem Alter von ...	
60 Jahre		Dauer von Ehejahren zur Diamantenen Hochzeit	
60 Jahre		Höchstalter für die Wählbarkeit zum Bürgermeister in Schleswig-Holstein	§ 57 Gemeindeordnung Schleswig-Holstein
60 Jahre		Höchstalter für die Wählbarkeit zum Landrat in Schleswig-Holstein	§ 43 Kreisordnung von Schleswig-Holstein
60 Jahre		Höchstalter in Deutschland für Zulassung als Notar	§ 6 Abs. 1 Bundesnotarordnung
60 Jahre		Mindestalter für Ablehnungsrecht der Übernahme einer Vormundschaft	§ 1786 BGB / in Deutschland
60 Jahre		Fischreiher und Gorillas Höchstalter	
60 Jahre		Trichlormonofluormethan CFCl3 - Mittlere Lebensdauer in Atmosphäre	FCKW und Treibhausgas
60 Jahre	70 Jahre	Hechte und Eulen Höchstalter	
60 Jahre	80 Jahre	Adler Höchstalter	
60 Jahre	80 Jahre	Schwarzerlen Umtriebszeit (wirtschaftlich nutzbares Holz) - im Alter ...	In der Forstwirtschaft
60 Jahre	80 Jahre	Birken Umtriebszeit (wirtschaftlich nutzbares Holz) - im Alter ...	In der Forstwirtschaft
60 Jahre	86 Jahre	Elefanten - maximale Lebenserwartung	
60 Jahre	100 Jahre	Riesenmuschel Höchstalter	
60 Jahre	100 Jahre	Douglasien Umtriebszeit (wirtschaftlich nutzbares Holz) - im Alter ...	In der Forstwirtschaft
60 Jahre	100 Jahre	Weißbuchen Umtriebszeit (wirtschaftlich nutzbares Holz) - im Alter ...	In der Forstwirtschaft
60 Jahre	120 Jahre	Alter von 33 % aller Bäume in rheinland-pfälzischen Staatswäldern	
60 Jahre	200 Jahre	Durchschnittliche Verweilzeit von Wasser in tieferen Zonen der Ozeane	Ab 150 Meter unter Wasserspiegel bis in Tiefe
> 60 Jahre		Alter einer per Definition *alten* Bevölkerung	Nach Veyret-Verner 1971
> 60 Jahre		Entwicklung von Plattenepithelzell-Karzinomen bei Menschen im Alter von ...	Krebs
60,59 Jahre		Regierungskabinettsmitglieder in Griechenland - Durchschnittsalter	Quelle: OECD 2018
61 Jahre		Alter des Komponisten Jacques Offenbach bei seinem Tod im Jahre 1880	Begründete zuvor die moderne Operette

Ausdehnung		Begriffliche Erfassbarkeit	Erläuterungen
von	bis		
61,28 Jahre		Regierungskabinettsmitglieder in den USA - Durchschnittsalter	Quelle: OECD 2018
61,84 Jahre		Regierungskabinettsmitglieder in Südkorea - Durchschnittsalter	Quelle: OECD 2018
62 Jahre		Kraniche und Strauße Höchstalter	
62 Jahre		Höchstalter für die Wahl als Bürgermeister in Brandenburg	§ 65 Abs. 2 Kommunalwahlgesetz
62,40 Jahre		Regierungskabinettsmitglieder in Japan - Durchschnittsalter	Quelle: OECD 2018
63 Jahre		Gesicherte Öl Reserven von Katar (2012) - für ...	Auf Basis R/P-Ratio
63 Jahre		Alter des Schauspielers Robin Williams bei seinem Suizid im Jahre 2014	Komiker, Film "Der Club der toten Dichter"
65 Jahre		Alter des deutschen Komponisten Johannes Brahms bei seinem Tod im Jahre 1897	
63 Jahre 7 Monate		Regentschaftszeit der Königin Victoria von Großbritannien und Irland	1837 - 1901, ab 1876 auch Kaiserin von Indien
63,63 Jahre		Verdoppelung der Weltbevölkerung bei aktueller Wachstumsrate	Rate: 1,1 %, Stand 2012
64 Jahre		Altersdurchschnitt aller Bäume in rheinland-pfälzischen Privatwäldern	Staatswälder-Ø: 83 Jahre
64 Jahre		Durchschnittliche Lebenserwartung von Männern im Mittelalter	Sofern Männer über 21 Jahre alt wurden
64 Jahre		Alter des deutschen Humanisten Karl Marx bei seinem Tod im Jahre 1883	Manifest der Kommunistischen Partei
65 Jahre		Durchschnittsalter der 400 reichsten US-Amerikaner	Laut FORBES Statistik
65 Jahre		Dauer von Ehejahren zur Eisernen Hochzeit	
65 Jahre		Mammuts und Kondore - Höchstalter	Kondore sind Neuweltgeier
65 Jahre		Gesicherte Erdölreserven der 17 größten Produzenten (2012) - für ...	Im Durchschnitt
65 Jahre		Dritter und letzter Backenzahn von Mammuts löste sich im 65. Lebensjahr	Damit war das Höchstalter erreicht
65 Jahre		Höchstalter für Wählbarkeit zum Bürgermeister in fast allen Bundesländern	In Deutschland
65 Jahre		Alter des italienischen Komponisten Giacomo Puccini bei seinem Tod im Jahre 1924	Opern La Bohème, Madama Butterfly, Tosca
65 Jahre		Einschlag von 36 Meteoriten in Sikhote Alin/Japan (Krater Ø 5-27 m) - vor ...	1947: Ausgehend vom Jahr 2012
65 Jahre	80 Jahre	Höheres Erwachsenenalter gemäß der Entwicklungspsychologie	Je nach Quelle
65 Jahre		Alter des deutschen Komponisten Johann Sebastian Bach bei seinem Tod im Jahre 1650	Goldberg-Variationen, Matthäus-Passion, Messen
65,6 Jahre		Gesicherte Erdgas Reserven von Australien (2009) - für ...	Auf Basis R/P-Ratio
66 Jahre		Alligatoren und Seeanemonen *Cereus* Höchstalter	
66 Jahre		Einleitung der 2. Stufe von Volksbegehren in Rheinland-Pfalz - alle ...	Zwischen 1946 und 2012
66 Jahre		Altersgrenze in deutscher Rentenversicherung für Geburtsjahrgänge 1958	Ab 2024
66,21 Jahre		Arbeitsaufwand der Firma EY Ltd. für Rechnungsabschluss 2020 der Deutschen Bank	EY berechnete der Bank 580.000 Arbeitsstunden
67 Jahre		Einleitung der 2. Stufe von Volksbegehren in Hessen - alle ...	Zwischen 1946 und 2012

Über die nahe Zukunft

Von 67 Jahre bis 40.000 Jahre

Ausdehnung		Begriffliche Erfassbarkeit	Erläuterungen
von	bis		
67 Jahre		Alter des italienischen Künstlers Leonardo da Vinci bei seinem Tod im Jahre 1519	Malte die Mona Lisa und das Abendmahl
67 Jahre		Regelaltersgrenze in Rentenversicherung für Geburtsjahrgänge ab 1964	Ab 2031 und gemäß § 35 SGB VI
67 Jahre		Höchstalter für Wählbarkeit zum Bürgermeister oder Landrat in Hessen	
68 Jahre		Uhus Höchstalter	
68 Jahre		Keimfähigkeit von Samen des Löwenzahns	Bei guter Lagerung
68 Jahre		Roter Fingerhut Samen - maximales Alter	Zur Keimfähigkeit aber keine Angaben
68 Jahre		Alter von Hannelore Kohl bei ihrem Suizid im Jahre 2001	War mit Bundeskanzler Helmut Kohl verheiratet
68,3 Jahre		Mittlere Lebenserwartung nicht hispanischer schwarzer US-Männer (Stand Juni 2020)	Zum Zeitpunkt ihrer Geburt
69 Jahre		Kolkraben Höchstalter	
69 Jahre		Regentschaftszeit von Queen Elizabeth II. vono Großbritannien und Nordirland	Stand 2021, zwischen 1952 und 2021
69 Jahre		Alter der britischen Frauenrechtlerin Emmeline Pankhurst bei ihrem Tod im Jahre 1928	Suffragette in England
70 Jahre		Alter des deutschen Mathematikers Gottfried Wilhelm Leibniz bei seinem Tod im Jahre 1716	Wegweisende Differential- und Integralrechnung
70 Jahre		Walhaie Höchstalter	
70 Jahre		Höchstalter für die Berufung in das Amt eines Schöffen	§ 33 Nr. 2 GVG / in Deutschland
70 Jahre		Nachweisbarkeit Dauer von Mineralölprodukten in Böden - bis ...	
70 Jahre		Demographischer Wandel in Deutschland - Dauer	In Großbritannien 200 Jahre
70 Jahre		Alter von Buffalo Bill bei seinem Tod im Jahre 1917 - Begründer vom US-Show Business	Bürgerlicher Name: William Frederick Cody
70 Jahre		Dauer von Ehejahren zur Gnadenhochzeit	
70 Jahre		Höchstalter für Tätigkeit als Notar in Deutschland	
70 Jahre		Schutzfrist für Urheberrecht von zu Lebzeiten veröffentlichenden Autoren	Recht erlischt 70 Jahren nach seinem Tod
70 Jahre	80 Jahre	Schätzalter des Salzwasserkrokodils Gomek bei seinem Tod im Jahre 1997	
70 Jahre	100 Jahre	Karpfen und Störche Höchstalter	Storche 22 Jahre durch Ringfunde erwiesen
70 Jahre	100 Jahre	Bücher und Handschriften aus säurehaltigem Papier - erwartete Haltbarkeit	Aus 19. und frühem 20. Jahrhundert
70 Jahre	100 Jahre	Grottenolme (Larve des Schwanzlurches) Höchstalter	
> 70 Jahre		Lebensalter von Pflegebedürftigen, die ins Altersheim umziehen	In Deutschland, im Durchschnitt
72 Jahre		Gesicherte Erdgas Reserven von Russland (2009) - für ...	Auf Basis R/P-Ratio
72 Jahre		Alter des US-Komponisten Leonard Bernstein bei seinem Tod im Jahre 1990	Komponierte die Musik zur West Side Story
72 Jahre		Regentschaftszeit des Sonnenkönigs Ludwig XIV. von Frankreich	Zwischen 1643 und 1715
73 Jahre		Lebensdauer (Ø) eines Menschen - global	Im Jahre 2011 - Rekord: 122 Jahre

Ausdehnung		Begriffliche Erfassbarkeit	Erläuterungen
von	bis		
73 Jahre		Alter des britischen Naturwissenschaftlers Charles Darwin bei seinem Tod im Jahre 1882	Werk: Über die Entstehung der Arten
73 Jahre		Alter des US-Musikers James Brown bei seinem Tod im Jahre 2006	Godfather of Soul
74 Jahre		Lebenserwartung (Ø) einer europäischen Frau, die raucht	8 Jahre weniger als bei Nichtrauchern
74 Jahre		Alter von Georg Friedrich Händel bei seinem Tod im Jahre 1759	Wasser- und Feuerwerksmusik, Messiah, Opern
75 Jahre		Alter der deutschen Frauenrechtlerin Clara Zetkin bei ihrem Tod im Jahre 1933	Konferenz sozialistischer Frauen gegen den Krieg
75 Jahre		Dauer von Ehejahren zur Kronjuwelen Hochzeit	Häufig der höchste Zielgrad von Ehejahren
75 Jahre		Herzschrittmacher Erstimplantation - Durchschnittsalter der Patienten	In Deutschland
75 Jahre		Alterdurchschnitt aller Bäume in deutschen Staatswäldern	
75 Jahre	76 Jahre	Siderische Umlaufzeit des Halley'schen Kometen	Nächstes Erscheinen im Jahre 2061
75 Jahre	200 Jahre	Verschlusszeit von Atommüll-Lagerplätzen durch Steinsalz im WIPP / USA	Waste Isolation Pilot Plant
75,1 Jahre		Mittlere Lebenserwartung US-amerikanischer Männer (Stand 1. Halbjahr 2020)	Zum Zeitpunkt ihrer Geburt
75,8 Jahre		Mittlere Lebenserwartung nicht hispanischer schwarzer US-Frauen (Stand 1. Halbjahr 2020)	Zum Zeitpunkt ihrer Geburt
76 Jahre		Alter des Schweizer Mathematikers Leonhard Euler bei seinem Tod im Jahre 1783	Die Eulersche Zahl e ≈ 2,71828
76 Jahre		Gesicherte Erdöl Reserven von Libyen (2012) - für ...	Auf Basis R/P-Ratio
76 Jahre		Alter des Generalfeldmarschalls Gebhard Leberecht von Blücher bei seinem Tod	Im Jahre 1819, vier Jahre nach Waterloo
76,3 Jahre		Mittlere Lebenserwartung US-amerikanischer Männer (Stand 2019)	Zum Zeitpunkt ihrer Geburt
76,6 Jahre		Mittlere Lebenserwartung US-hispanischer Männer (Stand 1. Halbjahr 2020)	Zum Zeitpunkt ihrer Geburt
77 Jahre		Alter des italienischen Wissenschaftlers Galileo Galilei bei seinem Tod im Jahre 1642	Der 'Vater' der modernen Wissenschaft
77 Jahre		Alter des österreichischen Komponisten Franz Joseph Haydn bei seinem Tod im Jahre 1809	Komponist der Wiener Klassik
77,8 Jahre		Mittlere Lebenserwartung der Bevölkerung in den USA (Stand 1. Halbjahr 2020)	Zum Zeitpunkt ihrer Geburt
78 Jahre		Alter des Physikers Albert Einstein bei seinem Tod im Jahre 1955	
78 Jahre		Alter von Mohandas Karamchand Mahatma Gandhi bei seinem Tod im Jahre 1948	Trug wesentlich zur Unabhängigkeit Indiens bei
78 Jahre		Alter der französischen Frauenrechtlerin Simone de Beauvoir bei ihrem Tod im Jahre 1986	Werke: Das andere Geschlechte, Briefe an Sartre
78,04 Jahre		Mittlere Lebenserwartung von deutschen Männern (Stand 2013)	Zum Zeitpunkt ihrer Geburt
78,1 Jahre		Mittlere Lebenserwartung nicht hispanischer schwarzer US-Frauen (Stand 2019)	Zum Zeitpunkt ihrer Geburt
78,8 Jahre		Mittlere Lebenserwartung der Bevölkerung in den USA (Stand 2019)	Zum Zeitpunkt ihrer Geburt
79 Jahre		Durchschnittliche Lebenserwartung einer europäischen Frau	Im Jahre 2011
80 Jahre		Nachtkerzen Samen Höchstalter	Zur Keimfähigkeit aber keine Angaben
80 Jahre		Alter der Frau in Gotha, bei deren Folter Richter und Beisitzer 18 Liter Wein tranken ...	... und 26 Humpen Bier - 1640, Hexenverfolgung

Ausdehnung		Begriffliche Erfassbarkeit	Erläuterungen
von	bis		
80 Jahre		Eberesche Höchstalter	
80 Jahre		Alter der deutschen Universalgelehrten Hildegard von Bingen bei ihrem Tod im Jahre 1179	Heilig gesprochen am 10. Mai 2012
80 Jahre		Dauer von Ehejahren zur Eichenhochzeit	
80 Jahre		Alter von Siddhartha Gautama Buddha bei seinem Tod im Jahre 483 vor Christus	Inspirator für den Buddhismus
80 Jahre		Alter des Regisseurs Alfred Hitchcock bei seinem Tod im Jahre 1980	Filme: Psycho, Über den Dächern von Nizza
80 Jahre		Spanisch-Niederländischer Krieg um niederländische Unabhängigkeit - Dauer	1568 - 1648
80 Jahre	85 Jahre	Datenhaltbarkeit auf gepressten Blu-ray Discs	Vermutet und gemäß Herstellerangaben
80 Jahre	120 Jahre	Sonnenfleckenzyklus Dauer - Gleissberg-Zyklus - alle ...	Zwischen Min. und Max. liegen 40 bis 45 Jahre
80 Jahre	140 Jahre	Waldkiefern Umtriebszeit (wirtschaftlich nutzbares Holz im Alter von ...)	In der Forstwirtschaft
80 Jahre	140 Jahre	Rotbuchen Umtriebszeit (wirtschaftlich nutzbares Holz im Alter von ...)	Wirtschaftliche Nutzbarkeit
> 80 Jahre		Hohes Alter - laut Definition in der Entwicklungspsychologie	Für Menschen
80,29 Jahre		Lebenserwartung bei Geburt der Bevölkerung in Großbritannien (Stand 2013)	Länderrang 30
80,30 Jahre		Lebenserwartung bei Geburt der Bevölkerung in Jordanien (Stand 2013)	Länderrang 29
80,32 Jahre		Lebenserwartung bei Geburt der Bevölkerung in Deutschland (Stand 2013)	Länderrang 28
80,44 Jahre		Lebenserwartung bei Geburt der Bevölkerung in Norwegen und Irland	Länderrang 26 und 27
80,5 Jahre		Mittlere Lebenserwartung US-amerikanischer Frauen (Stand 1. Halbjahr 2020)	Zum Zeitpunkt ihrer Geburt
80,82 Jahre		Lebenserwartung bei Geburt der Bevölkerung in Neuseeland (Stand 2013)	Länderrang 25
81 Jahre		Gesicherte Erdöl Reserven von Saudi Arabien (2012) - für ...	Auf Basis R/P-Ratio
> 81 Jahre		Alter von Bäumen der 5. Altersklasse - gemäß Säge- und Holzindustrie	In Deutschland
81,17 Jahre		Lebenserwartung bei Geburt der Bevölkerung in Israel (Stand 2013)	Länderrang 18
81,4 Jahre		Mittlere Lebenserwartung US-amerikanischer Frauen (Stand 2019)	Zum Zeitpunkt ihrer Geburt
82 Jahre		Alter des englischen Wissenschaftlers Isaac Newton bei seinem Tod im Jahre 1726	Werk: Principia Mathematica
82 Jahre		Alter des Universalgenies Johann Wolfgang von Goethe bei seinem Tod im Jahre 1832	Werk: Die Leiden des jungen Werthers
82,72 Jahre		Mittlere Lebenserwartung einer deutschen Frau liegt bei 30.200 Tagen	Im Jahre 2011 - 5 Jahre länger als der Mann
81,95 Jahre		Lebenserwartung bei Geburt der Bevölkerung in Italien (Stand 2013)	Länderrang 11
82,19 Jahre		30.000 Tage	
83 Jahre		Alterdurchschnitt aller Bäume in rheinland-pfälzischen Staatswäldern	Bundesdurchschnitt: 8 Jahre weniger
83 Jahre		Alter des österreichischen Psychologen Sigmund Freud bei seinem Tod im Jahre 1939	Begründer der Psychoanalyse
83 Jahre		Alter des französischen Schriftstellers Voltaire bei seinem Tod im Jahre 1778	Werk: Candide oder der Optimismus

Ausdehnung		Begriffliche Erfassbarkeit	Erläuterungen
von	bis		
83 Jahre		Alter des britischen Feldherrn Duke of Wellington bei seinem Tod im Jahre 1852	Tod 37 Jahre nach seiner Schlacht bei Waterloo
84 Jahre		Sonnenumlaufbahn des Uranus	
84 Jahre		Alter des spanischen Künstlers Pablo Picasso bei seinem Tod im Jahre 1973	Bilder: Guernica und Les Demoiselles d'Avignon
84,4 Jahre		Durchschnittliche Lebenserwartung der Bewohner Macaos (Stand 2013)	Zweithöchster Landeswert weltweit
85 Jahre		Globale Uran-Reserven bei aktueller Nutzungsrate (Stand 2014)	
85 Jahre		Dauer von Ehejahren zur Engelshochzeit	In den USA Moonstone-Hochzeit
86 Jahre	87 Jahre	Alter des Oglala Lakota Häuptlings Red Cloud (Mahpiya Luta) bei seinem Tod im Jahre 1909	Ungenaue Aufzeichnungen
88 Jahre		Aale Höchstalter	
90 Jahre		Warmzeit Dauer in Europa zwischen 1850-1940	
90 Jahre		Demographischer Wandel in den Niederlanden - Dauer	In Großbritannien 200 Jahre
90 Jahre		Rotbuchen Durchschnittsalter in Rotbuchen-Urwaldbeständen	
90 Jahre		Dauer von Ehejahren zur Marmorhochzeit	
90 Jahre		Alter des britischen Politikers Sir Winston Churchill bei seinem Tod im Jahre 1965	Premierminister Großbritanniens im 2. Weltkrieg
90 Jahre		Schneeschuhhasen Fangaufzeichnungen Dauer der Hudsons Bay Company	Grundlage für die erste Lotka-Volterra-Regel
90 Jahre	130 Jahre	Tannen Umtriebszeit (wirtschaftlich nutzbares Holz im Alter von ...)	In der Forstwirtschaft
95 Jahre		Alter von Nelson Mandela bei seinem Tod im Jahre 2013	Anti-Apartheid-Revolutionär und Staatspräsident
95,5 Jahre		Gesicherte Erdgas Reserven von Saudi Arabien (2009) - für ...	Auf Basis R/P-Ratio
97 Jahre		Gesicherte Kohle Reserven der EU im Durchschnitt (2012) - für ...	Auf Basis R/P-Ratio
99 Jahre		Alter von Prinz Philip bei seinem Tod im Jahre 2021	Ehemann der britischen Queen Elisabeth II.
99 Jahre		Alter des deutschen Boxers Max Schmeling bei seinem Tod im Jahre 2005	Berühmte Boxkämpfe gegen Joe Louis (USA)
100 Jahre		Ein Jahrhundert - Dauer	Auch Hektode (gr.) oder Centennium genannt
100 Jahre		Bambusblüte alle 100 Jahre (zuletzt 80'er Jahre in China)	Danach stirbt die Blüte ab
100 Jahre		Keimfähigkeit von Samen des Wiesenklees	Bei guter Lagerung
100 Jahre		Entwicklungsdauer von 1 cm (Mutter-) Boden in feuchten Mittelbreiten	zum Beispiel in Deutschland
100 Jahre		Kobalt Bodenschätze Reserven im Jahre 2012 - geschätzt	27 % Verwendung für Batterien
100 Jahre		Flussperlmuscheln, Kakadus, Esel und Wale Höchstalter	
100 Jahre		Paroxysmale Vulkanausbrüche - alle ... - im globalen Maßstab	Beispiel: Mount St. Helens
100 Jahre		Kolossale Vulkanausbrüche - alle ... - im globalen Maßstab	Beispiel: Krakatau
100 Jahre		Brillenkaimane und Brückenechsen Höchstalter	

Ausdehnung		Begriffliche Erfassbarkeit	Erläuterungen
von	bis		
100 Jahre		Schattenschlaf Dauer von Tannen - bis zu ...	
100 Jahre		Versauerung der Ozeane um 0,1 pH - in den letzten ...	Logarithmische Berechnung
100 Jahre		Welwitchia Blätter Lebensdauer	Immergrünes Gewächs
100 Jahre		Messgenauigkeit Toleranz bei der Radiokarbonmethode	
100 Jahre		Dauer von Ehejahren zur Himmelshochzeit	
100 Jahre		Silberwurz Höchstalter	
100 Jahre		Zukünftige Versauerung der Ozeane um 0,3 - 0,4 pH - in den nächsten ...	Korallen leben bei 7,8 - 8,1 pH
100 Jahre		Verweildauer von Wassermolekülen in Hydrosphäre (Meere und Flüsse)	
100 Jahre		Biologische Halbwertszeit von Plutonium in menschlichen Knochen	
100 Jahre		Verweildauer von Wassermolekülen in Pedosphäre (Böden)	
100 Jahre		Abschwächung des Erdmagnetfelds um 6 % in letzten ...	
100 Jahre		Turnus des heiligen Jubeljahres (in den Jahren 1300 - 1475 n. Chr.) - alle ...	Annus iubilaeus, schemat hajobel
100 Jahre	140 Jahre	Winterlinden Umtriebszeit (wirtschaftlich nutzbares Holz im Alter von ...)	
100 Jahre	140 Jahre	Eschen Umtriebszeit (wirtschaftlich nutzbares Holz im Alter von ...)	In der Forstwirtschaft
100 Jahre	140 Jahre	Lärchen Umtriebszeit (wirtschaftlich nutzbares Holz im Alter von ...)	In der Forstwirtschaft
100 Jahre	400 Jahre	Filme auf Zelluloid bzw. Zellulosenitrat - erwartete Haltbarkeit	
100 Jahre	500 Jahre	Dauer bis Unterflächenwasser des Golfstroms zum Pazifik geflossen ist	
100 Jahre	500 Jahre	Vermehrungsrate einiger unterirdischer lithoautotropher Mikroorganismen	Zellteilung nur alle 100-500 Jahre
100 Jahre	1.000 Jahre	Charakteristische Reaktionszeit im Klimasystem Ozean	Tiefenwasser bleibt viele Jahre quasi unverändert
100 Jahre	1.000 Jahre	Eruptionswiederholungen im Pazifik - Periodisch alle ...	
100 Jahre	1.000 Jahre	Mineralisierungsrate von Stickstoff in Tundraböden bei jährlich 2 Tonnen pro Hektar	
> 100 Jahre		Gesicherte Erdgas Reserven vom Iran und Papua-Neuguinea (2009) - für ...	Auf Basis R/P-Ratio
> 100 Jahre		Schiffswracks sind gemäß UNESCO Definition *archäologisch* relevant ...	... ab Sink Zeitpunkt von ...
> 100 Jahre		Gesicherte Erdgas Reserven von Katar, Kuwait und Irak (2009) - für ...	Auf Basis R/P-Ratio
> 100 Jahre		Gesicherte Erdgas Reserven von Turkmenistan und Nigeria (2009) - für ...	Auf Basis R/P-Ratio
> 100 Jahre		Gesicherte Erdgas Reserven von Venezuela (2009) - für ...	Auf Basis R/P-Ratio
> 100 Jahre		Datenhaltbarkeit auf gepressten DVDs	Vermutet und gemäß Herstellerangaben
> 100 Jahre		Gesicherte Erdgas Reserven der Vereinigten Arabischen Emirate - für ...	Auf Basis R/P-Ratio
> 100 Jahre		Lebensfähigkeit von Diasporen der Kleinblütigen Königskerze in Böden	Kivilaan und Bandurski (1981)

Ausdehnung		Begriffliche Erfassbarkeit	Erläuterungen
von	bis		
101 Jahre		Aasgeier Höchstalter	
101 Jahre		Gesicherte Erdöl Reserven vom Iran (2012) - für ...	Auf Basis R/P-Ratio
103 Jahre		Gesicherte Kohle Reserven von Indien (2012) - für ...	Auf Basis R/P-Ratio
104 Jahre		Gelbbrust-Aras - maximale Lebenserwartung	Papageien in Südamerika
105 Jahre		Maximales Probenalter für Tritium Altersbestimmungsmethode	Tritium ist überschwerer Wasserstoff
109,59 Jahre		40.000 Tage	Isochrone = Linie gleicher Fließzeit
114,155 Jahre		Eine Million Stunden	
116 Jahre		Hundertjähriger Krieg zwischen England und Frankreich - Dauer	Zwischen 1337 und 1453
116 Jahre	200 Jahre	Lachgas - Verweildauer in der Atmosphäre (Treibhausgas)	Distickstoffoxid, vol. 0,25 - 0,31 ppm
117 Jahre 189 Tage		Alter des sechstältesten Menschen der Welt, der jemals lebte (Stand 2021)	Gemäß wissenschaftlicher Zertifizierung
117 Jahre 230 Tage		Alter des fünftältesten Menschen der Welt, der jemals lebte (Stand 2021)	Gemäß wissenschaftlicher Zertifizierung
117 Jahre 260 Tage		Alter des viertältesten Menschen der Welt, der jemals lebte (Stand 2021)	Gemäß wissenschaftlicher Zertifizierung
118 Jahre		Gänsegeier und Krähen Höchstalter	
118 Jahre		Gesicherte Kohle Reserven von Südafrika (2012) - für ...	Auf Basis R/P-Ratio
118 Jahre 43 Tage		Alter des dritttältesten Menschen der Welt, der jemals lebte (Stand 2021)	Gemäß wissenschaftlicher Zertifizierung
119 Jahre 97 Tage		Alter des zweitältesten Menschen der Welt, der jemals lebte (Stand 2021)	Gemäß wissenschaftlicher Zertifizierung
120 Jahre		Birken, Haselnussbäume und Sumpfschildkröten Höchstalter	
120 Jahre		CO2 Verweildauer in der Atmosphäre	
120 Jahre		Fichten - maximale Umtriebszeit (wirtschaftlich nutzbares Holz im Alter von ...)	Bis zum Alter von ...
120 Jahre	140 Jahre	Bergahorn Umtriebszeit (wirtschaftlich nutzbares Holz im Alter von ...)	In der Forstwirtschaft
120 Jahre	140 Jahre	Spitzahorn Umtriebszeit (wirtschaftlich nutzbares Holz im Alter von ...)	In der Forstwirtschaft
120 Jahre	140 Jahre	Ulmen Umtriebszeit (wirtschaftlich nutzbares Holz im Alter von ...)	In der Forstwirtschaft
> 120 Jahre		Alter von 10 % aller Bäume in rheinland-pfälzischen Staatswäldern	
> 120 Jahre		Alter von 20 % aller Kiefern in rheinland-pfälzischen Staatswäldern	Ökologisch wertvolles Altholz
121 Jahre		Gesicherte Erdöl Reserven von Kuwait (2012) - für ...	Auf Basis R/P-Ratio
122 Jahre 164 Tage		Alter des ältesten Menschen der Welt, der jemals lebte (Stand 2021)	Gemäß wissenschaftlicher Zertifizierung
125 Jahre		Wachstumsrate der Menschheit von 1 auf 2 Milliarden Individuen	Zwischen 1804 und 1927
130 Jahre		Weinstöcke Höchstalter	
130 Jahre		Sonnenenergie Zunahme seit 1880: + 0,5 % - in den letzten ...	

Ausdehnung		Begriffliche Erfassbarkeit	Erläuterungen
von	bis		
130 Jahre		Kohlendioxid CO2 Zunahme seit 1880: + 33 % - in den letzten ...	
132 Jahre		Besatzungszeit Algeriens durch Frankreich	1830 - 1962
136,99 Jahre		50.000 Tage	Isochrone = Linie gleicher Fließzeit
137 Jahre	188 Jahre	Landschildkröten Höchstalter	Viele verschiedene Quellen
144 Jahre		Einer der vier Rhythmen des Kumbh Mela-Festes am Ganges - alle ...	In Indien
146 Jahre		Fasste man die Erdgeschichte in 1 Jahr, entspräche jede Sekunde ...	Erdalter ist 4,6 Milliarden Jahre
150 Jahre		Lebensdauer eines Feldahorn Baumes	
150 Jahre		Lebensdauer eines Granatbarschs (Kaiserbarsch = Orange Roughy)	
150 Jahre		Haftstrafe für Finanzguru Bernard L. Madoff in den USA	Verurteilung 2009, Tod 2021
150 Jahre		Zitterpappeln und Salweiden Höchstalter	
150 Jahre	300 Jahre	Hainbuchen Höchstalter	300 Jahre eher extrem
150 Jahre	500 Jahre	Bergahorn Höchstalter	Im Gebirge bis 500, normal 150 Jahre
150 Jahre		Elefantenschildkröten Höchstalter	
152 Jahre		Störe Höchstalter	
156 Jahre		Gesicherte Öl Reserven der Vereinigten Arabischen Emirate (2012) - für ...	Auf Basis R/P-Ratio
160 Jahre		Zyklusdauer im attischen 160-Jahres-Kalender	Im antiken Athen
163 Jahre		Gesicherte Öl Reserven vom Irak (2012) - für ...	Auf Basis R/P-Ratio
165 Jahre		Sonnenumlaufbahn des Neptuns	
175 Jahre		Jupiter + Saturn + Neptun + Uranus stehen in einer Reihe - alle...	Deswegen 1977 Voyager Mission der NASA
176 Jahre		Galápagos-Riesenschildkröte - maximale Lebenserwartung	
178 Jahre		Gesicherte Erdöl Reserven von Kanada (2012) - für ...	Auf Basis R/P-Ratio
180 Jahre		Spitzahorn Höchstalter	
180 Jahre	300 Jahre	Eichen Umtriebszeit (wirtschaftlich nutzbares Holz im Alter von ...)	In der Forstwirtschaft
184 Jahre		Gesicherte Kohle Reserven von Australien (2012) - für ...	Auf Basis R/P-Ratio
< 200 Jahre		Zersetzungsdauer mitteleuropäischer Laubbäume	u. a. durch Mikroorganismen
200 Jahre		Apfelbäume und Bergahorn Höchstalter	
200 Jahre		Demographischer Wandel in Großbritannien - Dauer	In Deutschland nur 70 Jahre
200 Jahre		Keimfähigkeit von Samen der Kartoffel	Bei guter Lagerung
200 Jahre	250 Jahre	Eichen Wurzelstöcke - maximales Alter	Lohhecken

Ausdehnung		Begriffliche Erfassbarkeit	Erläuterungen
von	bis		
200 Jahre	300 Jahre	Brände in Fichtenbeständen - alle ...	Im 20. Jahrhundert Europas
200 Jahre	20.000 Jahre	Verweildauer/Residenzzeit von Grundwasser	Im Durchschnitt
> 200 Jahre		Saguaro Kakteen *Carnegiea gigantea* - maximales Alter	
208 Jahre		Sonnenflecken Aktivität Dauer - Seuss-Zyklus als charakteristischer Zyklus	Auch de Fries Zyklus oder Zyklus 208a
211 Jahre	400 Jahre	Grönlandwale - maximale Lebenserwartung	Je nach Quelle
216 Jahre		Gesicherte Kohle Reserven von Deutschland (2012) - für ...	Auf Basis R/P-Ratio
230 Jahre		Populationsdynamische Rhythmusdauer an Eisbergfriedhöfen (Antarktis Kontinentalsockel)	Eisberge zerstören Leben & Wiederbesiedelung
239 Jahre		Gesicherte Kohle Reserven der USA (2012) - für ...	Auf Basis R/P-Ratio
247 Jahre 256 Tage		Sonnenumlaufbahn des Plutos	
250 Jahre		Kleine Eiszeit Dauer zwischen 1450-1700 - Wikinger konnten sich nicht halten	
250 Jahre		Keimfähigkeit von Samen der Indischen Lotusblume - bei guter Lagerung	Alte Funde weisen darauf hin
272 Jahre	500 Jahre	Grönland Haie Alter	Studie Nielsen et al.
276 Jahre		Vorsprung des Äthiopischen Kalenders vor dem Koptischen Kalender	
290 Jahre		Gesicherte Kohle Reserven von Kasachstan (2012) - für ...	Auf Basis R/P-Ratio
298 Jahre		Spanne zwischen Fallschirm-Skizze da Vincis und dem Pioniersprung von L.S. Lenormand	1485 bis 1783
300 Jahre		Warmzeit Dauer in Europa zwischen 950-1250: Weniger Meereis	Kathedralenbau und Reichtum
300 Jahre		Trockenzeit Dauer in Südamerika, Mexiko und USA - gleichzeitig	Kollaps der Kulturen (Mayas etc.)
300 Jahre		Birnbäume Höchstalter	
300 Jahre		Cadmium Verlagerungsdauer für 50 cm Wegstrecke in neutralen Böden	Saure Böden: 10 Jahre
300 Jahre		Rotbuchen Höchstalter	Normal 200-250 Jahre
300 Jahre	500 Jahre	Feuerrotation in feuchteren Gebieten Alaskas und Kanadas	Zeitraum zwischen zwei Feuerereignissen
300 Jahre	70.000 Jahre	Altersbestimmung mithilfe der Radiokarbonmethode - Objektalter organischer Materialien	^{14}C-Methode
310 Jahre	1.500 Jahre	Halbwertszeit von Kupfer in Böden	Nach Bowen und Schaumann
330 Jahre		Verflüchtigung letzter radioaktiver Tschernobyl Strahlung - in ...	Bzgl. Cäsium 137 - Stand 2013
350 Jahre		Abbau Dauer von Nadelbaumstreu in Taiga Zonen	
356 Jahre		Fermat Theorem - Dauer bis Mathematiker es bewiesen hatten	Theorem: 1637. Beweis: 1993.
387 Jahre		Gesicherte Erdöl Reserven von Venezuela (2012) - für ...	Auf Basis R/P-Ratio
400 Jahre		Turnus des bürgerlich gregorianischen Kalenders	Kalender Neubeginn alle 400 Jahre
400 Jahre		Verweilzeit von Wasser im Baikalsee	

Ausdehnung		Begriffliche Erfassbarkeit	Erläuterungen
von	bis		
400 Jahre		Kirschbäume, Hundsrosen und Walnussbäume Höchstalter	
400 Jahre		Ausfall von Schaltjahren - alle ...	
400 Jahre		Wikinger Besiedelung vom warmen Grönland - Dauer	982 n.Chr. bis 15. Jahrhundert
400 Jahre		500 Millionen Menschen lebten auf der Erde - vor ...	400 Millionen mehr als 1 nach Chr.
400 Jahre	11.000 Jahre	Populationswachstum der Menschheit liegt bei 0,03 % pro Jahr	
432 Jahre		Halbwertszeit vom Isotop Americium Am-241 - in Rauchmeldern	Erzeugt α-Partikel. Zerfall in Neptunium-237
440 Jahre		Efeu Höchstalter	
467 Jahre		Gesicherte Kohle Reserven der Ukraine (2012) - für ...	Auf Basis R/P-Ratio
471 Jahre		Gesicherte Kohle Reserven von Russland (2012) - für ...	Auf Basis R/P-Ratio
500 Jahre		Waldkiefern in schwedischen Wäldern haben mindestens einmal gebrannt ...	... in den letzten 500 Jahren
500 Jahre		Altersbestimmung mithilfe der Argon-Argon-Methode - Objektalter ab ...	
500 Jahre		Wacholder, Tannen und Ulmen Höchstalter	
500 Jahre	600 Jahre	Welwitschia Höchstalter	Oder 2.000 Jahre - siehe Extrapolation
500 Jahre	1.000 Jahre	Verweildauer von Quecksilber in Böden	Nach Bowen
> 500 Jahre		Islandmuscheln - maximales Alter	
512,4 Jahre		Siderische Umlaufzeit des großen Kometen von 1843	
532 Jahre		Rhythmus des julianischen Kalenders	Kalender Neubeginn alle 532 Jahre
600 Jahre		Europäische Lärche *Larix decidua* Höchstalter	
600 Jahre		Alter von Noah zum Zeitpunkt des Sintflut Beginns	Gemäß Bibelangaben
600 Jahre		Kriechender Hahnenfuß Samen - maximales Alter (Fund unter Haus)	Zur Keimfähigkeit keine Angaben
600 Jahre		Weißklee Samen - maximales Alter (Fund unter Kirche)	Zur Keimfähigkeit keine Angaben
632 Jahre		Bauzeit Kölner Dom	1248 - 1880
642 Jahre		Waldkiefern Höchstalter	Normal 200 bis 300 Jahre
700 Jahre		Verdoppelung der Bevölkerung Deutschlands bei aktueller Wachstumsrate - in ...	Rate: 0,1 %, Stand 2012
700 Jahre		Ölbäume und Edelkastanien - Höchstalter	
740 Jahre	5.900 Jahre	Verweildauer von Blei in Böden	Nach Iimura et al.
800 Jahre		Kohleabbau - seit ...	Seit dem 13. Jahrhundert
802 Jahre		Dänemarks Staatsflagge ist dieselbe seit ... (Stand 2021)	Seit 1219, älteste Flagge der Welt
833 Jahre		Dauer zwischen Tod und Heiligsprechung der Universalgelehrten Hildegard von Bingen	1179 und 2012

Ausdehnung		Begriffliche Erfassbarkeit	Erläuterungen
von	bis		
< 1.000 Jahre		Bildungszeitraum von Auenböden nach vermehrten Rodungen in Mittelgebirgen	Abgespült und sedimentiert
1.000 Jahre		Ein Jahrtausend = tausend Jahre (TJ)	Auch *Millenium* genannt
1.000 Jahre		ka lautet eine Abkürzung für 1.000 Jahre (kiloannum)	k = kilo = 1.000
1.000 Jahre		kyr lautet eine Abkürzung für 1.000 Jahre	k = kilo = 1.000
1.000 Jahre		Eichen Höchstalter	
1.000 Jahre		Super kolossale Vulkanausbrüche - alle ... - im globalen Maßstab	Beispiel: Tambora in Indonesien
1.000 Jahre		Klimaoptimum in den letzten 1.000 Jahren	1998 wärmstes Jahr seit 1.000 Jahren
1.000 Jahre		Einschlag eines Meteoriten in Sobolev/Russland (Krater Ø 53 Meter) - vor ...	46° 18′ N, 137° 52′ O, Asien
1.000 Jahre		Dauer für vertikale Durchmischung von Ozeanwasser	Pro durchschnittliche Wassersäule
1.000 Jahre		Erste menschliche Besiedelung Neuseelands - vor etwa ...	Eine Quelle gibt das Jahr 1280 an
1.000 Jahre		Rotbuchen - maximale Verbreitung in Mitteleuropa - vor ...	Im Mittelalter
1.000 Jahre		Einschlag eines Meteoriten in Haviland/Kansas (Krater Ø 15 Meter) - vor ...	37° 35′ N, 099° 10′ W
1.000 Jahre	3.000 Jahre	Verweildauer von Arsen, Nickel, Selen und Zink in Böden	Nach Bowen
1.000 Jahre	3.000 Jahre	Durchschnittliche Verweilzeit von Wasser in tiefen Schichten der Ozeane	Bis 150 Meter unter Wasserspiegel
1.000 Jahre	10.000 Jahre	Eruptionswiederholungen im Atlantik - Periodisch alle ...	
1.000 Jahre	30.000 Jahre	Mittelmeer Verdunstungsaustrocknung - gäbe es keine Zuflüsse - in ...	Diverse Quellen, siehe auch 5 MJ
1.000 Jahre	100.000 Jahre	Charakteristische Reaktionszeit im Klimasystem Inland-Eis	
1.000 Jahre	500.000 Jahre	Altersbestimmung mithilfe der Uran-Thorium-Methode - Objektalter	^{234}U wird zu ^{230}Th
1.000 Jahre	5.000.000 Jahre	Altersbestimmung mithilfe der Sauerstoff-Isotopen-Methode - Objektalter	
> 1.000 Jahre		Winterlinden Höchstalter	
> 1.000 Jahre		Argon - Verweildauer in der trockenen aerosolfreien Atmosphäre	Beständiges Hauptgas, vol. 0,93 %
> 1.000 Jahre		Helium - Verweildauer in der trockenen aerosolfreien Atmosphäre	Beständiges Spurengas, vol. 5,24 ppm
> 1.000 Jahre		Krypton - Verweildauer in der trockenen aerosolfreien Atmosphäre	Beständiges Spurengas, vol. 1,14 ppm
> 1.000 Jahre	3 MJ	Neon - Verweildauer in der Atmosphäre (Treibhausgas)	Beständiges Spurengas, vol. 18,18 ppm
> 1.000 Jahre		Sauerstoff - Verweildauer in der trockenen aerosolfreien Atmosphäre	Beständiges Hauptgas, vol. 20,95 %
> 1.000 Jahre		Stickstoff - Verweildauer in der trockenen aerosolfreien Atmosphäre	Beständiges Hauptgas, vol. 78,08 %
> 1.000 Jahre		Xenon - Verweildauer in der trockenen aerosolfreien Atmosphäre	Beständiges Spurengas
> 1.000 Jahre		Lagerdauer abgesunkenen Meeresschnees in 2-3 km Meerestiefe	Große Kohlenstoff Reservoirs
1.100 Jahre		Fichten Höchstalter	

Ausdehnung		Begriffliche Erfassbarkeit	Erläuterungen
von	bis		
1.100 Jahre		Einschlag eines Meteoriten in Whitecourt/Alberta (Krater Ø 36 Meter) - vor ...	54° 00′ N, 115° 36′ W
1.200 Jahre		Zirbelkiefern/Arven Höchstalter	
1.200 Jahre	1.400 Jahre	Erste Besiedelung der Cook-, Gesellschafts- und Marquesas-Inseln - vor ...	
1.200 Jahre	1.700 Jahre	Trockenzeit Periode in Eurasien, Völker wandern westwärts Richtung Europa - vor ...	300 - 800 n. Chr.
1.300 Jahre		Platanen Höchstalter	
1.379 Jahre		Halbwertszeit der langlebigsten Variante vom radioaktiven Element Berkelium (BK)	Aus BK247 wird Americium-243
1.400 Jahre		Freie Männer tragen fast immer ein Schwert oder Degen - Brauchdauer in Deutschland	Zwischen den Jahren 400 bis 1800
1.500 Jahre		Fließdauer von Wasser im thermohalinen Kreislauf von Nordatlantik in Pazifik	Temperatur und Salz als Impulsfaktoren
1.500 Jahre		Sonnenfleckenzyklus Dauer - 1.500-Jahreszyklus	Dansgaard–Oeschger Ereignis
1.500 Jahre		Entwicklungszeit von Stonehenge nahe Amesbury im heutigen England	Zwischen 5.100 bis 3.600 Jahren vor heute
1.602 Jahre		Halbwertszeit vom Radium Isotop Ra-226	
1.616 Jahre	5.150 Jahre	Hochkultur in Ägypten - vor ...	Bis 395 n. Chr.
1.700 Jahre		Feldspark Samen - maximales Alter (Fund unter Gebäudefundament)	Zur Keimfähigkeit keine Angaben
1.700 Jahre		Lebensfähigkeit von Diasporen des Weißen Gänsefußes in Böden	Forscherarbeit von Odum (1965)
1.700 Jahre	3.000 Jahre	Verweildauer von Wasser in Ozeanen	Phase im hydrologischen Kreislauf
1.800 Jahre		Eiben Höchstalter	
1.900 Jahre		Linden Höchstalter	
1.962 Jahre		270 Millionen Menschen lebten auf der Erde - vor ...	Gemäß Julius Beloch - Stand 2016
1.962 Jahre		54 Millionen Menschen lebten im Römischen Reich - vor ...	Gemäß Julius Beloch - Stand 2016
1.962 Jahre		23 Millionen Menschen lebten im Europa des Römischen Reichs - vor ...	Gemäß Julius Beloch - Stand 2016
2.000 Jahre		Feigenbäume *Ficus religiosa* und Zypressen Höchstalter	
2.000 Jahre		Volk der Samen (Lappen) lebt in Nordeuropa - seit ...	
2.000 Jahre		Dauer für Entwicklung von 10 cm dicker Mutterbodenschicht	In mittleren Breiten
2.000 Jahre		Verbreitung altaischer Sprachen in Mittleren Osten und nach Zentralasien - vor ...	
2.000 Jahre		100 Millionen Menschen lebten auf der Erde - vor ...	Wissenschaftliche Schätzung
2.100 Jahre	2.800 Jahre	Eisenzeit in Mitteleuropa - vor ...	
2.300 Jahre		Entstehung des isländischen Sees Mývatn durch vulkanische Explosion - vor ...	
2.400 Jahre		Alter des Dunklen Hallimasch Pilzes *Armillaria ostoyae* im Malheur National Forest	Ausdehnung von 9 km²
2.400 Jahre	3.500 Jahre	Hochkultur der Olmeken in Mexiko - vor ...	

Ausdehnung		Begriffliche Erfassbarkeit	Erläuterungen
von	bis		
2.450 Jahre	3.200 Jahre	Eisenzeit in Griechenland und Israel - vor ...	
2.466 Jahre		Subatlantikum (Nachwärmezeit) Zeitalter - seit ...	Stand 2016
2.500 Jahre		Zedern Höchstalter	
2.500 Jahre	5.000 Jahre	Ein Meter Braunkohlenflöz entstand in ...	
2.540 Jahre		Siderische Umlaufzeit des Kometen Hale-Bopp	
2.600 Jahre	5.500 Jahre	Hochkultur der Elam im Iran - vor ...	
2.620 Jahre	3.800 Jahre	Reich der Assyrer in Kleinasien, Mesopotamien und Ägypten - vor ...	Bis 609 v. Chr.
2.800 Jahre	4.200 Jahre	Bronzezeit in Mitteleuropa - vor ...	Metallgegenstände sind vor allem aus Bronze
2.900 Jahre		Erste Niederwälder in Mitteleuropa - vor ...	
3.000 Jahre		Einschlag von 4 Meteoriten in Wabar/Saudi-Arabien (Krater Ø 10-116 Meter) - vor ...	21° 30′ N, 050° 28′ O
3.000 Jahre		Siderische Umlaufzeit des großen Kometen von 1811	
3.000 Jahre		Silber dient als Münzwährung seit ...	
3.000 Jahre	3 Milliarden Jahre	Langfristig anorganischer Kreislauf im Kohlenstoffzyklus - Dauer	Älteste Erdöllager drei Milliarden Jahre alt
3.200 Jahre		Abbau von Schwefelhexafluorid in Atmosphäre durch UV-Strahlung - Dauer	
3.200 Jahre	4.000 Jahre	Erste Besiedelung der Salomonen, Fidschi, Samoa und Tonga - vor ...	
3.286 Jahre		Fertigstellung des Tempels von Abu Simbel -in Ägypten - vor ...	Bauherr: Ramses II.
3.300 Jahre		Aussterben von Tilos-Zwergelefanten *Elephas tiliensis* der griechischen Inseln - vor ...	650 kg Körpergewicht
3.500 Jahre		Taropflanzen siedelten sich auf pazifischen Inseln an - vor ...	
3.500 Jahre		Sahara Bewohner wandern im großen Stil aus der Sahara ab - vor ...	Wegen zunehmender Verwüstung
3.500 Jahre	7.700 Jahre	Mammuts komplett ausgestorben - vor ...	Letzte Tiere auf Wrangelinsel, Russland
3.600 Jahre	4.000 Jahre	Riesenmammutbäume - maximales Lebensalter	Je nach Studie
3.661 Jahre		Minoische Eruption mit Entstehung von Insel Santorini in heutiger Form - vor ...	Stand 2016 - 1.645 v. Chr.
3.700 Jahre		Eisenzeit in Kleinasien - vor ...	Zuerst bei den Hethitern
3.762 Jahre	3.804 Jahre	Alter des ältesten erhalten gebliebenen Gesetzestextes auf Erden	Gesetzesstele von Hammurabi
3.800 Jahre	4.200 Jahre	Hochkultur in China - vor ...	
3.800 Jahre	4.800 Jahre	Hochkultur am Indus (Harappa-Kultur) - vor ...	Im heutigen Pakistan
4.000 Jahre		Chinesen benutzen Schwefelrauch gegen Ratten - vor ...	
4.000 Jahre		Schädlingsbekämpfung wird betrieben seit ...	
4.000 Jahre		Älteste noch erhaltene Mais DNS - Alter	

Ausdehnung		Begriffliche Erfassbarkeit	Erläuterungen
von	bis		
4.000 Jahre		Einschlag von 8 Meteoriten in Kaalijärv/Estland (Krater Ø 13 m - 110 Meter) - vor ...	58° 24′ N, 022° 40′ O
4.000 Jahre	5.000 Jahre	Namib Dünen Fundamente - maximale Zeitdauer ohne Bewegung	
4.000 Jahre	6.000 Jahre	Waldkiefern Verbreitung Höhepunkt in mitteleuropäischen Wäldern - vor ...	
4.000 Jahre	7.000 Jahre	Winterlinden sind in mitteleuropäischen Wäldern verbreitet - seit ...	Und seit der Kreidezeit vor 165 MJ
4.000 Jahre	10.000 Jahre	Dauer eines Polsprungs - magnetische Feldumkehr des Erdmagnetfelds	
4.000 Jahre	11.000 Jahre	Gletscherbildung auf dem Kilimandscharo - vor ...	Höchster Berg Afrikas mit 5.895 Metern
4.015 Jahre	6.000 Jahre	Hochkultur der Sumerer in Mesopotamien - vor ...	Bis 2004 v. Chr.
4.200 Jahre		Einschlag von 13 Meteoriten in Henbury/Australien (Krater Ø 6 m - 180 Meter) - vor ...	24° 34′ S, 133° 08′ O, Nordterritorium
4.200 Jahre	3.700 Jahre	Hochkultur der Oasen- oder Oxus-Kultur in Zentralasien - vor ...	
4.200 Jahre	7.500 Jahre	Kupfersteinzeit (Kupferzeit, Chalkolithikum, Äneolithikum) in Mitteleuropa - vor ...	
4.200 Jahre	11.500 Jahre	Neolithikum = Jungsteinzeit Zeitalter	
4.500 Jahre		Flechten - maximales Lebensalter (Krustenflechten 1.000 Jahre)	Viele tropische Arten nur 1 Jahr
4.560 Jahre		Die antike Stadt Ilium entsteht im heutigen Griechenland - vor ...	Auch Troja genannt
4.580 Jahre		Pyramiden von Gizeh entstehen - vor ...	
4.600 Jahre		Grannenkiefern der kalifornischen Berge - maximales Lebensalter	
4.627 Jahre		Hochkultur der Stadt Caral in Peru - vor ...	
4.780 Jahre		Ägyptischer Mondkalender wird entwickelt - vor ...	Mit 365 Tagen
4.900 Jahre		Mount Gambier Vulkan bricht im südlichen Australien aus - vor ...	
< 5.000 Jahre		Bildungszeitraum von Podsol-Böden unter Europas gerodeten Laubwäldern	
5.000 Jahre		Existenz der Maßeinheit *Fingerbreit* seit ...	Ungefähre Jahreszahl
5.000 Jahre		Rudolph-See in Ostafrika - Alter	
5.000 Jahre		Einschlag von 10 Meteoriten in Campo del Cielo/Argentinien - vor ...	Krater Ø 20 m bis 115 m
5.000 Jahre		Pulsar PSR J1838-0537 im Sternbild Schild - Alter	Pulsare sind schnell rotierende Neutronensterne
5.000 Jahre	10.000 Jahre	Ein Meter Steinkohlenflöz entstand in ...	
5.000 Jahre	40.000 Jahre	Keramiktafeln - erwartete Haltbarkeit	
5.000 Jahre	50 Millionen Jahre	Mineralneubildung (Dauer)	
> 5.000 Jahre		Aufenthaltsdauer von Kohlenstoff Atomen in inerten Kohlenstoff Pools	Holzkohle, diverse Humuspartikel
5.100 Jahre		Erste Entwicklung der Hieroglyphen in Ägypten - vor ...	Nutzung von Papyrus
5.200 Jahre	5.770 Jahre	Erster Kupferbergbau Mitteleuropas der Mondseekultur - vor ...	

Ausdehnung		Begriffliche Erfassbarkeit	Erläuterungen
von	bis		
5.200 Jahre	48.000 Jahre	Ausbruch Rhythmen von Supervulkanen - alle ...	Gemäß Universität von Bristol 2017
5.300 Jahre		Erfindung der Bronze - vor ...	Nachgewiesen in Palästina
5.300 Jahre		Ötzi Gletschermumie Alter - berühmtester Mensch der Kupferzeit	Mumie gefunden am 19.09.1991 nahe Meran
5.300 Jahre	7.500 Jahre	Kupfersteinzeit (Kupferzeit, Chalkolithikum, Äneolithikum) im Vorderen Orient - vor ...	
5.500 Jahre		Erster Ackerbau im nördlichen Europa - seit ...	
5.500 Jahre		Eisschelf der westlichen Antarktischen Halbinsel ist stabil seit ...	
5.730 Jahre		Halbwertszeit von ^{14}C / Kohlenstoff ^{14}C (C14/6) wird zu ^{14}N (N14/7) + e-	plus/minus 40 Jahre
6.000 Jahre		Nutzung von Kupfer im alten Ägypten - vor ...	Badari-Kultur
6.000 Jahre	10.000 Jahre	Erdalter gemäß Glaube der Kurzzeit-Kreationisten	Christen und Juden
6.300 Jahre	11.600 Jahre	Mesolithikum = Mittelsteinzeit Zeitalter - vor ...	
6.600 Jahre		Einschlag eines Meteoriten in Ilumetsä/Estland (Krater Ø 80 Meter) - vor ...	57° 58′ N, 027° 25′ O
6.800 Jahre		Erster Ackerbau im südlichen Mitteleuropa - seit ...	
7.000 Jahre		Entstehung des Nordsee Wattenmeers - vor ...	
7.000 Jahre		Britannien wird zur Insel - vor ...	Nach vielen verheerenden Sturmfluten
7.000 Jahre		Iguanas als Nahrungsmittel für Bewohner Zentral- und Südamerikas - vor ...	
7.000 Jahre		Einschlag von 5 Meteoriten in Macha/Russland (Krater Ø 60 m - 180 Meter) - vor ...	60° 05′ N, 117° 39′ O
7.000 Jahre	8.000 Jahre	Verbreitung indoeuropäischer Sprachen im Norden des mittleren Ostens - vor ...	Danach nach Europa, Iran, Indien
7.000 Jahre	8.000 Jahre	Hudson Bay Kanadas bedeckt mit bis zu 3 km dicken Eispanzern - vor ...	Mechanisch instabil gewordenes Eis
7.000 Jahre	8.000 Jahre	Gene für Spaltung von Laktose sind bei den meisten Menschen angepasst - seit ...	350-400 Generationen
7.100 Jahre	9.850 Jahre	Teile des Elbe-Urstromtals sind überflutet - vor ...	
7.300 Jahre		Damavand Vulkan - letzter Ausbruch - vor ...	Der hohe Vulkan im Iran
7.388 Jahre		Halbwertszeit vom radioaktiven Isotop Americium-243	Zerfällt zum Isotop Neptunium-239
7.500 Jahre		Sahara ist in weiten Teilen eine grüne Landschaft - vor ...	
7.500 Jahre	8.500 Jahre	Keramisches Neolithikum im Vorderen Orient (engl. Pottery Neolithic) - vor ...	
7.700 Jahre		Erste Floßbauten aus Baumstämmen in Asien - vor ...	
8.000 Jahre		Interglazial Zeiträume - im Durchschnitt	Warmphasen zwischen zwei Eiszeiten
8.000 Jahre		Erstes Brennen von Keramik in Ägypten - vor ...	
8.000 Jahre		Doggerland verschwindet - vor ...	Zuerst Versalzung der Uferwiesen
8.000 Jahre		Haushühner - gibt es seit ...	Ursprünglich aus Südostasien

Ausdehnung		Begriffliche Erfassbarkeit	Erläuterungen
von	bis		
8.000 Jahre	10.000 Jahre	Ausbreitung drawidischer Sprachen nach Persien und Indien - vor ...	Von Nordost-Afrika und mittlerem Osten
8.000 Jahre	20.000 Jahre	Epipaläolithikum Zeitalter im europäischen Raum - vor ...	
8.400 Jahre		Erster Reisanbau in China - vor ...	
8.500 Jahre		Littorina Transgression - vor ...	Meeresspiegel Anstieg an Ostsee
8.500 Jahre		Erosion Beginn der Kreidefelsverbindung zwischen Dover und Calais - vor ...	England und Frankreich
8.500 Jahre	10.200 Jahre	Präkeramisches Neolithikum B (engl. Pre-Pottery Neolithic B, abgekürzt PPNB) - vor ...	
8.750 Jahre		Fasste man die Erdgeschichte in 1 Jahr, entspräche jede Minute ...	Erdalter ist 4,6 Milliarden Jahre
9.000 Jahre		Schwarzes Meer Transgression - vor ...	Meeresspiegel Anstieg
9.430 Jahre	9.480 Jahre	Flimser Bergsturz - größtes alpines Bergsturzereignis - 9 bis 12 km³ - vor ...	Zeiten kalibriert - zwischen ...
< 10.000 Jahre		Bildungszeitraum von Braunerde-Böden unter Mitteleuropas Laubwäldern	
< 10.000 Jahre		Die meisten Böden Deutschlands haben sich entwickelt - in den letzten ...	
< 10.000 Jahre		Durchschnittliche Verweilzeit von Wasser in tiefem Grundwasser	
10.000 Jahre		Riesenschwamm *Scolymastra joubini* - maximales Lebensalter aller Tiere	Wissenschaftlich
10.000 Jahre		Hohe Aussterberate - 33 Säugetierarten über 50 kg (zum Beispiel Säbelzahntiger) - vor ...	Dagegen: 13 Arten in 1-2 MJ zuvor
10.000 Jahre		Klimaeinschätzung durch Baumringe - möglich bis zu Baumalter von ...	
10.000 Jahre		Dauer des chinesischen *wànsuì* (Zehntausend Jahre)	Wunsch zu sehr hohem Alter
10.000 Jahre		Einschlagshäufigkeit von Asteroiden (> 500 m) auf der Erde - alle ...	Können ganze Länder zerstören
10.000 Jahre		Dauer des japanischen *banzai* (Zehntausend Jahre)	Wunsch zu langer Freude und Glück
10.000 Jahre		Ausbreitung afroasiatischer Sprachen von Nordost-Afrika in mittleren Osten - vor ...	
10.000 Jahre		Mesolithische Pfostengruben entstehen in Vorläufersiedlung von Stonehenge - vor ...	Im heutigen England
10.000 Jahre		Große Nordamerikanische Seenplatte Entstehung - vor ...	Nach Ende der Eiszeit
10.000 Jahre		Mega kolossale Vulkanausbrüche - alle ... - im globalen Maßstab	Beispiel: Yellowstone Vulkan in den USA
10.000 Jahre		Baumaltersbestimmung mithilfe der Dendrochronoanalyse - bis Baumalter von ...	Baumringdatierung
10.000 Jahre		Chicxulub Meteorit Einschlag - Einfluss auf Weltklima während Dauer von ...	Einschlag vor 65 bis 66 Millionen Jahren
10.000 Jahre		Einschlag von 8 Meteoriten in Morasko/Polen (Krater Ø 15 bis 100 Meter) - vor ...	52° 29′ N, 016° 54′ O
10.000 Jahre		Bodenkultivierung - seit ...	
10.000 Jahre	12.000 Jahre	Spätpaläolithikum (jüngste Altsteinzeit) - vor ...	
10.000 Jahre	12.000 Jahre	Pfeil und Bogen treten als Waffe auf - erstmals vor ...	
10.000 Jahre	12.000 Jahre	Erwachsene trinken Milch seit ... (Milch trinken ist hier ein evolutiver Selektionsvorteil)	Nach Mutation von Lactosespalt-Gen

Ausdehnung		Begriffliche Erfassbarkeit	Erläuterungen
von	bis		
10.000 Jahre	20.000 Jahre	Mutationsrate in mitochondrialer DNS HVS I-Region - eine Mutation alle ...	Mitochondrien in Zellen
10.000 Jahre	115.000 Jahre	Weichsel-Kaltzeit (Glazial) in Norddeutschland - vor ...	Jahresmitteltemperatur 12 °C
10.000 Jahre	115.000 Jahre	Würm-Kaltzeit (Glazial)in den Alpen - vor ...	Jahresmitteltemperatur 12 °C
10.000 Jahre	115.000 Jahre	Wisconsin-Kaltzeit (Glazial) in Nordamerika - vor ...	Jahresmitteltemperatur 12 °C
10.000 Jahre	1,0 MJ	Durchschnittliche Verweilzeit von Wasser in antarktischer Eiskappe	Je nach Lage
10.000 Jahre	1,8 MJ	Entwicklung zum modernen Menschen - vor ...	Steinwerkzeuge Verwendung
10.000 Jahre	35 MJ	Nashörner lebten im heutigen Rheinhessen - vor ...	
> 10.000 Jahre		Lebensfähigkeit von Diasporen arktischer Lupinen in Böden	Quelle: Porsild et al. (1967)
10.200 Jahre	11.500 Jahre	Präkeramisches Neolithikum A (Pre-Pottery Neolithic A, abgekürzt PPNA) - vor ...	Zeitalter
10.511 Jahre		Das Jahr Null des Mayakalenders - vor ...	Stand 2013
10.600 Jahre	10.700 Jahre	Vorpreschen des Larsen A-Eisschelfs in der Antarktis zu schwimmendem Eis	
11.000 Jahre		Laacher Maar - Entstehung vor ...	Ansonsten tektonisch ruhig in Deutschland
11.000 Jahre		Pulsar PSR 0833-45 im Sternbild Segel des Schiffs - Alter	Starke Gammastrahlenquelle
11.000 Jahre	1,6 MJ	Vorkommen von Stegodonten (Klein-Elefanten) in Asien - vor ...	
> 11.000 Jahre		Populationswachstum der Menschheit liegt bei 0,00011 % pro Jahr - vor ...	Sie sind Jäger und Sammler
11.500 Jahre		Zwei bis fünf Millionen Menschen lebten auf der Erde - vor ...	Wissenschaftliche Schätzungen
11.500 Jahre	13.500 Jahre	Proto-Neolithikum Zeitalter - vor ...	Natufien-Kultur in der Levante (Israel, Libanon)
11.600 Jahre	42.000 Jahre	Jungpaläolithikum (junge Altsteinzeit) - vor ...	Steinklingen, Knochenwerkzeuge, Schmuck
11.600 Jahre	2,5 MJ	Paläolithikum (Steinzeit) Zeitalter - vor ...	In Europa erstmals vor 1,1 MJ
< 11.660 Jahre		Holozän Zeitalter - seit ...	In diesem Zeitalter leben wir augenblicklich
11.660 Jahre		Siebtes Massenaussterben eines Großteils der Megafauna von NA, SA, AUS und Eurasien	Mammut, Wollnashorn, Säbelzahnkatze - vor ...
11.660 Jahre	2,5 MJ	Pleistozän Zeitalter - vor ...	
11.660 Jahre	2,5 MJ	Boden Ablagerungen in Deutschland: Kiese, Sande, Schluffe und Tone - seit ...	
11.700 Jahre	12.730 Jahre	Eiszeit Jüngere Dryas (Jüngere Tundra Zeit) als "Klimarückschlag" - vor ...	In 20 Jahren sank Erdtemperatur um 4° C
11.700 Jahre	115.000 Jahre	Weichsel-Eiszeit (-Glazial/-Komplex/-Kaltzeit/-Zeit) - vor ...	In Norddeutschland
11.660 Jahre	126.000 Jahre	Jungpleistozän Zeitalter - vor ...	Tarantium
11.660 Jahre	126.000 Jahre	Boden Alter rund um Ortschaft Jockgrim in der Pfalz	Schwemmfächer
12.000 Jahre		Erster Ackerbau weltweit - seit ...	Im Golf von Bengalen
12.000 Jahre		Großbritannien unter Gletschern - vor ...	Meeresspiegel 120 m tiefer

Ausdehnung		Begriffliche Erfassbarkeit	Erläuterungen
von	bis		
12.000 Jahre		Erster Ackerbau weltweit - seit ...	Im Golf von Bengalen
12.000 Jahre		Nordsee Küstenlinie liegt 600 km nördlicher als heute - vor ...	Landmasse heißt Doggerland
12.000 Jahre		Neolithische Revolution beginnt im Gebiet des Fruchtbaren Halbmonds - vor ...	Israel, Türkei, Mesopotamien
12.000 Jahre	17.000 Jahre	Epipaläolithikum Zeitlater Beginn im Hindukusch - vor ...	Je nach Region und Quelle
12.000 Jahre	45.000 Jahre	Cro-Magnon-Menschen in Europa - lebten vor ...	
> 12.000 Jahre		Erwachsene tranken noch keine Milch, nur Kinder - vor ...	Lactosespalt-Gen abgeschaltet
13.000 Jahre		Mainzer Sand - Flugsand vom Rheintal wird zu großen Dünen angeweht - vor ...	In den kurzen Sommerphasen
13.000 Jahre	14.000 Jahre	Archäologische Funde in Nordeuropa - Alter	Nach Housley et al. 1997
13.350 Jahre	13.480 Jahre	Eiszeit Ältere Dryas (Mittlere Tundra Zeit) - vor ...	In 20 Jahren sinkt Erdtemperatur um 4 °C
13.730 Jahre	13.860 Jahre	Eiszeit Älteste Dryas (Älteste Tundra Zeit) - vor ...	Erdtemperatur sinkt schnell
14.000 Jahre		Höhlenmalereien in Spanien und Frankreich - Alter	
14.000 Jahre		Genetische Distanz zwischen Tibetern und Koreanern bzw. Japanern	
14.000 Jahre	22.000 Jahre	Nordeuropäische archäologische Beweisstücke aus dieser Zeit sind nicht existent	Zum Beispiel hat man keine Werkzeuge gefunden
14.310 Jahre	14.650 Jahre	Schmelzwasserpuls 1A bewirkt Abschmelzen von antarktischem Eisschild - vor ...	Meeresspiegelanstieg um 20 Meter
14.500 Jahre		Summierte Betriebsdauer aller globalen Kernreaktoren	Im Jahre 2012
14.600 Jahre		Hohenheimer Jahrringkalender - Dendrochronologische Datierungsreichweite	Längster Jahrringkalender der Welt
14.740 Jahre		Warvenchronologie Reichweite am Van See in der Türkei	Untersuchte Sedimentabfolgen des Sees
15.000 Jahre		Erste Menschen besiedeln den amerikanischen Kontinent - vor ...	Sie kamen von Sibirien über die Beringstraße
15.000 Jahre		Vogelzüge in heutiger Form gibt es in Europa wieder seit ...	
15.000 Jahre		Heutiger Meeresspiegel liegt 130 m höher als vor ...	Eis hatte Wasser gebunden
16.000 Jahre		Genetische Distanz von Indern und Südindern	Sprache indoeuropäisch + drawidisch
17.000 Jahre		Höhlenmalereien unter Benutzung des Übergangsmetalls Mangan - vor ...	
17.000 Jahre	95.000 Jahre	Urmenschen *Homo floresiensis* (Größe 1,07 m ♀) - lebten vor ...	Mit Schimpansen-Proportionen
< 17.500 Jahre		Rückzug des Gletschereises in der westlichen Antarktischen Halbinsel - vor ...	Vom Bransfield Becken
< 18.000 Jahre		Rückzug des Gletschereises in der östlichen Antarktischen Halbinsel - vor ...	
18.000 Jahre	26.500 Jahre	Höhepunkt der letzten Eiszeit (Würm/Weichsel) - vor...	Seitdem erwärmt sich die Erde
18.000 Jahre	26.500 Jahre	Temperaturminimum auf der Erde während Eiszeit - vor ...	Letzteiszeitliches Maximum (LGM)
20.000 Jahre		Einschlag eines Meteoriten in Tenoumer/ Mauretanien (Krater Ø 1,9 km) - vor ...	22° 55′ N, 010° 24′ W
20.000 Jahre		Ur-Ems fließt nördlich von Helgoland ins Elbe-Urstromtal - vor ...	Nicht wie heute in die Nordsee

Ausdehnung		Begriffliche Erfassbarkeit	Erläuterungen
von	bis		
20.000 Jahre		Mullauflage auf Braunerde Böden wird zu Podsol Boden innerhalb ...	Podsol ist eine saure Bleicherde
20.000 Jahre		Ausbreitung drawidischer Sprachen von Nordost-Afrika in mittleren Osten - vor ...	
20.000 Jahre	800.000 Jahre	Verweildauer/Residenzzeit von Wasser in Gletschern und Eiskappen	
20.000 Jahre	1,6 MJ	Vormenschen *Homo erectus* (Gehirn 65 % der Homo Sapiens Größe) - lebten vor ...	Davor affenähnlich. Jagdwerkzeuge, Feuer.
21.000 Jahre		Aufspaltung von Europäern und Ostasiaten - vor ...	Laut Cavalli-Sforza
21.000 Jahre		Meeresspiegel am niedrigsten während des letzteiszeitlichen Maximums - vor ...	
22.000 Jahre	92.000 Jahre	Laurentidischer Eisschild bedeckt Kanada und nördliche USA - vor ...	
23.000 Jahre		Warvenchronologie Reichweite für die Eifelregion (Seesedimentabfolgen)	Bändertondatierung
24.110 Jahre	24.124 Jahre	Halbwertszeit vom radioaktiven Plutonium Isotop Pu-239 (α-Strahlung)	Krebs verursachender Atommüll
25.000 Jahre		Benötigte Raumschiff Reisezeit zum nächsten Fixstern Alpha Centauri	Bei max. Geschwindigkeit 57.000 km/h
25.700 Jahre	25.800 Jahre	Dauer eines platonischen Jahres	Entspricht dem Präzessionszyklusses
25.700 Jahre		Erdachsen-Ausrichtung - Dauer eines Präzessionszyklusses - alle ...	Klimakonsequenzen
26.500 Jahre		Letzter Ausbruch eines Supervulkans: Taupo - vor ...	In Neuseeland
27.000 Jahre	300.000 Jahre	Urmenschen *Homo neanderthalensis* (Ø Größe 1,57 m ♀, 1,60 m ♂) - lebten vor ...	Höhere Stimmlage als *Homo sapiens*
27.000 Jahre		Einschlag eines Meteoriten in Dalgaranga/Westaustralien (Krater Ø 21 Meter) - vor ...	27° 38′ S, 117° 17′ O
28.000 Jahre	50.000 Jahre	Neanderthaler Lebensraum in Europa - vor ...	Funde in Spanien
32.000 Jahre		Epipaläolithikum Zeitalter - Beginn in Sri Lanka vor ...	
32.788 Jahre		Halbwertszeit vom radioaktiven Element Protactinium	
33.000 Jahre		Aufspaltung von Afrikanern und Europäern - vor ...	Gemäß Cavalli-Sforza
36.000 Jahre		Aufspaltung der Westeuropa-Linie von der Krim/England-Linie - vor ...	Gemäß mtDNA-Analysen
37.000 Jahre		Aufspaltung der Warao von der Ewenke/Kirgisen-Linie - vor ...	Gemäß mtDNA-Analysen
38.000 Jahre		Genetische Distanz zwischen Buschmännern und Äthiopiern	
40.000 Jahre		Älteste mikrolithische Werkzeugfunde in Südasien - Alter	
40.000 Jahre		Globale Regendauer vor rund vier Milliarden Jahren - die Ozeane entstehen	Ununterbrochenes Regnen

Ganz viel Evolution

Von 40.000 Jahre bis 80 Millionen Jahre

Ausdehnung		Begriffliche Erfassbarkeit	Erläuterungen
von	bis		
40.000 Jahre		Verweildauer von Quecksilber in wirbellosen Meereslebewesen im Meer	Konzentration: 0,03 µg/L
41.000 Jahre		Aufspaltung von Afrikanern und Ostasiaten - vor ...	Gemäß Cavalli-Sforza, Völkerverwandschaften
41.000 Jahre		Erdachs-Neigung zur Sonne - alle 41.000 Jahre ändert sie sich (Obliquität)	Klimakonsequenzen. 21,5 ° - 24,5 °.
41.000 Jahre		Aufspaltung der Inuit-, Guarani- und Japan-Linien - vor ...	Nach mtDNA-Analysen, Inuit sind heute 'Eskimos'
42.000 Jahre		Genetische Distanz zwischen Indonesiern und Polynesiern	So nah sind ihre Genotypen verwandt
42.000 Jahre	200.000 Jahre	Mittelpaläolithikum (mittlere Altsteinzeit) - vor ...	Neanderthaler, Messer, Schaber, Spitzen
45.000 Jahre	50.000 Jahre	Die Sahara Wüste ist begrünt - vor ...	
48.000 Jahre		Aufspaltung zweier Neuguinea-Linien - vor ...	Nach mtDNA-Analysen, Vielvölkerinsel Neuguinea
49.000 Jahre		Einschlag eines Meteoriten in Barringer/Arizona (Krater Ø 1,186 km) - vor ...	35° 02′ N, 111° 01′ W
50.000 Jahre		Einschlag von 5 Meteoriten in Odessa/Texas (Krater Ø 3 m - 168 Meter) - vor ...	31° 45′ N, 102° 29′ W
51.000 Jahre		Differenzierende Aufspaltung der Usbekistan-, Korea- und Samoa-Linien	Nach mtDNA-Analysen, Aufspaltung der Völker
52.000 Jahre		Einschlag eines Meteoriten in Lonar/Indien (Krater Ø 1,83 km) - vor ...	19° 58′ N, 076° 31′ O, Maharashtra/Indien
52.000 Jahre	76.000 Jahre	Denisova-Menschen-Population lebten im Altai-Gebirge - vor ...	
52.500 Jahre		Halbwertszeit vom Blei Isotop Pb-202	
53.000 Jahre		Aufspaltung der Deutschland-Linie von der Georgien-Linie - vor ...	Nach mtDNA-Analysen, Aufspaltung der Völker
54.000 Jahre		Einschlag eines Meteoriten in Boxhole/Australien (Krater Ø 175 Meter) - vor ...	22° 37′ S, 135° 12′ O, Nordterritorium
54.000 Jahre	74.000 Jahre	Nur 5.000 Menschen lebten auf der Erde (nach Toba Ausbruch sterben fast alle) - vor ...	Rest genetischer Vielfalt aus 1.000 Überlebenden
57.000 Jahre		Aufspaltung der Mbuti-Linie von der Hausa-Linie in Afrika - vor ...	Nach mtDNA-Analysen, Aufspaltung der Völker
59.000 Jahre	75.000 Jahre	Adam des Y-Chromosoms - Afrikanischer Vorfahr aller väterlichen Linien - Alter	Beweis: Vorher verließ niemand Afrika
59.500 Jahre	64.800 Jahre	Howiesons Poort (HP) Kultur in Südafrika - vor ...	Waffenherstellung
70.000 Jahre		Radiokarbondatierung (^{14}C-Datierung) - Anwendungsbereich bis ...	Datierung von C-haltigen Materialien
60.000 Jahre		Aufspaltung der China/Samoa-Linie von der Westeuropa-Linie - vor ...	Nach mtDNA-Analysen, Aufspaltung der Völker
62.000 Jahre		Menschliche Fossilfunde in Australien am Lake Mungo - Alter	
67.000 Jahre		Aufspaltung der Tschuktschen/Australien-Linie von der Westeuropa-Linie - vor ...	Nach mtDNA-Analysen, Aufspaltung der Völker
70.000 Jahre		Aufspaltung der Kikuyu-Linie von der Biaka(Pygmäen)-Linie in Afrika - vor ...	Nach mtDNA-Analysen, Aufspaltung der Völker
70.000 Jahre		Aufspaltung der Yoruba(Nigeria)-Linie von Ewondo/Lisongo-Linie in Afrika - vor ...	Nach mtDNA-Analysen, Aufspaltung der Völker
70.000 Jahre	630.000 Jahre	Kleinere Vulkanausbrüche im Yellowstone-Nationalpark - vor ...	In den USA
72.000 Jahre		Aufspaltung der Japan/Indien/China-Linie von der Australien/Neuguinea-Linie - vor ...	Nach mtDNA-Analysen, Aufspaltung der Völker
73.800 Jahre		In Afrika überlebten geschätzte 1.000 bis 10.000 Menschen - vor ...	Nach Ausbruch des Vulkans Toba

Ausdehnung		Begriffliche Erfassbarkeit	Erläuterungen
von	bis		
73.800 Jahre		Wachstum Dauer der Menschheit auf erste Milliarde Individuen	72.000 v. Chr. bis 1804
74.000 Jahre		Vulkanausbruch Toba in Sumatra (heute größter Kratersee der Erde) - vor ...	Danach 6-jähriger Vulkanwinter
75.000 Jahre		Neanderthaler Lebensraum im Nahen Osten - vor ...	Funde in Shanidar/Irak
75.000 Jahre		Siderische Umlaufzeit des Kometen Kohoutek	
76.000 Jahre		Warvenchronologie Reichweite für den Lago Grande di Monticchio / Italien	Untersuchungsmethode für Sedimentabfolgen
76.000 Jahre		Genetische Distanz zwischen Tibetern und Südchinesen	So nah sind ihre Genotypen verwandt
77.000 Jahre		Rechnerische Warmzeit auf der Erde mit höchsten Temperaturen - in ...	Exzentrisch höchste Sonnennähe
80.000 Jahre		Neanderthaler Lebensraum im Nahen Osten - vor ...	Funde am Berg Karmel/Israel
80.000 Jahre		Hoba-Meteorit schlug im heutigem Namibia ein - der global größte entdeckte Meteorit	vor ..., 50 bis 60 Tonnen, 82 % Eisen, 16 % Nickel
83.000 Jahre	98.000 Jahre	Aufspaltung der Nichtafrikaner-Linie von der Yoruba-Linie Afrikas - vor ...	Je nach Studie, Völkerverwandschaften
83.000 Jahre	98.000 Jahre	Erste Menschen (frühe "Jetztmenschen") erstmals außerhalb Afrikas - vor ...	Auswanderungen
95.000 Jahre		Neanderthaler Lebensraum zwischen Gibraltar und Usbekistan - vor ...	
95.000 Jahre		Streckung und Schrumpfung der Erdbahn - alle 95.000 Jahre Änderung	
95.000 Jahre		Erdbahn-Variation - Wechsel von elliptisch zu kreisförmiger Bahn - alle ...	Milankovitch-Zyklen. Exzentrizität.
95.000 Jahre		Periodische Änderung des Eisvolumens auf der Erde - alle ...	Den Milankovitch-Zyklen folgend
100.000 Jahre		Einschlag von 11 Meteoriten in Córdoba/Argentinien (Krater Ø 0,3 - 4,5 km) - vor ...	Rio Cuarto, 32° 52′ S, 064° 13′ W
100.000 Jahre		Abstand zweier großer Vereisungsperioden auf der Erde	In den letzten zwei Millionen Jahren
100.000 Jahre		Einschlag eines Meteoriten in Amguid/Algerien (Krater Ø 450 Meter) - vor ...	26° 05′ N, 004° 23′ O
100.000 Jahre	333.000 Jahre	Einschlagshäufigkeit von Asteroiden (> 1 km) auf der Erde - alle ...	Können die Zivilisation zerstören
100.000 Jahre	400.000 Jahre	Mutationsrate in Zellkern DNS - eine Mutation alle ...	
100.000 Jahre	10.000.000 Jahre	Charakteristische Reaktionszeit im Klimasystem Lithosphäre	
> 100.000 Jahre		Reststrahlunsdauer von Abraumhalden von US-Uranerzminen	20.000.000.000 Kilogramm
102.050 Jahre		Siderische Umlaufzeit des großen Kometen von 1844	
103.000 Jahre		Aufspaltung der Effik-Linie von der Mandenka-Linie in Afrika - vor ...	Nach mtDNA-Analysen, Aufspaltung der Völker
106.000 Jahre		Fossilfunde in Aybut Al Auwal / Oman - Alter	Pfeilspitzen
110.000 Jahre		Älteste Fossilfunde des *Homo sapiens* außerhalb Afrikas - Alter	Fossilfunde in Israel
110.000 Jahre		Eisfelder Bildung am Persischen Golf - vor ...	
110.000 Jahre	120.000 Jahre	Die Sahara Wüste war begrünt - vor ...	
114.155 Jahre		Eine Milliarde Stunden	

Ausdehnung		Begriffliche Erfassbarkeit	Erläuterungen
von	bis		
114.155 Jahre		Tägliche global summierte Youtube-Konsumzeit	Stand 2021
115.000 Jahre	126.000 Jahre	Eem-Warmzeit (Interglazial) in Norddeutschland - vor ...	
115.000 Jahre	126.000 Jahre	Riss-Würm-Warmzeit (Interglazial) in den Alpen - vor ...	
115.000 Jahre	126.000 Jahre	Sangamon-Warmzeit (Interglazial) in Nordamerika - vor ...	
115.000 Jahre	126.000 Jahre	Meeresspiegel der Ozeane ist 6 Meter höher als heute - vor ...	
120.000 Jahre		Längste Säkularvariationskurve für Seeablagerungen im Lac du Bouchet - Dauer	Frankreich
125.000 Jahre		Höchste CO2-Konzentration auf der Erde - vor ...	Abgesehen von heute: 392 ppm
125.000 Jahre		Moderne Braunbären - gibt es seit ...	
125.000 Jahre		Temperatur Maximum auf der Erde während der Eem-Warmzeit - vor ...	Exzentrisch höchste Sonnennähe
126.000 Jahre	781.000 Jahre	Mittelpleistozän - Zeitalter vor ...	Ionium
126.000 Jahre	1,806 MJ	Boden Alter rund um Landau und Hayna in der Pfalz	Lößplatten
130.000 Jahre	300.000 Jahre	Saale-Eiszeit (Glazial) in Norddeutschland - vor ...	Bis zum Niederrhein bei Duisburg
138.000 Jahre		Aufspaltung der Buschmann-Linie von der Mbuti/Hausa-Linie in Afrika - vor ...	Nach mtDNA-Analysen, Aufspaltung der Völker
149.000 Jahre		Aufspaltung der Effik/Mandenka-Linie von der Mkamba-Linie in Afrika - vor ...	Nach mtDNA-Analysen, Aufspaltung der Völker
150.000 Jahre		Erste Totenbestattungen vom *Homo neanderthalensis* - vor ...	
160.000 Jahre		Niedrige CO2-Konzentration in der Atmosphäre - vor ...	200 bis 300 ppm
162.000 Jahre		Aufspaltung der Kikuyu-Linie von der Ibo-Linie in Afrika - vor ...	Nach mtDNA-Analysen, Aufspaltung der Völker
175.000 Jahre		Aufspaltung der Yoruba/Mkamba-Linie von Kikuyu/Ibo-Linie in Afrika - vor ...	Nach mtDNA-Analysen, Aufspaltung der Völker
175.000 Jahre	190.000 Jahre	Mitochondriale Eva - Alter (direkte Abstammungslinie aller heute lebenden Menschen)	Diverse Quellen, Alter gut rechenbar
190.000 Jahre		Aufspaltung der Buschmann/Mbuti-Linie von anderen afrikanischen Linien - vor ...	Nach mtDNA-Analysen, Aufspaltung der Völker
< 200.000 Jahre		Moderne Menschen - seit ...	
< 200.000 Jahre		Bildung diverser Schildvulkane mit späterer Bildung der Insel Santorini - vor ...	Griechenland
200.000 Jahre		Bildung der aktuellen Vegetationszonen - vor ...	
200.000 Jahre		Durchschnittliche Erdtemperatur liegt zwei Grad niedriger als heute - vor ...	1951 bis 1980: 14,0 °C
200.000 Jahre	800.000 Jahre	*Homo Heidelbergensis* als unmittelbare Vorfahren von *Homo sapiens*	1,65 m bis 1,75 m, europäischer Typus
200.000 Jahre	2,6 MJ	Altpaläolithikum - alte Altsteinzeit vor ...	"Menschen" aßen Früchte und kleinere Tiere
220.000 Jahre		Einschlag eines Meteoriten in Tswaing/Südafrika (Krater Ø 1,13 km) - vor ...	25° 24′ S, 028° 05′ O, Gauteng
250.000 Jahre		Anatomisch hat sich beim Menschen wenig getan - in den letzten ...	
250.000 Jahre		Mindestlagerzeit für verstrahlte Werkzeuge aus Atomwaffenproduktion	Radioaktives Plutonium

Ausdehnung		Begriffliche Erfassbarkeit	Erläuterungen
von	bis		
250.000 Jahre		Umpolung des Erdmagnetfelds - alle ...	Im Durchschnitt
250.000 Jahre	1,5 MJ	Steinerne Faustkeilfunde in Afrika - Alter	
268.919 Jahre		Lotto (6 aus 49) Mindestspielzeit für einen garantierten *Sechser*	1 unterschiedliche Tippreihe pro Woche
280.000 Jahre		Damavand Vulkan - Ausbruch - vor ...	Iran
300.000 Jahre		Kosmische Hintergrundstrahlung entstand ... nach dem Urknall	Weltall-Temperaturen sanken auf 3.000 Kelvin
300.000 Jahre		Eustatische Meeresspiegelschwankungen (relative ökologische Stabilität) - vor ...	
300.000 Jahre		Durchschnittliche Erdtemperatur liegt 2 Grad niedriger als heute - vor ...	1951 bis 1980: 14,0 °C
300.000 Jahre		Vollständige Sauerstoffverarmung der oberen Weltozeanschichten - vor ...	Ozeanisches anoxisches Tollebuc Ereignis OAE 1c
300.000 Jahre		Vollständige Sauerstoffverarmung der oberen Weltozeanschichten - vor ...	Ozeanisches anoxisches Urbino Ereignis OAE 1b
300.000 Jahre		Einschlag eines Meteoriten in Wolfe Creek/Westaustralien (Krater Ø 875 Meter) - vor ...	19° 10′ S, 127° 48′ O
300.000 Jahre	400.000 Jahre	Zeitabschnittsdauer unmittelbar nach dem Urknall, in dem sich stabile Atome bildeten	Das Universum wurde durchsichtig
300.000 Jahre	700.000 Jahre	Steinzeugtafeln - erwartete Haltbarkeit	Sofern vor Erosion geschützt
300.000 Jahre	1 MJ	Überlebensdauer typischer Leitfossilien	
315.000 Jahre		*Homo sapiens* - seit ...	Fossilfunde in Jebel Irhoud/Marokko
325.000 Jahre	340.000 Jahre	Holstein-Warmzeit (Interglazial) in Norddeutschland - vor ...	
325.000 Jahre	340.000 Jahre	Mindel-Riss-Warmzeit (Interglazial) in den Alpen - vor ...	
325.000 Jahre	340.000 Jahre	Yarmouth-Warmzeit (Interglazial) in Nordamerika - vor ...	
338.000 Jahre	934.000 Jahren	Abspaltung Eisbären vom Braunbären - vor ...	Science, Band 336, Nr. 6079, 20.04.12
340.000 Jahre	400.000 Jahre	Elster-Eiszeit (Glazial) in Norddeutschland - vor ...	Bis runter nach Thüringen
340.000 Jahre	400.000 Jahre	Mindel-Eiszeit (Glazial) in den Alpen - vor ...	Großräumige Vergletscherung bewiesen
340.000 Jahre	400.000 Jahre	Kansan-Eiszeit (Glazial) in Nordamerika - vor ...	
380.000 Jahre		Zeitraum zwischen Urknall und der Bildung durchsichtigen Gases	Aus glühendem Plasma entstehen neutrale Atome
400.000 Jahre		Durchschnittliche Erdtemperatur maximal 1 Grad höher als heute - vor ...	1951 bis 1980: 14,0 °C
400.000 Jahre		Vollständige Sauerstoffverarmung der oberen Weltozeanschichten - vor ...	Anoxisches Breistroffer Ereignis OAE 1d
400.000 Jahre		Vollständige Sauerstoffverarmung der oberen Weltozeanschichten - vor ...	Anoxisches Ereignis OAE 1d
400.000 Jahre		Vollständige Sauerstoffverarmung der oberen Weltozeanschichten - vor ...	Ozeanisches anoxisches Jacob Ereignis OAE 1b
400.000 Jahre	460.000 Jahre	Mindel-Eiszeit (-Kaltzeit/-Glazial/-Komplex) - vor ...	Drittälteste Kaltzeit der Alpen
400.000 Jahre	460.000 Jahre	Durchschnittliche Erdtemperatur maximal 4 Grad kälter als heute - vor ...	1951 bis 1980: 14,0 °C
400.000 Jahre	900.000 Jahre	Steppenmammuts *Mammuthus trogontherii* in Eurasien - vor ...	Schulterhöhe bis 4,7 m

Ausdehnung		Begriffliche Erfassbarkeit	Erläuterungen
von	bis		
420.000 Jahre		Kohlendioxid-Gehalt zuletzt so hoch wie heute - vor ...	
432.000 Jahre		Weltalter *Kali Yuga* Dauer - Teil des Weltzyklus Maha-Yuga	Im Hinduismus
460.000 Jahre		Europäisches Fellnashörner *Coelodonta tologoijensis* - vor ...	Funde bei Bad Frankenhausen
460.000 Jahre		Taigaähnlicher eurasischer Waldgürtel verschwindet - vor ...	Steppe und Tundra verschmelzen
460.000 Jahre		Früheste pan-asiatische Verbreitung von Mammuts - vor ...	
475.000 Jahre	850.000 Jahre	Mosbach-Sande brachten mehr als 25.000 Fossilfunde zum Vorschein aus ...	Heutiges Wiesbaden-Biebrich
475.000 Jahre	850.000 Jahre	Cromer-Warmzeit (Interglazial) in Norddeutschland - zeitliche Erstreckung	Erste Spuren in Cromer / Ostengland
475.000 Jahre	850.000 Jahre	Cromerium mit insgesamt 4 Warmzeiten und 4 Kaltzeiten - zeitliche Erstreckung	Zeitalter
475.000 Jahre	850.000 Jahre	Günz-Mindel-Warmzeit (Interglazial) in den Alpen - zeitliche Erstreckung	
475.000 Jahre	850.000 Jahre	Aftonian-Warmzeit (Interglazial) in Nordamerika - zeitliche Erstreckung	
480.000 Jahre		Haslach-Mindel-Warmzeit (Interglazial) in den Alpen - zeitliche Erstreckung	
480.000 Jahre	640.000 Jahre	Moschusochsen Wanderungen aus Zentralasien Richtung Sibirien - vor ...	Auch Saiga-Antilopen
500.000 Jahre	700.000 Jahre	Entstehung von Big Island als Hawai'is größte Insel - vor ...	
525.000 Jahre		Fasste man die Erdgeschichte in 1 Jahr, entspräche jede Stunde ...	Erdalter ist 4,6 Milliarden Jahre
500.000 Jahre	1,1 MJ	Vormenschen *Homo antecessor* - lebten vor ...	Fossilfunde in Spanien
500.000 Jahre		Durchschnittliche Erdtemperatur liegt 2 Grad niedriger als heute - vor ...	1951 bis 1980: 14,0 °C
500.000 Jahre	1 MJ	In Erdkruste gebildetes Erdöl bildete sich laut BGR über ...	Ölmenge für jährlichen Weltverbrauch
500.000 Jahre		Ozeanische anoxische Ereignisse (OAE) - Dauer	Im Durchschnitt
550.000 Jahre		Steppenmammut *Mammuthus trogontherii* in Europa - Wiesbadener Funde	Fossilien im Mainzer Museum nhm
550.000 Jahre	690.000 Jahre	Gemeinsame mitochondriale Eva moderner Menschen und Neanderthalern - Alter	Geschätzt nach Krings (1997)
550.000 Jahre		Periode bedeutender Meteoriteneinschläge auf der Erde - alle ...	Im Durchschnitt
600.000 Jahre		Entstehung des Vulkans Ätna - heute höchster tätiger Vulkan Europas - vor ...	Sizilien
600.000 Jahre		Ozeanisches anoxisches Paquier Ereignis OAE 1b - Dauer	
600.000 Jahre		Damavand Vulkan - Ausbruch - vor ...	Iran
600.000 Jahre		Durchschnittliche Erdtemperatur liegt 4 Grad niedriger als heute - vor ...	1951 bis 1980: 14,0 °C
600.000 Jahre	680.000 Jahre	Große Löwen *Panthera fossilis* - lebten vor ...	
600.000 Jahre		Maximales Objektalter bei Altersbestimmungen mithilfe der TIMS-Methode	Thermales Ionisationsmassenspektrometer
600.000 Jahre	900.000 Jahre	Günz-Eiszeit (Glazial) in den Alpen - zeitliche Erstreckung	
600.000 Jahre	1,2 MJ	Erste Saiga-Antilopen in Asien - vor ...	In Jakutien

Ausdehnung		Begriffliche Erfassbarkeit	Erläuterungen
von	bis		
640.000 Jahre		Trennung der Entwicklungslinien Neanderthaler und Denisova-Menschen - vor ...	
700.000 Jahre		Durchschnittliche Erdtemperatur liegt 3 Grad niedriger als heute - vor ...	1951 bis 1980: 14,0 °C
700.000 Jahre		Feuersteinalter - somit älteste Spuren menschlicher Besiedelung in Nordeuropa - vor ...	Funde in Pakefield /Ostengland
700.000 Jahre		Erste caballine Pferde in Asien - vor ...	
700.000 Jahre	1,5 MJ	Aufrecht gehender Vormensch *Homo ergaster* /Java Mensch (Ø Größe 1,7 m) - vor ...	Vorfahr des Homo erectus
700.000 Jahre	2,6 MJ	Etablierung unabhängiger Säugetier-Populationen in asiatischen Steppen - vor ...	
780.000 Jahre		Letzte große Umpolung des Erdmagnetfelds - vor ...	Brunhes-Matuyama-Umkehr
781.000 Jahre	1,806 MJ	Altpleistozän Zeitalter vor ...	Calabrium
800.000 Jahre		Alter von heutigem Gletschereis	
800.000 Jahre		Durchschnittliche Erdtemperatur liegt 3 Grad niedriger als heute - vor ...	1951 bis 1980: 14,0 °C
800.000 Jahre		Erste Tüpfelhyänen in Asien - vor ...	Aus Afrika kommend
800.000 Jahre		Trennung der Entwicklungslinien Afrikaner & Neanderthaler/Denisova-Linie - vor ...	
800.000 Jahre		*Homo rhodesiensis* entwickelt sich aus *Homo ergaster* - vor ...	*Homo heidelbergensis* oder *sapiens*
800.000 Jahre		*Homo heidelbergensis* taucht in Europa auf - vor ...	Entwicklung in Afrika
800.000 Jahre		Ozeanisches anoxisches Selli Ereignis OAE 1a - Dauer	
810.000 Jahre		Einschlag eines Meteoriten in Darwin/Tasmanien (Krater Ø 1 km) - vor ...	42° 19′ S, 145° 40′ O
864.000 Jahre		Weltalter *Dvāpara Yuga* Dauer - Teil des Weltzyklus Maha-Yuga	Im Hinduismus
900.000 Jahre		Vulkanismus in heute noch aktiven Gebieten - seit ...	
900.000 Jahre		Aussterben von Südelefanten oder Urmammuts *Mammuthus meridionalis* - vor ...	
900.000 Jahre		Einschlag eines Meteoriten in Zhamanshin/ Kasachstan (Krater Ø 13,5 km) - vor ...	48° 24′ N, 060° 58′ O
900.000 Jahre	940.000 Jahre	Donau-Günz-Warmzeit (Interglazial) in den Alpen - vor ...	Uhlenberg-Warmzeit
950.000 Jahre		Donau-Kaltzeit (Glazial) in den Alpen - vor ...	
952.000 Jahre		Erste Schwarzbären - vor ...	
< 1.000.000 Jahre		Mount Cook Bergspitze noch unter Wasser - in Neuseeland vor ...	Hebung seitdem auf 3.724 Meter
1.000.000 Jahre		Eine Million Jahre (1 MJ) = eine Jahrmillion	
1.000.000 Jahre		myr lautet eine Abkürzung für 1.000.000 Jahre	Gebräuchlich in Astronomie
1 MJ		Eisbohrkerne kann man bzgl. CO_2- und CH_4-Gehalt zurückverfolgen - über ...	
1 MJ	1,3 MJ	Entstehung der Insel Maui innerhalb der Inselgruppe Hawai'i - vor ...	
1 MJ		Dritter Schritt im Proton-Proton-Zyklus - Dauer	Wenn Sterne Wasserstoff in Helium umwandeln

Ausdehnung		Begriffliche Erfassbarkeit	Erläuterungen
von	bis		
1 MJ		Stetiger Wechsel zwischen längeren Kalt- mit kürzeren Warmzeiten - seit ..	
1 MJ		Vormenschen benutzen erstmals Feuer - vor ...	
1 MJ		Einschlag eines Meteoriten in Monturaqui/Chile (Krater Ø 460 Meter) - vor ...	23° 56′ S, 068° 16′ W, Antofagasta
1 MJ		Einschlag eines Meteoriten in Veevers/Westaustralien (Krater Ø 80 Meter) - vor ...	22° 58′ S, 125° 22′ O
1 MJ		*Australopithecus* und Gattung *Homo* leben nebeneinander	Während eines Zeitraums von ...
1,07 MJ		Einschlag eines Meteoriten in Bosumtwi/Ghana (Krater Ø 10,5 km) - vor ...	06° 30′ N, 001° 25′ W, Ashanti
1,1 MJ		Größere Himalaya Hebung - vor ...	
1,1 MJ		Feuchtwarmes Klima in Süd- und Mitteleuropa - vor ...	
< 1,2 MJ		Menap-Eiszeit (Glazial) in Norddeutschland - vor ...	
1,2 MJ		*Homo erectus* lebte vor ... - globales Vorkommen geschätzte 55.000 Menschen	Vor allem in Europa und in Pazifikregion
1,2 MJ		Heutige Basalt Vorkommen in der Eifel - Gesteine entstanden vor ...	Gesteine im Mainzer Museum nhm
1,2 MJ	1,45 MJ	Waal-Warmzeit (Interglazial) in Nordeuropa - vor ...	
1,296 MJ		Weltalter *Tretā Yuga* Dauer - Teil des Weltzyklus Maha-Yuga	Im Hinduismus
1,3 MJ		Vereisung im Norden, Pluvialzeiten (relativ feuchte Perioden) im Süden - vor ...	
1,3 MJ	1,78 MJ	Eburonium-Eiszeit (Glazial) in Nordeuropa - vor ...	Eburon
1,387 MJ	1,51 MJ	Halbwertszeit vom Beryllium-Isotop Be-10	Unterschiedliche Quellen
1,4 MJ		Einschlag eines Meteoriten in Pingualuit/Quebec (Krater Ø 3,44 km) - vor ...	61° 17′ N, 073° 40′ W
1,4 MJ	1,9 MJ	Vormenschen *Paranthropus robustus* - lebten vor ...	Fossilfunde in Südafrika
1,4 MJ	2,3 MJ	Vormenschen *Paranthropus boisei* - lebten vor ...	Fossilfunde in Tansania, Kenia, Äthiopien
1,4 MJ	2,3 MJ	Artenschwarm kamerunischer Buntbarsche - Entstehungszeitraum vor ...	Cichlidae
1,5 MJ		Erste Pferde *Equus* wandern über Beringia von Amerika nach Asien - vor ...	
1,5 MJ	1,8 MJ	Steinwerkzeuge der Oldowan-Kultur in Oldovai-Schlucht/Tansania - vor ...	Alter geschätzt
1,5 MJ	13 MJ	Hauer Elefanten Deinotheriidae in Afrika (Schulterhöhe 4,5 Meter) - vor ...	
1,54 MJ		*Homo erectus* oder *Homo ergaster* Funde vom Turkana See Tansania - Alter	
1,6 MJ		Verbindung von Nordamerika und Südamerika ist abgeschlossen - vor ...	
1,6 MJ	2,33 MJ	Vormenschen *Homo habilis* (Größe 1,00 m ♀, 1,31 m ♂) lebten vor ...	Bisher kein vollständiges Skelett gefunden
1,7 MJ		*Homo erectus* oder *Homo ergaster* Funde vom Turkana See Tansania - Alter	
1,7 MJ	3,1 MJ	Buntbarsche im Victoriasee + Malawisee - jüngster gemeinsamer Vorfahre - Alter	Cichlidae
1,728 MJ		Weltalter *Satya Yuga* Dauer - Teil des Weltzyklus Maha-Yuga	Im Hinduismus

Ausdehnung		Begriffliche Erfassbarkeit	Erläuterungen
von	bis		
1,78 MJ	1,96 MJ	Tegelen-Warmzeit (Interglazial) in Norddeutschland - vor ...	
< 1,8 MJ		Afrika löst sich von Europa - die Straße von Gibraltar bildet sich - vor ...	
1,8 MJ		Einschlag eines Meteoriten in Kalkkop/Südafrika (Krater Ø 640 Meter) - vor ...	32° 43′ S, 024° 26′ O, Ostkap
1,8 MJ		Erstmalige Auswanderung der Gattung *Homo* aus Afrika hinaus - vor ...	
1,8 MJ		Erste Bipedie (Zweibeinigkeit) von Menschen - vor ...	
1,8 MJ	2,4 MJ	Entstehung der Gattung *Homo* - das Gehirn wächst - vor ...	Verwendung von Steinwerkzeugen
> 1,8 MJ		Bildungszeitraum von tropischen ferralitischen Böden	Zum Beispiel in Malaysia
1,806 MJ	2,588 MJ	Gelasium Abschnitt im Pleistozän - zeitliche Erstreckung - vor ...	
1,88 MJ		Einschlag eines Meteoriten in Karikkoselkä/Finnland (Krater Ø 1,5 km) - vor ...	62° 13′ N, 025° 15′ O
< 2 MJ		Frühmenschen leben auf der Erde seit ...	
< 2 MJ		Erste Lavaeruptionen zur Bildung der griechischen Insel Santorini - vor ...	
2 MJ		Menschenverwandte *Australopithecus sediba* - lebten vor ...	Fossilfunde in Südafrika
2 MJ	3 MJ	Straße von Gibraltar wird sich wahrscheinlich wieder schließen - in ...	Durch Verdunstungsprozesse
2 MJ	3 MJ	Sechs Hominiden Arten leben in Afrika nebeneinander - zwischen ...	
2 MJ	4 MJ	Mindest Isolationsdauer zweier Arten, die keine Hybride zeugen können	Bei Säugetieren und Insekten
2 MJ	6 MJ	Ogallala Aquifer Entstehungszeit - vor ...	
2 MJ	85 MJ	Saxonische Bruchschollentektonik am Werk - vor ...	
2,15 MJ		Einschlag eines Meteoriten in Eltanin/Südpazifik, Bellingshausen-See - vor ...	Durchmesser 20 km, 57° 47′ S, 090° 47′ W
2,16 MJ	2,55 MJ	Mammutfunde in China (Longdan und Shitougu) - Alter	Deng 2002, Qiu et al. 2004
2,2 MJ		Brüggen-Eiszeit (Glazial) in Norddeutschland - vor ...	
2,3 MJ	2,8 MJ	Menschenverwandte *Paranthropus aethiopicus* lebten vor ...	Fossilfunde in Äthiopien, Kenia, Malawi
2,3 MJ	65 MJ	Entstehung von Kalkstein im Mainzer Becken - Gesteinsentstehung vor ...	Gesteine im Mainzer Museum nhm
2,4 MJ		Schließung des Isthmus von Panama und anschließende Golfstrombildung - vor ...	Danach erst Vereisung Grönlands
2,4 MJ		*Homo rudolfensis* - erste Vertreter der Gattung *Homo* lebten vor ...	Fossilfunde in Malawi
2,4 MJ		Austrocknung Afrikas - vor ...	
2,4 MJ	3 MJ	Menschenverwandte *Australopithecus africanus* (Größe 1,15 m ♀, 1,38 m ♂) lebten vor ...	Erster fleischfressender Mensch
< 2,5 MJ		Ur-Menschen - lebten auf der Erde seit ...	
2,5 MJ		Überraschend wenige ausgestorbene Arten wegen Klimawandel - letzte ...	aus Botkin: Bioscience 57
2,5 MJ		Genetische Distanz zwischen Bonobo und Schimpanse	So nah sind ihre Genotypen verwandt

Ausdehnung		Begriffliche Erfassbarkeit	Erläuterungen
von	bis		
2,5 MJ		Menschenverwandte *Australopithecus garhi*	Fossilfunde in Äthiopien
2,5 MJ		Lichtlaufzeit des Lichts von erdnächster Galaxie Andromedanebel zur Erde	
2,5 MJ	3,4 MJ	Entstehung der Insel Oahu innerhalb der Inselgruppe Hawai'i - vor ...	
2,5 MJ		Erste Trogtalbildungen durch Gletscher in Sierra Nevada Nordamerikas - vor ...	
2,5 MJ	18 MJ	Aktiver Vulkanismus auf Coromandel Halbinsel - vor ...	Neuseeland
< 2,588 MJ	heute	Quartär Zeitalter vor ...	
< 2,588 MJ	heute	Lange Glaziale (Kaltzeiten) mit kurzen Interglazialen (Warmzeiten) - kommen vor seit ...	
< 2,588 MJ	heute	In Deutschland entsteht das heutige Gewässernetz - seit ...	
2,588 MJ		Älteste Steinwerkzeug Funde (aus Feuerstein und abgeschlagenen Steinklingen)	Benutzt als Hackmesser und Schlagstein
2,588 MJ		Beginn der Steinzeit - vor ...	Ab 7.000 v. Chr. Ersatz durch Metalle
2,588 MJ	2,9 MJ	Zirkumpolarer Tundrengürtel Entstehung - vor ...	
2,588 MJ	3,6 MJ	Piacenzium Zeitalter vor ...	Jüngste Stufe des Pliozäns
2,588 MJ	3,6 MJ	Boden Alter rund um Klingenmünster in der Pfalz	Fußflächenreste
2,588 MJ	5,3 MJ	Pliozän Zeitalter vor ...	
2,588 MJ	23,03 MJ	Neogen - zweithöchstes chronostratigraphisches System - zeitliche Erstreckung	Zeitalter
2,588 MJ	65 MJ	Tertiär Zeitalter (mit Pliozän, Miozän, Oligozän, Eozän, Paläozän) - zeitliche Erstreckung	
2,588 MJ	65 MJ	Entwicklung großer Aschewolken durch starken Vulkanismus - vor ...	
2,588 MJ	65 MJ	Boden Ablagerungen in Deutschland: Vulkanite, Braunkohle, Kiese ... - vor ...	Und auch Sande, Schluffe und Tone
2,588 MJ	65 MJ	Meere werden weiter umgeformt und der Nord Atlantik bildet sich - vor ...	
2,588 MJ	65 MJ	Deutschland ist tropisch mediterran - vor ...	
2,588 MJ	65 MJ	Süddeutsche Gesteinsschichten stellen sich schräg - vor ...	Durch Tektonik
2,7 MJ		Arktis ist vergletschert - seit ...	
2,7 MJ		Vollständige Sauerstoffverarmung der oberen Weltozeanschichten - Dauer	Ozeanisches anoxisches Ereignis OAE 3
2,8 MJ		Beginn einer globalen Abkühlung mit Trockenheit in Afrika - vor ...	Nussknacker Menschen in Afrika
2,8 MJ	5 MJ	Hebungen des Pfälzer Waldes durch Tektonik - vor ...	Ergebnis: Heutige Höhe des Gebirges
2,9 MJ	3,6 MJ	Menschenverwandte *Australopithecus afarensis* (Größe 1,05 m ♀, 1,5 m ♂) - lebten vor ...	Aufrechter Gang und Werkzeuggebrauch
3 MJ	3,5 MJ	Menschenverwandte *Australopithecus bahrelghazali* - lebten vor ...	Fossilfunde im Tschad
3 MJ	4 MJ	Erster Vulkanismus in der griechischen Ägäis - vor ...	
3 MJ	10 MJ	Anhäufung des Eises in der Arktis - zwischen ...	

Ausdehnung		Begriffliche Erfassbarkeit	Erläuterungen
von	bis		
3 MJ		Einschlag eines Meteoriten in Tabun-Khara-Obo/Mongolei (Krater Ø 1,3 km) - vor ...	44° 08′ N, 109° 39′ O
3 MJ		Donau reicht bis zum Genfer See - vor ...	
3 MJ		Die Arktis war zum letzten Mal eisfrei - vor ...	Antarktis vor 35 MJ
3 MJ		Einschlag eines Meteoriten in Talemzane/Algerien (Krater Ø 1,75 km)	33° 19′ N, 004° 02′ O
3,1 MJ		Einschlag eines Meteoriten in Aouelloul/Mauretanien (Krater Ø 390 Meter) - vor ...	20° 15′ N, 012° 41′ W
3,18 MJ		Die Menschenäffin Lucy (*Australopithecus afarensis*) stirbt in Äthiopien - vor ...	Teilskelett im Museum in Addis Abeba
3,447360 MJ		Dauer des jüdischen Kalenderzyklus	
3,5 MJ		Einschlag eines Meteoriten in Elgygytgyn/Russland (Krater Ø 18 km) - vor ...	67° 30′ N, 172° 05′ O
3,5 MJ		Menschenverwandte *Kenyanthropus platyops* lebten vor ...	Fossilfunde am Turkanasee / Kenia
3,5 MJ		Erste Mammuts *Coelodonta* in Südwest-Tibet - vor ...	Forschergruppe Deng et al. 2011
3,6 MJ	5,333 MJ	Zancleum - Zeitalter vor ...	Älteste Stufe des Pliozäns
3,7 MJ	4 MJ	Einschlag eines Meteoriten in Roter Kamm/Namibia (Krater Ø 2,5 km) - vor ...	27° 46′ S, 016° 17′ O, diverse Quellangaben
3,9 MJ	4,2 MJ	Menschenverwandte *Australopithecus anamensis* - lebten vor ...	Fossilfunde am Turkanasee / Kenia
4 MJ	10 MJ	Durchschnittsdauer, in der eine Art auf Erden entsteht und verschwindet	Über alle Pflanzen- und Tierarten hinweg
4 MJ		Heutiger Meeresspiegel lag 30 Meter niedriger als im Tertiär - vor ...	Weniger Eis wegen großer Hitze
4 MJ		Sierra Nevada kippt und heutiges Erscheinungsbild beginnt zu entstehen - vor ...	Im westlichen Nordamerika
4,32 MJ		*Maha Yuga* Dauer - kürzester hinduistischer Weltzyklus	
4,4 MJ		Menschenverwandte *Ardipithecus ramidus* (Körpergröße 1,2 m, lange Arme) - lebten vor ...	"Ardi" Fossilfund in Äthiopien
4,9 MJ	5,6 MJ	Kaua'i und Ni'ihau Vulkaninseln - Alter	Gehören zu Hawai'i
< 5 MJ		Vormenschen - gibt es seit ...	
< 5 MJ		Meeresböden südwestlich von Südamerika und rund um Solomonen - Alter	
5 MJ		Entstehung Kauai's innerhalb der Inselgruppe Hawai'i - vor ...	
5 MJ		Entstehung der Neuseeländischen Alpen - vor ...	
5 MJ		Einschlag eines Meteoriten in Bigach/Kasachstan (Krater Ø 7 km) - vor ...	48° 34′ N, 082° 01′ O
5 MJ		Einschlag eines Meteoriten in Karakul/Tadschikistan (Krater Ø 52 km) - vor ...	39° 01′ N, 073° 27′ O
5 MJ	6 MJ	Genetische Distanz zwischen Mensch und Schimpanse	Unsere Vorfahren klettern von den Bäumen
5 MJ	6 MJ	Durch Verdunstung ausgetrocknetes Mittelmeer - in mehreren Zyklen - vor ...	Messinische Salinitätskrise
5 MJ	11 MJ	Dinotherien Elefanten leben in Galeriewäldern des Ur-Rheins - in Rheinhessen - vor ...	Dinotheriensande mit Fossilfunden
5 MJ	21 MJ	Meeresböden Alter im mittleren Atlantik und Indischen Ozean	Pazifik: Zwischen Kalifornien und Chile

Ausdehnung		Begriffliche Erfassbarkeit	Erläuterungen
von	bis		
5 MJ	65 MJ	Zweite große Periode der Entstehung heutiger fossiler Brennstoffe - vor ...	Chemisch gebundene Energie
5 MJ	200 MJ	Alpidische Orogenese: Faltengebirge Eurasiens entstehen - vor ...	Gebirgsbildung
5 MJ	200 MJ	Alpidische Orogenese: Zirkumpazifische Gebirge entstehen - vor ...	Gebirgsbildung
5,1 MJ		Karakul Meteoriten Einschlagskrater Alter	In Tadschikistan
5,333 MJ	7,246 MJ	Messinium - Zeitalter vor ...	Jüngste Stufe des Miozäns
5,333 MJ	23 MJ	Stärkste Hebungen der Alpidischen Orogenese - vor ...	Gebirgsbildung
5,333 MJ	23 MJ	Heutige Algenkalkstein Vorkommen bei Mainz - Gesteine entstanden vor ...	Massenkalkfazies, Mainz Amöneburg
5,333 MJ	23 MJ	Wärmeres und feuchteres globales Klima - vor ...	Neue Ausbreitung der Menschenaffen
5,333 MJ	23 MJ	Miozän Zeitalter - fortlaufende Radiation von Säugetieren und Angiospermen - vor ...	Menschenaffenähnliche Vorfahren
5,333 MJ	34 MJ	Bodengesteine Alter rund um Annweiler bis Bad Bergzabern in der Pfalz	Rumpfflächen
5,333 MJ	54,8 MJ	Entstehung Braunkohlelager Deutschlands unter hoher Luftfeuchtigkeit - vor ...	Bäume → Torf → Braunkohle
5,54 MJ	5,77 MJ	Menschenaffenartige *Ardipithecus kadabba* - lebten vor ...	Fossilfunde in Äthiopien
5,7 MJ		Dauer des gregorianischen Osterzyklus	
6 MJ		Menschenaffenartige *Orrorin tugenensis* - lebten vor ...	Fossilfunde in Kenia
6 MJ		Atomuhren Ungenauigkeit = Gangunterschied: 1 Sekunde - alle ...	Einsatzgebiet: Satelliten
6 MJ	9 MJ	Akaroa und Banks Halbinseln in Neuseeland - Bildung vor ...	
6 MJ	10 MJ	Kreuzungen (Hybride) zwischen Menschenaffenartigen und Schimpansen - vor ...	Nick Patterson et al. (2006)
6,9 MJ	9,5 MJ	Artenschwarm ostafrikanischer Buntbarsche - Entstehungszeitraum - vor ...	Cichlidae
7 MJ		Menschenaffenartige *Sahelanthropus tschadensis* - lebten vor ...	
7 MJ		Engste Menschenfamilie umfasste 22 Arten in den letzten ...	Bis auf *Homo sapiens* alle ausgestorben
7 MJ		Genetische Distanz zwischen Mensch und Gorilla	So nah sind ihre Genotypen verwandt
7 MJ	70 MJ	Entstehung der Gebirgskette Cascades an Westküste Nordamerikas - vor ...	Kollision Nordamerika + Pazifikplatte
7,246 MJ	11,62 MJ	Tortonium Zeitalter vor ...	Zweitjüngste Stufe des Miozäns
7,5 MJ		Deep Thought Computer Rechendauer für Antwortzahl 42	Buch *Per Anhalter durch die Galaxis*
8 MJ	10 MJ	Stern Beteigeuze im Sternbild Orion - Alter	
8 MJ	14 MJ	Primaten *Ramapithecus* - lebten vor ...	Mittlerweile ausgestorben
9 MJ	10 MJ	Ur-Rhein fließt von Worms aus westwärts durch Rheinhessen nach Bingen - vor ...	
9 MJ	17 MJ	Eichenmenschenaffen *Dryopithecus* (unsere Vorfahren trennen sich von Menschenaffen)	vor ..., 60 cm Körperlänge, 82 cm Schulterhöhe
> 9 MJ		Berge der Grand Teton Kette wachsen 2 Meter pro Erdbebenereignis - seit ...	Grand-Teton-Nationalpark in Wyoming

Ausdehnung		Begriffliche Erfassbarkeit	Erläuterungen
von	bis		
10 MJ		Zehn Millionen Jahre	
10 MJ		Einschlag eines Meteoriten in Karla/Russland (Krater Ø 12 km) - vor ...	54° 55′ N, 048° 02′ O
10 MJ		Sonne Entwicklungsdauer zur heutigen Masse - innerhalb ...	Vor 2,2 Milliarden Jahren
10 MJ		Resthaltbarkeit des Wasserstoffs auf sehr massereichen Sternen	Wasserstoff unserer Sonne hält 10 MDJ
10 MJ		Erschöpfung der Sonne, wenn sie die 10-fache Masse hätte - in ...	Anstatt 10 Milliarden Jahre
10 MJ		Sombrero Galaxie würde Milchstraße durchqueren innerhalb ...	... aufgrund enormer Geschwindigkeit
10 MJ	13 MJ	Vulkanausbrüche im heutigen Dunedin in Neuseeland - vor ...	Dunedin sitzt auf Vulkanrest
11 MJ		*Stegotetrabelodon* Elefanten lebten in Europa - Funde in Dinotheriensanden bei Alzey	Fossilien im Mainzer Museum nhm
11 MJ	16 MJ	Primaten *Pliopithecus* - lebten vor	Nicht in Afrika, meist Europa/Asien
11,62 MJ	13,82 MJ	Serravallium Zeitalter vor ...	Drittjüngste Stufe des Miozäns
12 MJ		Bildung des Himalayas - vor ...	Verändert atmosphärische Zirkulation
12 MJ		Einschlag eines Meteoriten in Shunak/Kasachstan (Krater Ø 3,1 km) - vor ...	47° 12′ N, 072° 42′ O
12 MJ		Stern Hadar im Sternbild Zentaur - Alter	
12 MJ		Genetische Distanz zwischen Mensch und Orang-Utan	So nah sind ihre Genotypen verwandt
12 MJ		Tanganjika-See entsteht - vor ...	
12 MJ	38 MJ	Mainzer Becken entsteht - vor ...	
12,6 MJ		Fasste man die Erdgeschichte in 1 Jahr, entspräche jeder Tag ...	Erdalter ist 4,6 Milliarden Jahre ./. 365 Tage
13 MJ		Evolutive Abspaltung von neuseeländischen Moas von anderen Laufvögeln	
13 MJ	18 MJ	Vulkanismus am Kaiserstuhl bei Freiburg - vor ...	Förderung von Alkaligesteinen
13,82 MJ	15,97 MJ	Langhium Zeitalter vor ...	Viertjüngste Stufe des Miozäns
14 MJ	17 MJ	Heftige Vulkaneruptionen von Flutbasalt im heutigen Oregon - vor ...	Columbia Plateaubasalt
14,87 MJ		Steinheimer Becken entsteht durch Meteoriteneinschlag (Krater Ø 3,8 km) - vor ...	48° 41′ N, 010° 04′ O
14,87 MJ		Nördlinger Ries entsteht durch Meteoriteneinschlag (Krater Ø 24 km) - vor ...	48° 53′ N, 010° 37′ O
< 15 MJ		Terra Rossa Böden in Europa - Alter	Roterde
15 MJ		Kollision von Afrikanischer Platte mit Vorderasien - vor ...	Gebirge Auffaltung im Nahen Osten
15 MJ		Öffnung des Roten Meeres - vor ...	
15 MJ		Genetische Abtrennung des Menschen vom Affen - vor ...	
15 MJ	20 MJ	Genetische Abtrennung des Pandabären von anderen Bären - vor ...	
15 MJ	40 MJ	Alter des Großteils deutscher Braunkohle - aus Karbonzeitähnlichen Sümpfen	

Ausdehnung		Begriffliche Erfassbarkeit	Erläuterungen
von	bis		
15,3 MJ		Halbwertszeit vom Blei Isotop Pb-205	
15,97 MJ	20,44 MJ	Burdigalium Zeitalter vor ...	Zweitälteste Stufe des Miozäns
16,5 MJ		Erste Eruption des Yellowstone Supervulkans - vor ...	
17 MJ	20 MJ	Älteste fossile Menschenaffen *Proconsul africanus* - lebten vor ...	Je nach Art Gibbon- oder Gorillagröße
18 MJ		Genetische Distanz zwischen Mensch und Gibbon	So nah sind ihre Genotypen verwandt
20 MJ		Fossilalter Budenheimer Nashorns *Dicerorhinus tagicus moguntianus*	Budenheim bei Mainz, 85 cm hoch
20 MJ		Vereisung des Nordpols - vor ...	
20 MJ		Starker Vulkanismus in der Sierra Nevada des westlichen Nordamerikas - vor ...	
20 MJ		Ablagerung von Mergelkalken im heutigen Mainz Weisenauer Steinbruch - vor ...	
20 MJ		Südosteuropa kollidiert mit Arabien - vor ...	Alpidische Gebirgsbildung
20 MJ		Primaten und Bergaffen *Oreopithecus* - Entwicklung vor ...	
20 MJ		Erster Vulkanismus in Neuseeland nach Kollision tektonischer Platten - vor ...	
20 MJ		Drachenfels Vulkan Entstehung - vor ...	Bei Bonn
20 MJ		Mindest Isolationsdauer zweier Arten, die keine Hybride zeugen können	Bei Vögeln und Amphibien
20 MJ		Antarktis Bewuchs mit Pflanzen über einen Zeitraum von ...	
20 MJ		Tethys mit breiter Wasserstraße zwischen Indischem Ozean und Atlantik - Entstehungsalter	Tethys Vorläuferozean des Mittelmeeres
20 MJ	25 MJ	Existenz von vier zeitgleichen Grabenbruchsystemen in Gondwanaland - Dauer	Afrika und Südamerika trennen sich
20 MJ	40 MJ	Entstehung der Kalilagerstätten im heutigen Elsass und Sizilien - vor ...	
20,44 MJ	23,03 MJ	Aquitanium Zeitalter vor ...	Älteste Stufe des Miozäns
21 MJ	38 MJ	Meeresböden Alter im kontinentnahen Atlantik und Indischen Ozean	Pazifik: Zwischen Tokio und Neuguinea
22 MJ		Schildvulkan Entstehung in der Tweed Gegend in Ostaustralien - vor ...	
23 MJ		Aus 200 Meter tiefem Meer entwickelte sich europäisches flaches Binnenmeer - vor ...	
23 MJ	33 MJ	Entstehung des Roten Meeres mit Grabenbruch zwischen zwei Platten - vor ...	Arabische und afrikanische Platte
23 MJ	34 MJ	Oligozän - Zeitalter vor ... - Entstehung vieler Primatengruppen	Einschließlich Menschenaffen
23 MJ	45 MJ	Rheinland-Pfalz: 75 % Land mit viel Eis und großer Albedo und 25 % Meer - vor ...	Abkühlung in Europa
23,03 MJ	65,5 MJ	Paläozen - Zeitalter vor ...	Unterstes chronostratigraphisches System
23,4 MJ		Einschlag eines Meteoriten in Haughton/Kanada (Krater Ø 24 km) - vor ...	75° 23′ N, 089° 40′ W
< 24 MJ		Kaikoura Orogenese in Neuseeland - seit ...	Andauernde Gebirgsbildung
24 MJ		Heutiges Austernriffgestein Vorkommen bei Mainz - Gesteine entstanden vor ...	In Neu-Bamberg / Rheinhessen

Ausdehnung		Begriffliche Erfassbarkeit	Erläuterungen
von	bis		
25 MJ		Erste Fledermäuse und Affen - vor ...	
25 MJ		Baikalsee Alter - als ältester und tiefster Süßwassersee der Erde	
25 MJ	45 MJ	Entstehung der Anden durch Subduktionsprozesse und Terrainhebungen - vor ...	
25 MJ		Einschlag eines Meteoriten in Logancha/Russland (Krater Ø 20 km) - vor ...	65° 31′ N, 095° 56′ O
27 MJ		Einwanderung der Höhlenflohkrebse *Niphargus* ins Grundwasser - vor ...	Sie stammen aus dem Meer
28 MJ		Zealandia unterseeische Gesteinsmassen heben sich aus dem Wasser	... und werden zu Neuseeland, vor ...
29 MJ		Meer über heutigem Rheingraben bis Mainz, über Kassel nach Norddeutschland - vor ...	
29 MJ		Festland im heutigen Wiesbaden, Frankenland, Ulm, Erfurt, Dresden - vor ...	
< 30 MJ		Anhäufung des Eises in der Antarktis - zwischen ...	
30 MJ		Känozoisches Eiszeitalter - Beginn vor ...	Dauer bis heute
30 MJ		Entstehung des Wadi Rums in Jordanien - vor ...	
30 MJ		Primaten und Altweltaffen *Aegyptopithecus zeuxis* - lebten vor ...	Forscher errechneten 6,7 kg Körpergewicht
30 MJ	80 MJ	Australien und Antarktis driften auseinander - vor ...	
30 MJ		Ungenauigkeit von Cäsiumuhren - als relative Abweichung für 1 Sekunde	
30 MJ		Jordangrabenbruch = Totes Meer Verwerfung - erstes Auseinanderdriften - vor ...	Ostteil wanderte 96 km Richtung Nord
30 MJ		Maximales Gesteinsalter für Oberflächenexpositionsdatierung Anwendung	Surface Exposure Dating
30 MJ		Der "kleine Ozean" des Roten Meeres beginnt sich zu formen - vor ...	
30 MJ	35 MJ	Abspaltung der Kleinbären *Procyonidae* von Bären *Ursidae* - vor ...	
30 MJ	50 MJ	Mond entstand 30 bis 50 MJ nach der Herausbildung des Sonnensystems	Erdmond
30 MJ	135 MJ	Entstehung der Alpen durch Faltung und Hebung des Geländes - vor ...	
31 MJ		Seekühe leben (und schwimmen) im heutigen Rheinhessen - vor ...	
31 MJ	46 MJ	Buntbarsche *Ptychochrominae* - Entstehungszeitraum vor ...	Madegassische Linie
32 MJ		Bildung des Mittelmeers - vor ...	Forschungsfrage: Nach Meteoriteneinschlag?
32 MJ		Einschlag eines Meteoriten in Rubielos de la Cérida/Spanien - vor ...	Krater Ø 40 km, 40° 47′ N, 001° 12′ W
33 MJ		Westalpenfaltung - vor ...	
33 MJ		Artenvielfalt von Primaten in Nordeuropa und Asien sinkt rapide - vor ...	
< 34 MJ		Bildung des Dinarischen Gebirges (Dinarisch-Hellenidische Gebirgsbildung) - seit ...	Heute östlich der Adria
34 MJ		Kältere und trockenere globale Klimaverhältnisse / Bildung von Wüsten - vor ...	Rückgang tropischer Wälder
34 MJ	56 MJ	Eozän Zeitalter - Vorherrschaft der Angiospermen nimmt zu - vor ...	Radiation zu moderneren Säugetierarten

Ausdehnung		Begriffliche Erfassbarkeit	Erläuterungen
von	bis		
35 MJ		Einschlag eines Meteoriten in Crawford/Südaustralien (Krater Ø 8,5 km) - vor ...	34° 43′ S, 139° 02′ O
35 MJ		Einschlag eines Meteoriten in Popigai/Russland (Krater Ø 100 km) - vor ...	Impakt: Aus Graphit wurde Diamant
35 MJ		Einschlag eines Meteoriten in Flaxmann/Südaustralien (Krater Ø 10 km) - vor ...	34° 37′ S, 139° 04′ O
35 MJ		Entstehung einer 1.000 Meter dicken Sedimentschicht im Oberrheingraben - vor ...	Durch Meereseinbruch
35 MJ		Erster Meereseinbruch in Oberrheingraben an Brüchen aufgewölbter Erde - vor ...	Maximale Zugspannungen um diese Zeit
35 MJ		Auftrennung Feuerlands und der Antarktis - vor ...	
35 MJ		Die Antarktis war zum letzten Mal eisfrei - vor ...	Die Arktis vor 3 Millionen Jahren
35 MJ		Rio Grande Grabenbruch - Beginn der Aufweitung vor ...	
35 MJ		Rädertierchen - bestehen seit 35 MJ nur aus weiblichen Exemplaren	Nachwuchs durch Parthenogenese
35,5 MJ		Einschlag eines Meteoriten in Chesapeake Bay/Virginia (Krater Ø 85 km) - vor ...	37° 17′ N, 076° 01′ W
36 MJ	42 MJ	Buntbarsche *Etroplinaeae* - Entstehungszeitraum	Indisch-madegassische Linie
37 MJ		Einschlag eines Meteoriten in Wanapitei Lake/Ontario (Krater Ø 7,5 km) - vor ...	46° 45′ N, 080° 45′ W
38 MJ		Einschlag eines Meteoriten in Mistastin Lake/Kanada (Krater Ø 28 km) - vor ...	55° 53′ N, 063° 18′ W, Labrador
38 MJ		Kollision von Indien und Asien - vor ...	
38 MJ	52 MJ	Meeresböden Alter an Kontinentalrändern	Pazifik: Zwischen Kalifornien und Chile
< 40 MJ		Festland Relief Alter Mitteleuropas	Zumeist vorher überschwemmt
40 MJ		Einschlag eines Meteoriten in Logoisk/Weißrussland (Krater Ø 17 km) - vor ...	54° 12′ N, 027° 48′ O
40 MJ		Primaten *Adapis* - lebten vor ...	Älteste bislang gefundene Primaten
40 MJ		Grönlands geographische Position liegt über geologischem Hot Spot - vor ...	Heute liegt Island an dieser Stelle
40 MJ		Erosion der dicken Lavaschichten in den Simien Mountains Äthiopiens - seit	Bis zu 3 Kilometer dick
40 MJ		Kalifornische Küstengebirge entstehen durch Plattentektonik - vor ...	
40 MJ		Einschlag eines Meteoriten in Bee Bluff/Texas (Krater Ø 2,39 km) - vor ...	29° 02′ N, 099° 51′ W
45 MJ		Indien liegt über dem Äquator - vor ...	
45 MJ		Südchinesisches Meer Entstehung - vor ...	
45 MJ		In Eifel tropischer Regenwald, mediterranes Klima in Deutschland - vor ...	Holzkohlelagerstätten
45 MJ	55 MJ	Antarktis löst sich von Südamerika - vor ...	
46 MJ		Einschlag eines Meteoriten in Chiyli/ Kasachstan (Krater Ø 5,5 km) - vor ...	49° 10′ N, 057° 51′ O
47 MJ		Gebirgsbildung von Pyrenäen, Karparten, Rhön und Kaiserstuhl - vor ...	Veränderung der atmosphärischen Zirkulation
47 MJ		Höchstalter von fossilen Krokodilen und Urpferdchen in Grube Messel	Weichteilerhaltung der Säugetiere ist einzigartig

Ausdehnung		Begriffliche Erfassbarkeit	Erläuterungen
von	bis		
48 MJ		Oberrheingraben - 4,8 km Auseinanderdriften der Grabenflanken seit ...	
48 MJ		Kollision afrikanischer und eurasischer Platten - vor ...	
48,1 MJ		Koko Vulkan Alter - unterseeischer Guyot	Gehört zur Hawai'i Imperatorkette
49 MJ		Einschlag eines Meteoriten in Gusev/Russland (Krater Ø 3,5 km) - vor ...	48° 26′ N, 040° 32′ O
< 50 MJ		Beginn vulkanischer Aktivitäten in der Eifel - vor ...	
< 50 MJ		Plattentektonische Aktivitäten in der Antarktis - vor ...	
50 MJ		Einsetzen der großen Trockenheit in Australien - vor ...	
50 MJ		Einschlag eines Meteoriten in Goat Paddock/Westaustralien - vor ...	Durchmesser 5,09 km, 18° 20′ S, 126° 40′ O
50 MJ		Erste Pferde in Nordamerika - vor ...	Forschungsfrage: Nach Meteoriteneinschlag?
50 MJ		Einschlag eines Meteoriten in Montagnais/Nova Scotia (Krater Ø 45 km) - vor ...	42° 53′ N, 064° 13′ W
50 MJ		Stern Regulus im Sternbild Löwe - Alter	
50 MJ		In 50 Millionen Jahren gibt es kein Mittelmeer mehr. Afrikas Drift nach Norden - vor ...	Neues Faltengebirge, Tropen ->Trocken
50 MJ	70 MJ	CO2-Gehalt bei 500 ppm - 12 bis 15 °C Erdtemperatur - vor ...	
50 MJ	100 MJ	Einschlagshäufigkeit von Asteroiden (> 10 km) auf der Erde - alle ...	Können alles Leben auslöschen
52 MJ	65 MJ	Meeresböden Alter im zentralen Indischen Ozean	Zwischen Arabien und Mauritius
55 MJ		Einschlag eines Meteoriten in Ragozinka/Russland (Krater Ø 9 km) - vor ...	58° 44′ N, 061° 48′ O
55 MJ		Pferde sind so groß wie heutige Katzen - vor ...	Schultermaß 20 cm
55 MJ		Erste Ur-Nashörner - vor ...	
55 MJ		Erste Primaten (u.a. *Teilhardina*) - vor ...	Bis 20 cm groß, mit Fingernägeln
55 MJ	129 MJ	Erste Gräser - vor ...	Je nach Forschungsteam
55,4 MJ		Ojin Vulkan Alter - unterseeischer Guyot	Gehört zur Hawai''i Imperatorkette
55,78 MJ	55,8 MJ	Klimaerwärmung um 6 °C innerhalb 20.000 Jahren durch CO2-Klimaeffekt	Paläozän/Eozän-Temperaturmaximum (PETM)
55,8 MJ	60 MJ	Erste Wale - vor ...	Je nach Quelle, als Artiodactylen oder Indohyus
56 MJ		Einschlag eines Meteoriten in Jabal Waqf es Swwan/Jordanien - vor ...	31° 03′ N, 036° 48′ O, Durchmesser 5,5 km
56 MJ		Grönland trennt sich von Nordamerika - vor ...	
56 MJ	69 MJ	Indien trifft auf Asien und Faltung des Himalayas - vor ...	Beginn im Tertiär
56 MJ	65 MJ	Paläozän Zeitalter - starke Radiation von Säugetieren und blütenbestäubenden Insekten	... und Vögeln, zeitliche Erstreckung
56,2 MJ		Nintoka Vulkan Alter - unterseeischer Guyot	Gehört zur Hawai''i Imperatorkette
57 MJ	76 MJ	Buntbarsche *Cichlidae* - Entstehungdzeitraum der afrikanischen Familie - vor ...	

Ausdehnung		Begriffliche Erfassbarkeit	Erläuterungen
von	bis		
58 MJ		Einschlag eines Meteoriten in Marquez Dome/Texas (Krater Ø 12,7 km) - vor ...	31° 17′ N, 096° 18′ W
< 60 MJ	120 MJ	Einschlag eines Meteoriten in B.P. Structure/Libyen (Krater Ø 2,8 km) - vor ...	25° 19′ N, 024° 20′ O, je nach Quelle
60 MJ		Bildung des europäischen Nordmeers - vor ...	
60 MJ		Südeuropa kollidiert mit Apulien (Alpidische Gebirgsbildung) - vor ...	Der italienische geographische Stiefelabsatz
60 MJ		Einschlag eines Meteoriten in Connolly Basin/Westaustralien - vor ...	Durchmesser 9 km, 23° 32′ S, 124° 45′ O
63 MJ		Beginnendes Schildkrötenzeitalter - vor ...	
64,7 MJ		Suiko Vulkan und unterseeischer Guyot in der Hawaii-Emperor-Kette - Alter	War früher über dem Meeresspiegel
65 MJ		Madagaskar erreicht seine heutige Position - vor ...	
65 MJ		Foraminiferen/Kammerlinge zu 92 % ausgestorben - vor ...	Diatomeen überleben
65 MJ		Sechstes Massenaussterben: 50 % aller Tierarten inklusive Dinosaurier	Auch die Ammoniten (Leitfossilien)
< 65,5 MJ		Känozoikum Zeitalter (Erdneuzeit mit Quartär, Neogen und Paläogen) - seit ...	Bis heute
65 MJ	66 MJ	Meteoriteneinschlag in 10 Meter tiefes Gewässer - Chicxulub-Krater Ø 180 km - vor ...	O2-Gehalt 10 % gegenüber 2014, diverse Quellen
65 MJ	145 MJ	Kreide Zeitalter	Zeitliche Erstreckung
65 MJ	145 MJ	Erste (strauchige) Blütenpflanzen - vor ...	
65 MJ	145 MJ	Boden Ablagerungen in Deutschland: Kalke, Mergel, Sandsteine, Tone - vor ...	
65 MJ	145 MJ	Grönland Landmasse Trennung von Nordamerika - vor ...	
65 MJ	145 MJ	Meere werden weiter umgeformt und der Süd Atlantik bildet sich - vor ...	
65 MJ	145 MJ	Südwest Deutschland liegt oberhalb des Meeresspiegels - vor ...	
65 MJ	145 MJ	Entstehung der Ablagerungen des heutigen Elbsandsteingebirges - vor ...	
65 MJ	145 MJ	Viele Dinosaurierspuren bilden sich in Deutschland - vor ...	
65 MJ	145 MJ	Kreidemeer Mitteleuropas verzeichnet hohen Wasserspiegel	Meeresausbreitung nach Trockenzeit
65 MJ	145 MJ	Kalkverfestigung zu Kreidefelsen von der Insel Rügen - vor ...	
65 MJ	145 MJ	Meeresböden Alter an Kontinentalrändern Europas	
65 MJ	145 MJ	Teufelsmauer Gesteine entstehen - vor ...	Harznordland
65 MJ		KT-Grenze (Kreide-Tertiär-Grenze) - vor ...	
65 MJ		Einschlag eines Meteoriten in Vista Alegre/Brasilien (Krater Ø 9,5 km) - vor ...	25° 57′ S, 052° 41′ W
65 MJ		Einschlag eines Meteoriten in Upheaval Dome/Utah (Krater Ø 6 km) - vor ...	38° 26′ N, 109° 56′ W
65 MJ		Einschlag eines Meteoriten in Beyemchime-Salaatin/Russland	Durchmesser 8 km, 71° 00′ N, 121° 40′ O
65 MJ		Einschlag eines Meteoriten in Eagle Butte/Alberta (Krater Ø 10 km) - vor ...	49° 42′ N, 110° 30′ W

Ausdehnung		Begriffliche Erfassbarkeit	Erläuterungen
von	bis		
65 MJ		Einschlag eines Meteoriten in Kamensk/Russland (Krater Ø 25 km) - vor ...	48° 21′ N, 040° 30′ O
65,17 MJ		Einschlag eines Meteoriten in Boltysh/Ukraine (Krater Ø 24 km) - vor ...	48° 45′ N, 032° 10′ O
65,5 MJ	251 MJ	Mesozoikum (Erdmittelalter mit Kreide, Jura und Trias) - vor ...	Zeitalter
65,5 MJ	251 MJ	Kontinente trennen sich vom Superkontinent Pangäa - vor ...	
65,5 MJ	251 MJ	Tektonische Ruhe in Europa - keine Gebirgsbildung - vor ...	
65,5 MJ	251 MJ	In Europa bewirken zahlreiche Hochgebirge die Änderung von Windströmungen - vor ...	Und auch von Meeresströmungen
65,5 MJ	251 MJ	In Europa Vergletscherungen und niedrigere Temperaturen - vor ...	
65,5 MJ	251 MJ	Kohlendioxid-Gehalt der Erdatmosphäre war relativ niedrig - vor ...	... weil C-Bindung in Braunkohle
65 MJ	< 250 MJ	Germanisches Triasbecken senkt sich in Mitteleuropa ab - vor ...	Einlagerung von Sedimenten
68 MJ		Evolutive Abspaltung der neuseeländischen Kiwis von anderen Laufvögeln - vor ...	
70 MJ		Einschlag eines Meteoriten in Tin Bider/Algerien (Krater Ø 6 km) - vor ...	27° 36′ N, 005° 07′ O
70 MJ		Einschlag eines Meteoriten in Vargeão Dome/Brasilien (Krater Ø 12 km) - vor ...	26° 50′ S, 052° 07′ W, Santa Catarina
70 MJ		Entstehung der Kreidefelsen von Insel Rügen in tropischem Flachmeer - vor ...	Barriereriff-Bildung aus Kokkolithen
70 MJ		Einschlag eines Meteoriten in Chukcha/Russland (Krater Ø 6 km) - vor ...	75° 42′ N, 097° 48′ O
70 MJ	150 MJ	Entstehung der meisten Kimberlit-Schlote (unter anderem Afrika, Australien, Indien)	vor ...
70 MJ	190 MJ	Blütezeit der Reptilien - vor ...	Herrscher der Erde
70,3 MJ		Einschlag eines Meteoriten in Kara/Russland (Krater Ø 65 km) - vor ...	Möglicher Auslöser eines Massenaussterbens
73,3 MJ		Einschlag eines Meteoriten in Lappajärvi/Finnland (Krater Ø 17 km) - vor ...	63° 12′ N, 023° 42′ O
75 MJ		Rezente Blindwühlen und Schwanzlurche (Kreidetiere) leben seit ...	Entwicklung aus 350 MJ alten Labyrinthzähnern
75 MJ		Evolutive Abspaltung afrikanischer Strauße von anderen Laufvögeln - vor ...	
75 MJ		Einschlag eines Meteoriten in Maple Creek / Kanada (Krater Ø 6 km) - vor ...	49° 48′ N, 109° 06′ W
75 MJ		Einschlag eines Meteoriten in Manson/Iowa (Krater Ø 35 km) - vor ...	Quelle: Bill Bryson, Einschlag nicht sichtbar
75 MJ	80 MJ	Australien löst sich von Landklumpen Südamerika/Antarktis - vor ...	
80 MJ		Sieben verschiedene Gruppen von Säugetieren kehrten ins Meer zurück - vor ...	In den letzten ...
80 MJ		Tethys Meer - seine Meeresablagerungen in heutigen Alpengesteinen - vor ...	Auch in Karpaten
80 MJ		Aufteilung in Nagetier, Primat, Unpaarhufer, Wal, Hasentier, Paarhufer - vor ...	Gemäß Neurohypophysenanalyse

Die längsten 700

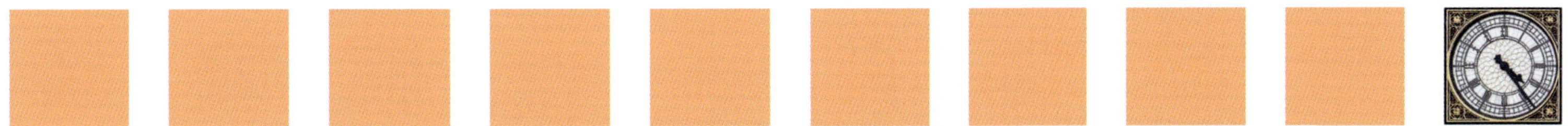

Von 80 Millionen Jahre bis Zentillion Jahre

Ausdehnung		Begriffliche Erfassbarkeit	Erläuterungen
von	bis		
80 MJ	90 MJ	Trennung von Madagaskar und Großindien - vor ...	
81 MJ		Detroit Vulkan - unterseeische Tiefseekuppe (Guyot) - Alter	Teil der Hawai'i Imperatorkette
81,3 MJ		Meiji Vulkan - unterseeische Tiefseekuppe (Guyot) - Alter	Teil der Hawai'i Imperatorkette
81,5 MJ		Einschlag eines Meteoriten in Wetumpka/Alabama (Krater Ø 6,5 km) - vor ...	32° 31′ N, 086° 10′ W
84,6 MJ	87,3 MJ	Vollständige Sauerstoffverarmung der oberen Weltozeanschichten - vor ...	Ozeanisches anoxisches Ereignis OAE 3
85 MJ		Unterseeisches Zealandia Kontinentbruchstück löst sich von Gondwandaland - vor ...	Zealandia ist eine Unterwasser-Scholle
89 MJ		Einschlag eines Meteoriten in Dellen/Schweden (Krater Ø 19 km) - vor ...	61° 51′ N, 016° 42′ O
89 MJ		Evolutive Abspaltung südamerikanischer Rheas von anderen Laufvögeln - vor ...	
< 90 MJ		Wesentliche Änderungen der Tektonik in Europa - vor ...	Drei Hauptstörrichtungen entstehen
90 MJ		Länge eines Tages liegt bei 24 Stunden - seit ...	
90 MJ		Große Oberkreide - Zeitalter vor ...	Cenoman
90 MJ		Transgression durch das Meer (Land wird überspült) - vor ...	Meeresspiegel stieg enorm an
90 MJ		Adaptive Radiation von Blütenpflanzen - vor ...	Auffächerung in spezialisiertere Pflanzen
90 MJ		Neuseeland trennt sich von Landklumpen Südamerika/Australien/Antarktis - vor ...	
90 MJ	150 MJ	Antarktis-Anden Orogenese in der heutigen Antarktis - vor ...	Gebirgsbildung
93,5 MJ	93,8 MJ	Vollständige Sauerstoffverarmung der oberen Weltozeanschichten - vor ...	Ozeanisches anoxisches Ereignis OAE 2
< 93,9 MJ		Auf den Kontinenten bilden sich riesige Kalkablagerungen - vor ...	
93,9 MJ	100,5 MJ	Cenomanium - Zeitalter vor ...	Oberkreide
95 MJ		Einschlag eines Meteoriten in Steen River/Alberta (Krater Ø 25 km) - vor ...	59° 30′ N, 117° 38′ W
99 MJ		Einschlag eines Meteoriten in Deep Bay/Saskatchewan (Krater Ø 13 km) - vor ...	56° 24′ N, 102° 59′ W
99 MJ	142 MJ	Rangitata Orogenese in Neuseeland - vor ...	Gebirgsbildung
100 MJ		Rezente Schlangen und Echsen (Kreidetiere) leben seit ...	Entwicklung aus Urschuppensauriern
100 MJ		CO2-Gehalt bei 1.000 ppm - 17 °C Erdtemperatur	
100 MJ		Heutige Kontinente zum ersten Mal in ihren Umrissen erkennbar - vor ...	
100 MJ		Früheste dokumentierte Umpolung des Erdmagnetfeldes - Alter	
100 MJ		Einschlag eines Meteoriten in West Hawk Lake/Manitoba (Krater Ø 2,44 km) - vor ...	49° 46′ N, 095° 11′ W
100 MJ		Erwartete Trennung von Südamerika und Nordamerika - in ...	
100 MJ		Einschlag eines Meteoriten in Sierra Madera/Texas (Krater Ø 13 km) - vor ...	30° 36′ N, 102° 55′ W
100 MJ		Rocky Mountains - Ende der Auffaltungen - vor ...	

Ausdehnung		Begriffliche Erfassbarkeit	Erläuterungen
von	bis		
100 MJ		Einschlag eines Meteoriten in Oasis/Libyen (Krater Ø 11,5 km) - vor ...	24° 35′ N, 024° 24′ O
100 MJ		Einschlag eines Meteoriten in Avak/Alaska (Krater Ø 12 km) - vor ...	71° 15′ N, 156° 30′ W
100 MJ	115 MJ	Afrika trennt sich von Landklumpen Südamerika/Australien/Antarktis	
100 MJ	125 MJ	Sternenhaufen (mehr als 1.200 Sterne) der Plejaden im Sternbild Stier - Alter	Verschiedene Quellangaben
> 100 MJ		Dauer von Sedimentationsprozessen der Karoo / Südafrika	Karbon-Jura, Mächtigkeiten von > 10 km
100,2 MJ	100,6 MJ	Vollständige Sauerstoffverarmung der oberen Weltozeanschichten - vor ...	Ozeanisches anoxisches Ereignis OAE 1d
103,4 MJ	103,7 MJ	Vollständige Sauerstoffverarmung der oberen Weltozeanschichten - vor ...	Ozeanisches anoxisches Ereignis OAE 1d
105 MJ		Flaches Meer über Deutschland - Kreidefelsen Rügens	
110 MJ		Einschlag eines Meteoriten in Mount Toondina/Australien (Krater Ø 4 km) - vor ...	27° 57′ S, 135° 22′ O
110 MJ		Etablierung des neuen Ozeans Atlantik als marines Biom - vor ...	Nach Trennung Afrika/Südamerika
110,6 MJ	110,9 MJ	Vollständige Sauerstoffverarmung der oberen Weltozeanschichten - vor ...	Ozeanisches anoxisches Urbino Ereignis OAE 1b
111,6 MJ	112,0 MJ	Vollständige Sauerstoffverarmung der oberen Weltozeanschichten - vor ...	Ozeanisches anoxisches Paquier Ereignis OAE 1b
113,2 MJ	113,6 MJ	Vollständige Sauerstoffverarmung der oberen Weltozeanschichten - vor ...	Ozeanisches anoxisches Jacob Ereignis OAE 1b
114 MJ	130 MJ	Südamerika trennt sich von Afrika - vor ...	
115 MJ		Einschlag eines Meteoriten in Carswell/Saskatchewan (Krater Ø 39 km) - vor ...	58° 27′ N, 109° 30′ W
115 MJ		Einschlag eines Meteoriten in Zapadnaya/Ukraine (Krater Ø 4 km) - vor ...	49° 44′ N, 029° 00′ O
119 MJ	125 MJ	Das ozeanische Ontong Java Plateau entsteht - vor ...	Im Pazifik
120 MJ		Einschlag eines Meteoriten in Zeleny Gai/Ukraine (Krater Ø 2,5 km) - vor ...	48° 04′ N, 032° 45′ O
120 MJ		Entstehung der Kalilagerstätten im heutigen Brasilien und West-Kongo - vor ...	
121 MJ		Einschlag eines Meteoriten in Mien/Schweden (Krater Ø 9 km)	56° 25′ N, 014° 52′ O
123,4 MJ	124,2 MJ	Vollständige Sauerstoffverarmung der oberen Weltozeanschichten - vor ...	Ozeanisches anoxisches Selli Ereignis OAE 1a
125 MJ		Rezente (also noch heute vorkommende) Krokodile (Kreidetiere) leben seit ...	Aus Urwurzelzähner
128 MJ		Einschlag eines Meteoriten in Tookoonooka/Australien (Krater Ø 55 km) - vor ...	27° 07′ S, 142° 50′ O
130 MJ		Erstes Entfernen des Kontinents Südamerika von Afrika - vor ...	
130 MJ		Golf von Biskaya öffnet sich - vor ...	
130 MJ		Evolutive Aufteilung Plazentale Säugetiere und Beuteltiere - vor ...	Gemäß Neurohypophysenanalyse
130 MJ		Erste Ameisen leben auf der Erde - vor ...	
130 MJ	200 MJ	Auffaltung der Sierra Nevada im westlichen Nordamerika - vor ...	
135 MJ		Erste Vögel tauchen auf - im Zeitalter der Unterkreide - vor ...	

Ausdehnung		Begriffliche Erfassbarkeit	Erläuterungen
von	bis		
136 MJ		Ablagerung der Kalkschalen von heutigen Kreidefelsen Dovers - vor ...	Kokkolithen
136 MJ		Einschlag eines Meteoriten in Goyder/Australien (Krater Ø 3 km) - vor ...	13° 09′ S, 135° 02′ O
138 MJ	140 MJ	Zusammenwachsen der Meeresinseln auf deutschem Gebiet - vor ...	
140 MJ		Einschlag der Meteoriten in Arkenu 1+2 in Libyen - vor ...	Durchmesser 6,8 und 10,3 km
140 MJ		Einschlag eines Meteoriten in Rotmistrovka/Ukraine (Krater Ø 2,7 km) - vor ...	49° 00′ N, 032° 00′ O
140 MJ	160 MJ	Meeresböden östlich von New York und östlich der Philippinen - Alter	Die ältesten Meeresböden überhaupt
140 MJ	160 MJ	Erste Bedecktsamer - vor ...	Samenanlagen von einer Schutzhülle umgeben
< 142 MJ		Gondwanaland zerbricht endgültig - vor ...	
142 MJ	200 MJ	Jura - Zeitalter vor ...	
142 MJ	200 MJ	Meere werden stetig umgeformt und der Zentral Atlantik bildet sich - vor ...	
142 MJ	200 MJ	Umrisse heutiger Kontinente entstehen - vor ...	
142 MJ	200 MJ	Nordamerika und Grönland sind noch verbunden - vor ...	
142 MJ	200 MJ	Periode mit der größten Meeresbedeckung aller Erdzeitalter - vor ...	
142 MJ	200 MJ	Heutige Sandstein Vorkommen entstehen im Raum Trier - vor ...	Gesteine im Mainzer Museum nhm
142 MJ	163,5 MJ	Weißer (oberer) Jura - Zeitalter vor ...	Auch Malm genannt
142 MJ	163,5 MJ	Tiefe Meere in Südwest Deutschland als Schelfmeer des Tethys Meeres - vor ...	
142 MJ	163,5 MJ	Bildung starker Ablagerungen von Kalk und Mergel in Südwestdeutschland - vor ...	Heute: Albtrauf
142 MJ	163,5 MJ	Bildung von Kalkbanken auf Meeresböden im heutigen Deutschland - vor ...	
142 MJ	163,5 MJ	Bildung von Korallen- und Schwammriffen im heutigen Deutschland - vor ...	
142,5 MJ		Einschlag eines Meteoriten in Gosses Bluff/Australien (Krater Ø 22 bis 24 km) - vor ...	23° 49′ S, 132° 19′ O, zum DM diverse Quellen
143 MJ		Einschlag eines Meteoriten in Mjølnir/Norwegen (Barentssee) - vor ...	Durchmesser 40km, nicht sichtbar
145 MJ		Aufspaltung Beuteltiere und Plazentatiere - vor ...	
145 MJ		Rezente (also noch heute vorkommende) Froschlurche (Juratiere) leben seit ...	Entwicklung aus 350 MJ alten Labyrinthzähnern
145 MJ		Einschlag eines Meteoriten in Morokweng/Südafrika (Krater Ø 70 km) - vor ...	26° 28′ S, 023° 32′ O
145 MJ		Deutschland in Äquatornähe - Südspanien liegt auf 20° nördlicher Breite - vor ...	Nirgends Eis, Wasserspiegel hoch
145 MJ	200 MJ	Hochzeit der Tintenfische im Jura und Kreidezeit - vor ...	
145 MJ	200 MJ	Kalkablagerungen im Meer über Deutschland - vor ...	
145 MJ	200 MJ	Palmfarne, Nadelgehölze und Farne weit verbreitet und dominierend - vor ...	Entwicklung Vögel und Insekten
150 MJ	180 MJ	Variskische Gebirge sind längst abgetragen und verschwunden - vor ...	

Ausdehnung		Begriffliche Erfassbarkeit	Erläuterungen
von	bis		
150 MJ		Bildung des Pazifiks und Atlantiks - vor ...	
150 MJ		Einschlag eines Meteoriten in Liverpool/Australien (Krater Ø 1,6 km) - vor ...	12° 24′ S, 134° 03′ O
150 MJ	336 MJ	Superkontinent Pangaea als zusammenhängende Landmasse - vor ...	Zum Schluss zerfiel Pangaea auseinander
155 MJ		Archaeopterix - Fauna Bindeglied mit Vogel und Reptilienmerkmalen - lebte vor ...	Evolutives Bindeglied ist der zahnfreie Kiefer
158 MJ	160 MJ	Mit Meer bedecktes Deutschland hebt sich über Meeresspiegelniveau - vor ...	
160 MJ	300 MJ	Südosteuropa kollidiert mit kimmerischen Kontinent - vor ...	Kimmerische Gebirgsbildung
163,5 MJ	178 MJ	Brauner (mittlerer) Jura - Zeitalter vor ...	Auch Dogger genannt
163,5 MJ	178 MJ	Binnenmeer in Deutschland öffnet sich in Richtung Tethys Meer - vor ...	
163,5 MJ	178 MJ	Festland über München, Böhmen, Ruhrgebiet und Nordeuropa - vor ...	
163,5 MJ	178 MJ	Marine Ablagerungen von Tonen und Sandsteinen in Südwest Deutschland - vor ...	Heute: Schwäbisches Albvorland
160 MJ	170 MJ	Indien und Madagaskar lösen sich von Gondwanaland - vor ...	
160 MJ	190 MJ	Meeresböden östlich der Philippinen - Alter	Älteste Meeresböden überhaupt
160 MJ	300 MJ	Kimmerische Faltungen - Gebirge in Südniedersachsen, Krim, Nordost-Russland - vor ...	
165 MJ		Einschlag eines Meteoriten in Vepriai/Litauen (Krater Durchmesser 7,5 km) - vor ...	55° 05′ N, 024° 35′ O
167 MJ		Einschlag eines Meteoriten in Puchezh-Katunki/Russland (Krater Ø 80 km) - vor ...	56° 58′ N, 043° 43′ O, nicht sichtbar
170 MJ		Verwitterung von Resten Gondwanalands in Brasilien und Südindien - vor ...	Bodenverwitterung seit ...
170 MJ		Verwitterung von Resten Gondwanalands in Zentralafrika - vor ...	Bodenverwitterung seit ...
170 MJ		Säugetiere bilden sich - vor ...	CO2-Gehalt niedrig
170 MJ		Atlantik öffnet sich - vor ...	
175 MJ		Ältestes Sedimentgestein auf Meeresboden - Alter	Rest durch Subduktion verschwunden
175 MJ		Araukarien sind auf Gondwana-Kontinent weit verbreitet - vor ...	Ausgeprägte Nadelhölzer
178 MJ	200 MJ	Schwarzer (unterer) Jura - Zeitalter vor ...	Auch Lias genannt
178 MJ	200 MJ	Marine Ablagerungen von Tonen und Mergel in Südwest Deutschland - vor ...	Heute: Albvorland
178 MJ	200 MJ	Vindelizische Schwelle von Zürich bis Breslau und Koblenz bis Duisburg - vor ...	Entstehung
178 MJ	200 MJ	Binnenmeer über heutigem Westeuropa bis Stuttgart - vor ...	Meer ist flach und strömungsarm
178 MJ	200 MJ	Kalkreiches Tethysmeer über heutigem Budapest und Wien - vor ...	
178 MJ	200 MJ	Kalkarmes Nordmeer nördlich von Hannover - vor ...	
180 MJ		Genetische Aufsplittung von Kloakentieren und anderen Säugetieren - vor ...	In Plazentale und Beuteltiere
180 MJ		Vögel und Saurier auf der Erde - vor ...	

Ausdehnung		Begriffliche Erfassbarkeit	Erläuterungen
von	bis		
180 MJ		Aufteilung innerhalb der Reptilien in (echte) Eidechsen und andere - vor ...	Gemäß Neurohypophysenanalyse
180 MJ		Einschlag eines Meteoriten in Kgagodi/Botswana (Krater Ø 3,5 km) - vor ...	22° 29′ S, 027° 35′ O
180 MJ	300 MJ	Entstehung Gebirge der Karoo Supergruppe - vor ...	Im heutigen südlichen Afrika
184 MJ		Erstes Auseinanderbrechen vom Kontinent Gondwanaland - vor ...	Begleitet von Basaltlava Eruptionen
185 MJ		Rezente (also noch heute vorkommende) Schildkröten (Juratiere) leben seit ...	
190 MJ		Meer über heutigem Süddeutschland, Festland in Rheinischem Massiv - vor ...	Wiesbaden und Düsseldorf trocken
190 MJ		Ozeanböden sind recht jung (werden oft wieder aufgeschmolzen) - vor ...	
190 MJ		Einschlag eines Meteoriten in Cloud Creek/Wyoming (Krater Ø 7 km) - vor ...	43° 07′ N, 106° 45′ W
190 MJ		Einschlag eines Meteoriten in Viewfield/Saskatchewan (Krater Ø 2,5 km) - vor ...	49° 35′ N, 103° 04′ W, nicht sichtbar
190 MJ	410 MJ	Geschätztes Alter vom weltgrößten Meteoriten (Hoba in Namibia)	
199,6 MJ	251 MJ	Dinosaurier entwickeln sich und diversifizieren sich - vor ...	Auffächerung in spezialisiertere Saurier
< 200 MJ		Ältestes ozeanisches Erdkrustengestein	
200 MJ		Deutschland liegt mit seinen Gesteinen dort, wo es auch jetzt liegt - vor ...	Im Gesteinshaufen von Pangaea
200 MJ		Fünftes Massenaussterben, 53 % bis 80 % aller Arten und fast alle Landwirbeltiere - vor ...	
200 MJ		Aufteilung in Kloakentiere und Rest - vor ...	Gemäß Neurohypophysenanalyse
200 MJ		Einschlag eines Meteoriten in Wells Creek/Tennessee (Krater Ø 12 km) - vor ...	36° 23′ N, 087° 40′ W
200 MJ		Gesteinszyklus Dauer - Verwitterung, Erosion, Sedimentierung, Metamorphose, Eruption	Im Durchschnitt. Große Spannweite.
200 MJ		Einschlag eines Meteoriten in Red Wing/North Dakota (Krater Ø 9 km) - vor ...	47° 36′ N, 103° 33′ W, nicht sichtbar
200 MJ		Einschlag eines Meteoriten in Riachao Ring/Brasilien (Krater Ø 4,5 km) - vor ...	07° 43′ S, 046° 39′ W
200 MJ		Erste Dinoflagellaten - vor ...	Panzergeißeltierchen
200 MJ		Stern Fomalhaut im Sternbild Südlicher Fisch - Alter	
200 MJ		Stern Castor im Sternbild Zwillinge - Alter	
200 MJ	229 MJ	Erste Herzmuscheln (cockles) - vor ...	
200 MJ	245 MJ	Erste kleine Säugetiere entstehen - vor ...	
200 MJ	245 MJ	Schachtelhalme, Ginkgos und Palmfarne weit verbreitet - vor ...	
200 MJ	251 MJ	Trias (mit Zeitaltern Keuper, Muschelkalk und Bundsandstein) - Zeitalter vor ...	
200 MJ	251 MJ	Global wärmere Temperaturen - vor ...	
200 MJ	251 MJ	Globale Landbildungsphasen - vor ...	
200 MJ	251 MJ	Landtiere wandern in Pangaea vom Südpol zum Nordpol - vor ...	Pangaea ist der jüngste Superkontinent

Ausdehnung		Begriffliche Erfassbarkeit	Erläuterungen
von	bis		
200 MJ	251 MJ	Globale Ausbreitung der Meere - vor ...	
200 MJ	251 MJ	Erste Plattenrissbildungen zur Trennung von Europa und Nordamerika - vor ...	
200 MJ	251 MJ	Erweiterung des Germanischen Beckens Richtung Süden und Westen - vor ...	
200 MJ	231 MJ	Bunte bröckelige Tongesteine bedecken Kalk- und Sandsteinsedimente des heutigen ...	... Pfälzer Waldes - vor ...
200 MJ	231 MJ	Keuper - Zeitalter vor ...	In Südwest-Deutschland heute: Waldberge
200 MJ	231 MJ	Deltaschüttungen in südwestdeutschen Binnenseen oder Flachmeeren - vor ...	
200 MJ	231 MJ	Marine und terrestrische Ablagerungen von Mergel, Sandstein und Tonen - vor ...	
200 MJ	231 MJ	Marine und terrestrische Ablagerungen von Gips in Senken Deutschlands - vor ...	Bildung der Keuper-Tonschichten
200 MJ	231 MJ	Bildung von großen Gipslagern nach Verdunstungsepochen - vor ...	In Südwestdeutschland
200 MJ	231 MJ	Ablagerung von Ton bei Landau und Straßburg - vor ...	An der deutsch-französischen Grenze
200 MJ	231 MJ	Riesenreptilien leben in Deutschland - vor ...	Bis 6 Meter Länge
200 MJ	251 MJ	Tektonische Ruhe in Europa und Sedimentbildungen - vor ...	
206 MJ	299 MJ	Südchina ist von Pangaea durch Paläo-Tethys-Ozean getrennt - vor ...	Pangaea ist der jüngste Superkontinent
214 MJ		Einschlag eines Meteoriten in Manicouagan/Quebec (Krater Ø 100km) - vor ...	
214 MJ		Einschlag eines Meteoriten in Rochechouart/Frankreich (Krater Ø 23 km) - vor ...	Im Limousin, 45° 50′ N, 000° 56′ O
215 MJ		Einschlag eines Meteoriten in Obolon/Ukraine (Krater Durchmesser 15 km) - vor ...	
219,5 MJ		Einschlag eines Meteoriten in Saint Martin/Manitoba (Krater Ø 40km) - vor ...	51° 47′ N, 098° 32′ W
225 MJ		Alter von Steinsalzschichten im Waste Isolation Pilot Plant New Mexico	Der Zweck des WIPPs ist verstrahltes Material
225 MJ		Erste Säugetiere, Schildkröten und marine Reptilien entstehen - vor ...	
225 MJ		Rezente Brückenechsen wie der neuseeländische Tuatera (Perm Tier) leben seit ...	Aus Urschuppensaurier
225 MJ	230 MJ	Dauer eines galaktischen Jahres	
225 MJ	230 MJ	Umlaufszeit unseres Sonnensystems um das galaktische Zentrum der Milchstraße	Unterschiedliche Quellangaben
230 MJ		Pfälzische Sandsteinablagerungen - vor ...	
230 MJ		In Bernstein konservierte Gliederfüßer *Triasacarus fedelei* - vor ...	Quelle: Uni Göttingen Roland Schmidt
230 MJ		In Bernstein konservierte Gliederfüßer *Ampezzoa triassica* - vor ...	Quelle: Uni Göttingen Roland Schmidt
230 MJ	380 MJ	Variskische Orogenese/Gebirgsbildung: Faltengebirge in Zentralasien bilden sich - vor ...	Gondwana + Laurussia = Pangaea
230 MJ	1 Milliarde Jahre	Erdöl und Erdgas - Bildung (Erdöl vor allem 500 MJ bis 1 Milliarde Jahre) vor ...	Erdtemperatur bei 17 °C
231 MJ	244 MJ	Muschelkalk - Zeitalter vor ...	
231 MJ	244 MJ	Marine Ablagerungen von Kalk, Mergel und Dolomit in Südwestdeutschland - vor ...	Heute sind es die Gäulandschaften

Ausdehnung		Begriffliche Erfassbarkeit	Erläuterungen
von	bis		
231 MJ	244 MJ	Vindelizische Schwelle von Zürich bis Prag und Bingen bis Wuppertal - vor ...	Bern jetzt unter Wasser
235 MJ		Tethys Meer über ganz Deutschland (ohne Dresden, Nürnberg, München) - vor ...	
235 MJ	238,5 MJ	Oberer Muschelkalk - vor ...	Hauptmuschelkalk
235 MJ	243 MJ	190 Meter mächtige Muschelkalkablagerungen bedecken Sandgesteine des heutigen ...	... Pfälzer Waldes - vor ...
235 MJ	243 MJ	Bildung der härtesten Kalkschichten aller Muschelkalkschichten - vor ...	Wichtige Stufenbildner
236 MJ		Dolomit Vorkommen bei Eisenach - Gesteine entstanden vor ...	
238 MJ		Entstehung des Sterns Sirius im Sternbild Großer Hund - vor ...	
238,5 MJ	240 MJ	Mittlerer Muschelkalk - Zeitalter vor ...	
238,5 MJ	240 MJ	Bildung von Evaporiten nach starker Verdunstung im süddeutschen Meer - vor ...	Stärkere Salzbildungen als Kalke
240 MJ		Große Transgression durch das Muschelkalk-Meer - vor ...	Meeresspiegel stieg enorm an
240 MJ	243 MJ	Unterer Muschelkalk - Zeitalter vor ...	
240 MJ	243 MJ	Bildung von Kalken, Mergel und Dolomiten in Südwestdeutschland - vor ...	Wellenkalke
240 MJ	270 MJ	Sonoma Orogenese/Gebirgsbildung - vor ...	Westliche Rocky Mountains
243 MJ		Teufelsstein im Pfälzer Wald - Alter des Sandsteins	Bei Bad Dürkheim
243 MJ	244,5 MJ	Oberer Bundsandstein - Zeitalter vor ...	
243 MJ	251 MJ	Bundsandstein - Zeitalter vor ...	
244 MJ	251 MJ	Ryolith Vorkommen im Saar-Nahe-Gebiet - Gesteine entstanden vor ...	Gesteine im Mainzer Museum nhm
244 MJ	251 MJ	Kuselit Vorkommen im Saar-Nahe-Gebiet - Gesteine entstanden vor ...	Gesteine im Mainzer Museum nhm
244 MJ	251 MJ	Bundsandstein Vorkommen im Raum Trier - Gesteine entstanden vor ...	Gesteine im Mainzer Museum nhm
244 MJ	251 MJ	Bundsandstein Vorkommen im Odenwald und nördlichen Schwarzwald - vor ...	Südlich davon nur als schmales Band
244 MJ	251 MJ	Ablagerungen von Sandgestein des Pfälzer Waldes - vor ...	
244 MJ	251 MJ	Europa ist eine Wüste - vor ...	
244 MJ	251 MJ	Terrestrische Ablagerungen von Sand und Ton in Südwestdeutschland - vor ...	Heutiger Bewuchs: Nadelwälder
244 MJ	251 MJ	Vindelizische Schwelle von Bern bis Prag - vor ...	Und in Bonn (Westdeutschland) und Belgien
244 MJ	251 MJ	Stuttgart liegt im Tieflandgebiet - vor ...	
244 MJ	251 MJ	Binnenseen von Emden bis Warschau - vor ...	
244 MJ	251 MJ	Tethysmeer über heutigem Südosteuropa - vor ...	Bis kurz vor Wien
244,4 MJ		Einschlag eines Meteoriten in Araguainha Dome in Mato Grosso - vor ...	Durchmesser 40 km, heutiges Brasilien
244,5 MJ	249 MJ	Mittlerer Bundsandstein - Zeitalter vor ...	

Ausdehnung		Begriffliche Erfassbarkeit	Erläuterungen
von	bis		
245 MJ		Neotethys Meer öffnet sich - vor ...	
245 MJ		Sandstein Alter der Oberen Karlstal Schichten im Pfälzer Wald	
245 MJ		Tethys Meer über heutigem Norddeutschland und Germanischem Becken - vor ...	Auch Amsterdam, Köln, Nürnberg
245 MJ	260 MJ	Festland in heutigem Mainz, Dortmund, Saarbrücken, Dresden, Prag - vor ...	Auch im Sauerland und Westerwald
245 MJ		Kalkschalige Einzeller nutzen im Meer gelöstes $CaCO_3$ für Gehäuseaufbau - vor ...	
246 MJ		Sandstein Alter der Unteren Karlstal Schichten im Pfälzer Wald	
245 MJ	290 MJ	Pflanzen der Steinkohlewälder sterben aus - vor ...	
245 MJ	290 MJ	Weiterentwicklung der Reptilien - zwischen ...	
246 MJ		Teufelstisch im Pfälzer Wald - Alter des Sandsteins	"Rehberg" Schichten
247 MJ		Hohe Biodiversität vom Zustand PPTM wiederhergestellt	PPTM: Prä-Perm-Trias-Massenaussterben
248 MJ		Trifels im Pfälzer Wald - Alter des Sandsteins	"Trifels" Schichten
248 MJ	250 MJ	Verlandung des Zechsteinmeeres und Druckverformung der Salzschichten - vor ...	Aus "Bodensalz" wird "Salzstock"
249 MJ	251 MJ	Unterer Bundsandstein - Zeitalter vor ...	
250 MJ		Mutmaßlich älteste Bakterien auf der Erde: *Bacillus permians* - seit ...	Quelle: Universität Pennsylvania im Jahre 2000
250 MJ		Einschlag eines Meteoriten in Gow Lake/Saskatchewan (Krater Ø 5 km) - vor ...	56° 27′ N, 104° 29′ W
250 MJ		Einschlag mehrerer Meteoriten in Clearwater/Kanada (DoppelKrater Ø 24 km & 32 km)	vor ...
250 MJ		Australien ohne Eiszeiten, Vulkanismus und starke Tektonik - seit ...	
250 MJ		Grand Canyon Hanggesteine - Alter	
250 MJ		Älteste Archesaurier *Archesaurus rossicus* (Russland) und *Proterosuchus* (Südafrika)	Fossilienfunde
250 MJ		Einschlag eines Meteoriten in Kursk/Russland (Krater Ø 5,5 km) - vor ...	51° 42′ N, 036° 00′ O
250 MJ	280 MJ	Kalilagerstätten Vorrat Bildung im heutigen Deutschland und Russland - vor ...	Später Zechsteinmeer Austrocknung
250 MJ	300 MJ	Ural Gebirge Entstehung - vor ...	Im heutigen Russland
250 MJ	350 MJ	Früheste Entstehung heutiger fossiler Brennstoffe - vor ...	Chemisch gebundene Energie
251 MJ	257,3 MJ	Zechstein - Zeitalter vor ...	Lithostratigraphie Mitteleuropas
251 MJ	257,3 MJ	Das Meer dringt nach Deutschland vor	Transgression vor ...
251 MJ	257,3 MJ	Ablagerung von Stein- und Kalisalzen in Deutschland - vor ...	
251 MJ	257,3 MJ	Ablagerung von Gips, Kalken und Kupferschiefer in Deutschland - vor ...	
251 MJ	260 MJ	Entstehung des Germanischen Beckens durch großräumige Absenkungen - vor ...	Zechstein-Meer in der Pfalz
251 MJ	299 MJ	Radiation der Amnioten (Nabeltiere) - vor ...	Auffächerung in spezialisiertere Formen

Ausdehnung		Begriffliche Erfassbarkeit	Erläuterungen
von	bis		
251 MJ	299 MJ	Entstehung der meisten Insektengruppen - vor ...	
251 MJ	299 MJ	Perm - Zeitalter vor ...	
251 MJ	299 MJ	Heiße Temperaturen in Mitteleuropa lassen Wasser verdunsten → Salzlager entstehen	Zechsteinsalzlagerstätten vor ...
251 MJ	299 MJ	Heiße Wüsten im westlichen Pangaea - vor ...	Im heutigen Südamerika
251 MJ	299 MJ	Vier Zyklen von Meeresüberflutungen durch Klimawechsel - vor ...	
251 MJ	540 MJ	Dreilappkrebse bzw. Trilobiten entstehen - vor ...	Lange Lebensspanne. Dinos nur 150 MJ
251 MJ	542 MJ	Erste Vielzeller in Ozean Flora und Ozean Fauna - vor ...	
251 MJ	542 MJ	Paläozoikum (Erdaltertum: Perm, Karbon, Devon, Silur, Ordovizium, Kambrium)	Zeitalter vor ...
251 MJ	542 MJ	Die Erdtemperatur liegt bei 14 °C - vor ...	
251 MJ	542 MJ	Die Gaskonzentrationen der Luft liegen bei 2 % (CO2) und 10 % (O2) - vor ...	Heute: 0,03 % (CO2) und 21 % (O2)
252,28 MJ		Viertes und größtes Massenaussterben aller Zeiten - vor ...	Innerhalb von 200.000 Jahren
252,28 MJ		53 bis 95 Prozent aller marinen Tierarten verschwinden - vor ...	Innerhalb von 200.000 Jahren
255 MJ		Große Transgression durch das Zechstein-Meer - vor ...	Meeresspiegel stieg enorm an
257 MJ	302 MJ	Rotliegendes - Zeitalter vor ...	Nur in Lithostratigraphie Mitteleuropas
257 MJ	302 MJ	Ablagerung von Konglomeraten, Porphyr und Sandsteinen - vor ...	Sandsteine sind rot gefärbt
260 MJ		Erste Nacktsamer - vor ...	Pflanzen mit offenen Fruchtblättern
260 MJ		Entstehung der Insel Helgoland - vor ...	
260 MJ		Tethys Meer über heutigem Frankfurt, Nürnberg, Leipzig, Norddeutschland - vor ...	
260 MJ		Älteste fossile Funde von Flagellaten - vor ...	Geißeltierchen
260 MJ	270 MJ	Anhebung der Gesteinsschichten des Saar-Nahe-Beckens durch Tektonik - vor ...	
260 MJ	280 MJ	Gebirge erreichen global Höhenrekorde - vor ...	
260 MJ	300 MJ	Osteuropa kollidiert mit Asien (Angaria) - vor ...	Uralische Gebirgsbildung
260 MJ	325 MJ	Alleghenische Orogenese/Gebirgsbildung mit Bildung des marokkanischen Antiatlas Gebirge	Afrika und Amerika treffen aufeinander vor ...
260 MJ	325 MJ	Dwyka Eiszeit (Glazial) in Gondwanaland - vor ...	Sehr lange Eiszeit
270 MJ		Tropische Hitze im heutigen Mitteleuropa - vor ...	
270 MJ		Südpol konnte leicht vereisen, da auf Südseite von Pangaea - vor ...	Pangaea ist der jüngste Superkontinent
270 MJ	315 MJ	Sediment- und Vulkangesteine sammeln sich in Saar-Nahe-Becken - vor ...	
275 MJ		Arkosesandstein Vorkommen bei Mainz - Gesteine entstanden vor ...	In Flonheim / Rheinhessen
279 MJ	290 MJ	Mesosaurier leben in Gondwanaland - Funde im heutigen Afrika und Südamerika - vor ...	Reptilien waren selten an Land

Ausdehnung		Begriffliche Erfassbarkeit	Erläuterungen
von	bis		
280 MJ		Evolutive Aufteilung in Vögel/Reptilien und Rest - vor ...	Gemäß Neurohypophysenanalyse
280 MJ		Einschlag eines Meteoriten in Ternovka/Ukraine (Krater Ø 12 km) - vor ...	48° 08′ N, 033° 31′ O
280 MJ		Einschlag eines Meteoriten in Des Plaines/Illinois (Krater Ø 8 km) - vor ...	42° 03′ N, 087° 52′ W
280 MJ		Starker anaerober Teilabbau (Pflanzen/Tiere) in flachen Sümpfen: Kohle - vor ...	Kohlenstoff bleibt gebunden: Karbon
280 MJ	380 MJ	Variskische Orogenese/Gebirgsbildung durch Kollision von Südwesteuropa mit Gondwana	Gondwana + Laurussia = Pangaea, vor ...
280 MJ	380 MJ	Variskische Orogenese/Gebirgsbildung: Das Rheinische Schiefergebirge bildet sich - vor ...	Loreley Felsen ist alter Meeresboden
280 MJ	380 MJ	Variskische Orogenese/Gebirgsbildung: Die Appalachen bilden sich - vor ...	Gondwana + Laurussia = Pangaea
285 MJ		Süßwasser Haie *Xenacanthus* im Saar-Nahe-Gebiet - vor ...	3 Meter lang
290 MJ		Eiszeit - Erdtemperatur bei durchschnittlich 14 °C - vor ...	
290 MJ		Einschlag eines Meteoriten in Clearwater East/Quebec (Krater Ø 26 km) - vor ...	56° 04′ N, 074° 06′ W
290 MJ		Einschlag eines Meteoriten in Clearwater West/Quebec (Krater Ø 36 km) - vor ...	56° 13′ N, 074° 30′ W
293 MJ		Brocken Alter	Granitfels im Harzgebirge in Deutschland
< 299 MJ		Abtragung des Variskischen Faltengebirges durch Erosion - vor ...	Rumpfgebirge blieben erhalten
299 MJ	323,2 MJ	Pennsylvanium - Zeitalter vor ...	Oberkarbon
299 MJ	323,2 MJ	Boden Ablagerungen in Deutschland: Sande, Schluffsteine und Tonschiefer - vor ...	
299 MJ	359,2 MJ	Karbon - Zeitalter vor ...	Niedrige Meeresspiegel, Festländer
299 MJ	359,2 MJ	Ausgedehnte Wälder aus Gefäßpflanzen und Amphibien dominant - vor ...	
299 MJ	359,2 MJ	Sumpfwälder aus baumförmigen Farnen/Bärlappen, Vorfahren Nacktsamer - vor ...	Differenzierung der Moose
299 MJ	359,2 MJ	Bildung von Granit im Harz - vor ...	
299 MJ	359,2 MJ	Bildung von Steinkohlewäldern im Saarland - vor ...	Tropische Vegetation
299 MJ	359,2 MJ	Kohlenkalkstein Vorkommen in Nordeifel - Gesteine entstanden vor ...	Gesteine im Mainzer Museum nhm
299 MJ		Rheinland-Pfalz war eine Wüstenlandschaft mit 90 % Land und 10 % Seen - vor ...	
< 300 MJ	350 MJ	Einschlag eines Meteoriten in Aorounga/Tschad (Krater Ø 12,6 bis 18 km) - vor ...	19° 06′ N, 019° 15′ O, unterschiedliche Quellen
300 MJ		Deutschland lag mit seinen Gesteinen am Äquator - vor ...	Im Gesteinshaufen von Pangaea
300 MJ		Auf Deutschlands jetziger Position lagen die Gesteine des heutigen Asiens - vor ...	
300 MJ		Starke Reliefbildung durch Eismassen in Gondwanaland während Dwyka-Eiszeit - vor ...	
300 MJ		Aufteilung innerhalb der Knochenfische - vor ...	Gemäß Neurohypophysenanalyse
300 MJ		Aussterben von Brunnenkrebsen an der Erdoberfläche - vor ...	Im Grundwasser leben sie noch heute
300 MJ		Einschlag eines Meteoriten in Dobele/Lettland (Krater Ø 4,5 km) - vor ...	56° 35′ N, 023° 15′ O

Ausdehnung		Begriffliche Erfassbarkeit	Erläuterungen
von	bis		
300 MJ		Monument Valley - älteste anstehenden Gesteine - Alter	
300 MJ		Einschlag eines Meteoriten in Île Rouleau/Quebec (Krater Ø 4 km) - vor ...	50° 41′ N, 073° 53′ W
300 MJ		Einschlag eines Meteoriten in Decaturville/Missouri (Krater Ø 6 km) - vor ...	37° 54′ N, 092° 43′ W
300 MJ		Einschlag eines Meteoriten in Serra da Cangalha/Brasilien (Krater Ø 12 km) - vor ...	08° 05′ S, 046° 52′ W
300 MJ		Einschlag eines Meteoriten in Kentland/Indiana (Krater Ø 13 km) - vor ...	40° 45′ N, 087° 24′ W
300 MJ		Einschlag eines Meteoriten in Middlesboro/Kentucky (Krater Ø 6 km) - vor ...	36° 37′ N, 083° 44′ W
> 300 MJ		Grube Messel granitoide Plutongesteine - Alter	Hessen in Deutschland
305 MJ		Ursprung der rezenten Samenpflanzen (Nackt- und Bedecktsamer) - vor ...	Forschungsfrage: Zusammenhang mit Meteorit?
305 MJ		Einschlag eines Meteoriten in Woodleigh/Australien (Krater Ø 120 km) - vor ...	
307 MJ		Eisschild bedeckt Großteil der südlichen Hemisphäre - vor ...	Gondwanaland, Madagaskar, Australien
308 MJ		Etablierung riesiger Sümpfe rund um den Äquator - vor ...	Heutige Kohlevorkommen
310 MJ		Genetische Distanz zwischen Mensch und Huhn	
315 MJ		Entstehung des Senkungsgebietes des Saar-Nahe-Beckens - vor ...	Inklusive der heutigen Pfalz
315 MJ		Erste Dinosaurier betreten in Europa festes Land - vor ...	
318,1 MJ	359,2 MJ	Mississippium - Zeitalter vor ...	Unterkarbon
318,1 MJ	359,2 MJ	Boden Ablagerungen in Deutschland: Kalke, Quarzite und Grauwacken - vor ...	
318,1 MJ	359,2 MJ	Sedimentation von Kalkstein dieser Zeit ist sehr fossilreich	
320 MJ		Erste Reptilien treten auf - vor ...	
320 MJ		Aufteilung gemäß Neurohypophysenanalyse in Amphibien und Rest - vor ...	Evolutiv
320 MJ		Einfang des 3. Protons im Bethe-Weizsäcker-Zyklus - Dauer	Wenn Sterne Wasserstoff in Helium umwandeln
320 MJ		Einschlag eines Meteoriten in Serpent Mound/Ohio (Krater Ø 8 km) - vor ...	39° 02′ N, 083° 24′ W
320 MJ		Einschlag eines Meteoriten in Crooked Creek/Missouri (Krater Ø 7 km) - vor ...	37° 50′ N, 091° 23′ W
325 MJ		Tethys Meer über heutigem Stuttgart, Köln, Kassel, Norddeutschland - vor ...	
325 MJ		Festland in heutigem Mitteleuropa als Alemannisch-Böhmische Insel - vor ...	
330 MJ		Steinkohle Bildung - im Saarland aus 40 Meter hohen Schuppen- und Siegelbäumen	Siehe Museum Gondwana in Schiffweiler
330 MJ		Entstehung vierbeiniger Säugetiere in äquatorialen Kohlensümpfen - vor ...	Heute zum Beispiel: Saarland
336 MJ		Mittlere Gesamtdauer des Bethe-Weizsäcker-Zyklus	Wenn Sterne Wasserstoff in Helium umwandeln
345 MJ		Einschlag eines Meteoriten in Gweni-Fada/Tschad (Krater Ø 14 km) - vor ...	17° 25′ N, 021° 45′ O
350 MJ		Einschlag eines Meteoriten in Slate Islands/Ontario (Krater Ø 30km) - vor ...	

Ausdehnung		Begriffliche Erfassbarkeit	Erläuterungen
von	bis		
350 MJ		Heutiger Sauerstoff-Gehalt in Atmosphäre seit 350 MJ konstant	Stand 2021
350 MJ	400 MJ	Entstehung der Kalilagerstätten im heutigen Kanada und Weißrussland - vor ...	
355 MJ		Eisschild Entstehung am Südpol - vor ...	
357 MJ		Einschlag eines Meteoriten in Charlevoix/Quebec (Krater Ø 54 km) - vor ...	
359,2 MJ		Drittes Massenaussterben von Arten, 50 % aller Arten - vor ...	Nicht mehr genug O2 im Wasser
359,2 MJ		Erste Tetrapoden (Landwirbeltiere) und Insekten entstehen vor ...	
359,2 MJ	372,2 MJ	Famennium - Zeitalter vor ...	Oberdevon
359,2 MJ	385,3 MJ	Oberdevon - Zeitalter vor ...	
359,2 MJ	410 MJ	Aufspaltung von Tetrapoden (Landwirbeltieren) und Dipnoi (Lungenfischen) - vor ...	Diversifizierung der Knochenfische
359,2 MJ	410 MJ	Weiterentwicklung der Landpflanzen (erste Vorfahren der Bärlappe und Farne) - vor ...	Auch Vorfahren der Schachtelhalme
359,2 MJ	416 MJ	Devon - Zeitalter vor ...	
359,2 MJ	416 MJ	Grauwacke Vorkommen in Moselgebiet - Gesteine entstanden vor ...	Gesteine im Mainzer Museum nhm
359,2 MJ	416 MJ	Überflutung der Kontinente - vor ...	Warmzeit
359,2 MJ	416 MJ	Zeitalter der Fische - vor ...	
359,2 MJ	416 MJ	Süßwasserfische wandern von südlicher Hemisphäre nach Europa und Nordamerika - vor ...	
359,2 MJ	416 MJ	Entstehung von Wäldern im heutigen arktischen und damalig äquatorialen Kanada - vor ...	
360 MJ		Einschlag eines Meteoriten in Piccaninny/Westaustralien - vor ...	Durchmesser 7 km
360 MJ		Einschlag eines Meteoriten in Flynn Creek/Tennessee (Krater Ø 3,8 km) - vor ...	36° 17′ N, 085° 40′ W
360 MJ		Einschlag eines Meteoriten Mishina Gora/Russland (Krater Ø 4,5 km) - vor ...	58° 43′ N, 028° 03′ O
365 MJ		Heutige Marmor Vorkommen an der Lahn - Gesteine entstanden vor ...	Beim hessischen Villmar in Deutschland
368 MJ		Einschlag eines Meteoriten in Siljan/Schweden (Krater Ø 55 km) - vor ...	61° 02′ N, 014° 52′ O
370 MJ		Erste Lurche - vor ...	
375 MJ		Erste Schachtelhalme - vor ...	
380 MJ		Einschlag eines Meteoriten in Kaluga/Russland (Krater Ø 15 km) - vor ...	54° 30′ N, 036° 12′ O
380 MJ		Erste Moose und Amphibien (= erste Wirbeltiere erreichen das Land) - vor ...	
380 MJ		Festland in heutigem Norddeutschland, Saarbrücken, Stuttgart - vor ...	Geographische Position: Äquator
380 MJ		Tethys Meer über heutigem Nürnberg, Köln, München und Bern - vor ...	Reste des Meeresbodens im Mittelmeer
385,3 MJ	397,5 MJ	Mitteldevon - Zeitalter vor ...	
387,7 MJ	393,3 MJ	Eifelium - Zeitalter vor ...	Mitteldevon

Ausdehnung		Begriffliche Erfassbarkeit	Erläuterungen
von	bis		
389 MJ		Heutige Riffkalkstein Vorkommen in der Eifel - Gesteine entstanden vor ...	Nahe Ahütte in der Vulkaneifel
390 MJ	570 MJ	Nordwesteuropa (Baltica) kollidiert mit Nordamerika (Laurentia) - vor ...	In Äquatornähe. Laurussia ist geboren
393 MJ	485 MJ	Rheischer Ozean liegt zwischen Euramerika und Gondwanaland - vor ...	
393,3 MJ	407,6 MJ	Emsium - Zeitalter vor ...	Unterdevon
393,3 MJ	416 MJ	Unterdevon - Zeitalter vor ...	
395 MJ		Einschlag eines Meteoriten in Elbow/Saskatchewan (Krater Ø 8 km) - vor ...	50° 59′ N, 106° 43′ W
395 MJ		Einschlag eines Meteoriten in Ilyinets/Ukraine (Krater Ø 4,5 km) - vor ...	49° 07′ N, 029° 06′ O
396 MJ		Einschlag eines Meteoriten in Brent/Ontario (Krater Ø 3,79 km) - vor ...	46° 05′ N, 078° 29′ W
400 MJ		Deutschland liegt mit seinen Gesteinen am Äquator im heutigem Guinea - vor ...	Weit von Gondwanaland weggedriftet
400 MJ		Auf Deutschlands jetziger Position war die Mitte des Panthalla Ozeans - vor ...	Weit und breit kein Land
400 MJ		Ursprung der Farne, Schachtelhalme und Gabelblattgewächse - vor ...	
400 MJ		Rheinland-Pfalz nur 25 % Land und 75 % Meer, Äquatornähe, tropisches Meer - vor ...	Meer ist nur 200 m tief
400 MJ		Rheinisches Schiefergebirge entsteht aus dunklen Tonschiefergesteinen - vor ...	Ursprung vor 400 MJ
400 MJ		Zwei Groß Kontinente: Laurentia und Gondwanaland - vor ...	Später Pangaea = Laurasia + Gondwana
400 MJ		Evolutive Aufspaltung von Knochenfischen und anderen Fischen - vor ...	Gemäß Neurohypophysenanalyse
400 MJ		Pfeilschwanzkrebse entstehen - vor ...	
400 MJ		Symbiose zwischen Pilzen und Pflanzen - vor ...	Mykorrhizapilze
400 MJ		Einschlag eines Meteoriten in Lac La Moinerie/Quebec (Krater Ø 8 km) - vor ...	
400 MJ		Einschlag eines Meteoriten in Nicholson Lake/Kanada (Krater Ø 12,5 km) - vor ...	Nordwest-Territorien
405 MJ		Erste Muschelkrebse *Ostracoda* - vor ...	
407 MJ	419 MJ	Gesteine aus dem Vordertaunus entstehen - vor ...	
409 MJ		Rezente Quastenflosser (Fleischflosser im Devon) leben seit ...	Vorfahren der Landwirbeltiere
410 MJ		Letzter gemeinsamer Vorfahre von Strahlenflossern und Landwirbeltieren - lebte vor ...	
410 MJ	430 MJ	Moine Thrust Überschiebung Entstehung im heutigen Nordwestschottland - vor ...	Während Kaledonischer Gebirgsbildung
410 MJ	435 MJ	Erste einfache Landpflanzen und erste Fische (luftatmende Wirbeltiere) - vor ...	Erste Lebewesen aus Wasser an Land
416 MJ	443,7 MJ	Silur - Zeitalter vor ...	
416 MJ	443,7 MJ	Die Erdtemperatur liegt bei 17 °C - vor ...	Kaltzeit
416 MJ	443,7 MJ	Farnzeitalter - vor ...	
416 MJ	443,7 MJ	Erste Landpflanzen und Gefäßpflanzen (Bärlappgewächse) - vor ...	

Ausdehnung		Begriffliche Erfassbarkeit	Erläuterungen
von	bis		
416 MJ	443,7 MJ	Erste Fische auf der Erde - vor ...	
416 MJ	443,7 MJ	Korallenriffe bilden sich in globalem Maßstab - vor ...	
416 MJ	443,7 MJ	Kaledonische Orogenese/Gebirgsbildungen - vor ...	In Äquatornähe
416 MJ	443,7 MJ	Bildung der Gebirge Ardennen, Sudeten und Appalachen - vor ...	In Äquatornähe
416 MJ	443,7 MJ	Bildung von Gebirgen von Spitzbergen bis Nordwest Afrika und Sibirien - vor ...	In Äquatornähe
416 MJ	590 MJ	Gneis Vorkommen in der Pfalz - Gesteine entstanden vor ...	Gesteine im Mainzer Museum *nhm*
416 MJ	590 MJ	Grünschiefer Vorkommen im Hunsrück - Gesteine entstanden vor ...	Gesteine im Mainzer Museum *nhm*
420 MJ		Drei kleinere Aussterbeereignisse - vor ...	
422,9 MJ	428,2 MJ	Ludlow (Ludlowium) Zeitalter - alte Gesteinsschichten sichtbar bei Ludlow / England - vor ...	Chronostratigraphische Serie
422,9 MJ	428,2 MJ	Wenlock (Wenlockium) Zeitalter - alte Gesteinsschichten sichtbar bei Much Wenlock	Chronostratigraphische Serie, in Großbritannien
425 MJ		Kontinent Laurasia entsteht aus Zusammenstoß von Laurentia und Baltica - vor ...	"Old-Red-Kontinent"
430 MJ		Einschlag eines Meteoriten in Glasford/Illinois (Krater Ø 4 km) - vor ...	40° 36′ N, 089° 47′ W
430 MJ		Einschlag eines Meteoriten in Lac Couture/Quebec (Krater Ø 8 km) - vor ...	60° 08′ N, 075° 20′ W
435 MJ	500 MJ	Lebermoose und erste Wirbeltiere in den Meeren - vor ...	Aus Grünalgen
440 MJ		Ursprung der Laubmoose - vor ...	
442 MJ		Entstehung von Grünschiefer Rossert Metaandesit im Taunus - vor ...	Bei kaledonischer Gebirgsbildung
443,4 MJ		Zweites Massenaussterben von Arten, Meere werden von Filtrierern befreit - vor ...	50 % aller Arten (viele Brachiopoden)
443,4 MJ	445,2 MJ	Hirnantium - Zeitalter vor ...	Oberordovizium
443,4 MJ	458,4 MJ	Oberordovizium - Zeitalter vor ...	
443,4 MJ	458,4 MJ	Größte Kälteperiode die es je auf der Erde gab - vor ...	
443,4 MJ	485,4 MJ	Kolonisierung des Festlands durch Pilze und Pflanzen (oft Koevolution) - vor ...	Marine Algen sind häufig
443,4 MJ	485,4 MJ	Gondwanaland auf der Südhalbkugel ist größtenteils von Eis bedeckt - vor ...	
443,4 MJ	485,4 MJ	Kolonisierung des Festlands durch Tiere (oft Koevolution) - vor ...	Marine Algen sind häufig
443,4 MJ	485,4 MJ	Ordovizium mit ersten Fischen und Moostierchen in beachtlicher Diversität - Zeitalter vor ...	Kaltzeit, O2-Gehalt 13,5 %
445 MJ		Einschlag eines Meteoriten in Pilot Lake/Kanada (Krater Ø 5,8 km) - vor ...	Nordwest-Territorien
445,2 MJ	453 MJ	Katium - Zeitalter vor ...	Im Oberordovizium
450 MJ		Letzter gemeinsamer Vorfahre von Knorpelfischen und Landwirbeltieren - vor ...	Gemäß Neurohypophysenanalyse
450 MJ		Einschlag eines Meteoriten in Calvin/Michigan (Krater Ø 8,5 km) - vor ...	41° 50′ N, 085° 57′ W
450 MJ	550 MJ	Erste α- und β-Globin-Gene (Myoglobin Muskelprotein) - vor ...	Nach Nucleotidsequenz-Analysen

Ausdehnung		Begriffliche Erfassbarkeit	Erläuterungen
von	bis		
> 450 MJ		Ausbildung einer Phragmoplasten für Zellwandbildung - vor ...	Evolutive Vorstufe pflanzlicher Zellwandplatten
453 MJ	458,4 MJ	Sandbium - Zeitalter vor ...	Im Oberordovizium
455 MJ		Einschlag eines Meteoriten in Lockne/Nordschweden (Krater Ø 7 km) - vor ...	63° 00′ N, 014° 49′ O
455 MJ		Einschlag eines Meteoriten in Kärdla/Estland (Krater Durchmesser 4 km) - vor ...	59° 01′ N, 022° 46′ O
455 MJ		Einschlag eines Meteoriten in Tvären/Nordschweden (Krater Ø 2 km) - vor ...	58° 46′ N, 017° 25′ O
458,4 MJ	467,3 MJ	Dariwilium - Zeitalter vor ...	Im Mittelordovizium
458,4 MJ	470 MJ	Mittelordovizium - Zeitalter vor ...	
460 MJ		Ursprung der Hornmoose - vor ...	Aus Grünalgen
467,3 MJ	470 MJ	Dapingium - Zeitalter vor ...	Im Mittelordovizium
470 MJ		Einschlag eines Meteoriten in Ames/Oklahoma (Krater Ø 16 km) - vor ...	36° 15′ N, 098° 12′ W
470 MJ		Einschlag eines Meteoriten in Granby/Schweden (Krater Ø 3 km) - vor ...	58° 25′ N, 014° 56′ O
470 MJ		Einschlag eines Meteoriten in Neugrund/Estland (Krater Ø 8 km) - vor ...	59° 20′ N, 023° 40′ O
470 MJ	477,7 MJ	Floium - Zeitalter vor ...	Im Unterordovizium
470 MJ	485,4 MJ	Unterordovizium - Zeitalter vor ...	
470 MJ	485,4 MJ	Entstehung vom Kleinkontinent Avalonia durch Kollision - vor ...	Norddeutschland bis Südengland
475 MJ		Ursprung der Landpflanzen (Lebermoose) - vor ...	Aus Grünalgen
477,7 MJ	485 MJ	Tremadocium - Zeitalter vor ...	Im Unterordovizium
480 MJ		Grauwacke Gesteine Bildung auf westlicher Südinsel in Neuseeland - vor ...	Metamorph deponierter Gneis
480 MJ		Erste Kammmuscheln *Pteriomorphia* - vor ...	
442 MJ	480 MJ	Bierstadt Phyllite entstehen bei kaledonischer Orogenese - vor ...	Im heutigen hessischen Taunus in Deutschland
480 MJ		Stern Vega im Sternbild Leier - Alter	
480 MJ		Korallen (mit den beiden Gruppen der Rugosa und Tabulata) treten auf - vor ...	
485,4 MJ		Erstes Massenaussterben von Arten - vor ...	80 % aller Tier- und Pflanzenarten
485,4 MJ	542 MJ	Kambrium - Zeitalter vor ...	
485,4 MJ	542 MJ	Kontinente werden von niedrigen Meeren geflutet - vor ...	
485,4 MJ	542 MJ	Sauerstoffgehalt liegt global bei 2 % bis 12,5 % - vor ...	Durchschnittstemperatur 22 °C
485,4 MJ	542 MJ	Periode mit Massenaussterben und Artenexplosion - vor ...	Trotz Aussterben überlebten die Quallen
485,4 MJ	542 MJ	Viele Grünalgen in den Meeren - vor ...	
500 MJ	570 MJ	Erste Tiere im Meer, Algen und marine Wirbellose (mit Außenskelett) - vor ...	Explosion des Wasserlebens

Ausdehnung		Begriffliche Erfassbarkeit	Erläuterungen
von	bis		
500 MJ	700 MJ	Entwicklung der ersten Pilze, Pflanzen und Tiere - vor ...	
500 MJ		Fünf Groß Kontinente: Laurentia, Gondwana, Fennosarmatia, Sibira und Ostasia - vor ...	
500 MJ		Einschlag eines Meteoriten in Gardnos/ Norwegen (Krater Ø 5 km) - vor ...	60° 39′ N, 009° 00′ O
500 MJ		Deutschland liegt mit seinen Gesteinen im heutigem Südamerika - vor ...	Weit von Gondwana weggedriftet
500 MJ		Auf Deutschlands jetziger Position ist die Weite des Panthalla Ozeans - vor ...	In ein paar Jahren wird hier Land sein
500 MJ		Namibia liegt mit seinen Gesteinen im heutigem Südpazifik - vor ...	
500 MJ		Einschlag eines Meteoriten in Newporte/North Dakota (Krater Ø 3,2 km) - vor ...	48° 58′ N, 101° 58′ W
500 MJ		Einschlag eines Meteoriten am Lac de la Presqu'île (Krater Ø 12 km) - vor ...	49° 43′ N, 074° 48′ W, heutige Provinz Quebec
500 MJ		Einschlag eines Meteoriten in Glover Bluff/Wisconsin (Krater Ø 8 km) - vor ...	43° 58′ N, 089° 32′ W
500 MJ		Vorhandensein von Chitin in Lebewesen - mindestens seit ...	Polymer für den Zellwandbau von Pilzen
500 MJ	600 MJ	Ross Orogenese und Panafrikanische Orogenese in der heutigen Antarktis	Gebirgsbildung
505 MJ		Erste Lebewesen hatten Augen: Kopffüßer namens Perlboote - vor ...	Heute bekannt ist die Gattung *Nautilus*
505 MJ	550 MJ	Fossilienfunde am Burgess-Pass im Yoho-Nationalpark - Alter	Kanadische Rocky Mountains
510 MJ		Älteste Gesteine in Neuseeland - Alter	Im Cobb Tal bei Nelson
510 MJ		Einschlag eines Meteoriten in Rock Elm/Wisconsin (Krater Ø 6 km) - vor ...	44° 43′ N, 092° 14′ W
515 MJ		Einschlag eines Meteoriten in Lawn Hill/Queensland (Krater Ø 18 km) - vor ...	Australien
520 MJ		Erste globale Vereisungen - vor ...	
520 MJ	525 MJ	Fossilienfunde in Chengjiang/China - Alter	
524 MJ		Erste Ringelwürmer entstehen - vor ...	
525 MJ		Erste Chordatiere (Vorläufer von Schädel-, Wirbel- und Manteltieren) - vor ...	Lateinisch: *Chorda dorsalis* - mit Rückenseite
530 MJ		Erste Armfüßer (Brachiopoden) - selbe Form seit 170 MJ bis 180 MJ - vor ...	Besonders artenreich im Devon Zeitalter
530 MJ		Erste Schnecken entstehen - vor ...	
540 MJ		Erste Stachelhäuter entstehen - vor ...	
540 MJ	633 MJ	Superkontinent Pannotia als zusammenhängende Landmasse - vor ...	Unterschiedliche Quellangaben
540,5 MJ		Insgesamte Dauer aller Eiszeiten, die es auf Erden je gab	
542 MJ	635 MJ	Diverse Algen und Wirbellose mit weichen Körpern (Schwämme) tauchen auf - vor ...	Ediacarium Fauna in Flinders Range/Australien
542 MJ	635 MJ	Ediacarum - Zeitalter vor ...	Periode des Neoproterozoikums
542 MJ		Kambrische Explosion, viele neue Tierstämme - Zunahme vor allem in Größe - vor ...	Fast alle Arten innerhalb 5 bis 10 MJ
542 MJ	2,5 MDJ	Proterozoikum - Zeitalter vor ...	

Ausdehnung		Begriffliche Erfassbarkeit	Erläuterungen
von	bis		
542 MJ	4,56 MDJ	Präkambrium - Zeitalter vor ...	16 % CO2, 0,5 % O2, 19 °C Erdtemperatur
543 MJ		Einschlag eines Meteoriten in Sääksjärvi/Finnland (Krater Ø 5 km) - vor ...	61° 24′ N, 022° 24′ O
545 MJ		Einschlag eines Meteoriten in Foelsche/Nordaustralien (Krater Ø 6 km) - vor ...	16° 40′ S, 136° 47′ O
550 MJ		Erste Nesseltiere - vor ...	
550 MJ		Erste Arthropoden (Gliederfüßer) - vor ...	
550 MJ		Letzter gemeinsamer Vorfahre von Lanzettfischchen und Wirbeltieren - vor ...	
550 MJ		Einschlag eines Meteoriten in Holleford/Ontario (Krater Ø 2,35 km) - vor ...	44° 28′ N, 076° 38′ W
550 MJ		Einschlag eines Meteoriten in Söderfjärden/Finnland (Krater Ø 5,5 km) - vor ...	63° 02′ N, 021° 35′ O
550 MJ		Einschlag eines Meteoriten in Kelly West/Nordaustralien (Krater Ø 10km) - vor ...	19° 56′ S, 133° 57′ O
550 MJ	650 MJ	Panafrikanische Orogenese - vor ...	Gebirgsbildung
550 MJ	650 MJ	Assynthische Faltungen und Gebirgsbildungen - vor ...	Cadomische Orogenese bzw. Gebirgsbildung
550 MJ	650 MJ	Gebirgsbildungen in Süddeutschland, Böhmen, Polen, Iberien, Midlands - vor ...	Cadomische Orogenese bzw. Gebirgsbildung
< 570 MJ		Phanerozoikum - Dauer bis heute - Spaltablagerungen von Cu-Sulfiden, Bauxit - vor ...	5. Tektonisches Zeitalter
570 MJ	1,0 MDJ	Spätes (Neo) Proterozoikum - Zeitalter vor ...	4. Tektonisches Zeitalter
570 MJ	1,0 MDJ	Entstehung weltweiter Kupfergürtel, Hämatit Rift Ablagerungen und Schwarzschiefer	vor ...
570 MJ		Einschlag eines Meteoriten in Spider/Westaustralien (Krater Ø 13 km) - vor ...	16° 44′ S, 126° 05′ O
570 MJ		Beginn der Kontinentalverschiebungen - vor ...	
> 570 MJ		Keine anstehenden (zugänglichen) Gesteine in Rheinland-Pfalz mit Entstehung älter als ...	Ältere Gesteine liegen unterhalb der Oberfläche
580 MJ		Eine ausgestorbene Art (Flora und Fauna) pro Jahr - seit 580.000.000 Jahren	Gleichzeitig Entstehung neuer Arten
580 MJ		Eiszeit - Erdtemperatur bei durchschnittlich 14 °C - vor ...	
580 MJ	600 MJ	Erste Bilateria oder Zweiseitentiere (*Vernanimalcula guizhouena*) - vor ...	
590 MJ		Einschlag eines Meteoriten in Acraman/Südaustralien (Krater Durchmesser 90 km) - vor ...	
595 MJ		Einschlag eines Meteoriten in Misarai/Litauen (Krater Durchmesser 5 km) - vor ...	54° 01′ N, 023° 54′ O
< 600 MJ		Entwicklung der heutigen Atmosphäre - vor ...	O2-Gehalt 20 % - diverse Angaben
600 MJ		Deutschland liegt mit seinen Gesteinen im heutigem Südamerika - vor ...	Weit von Gondwanaland weggedriftet
600 MJ		Auf Deutschlands jetziger Position liegen die Gesteine des heutigen Ostens - vor ...	... von Australien
600 MJ		Einschlag eines Meteoriten in Beaverhead/Montana (Krater Durchmesser 60 km) - vor ...	45° 00′ N, 112° 30′ W
600 MJ		Einschlag eines Meteoriten in Saarijärvi/Finnland (Krater Durchmesser 1,5 km) - vor ...	65° 17′ N, 028° 23′ O
600 MJ	660 MJ	Keraf Suture Verwerfungszone (Berge höher als Himalaya) - Entstehung vor ...	Im heutigen Äthiopien

Ausdehnung		Begriffliche Erfassbarkeit	Erläuterungen
von	bis		
600 MJ	800 MJ	Erste Myoglobin (Muskelprotein) und Hämoglobin-Gene - vor ...	Nach Nucleotidsequenz-Analysen
600 MJ	850 MJ	Orogenese der Damara Supergroup und des Gariep Komplexes - vor ...	Gebirgsbildung in Namibia
600 MJ	1,4 MDJ	Sauerstoffanreicherung in der Atmosphäre - vor ...	Dritte Periode der Atmosphärengenese
600 MJ	1,6 MDJ	Alter von metamorph überprägten Kerngebieten der Kontinente	Auch Tektone genannt (sind Kratone)
600 MJ	2 MDJ	Entstehung von aeroben Atmungsformen auf der Erde - vor ...	Mit O2-verbrauchenden Organismen
635 MJ	735 MJ	Marinoische Eiszeit - vor ...	
635 MJ	850 MJ	Die Erde ist eine Schneematschkugel - vor ...	Sturtische und Marinoische Eiszeit
635 MJ	850 MJ	Cryogenium - Zeitalter vor ...	Periode des Neoproterozoikums
646 MJ		Einschlag eines Meteoriten in Strangways/Australien (Krater Ø 25 km) - vor ...	Nordterritorium, 15° 12′ S, 133° 35′ O
650 MJ		Erste Weichtiere (Mollusken) - vor ...	
650 MJ		Granit Intrusionen des Damara Supergroup Gebirges - vor ...	In Namibia
650 MJ		Damara Orogenese/Gebirgsbildung nach Auseinanderdriften zweier Kraton - vor ...	Kongo-Kraton und Kalahari-Kraton
690 MJ	1,15 MDJ	Erste Foraminiferen (Kammerlinge) - vor ...	Untersuchungen der genetisch molekularen Uhr
698 MJ		Einschlag eines Meteoriten in Jänisjärvi/Karelien (Krater Ø 14 km) - vor ...	Russland
700 MJ		Deutschland liegt mit seinen Gesteinen im heutigem Südatlantik - vor ...	Erstes Wegdriften von Gondwanaland
700 MJ		Auf Deutschlands jetziger Position liegen die Gesteine des heutigen Indiens - vor ...	
700 MJ	735 MJ	Sturtische Eiszeit - vor ...	
700 MJ	800 MJ	Bisexuelle Fortpflanzung beginnt - vor ...	Das Prinzip weiblich/männlich, Eizelle/Spermium
700 MJ	1 Milliarde	Aufspaltung zwischen Pflanzen und Tieren - vor ...	
703,8 MJ		Halbwertszeit vom Uran Isotop U-235 (α-Strahlung und γ-Strahlung)	Erbgutverändernd, Krebs. Nierenschäden
750 MJ	1,1 MDJ	Superkontinent Rodinia als zusammenhängende Landmasse - vor ...	North Carolina, Kanada, Schottland
800 MJ		Deutschland liegt mit seinen Gesteinen in Höhe vom heutigen Madagaskar - vor ...	Im Panthalassa Ozean nahe Rodinia
800 MJ		Erste Bildung eines weltumspannenden Ozeans - vor ...	Auch Panthalassa genannt
850 MJ	1,0 MDJ	Tonium - Zeitalter vor ...	Periode des Neoproterozoikums
900 MJ	1,3 MDJ	Grenville Orogenese in der heutigen Antarktis - vor ...	Gebirgsbildung
950 MJ	1,1 MDJ	Svekonorwegische Gebirgsfaltungen - vor ...	Gesteine in Schweden und Norwegen
980 MJ	1,01 MDJ	Grenville Orogenese/Gebirgsbildung, Rigolet Zyklus - vor ...	Quelle: Rivers (2002)
< 1,0 MDJ		Stern Atair im Sternbild Adler - Alter	
1,0 MDJ		Eine Milliarde Jahre (1 MDJ) = eine Jahrmilliarde	Auch *Giga-Jahr* oder *gigaannum* (lat.) genannt

Ausdehnung		Begriffliche Erfassbarkeit	Erläuterungen
von	bis		
1,0 MDJ		byr lautet eine Abkürzung für 1.000.000.000 Jahre	Gebräuchlich in Astronomie
1,0 MDJ		ga und gya sind Abkürzungen für 1.000.000.000 Jahre (giga-annum)	Gebräuchlich in Astronomie
1,0 MDJ		Bildung der Erdkruste abgeschlossen - vor ...	
1,0 MDJ		Dauer zwischen Urknall und ersten Quasaren	Quasare sind aktive Galaxienkerne
1,0 MDJ		Einschlag der Meteoriten Lumparn und Suvasvesi North in Finnland - vor ...	Krater Durchmesser 9 km bzw. 3,5 km
1,0 MDJ		Erste Landpflanzen - vor ...	
1,0 MDJ	1,2 MDJ	Stenium - Zeitalter vor ...	Periode des Mesoproterozoikums
1,0 MDJ	1,6 MDJ	Mittleres (Meso) Proterozoikum - Zeitalter vor ...	
1,034 MDJ		Einschlag eines Meteoriten in Highbury/Simbabwe (Krater Ø 20 km) - vor ...	
1,01 MDJ	1,035 MDJ	Zweite Grenville Orogenese im heutigen Texas und Mexiko - vor ...	Gebirgsbildung
1,02 MDJ	1,08 MDJ	Zweite Grenville Orogenese in heutigen Adirondacks Kanadas - vor ...	Gebirgsbildung
1,02 MDJ	1,09 MDJ	Grenville Orogenese/Gebirgsbildung Ottawan Zyklus - vor ...	Quelle: Rivers (2002)
1,05 MDJ	1,08 MDJ	Dritte Grenville Orogenese in den heutigen Appalachen - vor ...	Gebirgsbildung in den heutigen USA
1,05 MDJ	1,4 MDJ	Entstehung von Gesteinsschichten in Namibia in Namaqualand - vor ...	Metamorphischer Komplex
1,1 MDJ		Erste vielzellige Lebewesen - vor ...	
1,1 MDJ	1,1 MDJ	Keewenawan Grabenbruch in Nordamerika - Aufbrechen vor ...	
1,112 MDJ		Zweite Grenville Orogenese in den heutigen Appalachen - vor ...	Gebirgsbildung
1,14 MDJ	1,19 MDJ	Grenville Orogenese/Gebirgsbildung Shawingian Zyklus - vor ...	Quelle: Rivers (2002)
1,115 MDJ	1,235 MDJ	Erste Grenville Orogenese im heutigen Texas und Mexiko - vor ...	Gebirgsbildung
1,14 MDJ	1,16 MDJ	Erste Grenville-Orogenese in den heutigen Appalachen - vor ...	Gebirgsbildung
1,19 MDJ	1,25 MDJ	Erste Grenville-Orogenese in heutigen Adirondacks Kanadas - vor ...	Gebirgsbildung
1,124 MDJ	1,991 MDJ	Superkontinent Atlantica als zusammenhängende Landmasse - vor ...	Unterschiedliche Quellangaben
1,2 MDJ		Entwicklung der Alveolata Protozoa aus Perkinsus-ähnlichem Vertreter - vor ...	
1,2 MDJ		Ältester Kimberlit-Schlot ensteht - vor ...	
1,2 MDJ		Einschlag eines Meteoriten in Santa Fe/New Mexico (Krater Ø 13 km) - vor ...	
1,2 MDJ		Einschlag eines Meteoriten in Iso-Naakkima/Finnland (Krater Ø 3 km) - vor ...	62° 11′ N, 027° 09′ O
1,2 MDJ	1,4 MDJ	Ectasium - Zeitalter vor ...	Periode des Mesoproterozoikums
1,2 MDJ	1,4 MDJ	Starke Vulkan Aktivitäten nach Landkollisionen und Bildung von Rodinia - vor ...	Der Superkontinent Rodinia
1,22 MDJ	1,24 MDJ	Grenville-Orogenese/Gebirgsbildung, Elzevir Zyklus - vor ...	Quelle: Rivers (2002)

Ausdehnung		Begriffliche Erfassbarkeit	Erläuterungen
von	bis		
1,277 MDJ		Halbwertszeit von ^{40}K als Betastrahler - wichtig für Kalium-Argon-Datierung	Datierung unter anderem alter Meeressedimente
1,3 MDJ		Gondwanaland bildet sich auf der Südhalbkugel - vor ...	
1,3 MDJ	1,8 MJ	Superkontinent Columbia als zusammenhängende Landmasse - vor ...	Unterschiedliche Quellangaben
1,4 MDJ	1,6 MDJ	Calymmium - Zeitalter vor ...	Periode des Mesoproterozoikums
1,4 MDJ	2 MDJ	Erste Eukaryoten (zum Beispiel Pilze ab 1,5 MDJ Jahre) - vor ...	
1,5 MDJ	2 MDJ	Stickstoff, Wasserdampf und Kohlendioxid zum ersten Mal in Atmosphäre - vor ...	
> 1,5 MDJ		Antarktische Kratone - Alter	Kratone sind alte Kerngebiete der Kontinente
1,6 MDJ		Mazatzal Orogenese/Gebirgsbildung - vor ...	USA mittlerer bis südlicher Westen
1,6 MDJ	1,8 MDJ	Statherium - Zeitalter vor ...	Periode des Paläoproterozoikums
1,6 MDJ	2,5 MDJ	Proton Kratone - Alter	Kratone sind alte Kerngebiete der Kontinente
1,6 MDJ	2,5 MDJ	Erste Lithosphären Platten bilden sich - vor ...	Erdkruste und Erdmantel bilden sich
1,65 MDJ	1,81 MDJ	Landwerdung durch Erstarrung des Transskandinavischen Magmagürtels - vor ...	Die Lofoten/Norwegen entstehen
1,685 MDJ		Einschlag eines Meteoriten in Shoemaker/Westaustralien - vor ...	Krater Durchmesser 30 km
1,7 MDJ		Stern Prokyon im Sternbild Kleiner Hund - Alter	
1,7 MDJ		Grand Canyon Talgrund - Alter des Grundgebirges	Anstehend auf ca. 730 m Höhe, USA
1,7 MDJ	1,76 MDJ	Yavapai Orogenese/Gebirgsbildung - vor ...	USA mittlerer bis südlicher Westen
1,7 MDJ	2,5 MDJ	Frühes (Paläo) Proterozoikum - Bildung heutiger Goldvorkommen Südafrikas - vor ...	3. Tektonisches Zeitalter
1,77 MDJ		Big Sky Orogenese - vor ...	Gebirgsbildung in Montana
1,8 MDJ		Chloroplasten entstehen - vor ...	Photosynthese betreibende Zellorganellen
1,8 MDJ		Gunflint Gesteinsformation Entstehung - vor ...	Im heutigen Minnesota/USA
1,8 MDJ	1,9 MDJ	Svekofenidische Gebirgsfaltungen - vor ...	Gesteine in Finnland und Schweden
1,8 MDJ	2,0 MDJ	Hudson Orogenesen/Gebirgsbildungen - vor ...	Von Wyoming bis Hudson Bay
1,8 MDJ	2,05 MDJ	Orosirium - Zeitalter vor ...	Periode des Paläoproterozoikums
1,84 MDJ	1,85 MDJ	Penokean Orogenese/Gebirgsbildung - vor ...	Von Wisconsin bis Ontario
1,85 MDJ		Einschlag eines Meteoriten in Sudbury (Krater Durchmesser 250 km) - vor ...	Ontario / Kanada
1,85 MDJ		Die "langweilige Milliarde" beginnt: Eine Milliarde Jahre konstantes Klima	Auf englisch: "Boring billion"
1,88 MDJ		Einschlag eines Meteoriten in Keurusselkä in Finnland - vor ...	Krater Durchmesser 30 km
1,9 MDJ		Zähldauer einer Maschine, die 1 Mol (N_A) zählt (6,0221367 · 10^{23} Teilchen)	Bei 1 Million Atomen pro Sekunde
1,9 MDJ		Einschlag eines Meteoriten in Paasselkä / Finnland (Krater Ø 10 km) - vor ...	62° 09' N, 029° 25' O

Ausdehnung		Begriffliche Erfassbarkeit	Erläuterungen
von	bis		
1,9 MDJ	2,1 MDJ	Wopmay Orogenese/Gebirgsbildung - vor ...	Westliche Kante des Kanadaschilds
2,0 MDJ		Erste Algenkalke, Stromatolithen und Sauerstoff-tolerante Blaualgen - vor ...	
2,0 MDJ		Erste Lebewesen mit oxidativem Stoffwechsel - vor ...	
2,0 MDJ		Mitotische Zellteilungen gibt es seit ...	
2,0 MDJ		Alter der Stammart aller Eukaryoten (ohne M = Mitochondrien und P = Plastiden)	P für Photosynthese, M Bildung von ATP
2,0 MDJ		Dauer Eisenablagerung in Ur-Ozeanen durch Sauerstoffzunahme im Wasser	Zwischen 4,6 MDJ und 2,6 MDJ Jahre vor heute
2,0 MDJ		Alter des ältesten gefundenen Grundwassers	In Südafrika am Kaapval-Kraton
2,0 MDJ		Einschlag eines Meteoriten in Yarrabubba/Westaustralien - vor ...	Krater Durchmesser 30km
2,0 MDJ		Erde wird unstabil durch Entfernung des Mondes in ...	Mond entfernt sich 3,5 cm pro Jahr
2,0 MDJ	4,6 MDJ	Entwicklungsphase der ersten einzelligen Lebewesen - vor ...	
2,023 MDJ		Einschlag eines Meteoriten in Vredefort/Südafrika (Krater Durchmesser 300 km) - vor ...	
2,05 MDJ	2,3 MDJ	Rhyacium - Zeitalter vor ...	Periode des Paläoproterozoikums
2,1 MDJ		Älteste Fossilien von eukaryotischen Zellen - vor ...	Lange Zeit nur Zellaggregate
2,1 MDJ	2,4 MDJ	Huronische Eiszeit - vor ...	Erdtemperatur bleibt spekulativ
2,1 MDJ	2,7 MDJ	Superkontinent Kenorland als zusammenhängende Landmasse - vor ...	Unterschiedliche Quellangaben
2,2 MDJ		Riesige Vereisungsperiode auf der Erde - vor ...	
2,2 MDJ	4,2 MDJ	Chemische Evolution auf der Erde - vor ...	
2,3 MDJ		Korallenriffe in warmem flachem Meer (heutige Höhlen von Sterkfontein) entstehen - vor ...	Südafrika
2,3 MDJ	2,5 MDJ	Siderium - Zeitalter vor ...	Periode des Paläoproterozoikums
2,4 MDJ		Einschlag eines Meteoriten in Suavjärvi/Karelien (Krater Ø 16 km) - vor ...	Russland
2,5 MDJ	2,7 MDJ	Algoman Orogenese/Gebirgsbildung - vor ...	Süddakota bis zum Lake Huron
2,5 MDJ	2,8 MDJ	Neoarchaikum Zeitalter - erste Voraussetzungen für Entstehen höherer Berge - vor ...	Berge mit > 2.500 Metern Höhe
2,5 MDJ	4 MDJ	Archaikum - Eisbedeckung der Erde vor 4 MDJ Jahren - vor ...	Präkambrium-Zeitalter
2,5 MDJ		Cyanobakterien Sterben durch Übermaß an Sauerstoff - vor ...	Nachdem Eisen kein O2 mehr bindet
2,5 MDJ		Erster freier Sauerstoff (O2), Stickstoff (N2) und CO2 in Atmosphäre - vor ...	Erste Oxidationen und aerobe Atmung
> 2,5 MDJ		Archon Kratone - Alter	Kratone sind alte Kerngebiete der Kontinente
2,6 MDJ		Älteste Gesteine in Namibia entstehen - vor ...	Hoarusib Tal nahe Sesfontein
2,7 MDJ	2,9 MDJ	Erste Photosynthese (aerob und anaerob) - vor ...	
2,7 MDJ	3,5 MDJ	Erste chemisch reduzierende Bedingungen in Atmosphäre - vor ...	

Ausdehnung		Begriffliche Erfassbarkeit	Erläuterungen
von	bis		
2,8 MDJ		Bulawayo Gesteinsformation Entstehung - vor ...	Im heutigen Simbabwe/Afrika
2,8 MDJ	3,2 MDJ	Mesoarchaikum - makroskopisch erkennbares Leben entwickelt sich	Zeitalter vor ...
2,8 MDJ	3,6 MDJ	Superkraton Vaalbara als zusammenhängende Landmasse - vor ...	Unterschiedliche Quellangaben
2,9 MDJ		Pongola-Vereisung - vor ...	Im heutigen südlichen Afrika
3,0 MDJ		Erste biologische Krusten als älteste biologische Ökosysteme - vor ...	
3,0 MDJ	3,5 MDJ	Biotische Evolution auf der Erde - vor ...	Leben entsteht
3,0 MDJ	3,8 MDJ	Spätes Archaikum - Salzlösungen lösen Zn und Pb-Sulfide aus Lava - vor ...	2. Tektonisches Zeitalter
3,0 MDJ	3,8 MDJ	Frühes Archaikum - Mg und Fe-reiches Magma Aufstieg - Lagerstättenentstehung - vor ...	1. Tektonisches Zeitalter
3,0 MDJ	4,0 MDJ	Aufeinandertreffen der Galaxien Andromedanebel und Milchstraße - in ...	
3,1 MDJ		Baltischer Schild entsteht als erste große Landmasse - vor ...	Gesteine in Finnland bis Süd Norwegen
3,2 MDJ		Cyanobakterien produzieren für sich selbst giftigen Sauerstoff - seit ...	Sauerstoff bindet das Eisen zu Eisenhydroxid
3,2 MDJ		Madagaskar Gneisgestein Aufschließungen in Bucht von Antongil - Alter	Selbiges Gestein wie in Indien
3,2 MDJ	3,6 MDJ	Paläoarchaikum - Zeitalter vor ...	
3,4 MDJ		Erste Blaualgen und anaerobe Bakterien und photosynthetische Organismen - vor ...	Unter anderem Stromatolithen in Australien
3,5 MDJ		Onverwacht Gesteinsformation Entstehung - vor ...	Südafrika
3,5 MDJ		Zweiteilung von Lebewesen und Gärungsprozesse - vor ...	
3,5 MDJ	4 MDJ	Älteste Fossilien von Zellen (Prokaryonten, Archaea) - vor ...	Erste Lebensspuren, O2-arme Zeit
3,5 MDJ	6,4 MDJ	Sonne wird zum Roten Riesen angewachsen sein in ...	Diverse Quellen
3,6 MDJ	4 MDJ	Eoarchaikum Zeitalter - Erde besitzt erstmals feste Kruste - vor ...	
3,6 MDJ	4,1 MDJ	Häufige Meteoriten Einschläge auf der Erde (abnehmende Häufigkeiten) - vor ...	Quelle: Nature 511, 578-582, 31.07.2014
3,6 MDJ	4,2 MDJ	Bildung der Atmosphäre (Gase H2, CH4, NH3, H2O) aus solarem Urnebel - vor ...	Erste Periode der Atmosphärengenese
3,8 MDJ		Ozeane hatten bereits heutiges Volumen - vor ...	
3,8 MDJ		Beginn der sedimentären Überlieferung - vor ...	Erste nachvollziehbare Sedimentierungen
3,8 MDJ		Erste Karbonat Gesteine bilden sich auf der Erde - vor ...	
3,8 MDJ		Älteste Antarktis Gesteine entstehen - vor ...	Gneise, Granulite, Charnockite
3,85 MDJ		Gesteine auf Akilia-Halbinsel Grönland - Alter	Meeressedimentgestein
3,9 MDJ		Älteste bekannte Gesteine auf der Erde	Erdoberfläche wird langsam fest
4 MDJ		Alter der ältesten Mondgesteine	
4 MDJ		Vermutete Vereinigung der Galaxien Milchstraße und Andromeda Nebel - in ...	Quelle: ESA/Hubble & NASA

Ausdehnung		Begriffliche Erfassbarkeit	Erläuterungen
von	bis		
4 MDJ	4,3 MDJ	Bildung der Ur-Ozeane - vor...	
4 MDJ	4,6 MDJ	Hadaikum - Zeitalter vor ...	Ältestes Präkambrium-Zeitalter
4,15 MDJ		Höhepunkt von Meteoriten Einschlägen auf der Erde - vor ...	Quelle: Nature 511, 578-582, 31.07.2014
4,28 MDJ		Älteste Erdgesteine als Erdkruste - Kanadisches Schild	Nuvvuagittuq-Grünsteingürtel
4,32 MDJ		Dauer eines Kalpas (Brahma-Tag) im hinduistischen Weltbild	
4,4 MDJ		Älteste Erdgesteine als Erdkruste - Acasta-Gneis - Westaustralien	Im Yilgarn-Kraton fand man Zirkone
4,468 MDJ		Halbwertszeit vom Uran Isotop U-238 (α-Strahlung)	
4,527 MDJ		Mond Alter	Plus-minus 10 Millionen Jahre
4,55 MDJ		Maximales Objektalter bei Altersbestimmungen mit Kalium-Argon-Methode	^{40}K wird zu ^{40}Ar
4,55 MDJ		Entstehung der Erde und Differenzierung von Erdkruste und Erdmantel - vor ...	± 70 MJ
4,55 MDJ	5 MDJ	Ur-Atmosphäre auf der Erde mit 80 % Wasserdampf und 10 % CO2 - vor ...	Noch ohne Sauerstoff
4,6 MDJ		Entstehung unserer Sonne - vor ...	
5 MDJ		Beschleunigte Expansion der Milchstraße - seit ...	Die 8 MDJ zuvor erfolgte eine Abbremsung
6,4 MDJ		Restexistenzzeit unserer Sonne als Hauptreihenstern	Dann wird sie zum Roten Riesen
6,5 MDJ		Sterne Alpha Centauri A und B im Sternbild Zentaur - Alter	
8 MDJ		Sternenalter vom blauen Riesen MACS J1149 Lensed Star 1	Kelly et al. (2018)
10 MDJ		Universum dehnt sich aus seit ...	Angetrieben durch dunkle Energie
10 MDJ		Resthaltbarkeit des Wasserstoffs auf unserer Sonne	Sehr massereiche Sterne nur rund 10 MJ
10 MDJ		Restexistenzzeit unserer Sonne - erst wird sie zum roten Riesen, dann zum weißen Zwerg	
10 MDJ	12 MDJ	Alter der ältesten Kugelsternhaufen im Außenbereich (Halo) von Galaxien	Milchstraße hat rund 150 Kugelsternhaufen
11 MDJ		Summierte Zeit unserer Sonne als Hauptreihenstern	Wenn sie in 6,4 MDJ zum Roten Riesen wird
12 MDJ		Erstes Auftreten im Weltraum von dunkler Energie - vor ...	
12,7 MDJ		Exoplanet PSR B1620-26 b - Alter	
13,1 MDJ		Lichtlaufzeit von Zwerggalaxie z8 GND 5296 zur Erde	Bisher wurde keine fernere Galaxie gesichtet
13,4 MDJ		Universum wurde durchsichtig - vor ...	400.000 Jahre nach Urknall
13,772 MDJ	13,845 MDJ	Alter des Universums - gemäß Lambda-CDM-Modell bzw. Standardmodell der Kosmologie	13,772 MDJ ± 0,040 MDJ, diverse Quellen
13,82 MDJ		Urknall - gemäß Georges Lemaître (1931) - vor...	80 % des Universums: Dunkle Materie
14 MDJ		Vereinigung zweier Protonen im Proton-Proton-Zyklus - Dauer	Wenn Sterne Wasserstoff in Helium umwandeln
14,05 MDJ		Halbwertszeit vom Thorium Isotop Th-232	

Ausdehnung		Begriffliche Erfassbarkeit	Erläuterungen
von	bis		
14,4 MDJ		Lichtlaufzeit vom Stern MACS J1149 Lensed Star 1 zur Erde	
14,4 MDJ	14,56	Dauer der Hubble-Zeit t_H - Umkehrwert der Hubble-Konstante	Diverse Quellen
48,8 MDJ		Halbwertszeit vom Rubidium Isotop Rb-87	Zerfällt in Strontium-87
3,5 Billionen Jahre		Restliches Lebensalter von kleinen roten Zwergsternen	Drei Viertel aller Sterne in allen Galaxien
100 Billionen Jahre		Alle Sonnen im Universum werden erloschen sein in ...	
155,52 Billionen J.		Dauer eines Brahma-Lebens im hinduistischen Weltbild	
311,04 Billionen J.		Dauer von einem hinduistischen Weltenzyklus	
140 Billiarden Jahre		Halbwertszeit vom Blei Isotop Pb-204	
1 Trillion Jahre		Im Universum nur noch schwarze Löcher, schwarze Zwerge, Neutronensterne in ...	In 1 Milliarde Milliarden Jahre
10 Trillionen Jahre		Halbwertszeit vom Metall Bismut Isotop Bi-209	1,9 x 10.000.000.000.000.000.000 Jahre
790 Trillionen Jahre		Halbwertszeit vom Tellur Isotop Te-130	7,9 x 10^{20} Jahre
7,2 Quadrillionen J.		Halbwertszeit vom Tellur Isotop Te-128	7,2 x 10^{24} Jahre
1 Quintillion Jahre		Mindest Halbwertszeit von Protonen	
1 Sextillion Jahre		Alle Protonen werden zerfallen sein in ...	
10 Dezilliarden Jahre		Alle Galaxien werden sich aufgelöst haben in ...	
1 Undezillion Jahre		Lebensdauer eines schwarzen Lochs von einer Sonnenmasse	Sobald Lochtemperatur < Umgebungstemperatur
10 Sexdezilliarden J.		1 Googol Jahre	Eine 1 mit 100 Nullen
10 Sexdezilliarden J.		Alle Schwarzen Löcher werden zerstrahlt sein in Elektronen, Positronen ...	... und Photonen - in ...
10 Sexdezilliarden J.		Hier existiert kein Unterschied mehr zwischen Zukunft und Vergangenheit - in ...	Universum wird immer kälter und leerer
50 Sexdezilliarden J.		Aus Quantenfluktuationen könnte neue Materie (= Universum) entstehen - in ...	Laut Theorie des Schriftstellers Isaac Asimov
1 Zentillion Jahre		Schwarze Löcher werden verdampft sein in ...	

DEZIMALE ZEITSKALEN

10^3
= 10 hoch 3
= 10 exp 3
= 10 to the power of 3
= 10 à la puissance 3
= 10 a la potencia de 3
= E 3
= 1.000

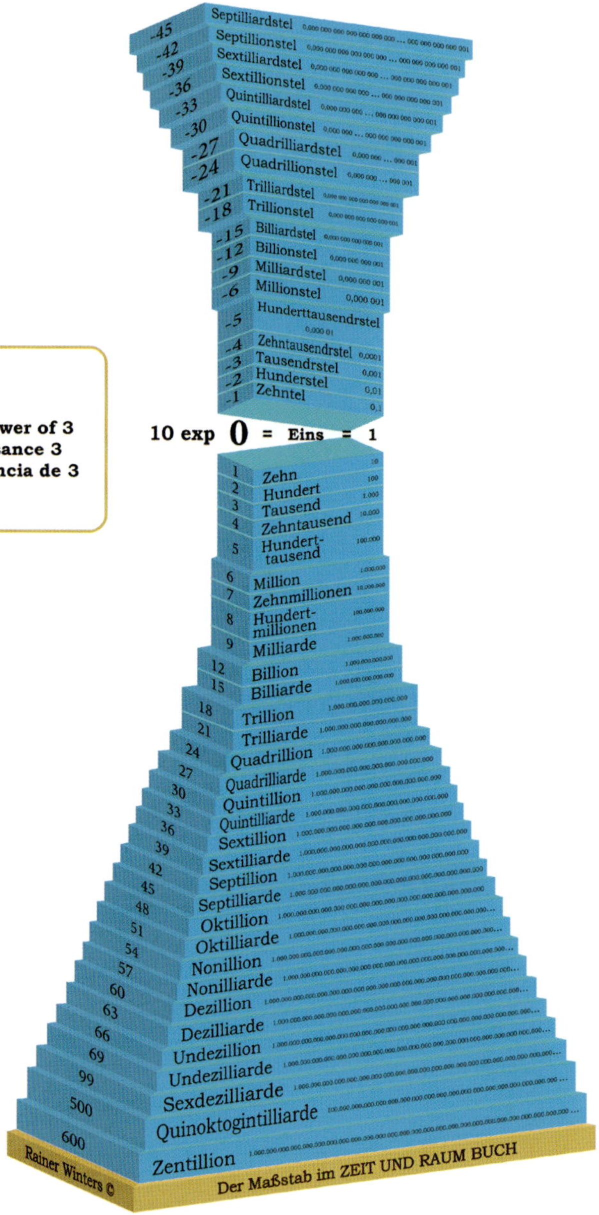

-45 Septilliardstel
-42 Septillionstel
-39 Sextilliardstel
-36 Sextillionstel
-33 Quintilliardstel
-30 Quintillionstel
-27 Quadrilliardstel
-24 Quadrillionstel
-21 Trilliardstel
-18 Trillionstel
-15 Billiardstel
-12 Billionstel
-9 Milliardstel
-6 Millionstel 0,000 001
-5 Hunderttausendrstel 0,000 01
-4 Zehntausendrstel 0,0001
-3 Tausendrstel 0,001
-2 Hunderstel 0,01
-1 Zehntel 0,1

10 exp 0 = Eins = 1

1 Zehn 10
2 Hundert 100
3 Tausend 1.000
4 Zehntausend 10.000
5 Hundert-tausend 100.000
6 Million 1.000.000
7 Zehnmillionen 10.000.000
8 Hundert-millionen 100.000.000
9 Milliarde 1.000.000.000
12 Billion
15 Billiarde
18 Trillion
21 Trilliarde
24 Quadrillion
27 Quadrilliarde
30 Quintillion
33 Quintilliarde
36 Sextillion
39 Sextilliarde
42 Septillion
45 Septilliarde
48 Oktillion
51 Oktilliarde
54 Nonillion
57 Nonilliarde
60 Dezillion
63 Dezilliarde
66 Undezillion
69 Undezilliarde
99 Sexdezilliarde
500 Quinoktogintilliarde
600 Zentillion

Rainer Winters ©
Der Maßstab im ZEIT UND RAUM BUCH

ABKÜRZUNGSVERZEICHNIS

ABC	Begriff / Abkürzung	Bedeutung
123	Ø	Durchschnitt, Durchmesser
	>	mehr/größer als
	°	geographischer Grad, Temperaturgrad
	′	geographische Minute
	″	geographische Sekunde
	♂	männlich
	·	chemisches Radikal
	<	weniger/kleiner als
	♀	weiblich
A	AC	Alternating current
	AF	Afrika
	AIDS	Acquired immune deficiency syndrome
	ATP	Adenosintriphosphat
	atm	eine physikalische Atmosphäreneinheit
	AO	Abgabenordnung
	Ar	Argon
	ArbGG	Arbeitsgerichtsgesetz
	AUS	Australien
B	Bayverf	Verfassung des Freistaates Bayern
	BGB	Bürgerliches Gesetzbuch
	BGR	Bundesanstalt für Geowissenschaften und Rohstoffe
	bpm	Beats per minute, Schläge pro Minute
	BRD	Bundesrepublik Deutschland
	BTX	Benzol und Alkylbenzole, auch BTEX
	BVG	Bundesverfassungsgericht
	BW	Baden-Württemberg
	BWVerf	Verfassung des Landes Baden-Württemberg
C	C	Kohlenstoff
	C3H8	Propangas
	CaCO3	Calciumkarbonat, Kalk
	CFK	Carbonfaserverstärkter Kunststoff
	CH3CCl3	1,1,1-Trichlorethan
	CH4	Methan
	Chr	Christus
	CIA	Central Intellligence Agency
	CO	Kohlenmonoxid
	CO2	Kohlendioxid

ABC	Begriff / Abkürzung	Bedeutung
C	CPU	Central Processor Unit in Computern
	Cu	Kupfer
D	D.	Deutschland
	DDT	Dichlordiphenyltrichlorethan
	DEHP	Diethylhexylphthalat
	Destatis	Statistisches Bundesamt
	DFB	Deutscher Fußball Bund
	DFG	Deutsche Forschungsgemeinschaft
	DM	Durchmesser
	DNA/DNS	Desoxyribonucleic acid/Desoxyribonukleinsäure
	DVD	Digital Video Disc
	DVGW	Deutscher Verein des Gas- und Wasserfaches e.V.
E	EFLOP	ExaFLOP
	Es	Einsteinium
	ESA	Europäische Weltraumorganisation
	ESchG	Embryonenschutzgesetz
	et. al	und andere (Forscher) einer Forschergruppe
	EU	Europäische Union
	EY	früher: Ernst & Young, Wirtschaftsprüfer
F	FCKW	Fluorkohlenwasserstoffe
	Fe	Eisen
	FeOH	Eisenhydroxid
	FeV	Fahrerlaubnis-Verordnung
	FIBA	International Basketball Federation
	FLOP	Floating Point Operation Per Second
	FSK	Freiwillige Selbstkontrolle der Filmwirtschaft
	FSME	Frühsommer-Meningoenzephalitis
G	g	Gramm
	GA1	Grundlagenausdauer 1
	GA2	Grundlagenausdauer 2
	GFLOPS	GigaFLOPS
	GG	Grundgesetz
	GHz	Gigahertz
	giga	Milliarde
	GPS	Global Positioning System

ABKÜRZUNGSVERZEICHNIS

ABC	Begriff / Abkürzung	Bedeutung
G	GTG	grey-to-grey
	GuD	Gas-und-Dampf-Kombikraftwerk
	GVG	Gerichtsverfassungsgesetz
H	H	Wasserstoff
	H2O	Wasser
	He	Helium
	HIV	Human immunodeficiency virus
	HVS	Hypervariable Segmente in DN
	Hz	Hertz, physikalische Einheit
I	ICP-MS	Inductively coupled plasma mass spectrometry
	Ident	Identifikation
	ILO	Internationale Arbeitsorganisation
	i. e.	id est, diese sind, zum Beispiel
	IS	Islamischer Staat
J	Jh	Jahrhundert
K	K	Temperatur Maßeinheit Kelvin
	K	Kalium
	kcal	Kilokalorie
	KDP	Kaliumdihydrogenphosphat
	KERS	System zur Rückgewinnung von kinetischer Energie
	kFLOPS	KiloFLOPS
	kg	Kilogramm
	kHz	Kilohertz
	kilo	Tausend
	km	Kilometer
	KunstUrhG	Kunsturhebergesetz
	kum.	Kumuliert
L	LED	Licht emittierende Diode
	LGM	Last Glacial Maximum
M	m	Meter
	MCPA	2-Methyl-4-chlorphenoxyessigsäure
	MDJ	Milliarden Jahre
	Mega	Million
	MFLOPS	MegaFLOPS
	Mg	Magnesium

ABC	Begriff / Abkürzung	Bedeutung
M	mhd	Mittelhochdeutsch
	min	Minuten
	MJ	Millionen Jahre
	MO	Mikroorganismen
	Model	Modellierung
	mRNS	Messenger-RNS
	ms	Millisekunde = eine Tausendstel Sekunde
	mtDNA	mitochondriale DNA bzw. DNS
N	N	Nord
	N	Stickstoffatom
	N2	Stickstoffgas
	N2O	Lachgas, Distickstoffmonoxid
	NA	Nordamerika
	NASA	National Aeronautics and Space Administration
	NBA	National Basketball Association
	NFL	National Football League
	NH3	Ammoniak
	nhm	Naturhistorisches Museum Mainz
	NiSG	Gesetz zum Schutz vor nichtionisierender Strahlung bei der Anwendung am Menschen
	nm	Nanometer
	NMR	Nuclear Magnetic Resonance (kernmagnetische Resonanz)
	NO	Stickstoffmonoxid
	NOx	Stickoxide im allgemeinen
	NP	Nationalpark
	NRW	Nordrhein-Westfalen
O	O	Ost
	O2	Sauerstoff
	OECD	Organisation für wirtschaftliche Zusammenarbeit und Entwicklung
	OH	Hydroxylgruppe, besser -OH
P	p. a.	pr annum, pro Jahr
	PAK	Polyzyklische aromatische Kohlenwasserstoffe
	Pb	Blei
	PCR	Polymerase-Kettenreaktion
	peta	Billiarde
	PFLOP	PetaFLOP

ABKÜRZUNGSVERZEICHNIS

ABC	Begriff / Abkürzung	Bedeutung
P	pH	potentia Hydrogenii, eine Säuregradabkürzung
	piko	ein Billionstel
	ppb	1 ppb (parts per billion) = 1 Teil pro Milliarde
	ppt	1 ppt (parts per trillion) = 1 Teil pro Billion
	prowo	pro Woche
Q	Q:	Quelle
R	Ra	Radium
	RLP	Rheinland-Pfalz
	R/P-Ratio	Reserves-to-production ratio: Verbleibende Jahre der Reserven bei gleichbleibender Förderung
S	s	Sekunde
	S	Süd
	SA	Südamerika
	SCL	Santiago de Chile
	SF6	Schwefelhexafluorid
	SFO	San Francisco
	SGB	Sozialgesetzbuch
	SGG	Sozialgerichtsgesetz
	S-H	Schleswig-Holstein
	SPU	Synergistic Processing Unit
	SSE	Streaming SIMD Extensions
	StGB	Strafgesetzbuch
	SWR	Südwestrundfunk
T	t	Tonne = 1.000 Kilogramm
	T	Tage
	tera	Billion
	TFLOPS	TeraFLOP
	TFR	Total Fertility Rate = Zusammengefasste Fruchtbarkeitsziffer = 2,1 Kinder pro Frau
	TJ	Tausend Jahre
	to	Tonne = 1.000 Kilogramm
	TPG	Transplantationsgesetz
	TVöD	Tarifvertrag für den Öffentlichen Dienst
	TYO	Tokio

ABC	Begriff / Abkürzung	Bedeutung
U	UAE	Vereinigte Arabische Emirate
	UNICEF	Kinderhilfswerk der Vereinten Nationen
	UNO	Organisation der Vereinten Nationen
	USD	US-Dollar
	US	United States, USA
	USK	Unterhaltungssoftware Selbstkontrolle
	UT	Universal Time
	UV	Ultraviolett
V	Valid.	Validierung
	VG Wort	Verwertungsgesellschaft Wort
	VOC	Flüchtige organische Verbindungen (volatile organic compounds)
	vol.	Volumen
	VwGO	Verwaltungsgerichtsordnung
W	W	Watt. Maßeinheit für die Leistung = Energieumsatz pro Zeitspanne
	W	West
	WBeauftrG	Gesetz über den Wehrbeauftragten des Deutschen Bundestages
	WHO	Weltgesundheitsorganisation
	WZB	Wissenschaftszentrum Berlin für Sozialforschung
X		
Y	yotta	Quadrillion
	YFLOP	YottaFLOP
Z	zetta	Trilliarde
	ZFLOP	ZettaFLOP
	z.j.b.Z	Zu jeder beliebigen Zeit
	Zn	Zink

BILDQUELLENVERZEICHNIS

Der Autor dankt den Fotografen und Künstlern für die erteilte Reproduktionsgenehmigung bei der Realisierung dieses Buches.

Big Ben	Colin / Wikimedia Commons, CC BY-SA 4.0, https://commons.wikimedia.org/w/index.php?curid=35619683
Schmetterling	Cover vorne, Pixabay User OpenClipart-Vectors
Baum	Cover vorne, Pixabay User Tumisu 3832700_1920
Wortwolke	PixabayUser 905513 word-cloud-3269304_1280
Medizinmensch	Pixabay User VSRao 3168269_1920
Kolibri	Pixabay User Nicman
Kolibri	Pixabay User Momentmal 2499674_1920
Wolken	Pixabay User Mysticsartdesign 1223808_1920
Atomkern	Pixabay User OpenClipart-Vectors
DNA	Pixabay User PublicDomainPictures
Dinosaurierei	Pixabay User Viergacht
Anatomie	Pixabay User geralt 254120_1280
Musiknoten	Pixabay User 4047369 2073069_1920
Mädchenkopf	Pixabay User ElisaRiva 2379687_1920
DNA	Pixabay User PublicDomainPictures 163710_1280
Atom	Pixabay User Memed_Nurrohmad 1674878_1280
Muschel	Pixabay User InspiredImages 1162744_1920
Flamingos	Pixabay User mskathrynne 3368587_1920
Satellit	Pixabay User Alexas_Fotos 2771043_1920
Pinguine	Pixabay User DigitalDesigner 1085417_1920
Schmetterling	Pixabay User blende12 2760966_1920
Ammonit	Pixabay User Angeleses 2541707_1920
Matterhorn	Pixabay User Momentmal 3051346_1920
Giraffe	Pixabay User MonikaP 3064412_1920
Buch	Pixabay User blende12 Pixabay
Sonne	Pixabay User Josethestoryteller 2515252_1920
Erde	NASA - The_Earth_seen_from_Apollo_17_with_white_background
Iguana	Pixabay User Momentmal 2524266_1920
Shiva	Pixabay User Alexas_Fotos 2773379_1920
Blume	Pixabay User 1365429_1920
Schlacht	Pixabay User OpenClipart-Vectors 1296174_1280
Bob Marley	Pixabay User OpenClipart-Vectors 151687_1280
Flaggen	Pixabay User geralt 1055960_1920
Schlitten	Pixabay User blende12 4613328_1920

Die zwei Bände im Überblick

Taschenbuch ISBN 978-3-9822970-0-2

Hardcover (gebunden) ISBN 978-3-9822970-1-9

E-Book ISBN 978-3-9822970-2-6

Taschenbuch ISBN 978-3-9822970-3-3

Hardcover (gebunden) ISBN 978-3-9822970-4-0

E-Book ISBN 978-3-9822970-5-7